Die Deals von Warren Buffett - Vol. 2

Glen Arnold

DIE DEALS VON WARREN BUFFETT
BAND 2

Trotz seiner Positionen als Professor für Investment und Professor für Unternehmensfinanzierung kam Glen Arnold zu dem Schluss, dass das akademische Leben nicht annähernd so viel Spaß macht und intellektuell so anregend ist wie das Geldverdienen an den Märkten. Als Investor in seinen Fünfzigern verbringt er nun die meiste Zeit damit, sein Aktienportfolio von einem Büro im Herzen des ländlichen Leicestershire aus zu verwalten, weit weg vom Lärm der Londoner City.

Jahrzehntelang konzentrierte sich seine Forschung auf die Frage *Was funktioniert bei Investitionen?* – und stützte sich dabei auf die Ideen der großen Investoren, auf akademische Entdeckungen und seine eigenen Erfahrungen, gute wie schlechte (siehe www.glenarnold-investments.co.uk). Während er früher in der City zu diesem Thema lehrte und Doktoranden betreute, die sich mit der Ineffizienz des Aktienmarkts beschäftigten, konzentriert er sich jetzt lieber auf die eigentliche Investmentanalyse, erläutert aber nach und nach auch die Gründe für seine Aktienkäufe und -verkäufe. Er erörtert seine Anlagephilosophie und -ideen auf newsletters.advfn.com/deepvalueshares.

Glen Arnold ist Autor zahlreicher Bücher, unter anderem des meistverkauften britischen Buches über Geldanlage.

Die Deals von Warren Buffett

Vol. 2 DIE MILLIARDE IST ERREICHT

GLEN ARNOLD

börsenbuchverlag

Die Originalausgabe erschien unter dem Titel
The Deals of Warren Buffett, Volume 2: The Making of a Billionaire
ISBN 978-0-85719-647-7

Originally published in the UK by Harriman House Ltd in 2019,
www.harriman-house.com.

Übersetzung: Börsenmedien AG, Egbert Neumüller
Gestaltung Cover: Daniela Freitag
Gestaltung, Satz und Herstellung: Sabrina Slopek
Lektorat: Sebastian Politz
Druck: CPI books GmbH, Leck, Germany

ISBN 978-3-68932-016-4

Bibliografische Information der Deutschen Nationalbibliothek:
Die Deutsche Nationalbibliothek verzeichnet diese Publikation in der
Deutschen Nationalbibliografie; detaillierte bibliografische Daten
sind im Internet über <http://dnb.d-nb.de> abrufbar.

BÖRSEN MEDIEN
AKTIENGESELLSCHAFT

Postfach 1449 • 95305 Kulmbach
Tel: +49 9221 9051-0 • Fax: +49 9221 9051-4444
E-Mail: info@plassen-buchverlage.de
www.boersenbuchverlag.de
www.facebook.com/plassenverlag
www.instagram.com/plassen_buchverlage

Für diese großartigen Kinder:
Oliver, Sophie, Millie Sunshine, Lyla,
Thom, Lola und Alys

DANKSAGUNG

Ich möchte mich bei dem sehr hilfsbereiten und professionellen Team von Harriman House bedanken. Der leitende Redakteur Craig Pearce hat mir bei der Entwicklung des Konzepts für diese Buchreihe und bei der Gestaltung des Werkes sehr geholfen. Charlotte Staley, Lucy Scott, Sally Tickner, Emma Tinker und Suzanne Tull haben sich alle sehr bemüht, dieses Buch zu einem Erfolg zu machen – vielen Dank an Sie alle.

INHALT

Danksagung 9

Die Ursprünge dieser Buchreihe 13

Vorwort 17

Ein Rückblick: Wie Warren Buffett zu seinen ersten 100 Millionen Dollar kam 23

Investition 1 - GEICO 33

Investition 2 - The Buffalo Evening News 91

Investition 3 - Nebraska Furniture Mart 119

Investition 4 - Capital Cities - ABC - Disney 151

Investition 5 - Scott Fetzer 187

Investition 6 - Fechheimer Brothers 219

Investition 7 - Salomon Brothers 237

Investition 8 - Coca-Cola 279

Investition 9 - Borsheims 317

Investition 10 - Gillette - Procter & Gamble - Duracell 337

Eine zurückgelegte Strecke 373

Endnoten 377

DIE URSPRÜNGE DIESER BUCHREIHE

Alles begann im Jahr 2013, als ich die wichtige Entscheidung traf, andere Aktivitäten einzustellen, um mich voll und ganz auf das Investieren am Aktienmarkt zu konzentrieren. Das bedeutete, dass ich eine Professur aufgeben, die lukrative Lehrtätigkeit in der Londoner City beenden und ironischerweise auch das Schreiben von Büchern stark zurückfahren musste.

Um den logischen Prozess der Entscheidung für eine Aktie zu dokumentieren, schrieb ich Blogs, in denen ich meine Analyse auf einer einfachen Website darlegte, und stellte sie jedermann kostenlos zur Verfügung. Es war ermutigend, gezwungen zu sein, die Gründe für eine bestimmte Kapitalallokation klar und öffentlich darzulegen. Außerdem brauchte ich eine Möglichkeit, die Beweggründe für die getätigten Investitionen nach einigen Monaten zu überprüfen.

Der Blog wurde populär, und dann fragte mich die Investment-Website ADVFN, ob ich ihn auf ihre Newsletter-Seite übertragen würde. Ich stimmte zu, und ein Teil meiner Texte wurde zu einer Reihe von Artikeln über die Investitionsgeschäfte von Warren Buffett (ich hatte nicht immer ein potenzielles Investmentunternehmen zu analysieren und dachte, die Leser könnten an Buffetts Überlegungen und Lehren interessiert sein). Aus diesen Artikeln ist das vorliegende Buch entstanden.

DIE FRAGE NACH DEM „WARUM"

Man könnte meinen, dass Warren Buffetts Investitionen bereits in Dutzenden von Veröffentlichungen behandelt wurden und es nichts Neues mehr zu sagen gäbe. All die Fachliteratur, die ich darüber gelesen hatte, stellte mich jedoch nicht zufrieden. Andere Autoren gehen darauf ein, in was er investierte und wie viel er damit verdiente. Aber ich wollte wissen, warum. Was waren die besonderen herausragenden Merkmale der von Buffett ausgewählten Unternehmen? Die Bilanzzahlen, die Gewinnhistorie, die strategische Positionierung und/oder die Qualitäten des Managements? Ich wollte die Details wissen. Wie ist Buffett beim rationalen Investieren von einem Schritt zum nächsten vorgegangen, vom praktisch mittellosen zum extrem reichen Mann geworden?

Bei jedem seiner wichtigsten Schritte habe ich versucht, die *Gründe dafür* genauer zu ergründen. Für jede Investition musste ich neue Nachforschungen anstellen und viele Quellen anzapfen. Der Schwerpunkt lag auf der Analyse der von Buffett ausgewählten Unternehmen, was bedeutete, dass ich nur sehr wenig Zeit auf sein Privatleben verwendete, das an anderer Stelle ausführlich behandelt wurde.

Es gab zahlreiche wichtige Investitionsgeschäfte zu behandeln und jedes einzelne bedurfte einer umfassenden Analyse. Daher war es sinnvoll, den ersten Band an dem Punkt zu beenden, an dem Buffett den Meilenstein eines Vermögens von 100 Millionen Dollar erreicht und seine Investitionen in der Holdinggesellschaft Berkshire Hathaway zusammengefasst hatte. Im vorliegenden zweiten Band werden die zehn wichtigsten Investitionen beschrieben, die Buffett vom 100-Millionen-Dollar-Mann zum Milliardär machten; bemerkenswerterweise erreichte er diese Marke bereits Ende der 1980er-Jahre.

DIE VERBINDUNG ZU BUFFETT

Die Weisheit Buffetts wurde mir schon vor Jahrzehnten vor Augen geführt. Natürlich wurde ich Aktionär von Berkshire Hathaway und besuchte regelmäßig die Jahreshauptversammlung von Berkshire Hathaway in Omaha. Meine Lieblingsanekdote von meinen Besuchen in Omaha ist die, in der ich, und zwar ich allein, Buffett definitiv dazu gezwungen habe, 40 Milliarden Dollar zu verschenken. Sie denken vielleicht, dass Buffett ein willensstarker Mensch ist und sich unmöglich von einem britischen Besucher umstimmen lassen kann. Aber ich weiß es anders – und ich weiß, dass ich recht habe!

Es geschah 2006, als Bill Gates (das ist jetzt ernsthaftes Namedropping!) bei Buffett war. Gates ist ein enger Freund von Buffett und war damals einer der Direktoren von Berkshire Hathaway. Sehr überschwänglich, vielleicht ein wenig übertrieben, dankte ich Gates für die großartige Arbeit, die er und seine Frau Melinda mit ihrer Stiftung leisteten.

Dann wandte ich mich an den zuhörenden Buffett, der neben Gates stand, und sagte: „Danke für alles, was Sie für die Aktionäre von Berkshire Hathaway tun." Ich weiß nicht, woran es lag, aber meine Stimme vermittelte nicht ganz so viel Begeisterung über Buffetts Leistungen wie über die von Gates.

Und es war kaum zu glauben – innerhalb weniger Wochen kündigte Buffett an, den größten Teil seines Vermögens zur Verwendung für wohltätige Zwecke in der ganzen Welt der Bill & Melinda Gates Foundation zu übergeben. Offensichtlich hatte er lange darüber nachgedacht, warum dieser Brite von Berkshire Hathaway, seiner Schöpfung, weniger beeindruckt war als von der Gates-Stiftung, der Schöpfung seiner Freunde. Er ergriff daher Maßnahmen, um etwas dagegen zu unternehmen.

Das ist meine Geschichte und ich werde daran bis zu meinem Lebensende festhalten!

Ich wünsche Ihnen viel Spaß beim Lesen, wie Buffett 100 Millionen Dollar in eine Milliarde Dollar verwandelte.

Glen Arnold, im Sommer 2019

VORWORT

WAS DIESES BUCH BEHANDELT

Dieses Buch beschreibt die Geschäfte, die einen 40-jährigen Buffett mit einem Vermögen von 100 Millionen Dollar zu einem 59-jährigen Milliardär machten, und, was noch wichtiger ist, es veranschaulicht die Lektionen über den besten Investitionsansatz, den er auf seinem Weg gelernt hat – Lektionen für uns alle.

Es ist die aufregendste Zeit seiner Karriere. Er fand ein Juwel nach dem anderen, sowohl an der Börse als auch in straff geführten Familienunternehmen mit einer hervorragenden wirtschaftlichen Marktstellung, zum Beispiel Nebraska Furniture Mart und Scott Fetzer.

Bei der Erweiterung der Sammlung von hundertprozentigen Tochtergesellschaften kam ihm der Ruf zugute, dass er ein Eigentümer ist, der talentierten Familien oder professionellen Managern Raum gibt, damit sie ihre Arbeit machen können. Er brachte den Unternehmensgründern ein erstaunliches Maß an Loyalität entgegen, was wiederum zu fantastischen Kapitalrenditen beitrug. Auf diese Weise flossen Barmittel ab, die Buffett in noch mehr großartige Unternehmen investieren konnte. Er schuf einen grandiosen positiven Kreislauf.

Die von ihm kontrollierten Unternehmen waren nicht die einzigen Quellen von Geld, das es zu investieren galt; schnell wachsende Versicherungsgesellschaften wie National Indemnity und GEICO verfügten über einen großen als „Float" bezeichneten Geldbestand, der irgendwo investiert werden musste. Buffett war der richtige Mann, um dieses Geld sinnvoll zu nutzen. Ein Großteil davon floss in den Kauf bedeutender Beteiligungen an einigen marktbeherrschenden US-Giganten – wie Coca-Cola, Gillette und Capital Cities/ABC.

Dieses Buch erläutert Buffetts Beweggründe für seine Schlüsselinvestitionen, verschweigt aber auch nicht die Fehler, die er auf seinem Weg gemacht hat; er hat aus ihnen gelernt, und das können wir auch. Der Nettoeffekt seiner Triumphe und Fehler war eine persönliche Anlageposition von weit über einer Milliarde Dollar im Jahr 1989 und eine Grundlage, von der aus Berkshire Hathaway noch weiter wachsen konnte, um zu einem der zehn größten Unternehmen der Welt zu werden.

Die Geschichten seiner erstaunlichen Investitionsgeschäfte werden in der folgenden Reihenfolge erzählt (ab der ersten getätigten Investition):

1. GEICO (1976)
2. The Buffalo Evening News (1977)
3. Nebraska Furniture Mart (1983)
4. Capital Cities – ABC – Disney (1986)
5. Scott Fetzer (1986)
6. Fechheimer Brothers (1986)
7. Salomon Brothers (1987)
8. Coca-Cola (1988)
9. Borsheims (1989)
10. Gillette – Procter & Gamble – Duracell (1989)

In den ersten zehn Jahren dieses Zeitraums verdoppelte sich der S&P 500 Index. Keine schlechte Rendite für ein Jahrzehnt, könnte man meinen. Aber sehen Sie sich die Aktien von Berkshire Hathaway an

– sie stiegen um das 29-Fache, von unter 89 Dollar auf über 2.600 Dollar, siehe Abbildung A.

Abbildung A: Der Aktienkurs von Berkshire Hathaway im Vergleich zum S&P 500 Index (1976-1985)

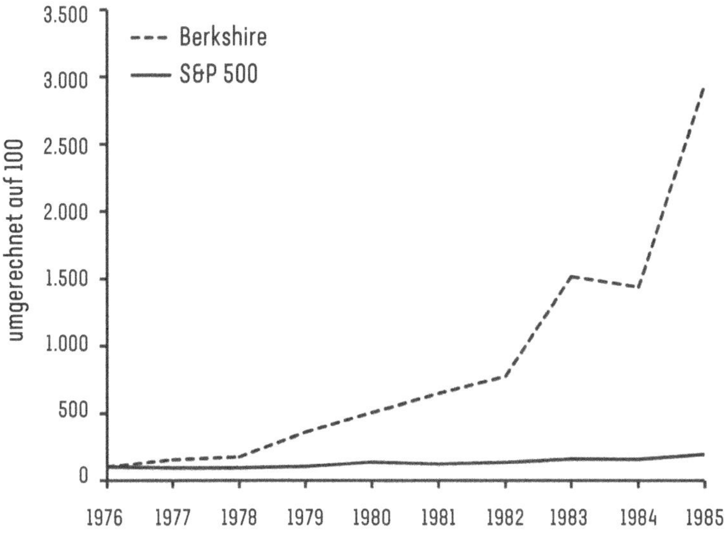

*Quellen: Yahoo Finance; R. J. Connors, **Warren Buffett on Business** (Penguin, 2013). Die Kurse des S&P 500 enthalten keine reinvestierten Dividenden.*

In den folgenden vier Jahren entwickelte sich der S&P 500 nach konventionellen Maßstäben ebenfalls recht gut und stieg um 39 Prozent. Aber Buffett arbeitet nicht nach konventionellen Maßstäben – die Berkshire-Aktien haben sich mehr als verdreifacht. Dies ist in Abbildung B dargestellt.

Abbildung B: Der Aktienkurs von Berkshire Hathaway im Vergleich zum S&P 500 Index (1986-1989)

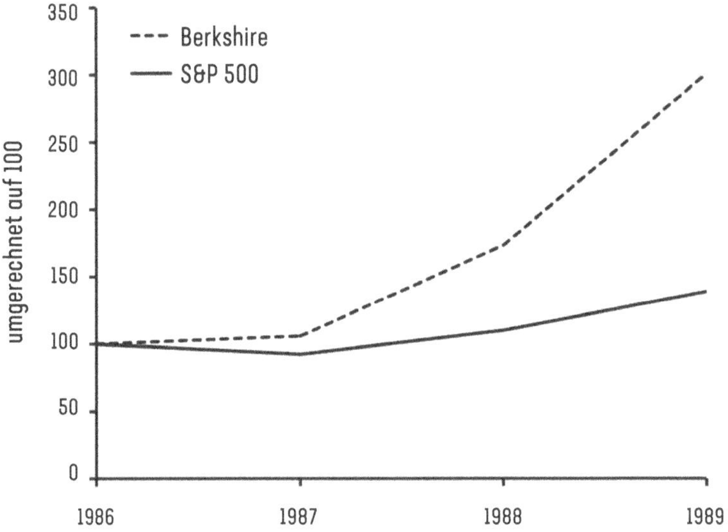

Quellen: Yahoo Finance. Die Kurse des S&P 500 enthalten keine reinvestierten Dividenden.

Um diese Zahlen in den richtigen Kontext zu setzen, sei daran erinnert, dass Buffett 1962, als er sich erstmals an Berkshire Hathaway beteiligte, 7,50 Dollar pro Aktie dafür bezahlte.

AN WEN SICH DIESES BUCH RICHTET

Dieses Buch richtet sich an Anleger, die die wichtigsten Regeln für erfolgreiche Investitionen anhand einer Reihe faszinierender Fallstudien erlernen oder sich wieder ins Gedächtnis rufen wollen.

WIE DAS BUCH AUFGEBAUT IST

Es ist in Form von zehn Fallstudien aufgebaut. Sie können es aufschlagen und über bestimmte Geschäfte nachlesen, die Ihr Interesse wecken, wenn Sie möchten, aber ich würde Ihnen empfehlen, es chronologisch zu lesen, um zu verstehen, wie sich Warren Buffett als Investor entwickelt hat.

EIN RÜCKBLICK: WIE WARREN BUFFETT ZU SEINEN ERSTEN 100 MILLIONEN DOLLAR KAM

Bevor wir uns den Weg von 100 Millionen Dollar zur ersten Milliarde Dollar ansehen, lassen Sie uns kurz die Geschichte aus Band 1 rekapitulieren – die Reise zu 100 Millionen Dollar.

Im Jahr 1941 gelang es dem gerade mal 11-jährigen Buffett, 114,75 Dollar zusammenzukratzen, um seine ersten Aktien von Capital Cities zu kaufen. Sie entwickelten sich nicht sehr gut, aber diese Erfahrung regte ihn zum Nachdenken an und weckte bei ihm den Wunsch, zu verstehen, was bei der Aktienauswahl gute und schlechte Ansätze sind.

In seinen Teenagerjahren tat er alles Mögliche, um den einen oder anderen Dollar zu verdienen, vom Kauf und der Vermietung von Flipperautomaten bis hin zum Wiederfinden verlorener Golfbälle, aber den größten Beitrag zu seinem wachsenden Vermögen leisteten die fünf täglichen Zeitungsrunden, auf denen er die *Washington Post* austrug.

GRAHAM UND GEICO

Als er 20 Jahre alt war, hatte er etwa 15.000 Dollar beisammen und entdeckte die von Benjamin Graham entwickelten Investitionsprinzipien durch die Lektüre von dessen Buch *Intelligent investieren.*

Buffett war so sehr daran interessiert, mehr zu erfahren, dass er sich für einen Kurs einschrieb, den Graham an der Columbia University hielt. Während des zweiten Semesters stellte er fest, dass Grahams Investmentfonds eine bedeutende Beteiligung an einer kleinen Versicherungsgesellschaft namens Government Employees Insurance Company (GEICO) hielt und Graham dort Direktor war.

Nach einigen Nachforschungen – unter anderem klopfte er an einem Samstag an die Eingangstür des GEICO-Büros in Washington D.C. und bombardierte Lorimer Davidson, den Assistenten des Firmenchefs, vier Stunden lang mit Fragen – investierte Buffett zwei Drittel seiner Ersparnisse in GEICO-Aktien.

Nach einem Jahr verkaufte er sie mit einem Gewinn von 50 Prozent. Nicht schlecht, aber er ärgerte sich später darüber, dass er nicht an den Aktien eines Unternehmens mit einer so hochwertigen wirtschaftlichen Marktstellung festgehalten hatte. Hätte er sie behalten und wäre in den nächsten 19 Jahren beim Angeln gewesen, wären sie 1,3 Millionen Dollar wert gewesen.

An GEICO wird er sich immer gern erinnern. Für Buffett war es eine denkwürdige Investition, weil sie den Startschuss für die erste Phase seiner Karriere als Investor gab. Er hatte das Klassenzimmer verlassen und die von seinem Mentor gelehrten Schlüsselprinzipien in die Praxis umgesetzt:

1. Ein Unternehmen gründlich analysieren
2. Sich vergewissern, dass die Differenz zwischen dem geschätzten inneren Wert und dem Preis, zu dem die Aktie verkauft wird, eine Sicherheitsmarge aufweist
3. Nicht mehr als eine zufriedenstellende Rendite anstreben
4. Daran denken, dass Mr. Market von Zeit zu Zeit mit seltsamen Bewertungen aufwartet, sodass man unabhängig entscheiden muss, ob Mr. Market vernünftig ist oder ein Unternehmen unterbewertet.

In der Zeit, als er keine Aktien des Unternehmens hatte, wurde GEICO sehr erfolgreich, aber Buffett ließ es 24 Jahre lang in Ruhe. In dieser Zeit konnte der Markt erkennen, dass es sich um ein gutes Unternehmen handelte, und bewertete folglich die Aktien für einen wertorientierten Anleger zu hoch. Alles in allem war es ein gutes Unternehmen, aber keine gute Investition für einen Kauf.

Das spielte jedoch keine Rolle, er fand andere brillante Investitionen wie Sanborn Maps, American Express und Disney. Sein Nettovermögen schoss erst über die 1-Million-, dann über die 10-Millionen-Dollar-Marke hinaus. Es machte ihm großen Spaß, das Geld seiner Investmentpartner zu verwalten und ihnen ein Viertel dessen in Rechnung zu stellen, was er über eine Schwelle von sechs Prozent hinaus verdiente.

Hin und wieder warf er einen Blick auf GEICO, aber erst als das Unternehmen Mitte der 1970er-Jahre von einer Katastrophe heimgesucht wurde und die Aktie von 62 Dollar auf zwei Dollar fiel, war er wirklich begeistert. Fast jeder an der Wall Street kam zu dem Schluss, dass der Untergang des Unternehmens nicht mehr lange auf sich warten lassen würde. Zu diesem Zeitpunkt, als die Befürchtungen des Marktes am größten waren, schritt Buffett ein und kaufte mit Berkshire Hathaway (BH) einen erheblichen Anteil der GEICO-Aktien. In den nächsten Jahren stockte er den Anteil immer weiter auf.

GEICO bildete nicht nur den Grundstein für die erste Phase seiner Karriere, sondern war auch für den Beginn der zweiten Phase von entscheidender Bedeutung. Von 1976 bis 1980 kaufte BH für 45,7 Millionen Dollar die Hälfte der GEICO-Aktien. In der Folgezeit zeigte das neue Managerteam brillante Leistungen. Dem Unternehmen ging es so gut, dass Buffett und Charlie Munger 1996 einen Preis für die andere Hälfte der Aktien in Höhe von 2,3 Milliarden Dollar als angemessen erachteten und bezahlten – eine erstaunliche Steigerung um das 50-Fache gegenüber den 45,7 Millionen Dollar, die sie für die erste Hälfte bezahlt hatten.

Aber selbst das erscheint billig, wenn man bedenkt, welchen Nutzen GEICO für Berkshire Hathaway hatte. In den meisten Jahren erzielte das

Unternehmen versicherungstechnische Gewinne – die Differenz zwischen den Einnahmen aus dem Verkauf von Policen und den Kosten für Schäden und Aufwendungen (einen versicherungstechnischen Überschuss zu erzielen ist bei Versicherungsunternehmen nicht üblich; sie begnügen sich damit, im operativen Geschäft ein ausgeglichenes Ergebnis zu erzielen, während sie hoffen, mit Investitionen Geld zu verdienen).

Tatsächlich war das Geschäftsmodell von GEICO so gut, dass das Unternehmen in vielen Jahren eine Milliarde Dollar aus dem Versicherungsgeschäft erwirtschaftete, sodass Buffett mehr Geld für andere Investitionen zur Verfügung hatte. Darüber hinaus verfügte das Unternehmen über einen enormen Bestand an Float, also an Geldern, die vorsorglich für die Auszahlung von Schäden im Unternehmen vorgehalten wurden. Ein Großteil davon konnte in Aktien investiert werden, um damit eine Rendite zu erzielen. In manchen Jahren erbrachte dieser Float eine weitere Milliarde Dollar an Kapitalgewinnen und Dividenden. Buffetts für Investitionen verfügbare Barmittel wurden also immer größer.

Aber wir greifen der Geschichte vor … Zunächst sollten wir uns die Umstände vergegenwärtigen, in denen sich Buffett Mitte der 1970er-Jahre befand.

WARREN BUFFETTS UNTERNEHMENS-SAMMLUNG MITTE DER 1970ER-JAHRE

Bevor wir uns den Investitionen widmen, die Buffett in der zweiten Hälfte der 1970er-Jahre und darüber hinaus tätigte, müssen wir uns vor Augen führen, welche Karten er zu dieser Zeit ausspielen konnte. Wir beginnen mit einem Blick auf das Ausmaß des Imperiums, das Buffett in seinen Vierzigern kontrollierte.

Nach der Schließung von Buffett Partnership im Jahr 1970 investierten er und seine Frau Susan den größten Teil ihres Geldes in die

Aktien von Berkshire Hathaway, das damals hauptsächlich ein Textilhersteller in Neuengland war, der um seine Gewinne kämpfte. Er hatte im Mai 1965 die Kontrolle über dieses 20-Millionen-Dollar-Unternehmen übernommen, wobei ihn das Nettovermögen angezogen hatte – sicher nicht die Qualität des operativen Geschäfts, auch wenn kurzzeitig die Hoffnung aufkeimte, dass es zu einer Wende kommen könnte.

Buffett ordnete sofort an, die Investitionen in den Textilbetrieb streng zu begrenzen – jeder eingesetzte Dollar musste mindestens einen Dollar an echtem Wert, also eine gute Rendite auf das eingesetzte Kapital, erbringen. Buffett hielt dies nur selten für wahrscheinlich und verzichtete daher generell auf Expansionen oder raffinierte neue Maschinen. Stattdessen sammelte BH Dollar aus dem Verkauf von Vermögenswerten und gelegentlichen Gewinnen ein. Es begann die Suche nach geeigneten Orten für dieses Geld, an denen es mehr als nur einen Dollar an Wert schaffen würde.

National Indemnity

Im Jahr 1967 fand Buffett in seiner Heimatstadt Omaha genau eine solche Investition: National Indemnity, eine Kraftfahrzeug- und Unfallversicherung, die Berkshire Hathaway für 8,6 Millionen Dollar kaufte. Das Unternehmen verfügte wie GEICO über ein ausgezeichnetes Geschäftsmodell, das von kompetenten und ehrlichen Managern geführt wurde. Es war daher in der Lage, auf einem wettbewerbsorientierten Markt einen versicherungstechnischen Gewinn dadurch zu erwirtschaften, dass es ein effizientes, kostengünstiges Unternehmen mit einem zuverlässigen und hochwertigen Service war.

Ebenso wichtig für Buffett war der Float, der 1967 bei 17,3 Millionen Dollar lag. Es dauerte nicht lange, bis Buffett diesen Betrag auf mehr als 70 Millionen Dollar aufgestockt hatte. Mit diesem großen Geldbetrag konnte Berkshire weiterhin auch dann Kapitalgewinne und Dividenden/

Zinsen aus seinen Wertpapierbeständen erzielen, wenn das Versicherungsgeschäft eine Zeit lang unter niedrigen Prämiensätzen litt.

Buffett wurde süchtig nach Versicherungsunternehmen, vor allem nach solchen, die eine gewisse Aussicht auf Gewinne (oder nur geringe Verluste) und einen hohen Float hatten. BH kaufte weitere Sach- und Unfallversicherungen, Berufsunfallversicherungen und stieg in das Rückversicherungsgeschäft ein.

Die Bank in Rockford

Berkshire hatte außerdem im Jahr 1969 über 15 Millionen Dollar in eine kleine Bank in Rockford investiert, die Illinois National Bank and Trust. Diese erwirtschaftete für BH Jahr für Jahr Spitzengewinne nach Steuern zwischen zwei und vier Millionen Dollar. Die daraus fließenden Barmittel konnte Buffett zum Kauf anderer großartiger Unternehmen und von Aktien verwenden, die zu günstigen Preisen gehandelt wurden.

Die Washington Post

1974 kaufte Berkshire Hathaway für 10,6 Millionen Dollar 9,7 Prozent der Aktien der *Washington Post*. Nachdem die Bedrohung der Zeitung durch die Nixon-Regierung vorbei war, begann ihr Wert zu steigen.

Retailing und ein paar Extras

Das zweite wichtige Unternehmen nach Berkshire im Portfolio der Familie Buffett, das aus der Schließung der Buffett Partnership hervorging, war Diversified Retailing. Als Buffett Partnership 1966 seinen Anteil von 80 Prozent an dem Unternehmen erwarb, war es ein einfacher Kaufhaus-Einzelhändler – ein angeschlagenes Unternehmen, aber mit einem beeindruckenden Nettovermögen.

Später kaufte es eine Kette von etwa 75 Bekleidungsgeschäften (Associated Cotton Shops) und schaffte es zu Buffetts großer Erleichterung und Beschämung, die Kaufhäuser mit nur *geringem* Verlust zu veräußern. Dieser Verkauf brachte ihm etwa elf Millionen Dollar ein, die er in den frühen 1970er-Jahren für andere Investitionen verwendete. Außerdem erwirtschaftete die Bekleidungshauskette jedes Jahr etwa eine Million Dollar nach Steuern, was Buffett noch mehr Investitionsmöglichkeiten bot.

So fing es mit Diversified Retailing an, aber Mitte der 1970er-Jahre ordnete Buffett an, dass das Unternehmen auch in den Versicherungsmarkt einsteigen sollte. Das Unternehmen verkaufte Feuer-, Unfall- und Berufsunfallversicherungen. So hatte Buffett über den Versicherungsmarkt eine weitere Geldquelle für Investitionen.

Ein beträchtlicher Teil der Barmittel von Diversified Retailing wurde für den Kauf von Anteilen an anderen von Buffett kontrollierten Unternehmen verwendet. Das Unternehmen besaß etwa ein Siebtel der Berkshire-Aktien und 16 Prozent des dritten Pfeilers des Buffett-Imperiums, Blue Chip Stamps.

Blue Chip Stamps

Blue Chip Stamps war attraktiv, weil es ebenfalls über einen Float verfügte. Aber die Liquidität wurde nicht durch die Verzögerung zwischen dem Verkauf von Versicherungspolicen für Vorabprämien und der Auszahlung von Ansprüchen geschaffen. Das Unternehmen verfügte über eine Menge Bargeld aus dem Verkauf von Coupons an Einzelhändler, zum Beispiel Tankstellen, die sie dann an Kunden weitergaben. Die Kunden sammelten die Wertmarken in Heften und tauschten sie später gegen Gegenstände wie Wasserkocher und Toaster ein.

Zwischen dem Eingang der Zahlungen von Einzelhändlern bei Blue Chip und der Abgabe eines Toasters lag oft eine lange Zeitspanne – und oft vergaßen die Leute einfach, dass sie die Coupons hatten. So baute Blue Chip einen Bestand von 60 bis 100 Millionen Dollar als Reserve auf, um Toaster und Ähnliches zu kaufen. Buffett erkannte, wo dieses Geld eingesetzt werden konnte. Er tätigte eine seiner größten Investitionen mit dem Geld von Blue Chip Stamp, indem er 1972 für 25 Millionen Dollar See's Candies kaufte. Dies verschaffte ihm einen ständig wachsenden Einkommensstrom, den er in Aktien investierte (bis 2019 wurden ihm mehr als zwei Milliarden Dollar übergeben).

Eine weitere großartige Position von Blue Chip Stamps war und ist Wesco, das sich ursprünglich auf den Sparkassen- und Bausparkassenmarkt (S&L = Savings and Loan) konzentrierte. Nachdem Buffett und Munger die Kontrolle übernommen hatten, wurde der Schwerpunkt auf das Halten von Bargeld und Wertpapieren verlagert, wobei das S&L-Geschäft zu einem Teil dessen wurde, was zu einer großen diversifizierten Holdinggesellschaft und einem Versicherungskonzern werden sollte.

DER STAND DER DINGE MITTE DER 1970ER-JAHRE

Buffett hatte beim Streben nach werthaltigen Investitionen nebenher ein Gewirr von Überkreuzbeteiligungen geschaffen. Innerhalb dieser Sammlung gab es mindestens drei Geldpools, in die Buffett investieren konnte:

1. Berkshire Hathaways Versicherungs-Float in Höhe von über 70 Millionen Dollar (Tendenz stark steigend). Neben den Dividenden, Zinsen und Kapitalerträgen aus diesen Anlagen flossen jährliche Gewinne aus dem Versicherungs-, Textil- und Bankgeschäft (zwischen 6,7 und 16 Millionen Dollar).
2. Der aufkeimende Versicherungs-Float von Diversified Retailing plus Einnahmen aus Bekleidungsgeschäften (circa eine Million Dollar pro Jahr) und aus Beteiligungen an Berkshire und Blue Chip.
3. Blue Chips Float von 60 bis 100 Millionen Dollar. Aus diesem Investitionspool flossen Dividenden, Zinsen und

Kapitalgewinne, außerdem hielt das Unternehmen beherrschende Positionen bei See's Candies (jährliche Gewinne von etwa drei Millionen Dollar) und Wesco (Gewinne von etwa drei bis vier Millionen Dollar).

Abbildung C: Ungefährer Anteilsbesitz Mitte der 1970er-Jahre

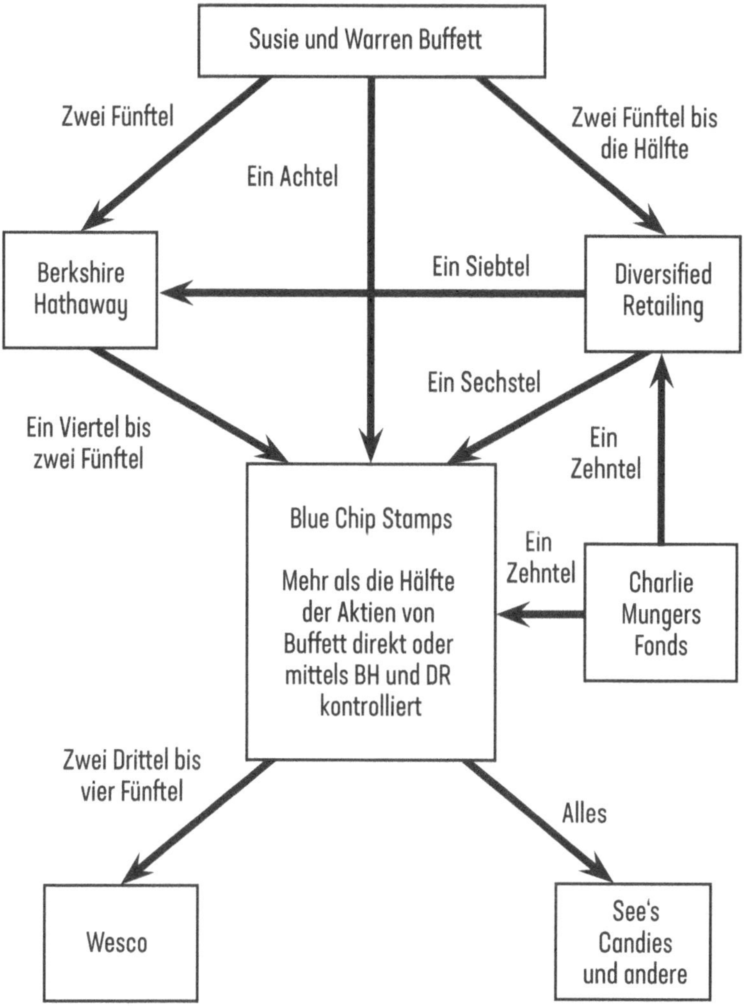

Dieses verworrene Geflecht von Beteiligungen hatte einen Nachteil: Die Börsenaufsichtsbehörde Securities and Exchange Commission (SEC) stellte fest, dass Buffett möglicherweise Maßnahmen ergriff, die den Interessen von Minderheitsaktionären in einigen der Unternehmen schadeten.

Buffett hatte nicht die Absicht, ein Wirrwarr zu schaffen oder Mitaktionäre, die ihm ihr Vertrauen geschenkt hatten, zu diskriminieren; er betrachtete diese Menschen als Partner, die mit Integrität und Fairness behandelt werden sollten. Aber allein der Eindruck, dass Interessenkonflikte möglich waren, veranlasste ihn und Charlie Munger 1978, die gesamte Struktur zu vereinfachen.

Diversified Retailing fusionierte Ende 1978 mit Berkshire Hathaway (Berkshire kaufte alle Diversified-Aktien im Tausch gegen eigene Aktien). Im Gegenzug für Charlie Mungers Diversified-Aktien erhielt er zwei Prozent von Berkshire Hathaway und wurde zum stellvertretenden Vorsitzenden ernannt.

Berkshire kontrollierte damals Blue Chip Stamps und hielt etwa 58 Prozent der Aktien. Buffett hielt 43 Prozent von Berkshire und 13 Prozent von Blue Chip. Seine Frau Susie besaß drei Prozent von BH.

1983 kaufte Berkshire alle verbleibenden Aktien von Blue Chip, um die Struktur noch weiter zu verbessern.

Nachdem die Hintergründe geklärt sind, wollen wir uns nun die Geschäfte ansehen, die Buffetts Vermögen von 100 Millionen Dollar auf eine Milliarde Dollar ansteigen ließen. Wir beginnen, wie oben erwähnt, mit GEICO.

Investition 1

GEICO

Eckpunkte des Geschäfts

Geschäft	**GEICO**
Zeitpunkt	1976 bis heute
Gezahlter Preis	45,7 Millionen Dollar für 51% (1976-1980). 2,3 Mrd. $ für den Rest im Jahr 1996
Menge	Ursprünglich 1,99 Mio. wandelbare Vorzugsaktien (19,42 Millionen Dollar) und 1,29 Mio. Stammaktien (4,12 Millionen Dollar)
Verkaufspreis	Immer noch Teil von Berkshire Hathaway
Gewinn	Dutzende von Milliarden Dollar, Tendenz steigend
Berkshire Hathaway im Jahr 1976	Aktienkurs: 40-80 Dollar Buchwert: 92,9 Mio. Dollar Buchwert pro Aktie: 95 Dollar

Warren Buffett bezeichnete den Kauf von GEICO-Aktien in den 1970er-Jahren als die „wahrscheinlich beste Einzelinvestition“, die er je getätigt hatte.[1] Er verdiente damit auf jeden Fall eine Menge Geld – die ursprüngliche Beteiligung von 45,7 Millionen Dollar hat sich inzwischen mindestens verhundertfacht.

DREI POSITIVE KREISLÄUFE

Der positive Kreislauf der Betriebskosten

Die Geschichte von GEICO ist eine Geschichte von drei positiven Kreisläufen. Der erste ist das, was man als *den positiven Kreislauf der Betriebskosten* bezeichnen könnte. Er wurde von den Gründern Leo Goodwin und seiner Frau Lillian in den 1930er-Jahren geschaffen und von nachfolgenden brillanten Managern weiter ausgebaut. Die Goodwins erkannten, dass die Kfz-Versicherung ein sehr wettbewerbsintensives Geschäft ist. Tatsächlich handelt es sich um eine Massenware, bei der es sehr schwierig ist, einen höheren Preis zu verlangen, indem man ein Produkt anbietet, das sich von den anderen abhebt. Die meisten Kunden wollen einfach nur den niedrigsten Preis und wechseln im Nu den Anbieter.

Abbildung 1.1: Der positive Kreislauf der betrieblichen Aufwendungen

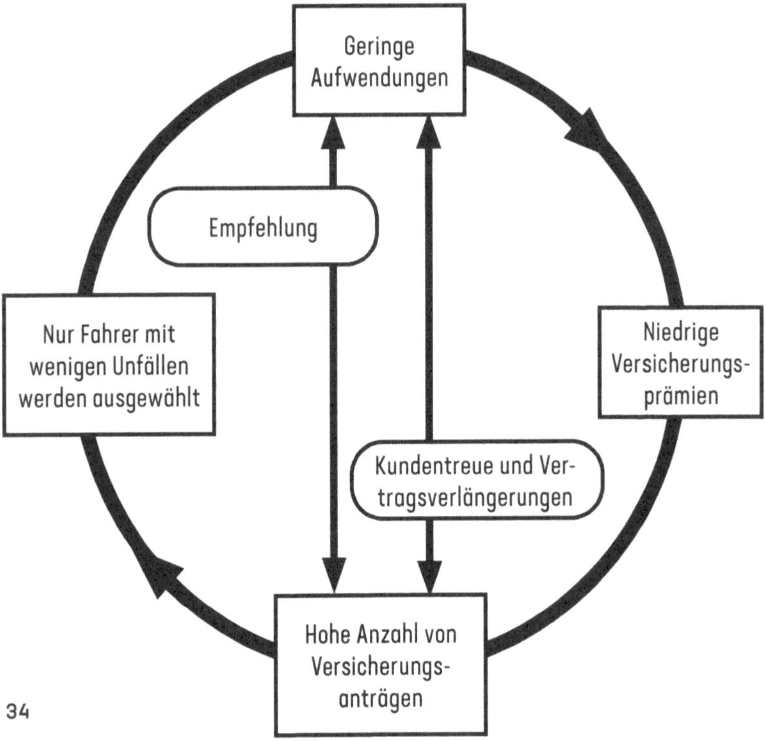

Infolgedessen ist es für viele Versicherungsunternehmen schwierig, eine zufriedenstellende Rendite auf das eingesetzte Kapital zu erzielen, da sie auf niedrige Preise angewiesen sind, um das Umsatzvolumen zu halten. Der Schlüssel zur Steigerung der Renditen liegt bei solch einem Geschäft daher in der kontinuierlichen Senkung der Kosten. Die Frage ist nur, wie man das macht.

Die überwiegende Mehrheit der Versicherungsunternehmen hat Mitte des 20. Jahrhunderts Vertriebsmethoden eingeführt, bei denen Versicherungsvertretern und Vertriebsmitarbeitern hohe Summen für den Verkauf von Policen an Endkunden gezahlt werden. Diese Methode der Vermittlung bedeutet, dass etwa 40 Prozent der Prämieneinnahmen für Verwaltung und Verkauf ausgegeben werden, wenn man die Provisionskosten zu den Gemeinkosten hinzurechnet. GEICO hat einen Weg gefunden, mehr als ein Drittel davon einzusparen. Dies geschah durch den positiven Kreislauf der Betriebskosten.

Der Ansatzpunkt – niedrige Kosten – hat zwei Aspekte. Erstens sollte die Versicherung direkt an den Kunden verkauft werden, ohne einen Vertreter bezahlen zu müssen. Dies kann durch den Verkauf per Post oder Telefon (und heute über Smartphones) erreicht werden.

Wie der 21-jährige Buffett in einem im *Commercial & Financial Chronicle* veröffentlichten Artikel mit dem Titel „The Security I like Best“ schrieb, hat diese Direktverkaufsmethode noch einen weiteren Vorteil: „Es gibt keinen Druck seitens der Vermittler, fragwürdige Antragsteller zu akzeptieren oder hohe Risiken zu verlängern.“

Dies führt uns zum zweiten Aspekt: nur an eine ausgewählte Gruppe zu verkaufen, die bekanntermaßen einen hohen Anteil an sicheren Fahrern mit einem stabilen monatlichen Einkommen umfasst und welche sich leicht ansprechen lassen.

GEICO ist sich der Konkurrenz bewusst und sehr daran interessiert, die Bestandskunden zu halten, und es hat sich selbst die Regel auferlegt, dass alle oder der größte Teil der Kosteneinsparungen an die Verbraucher weitergegeben werden müssen. Buffett strebt heute einen versicherungstechnischen Gewinn von maximal vier Prozent auf den GEICO-Umsatz an; wird dieser Wert überschritten, werden die Versicherungspreise gesenkt. Auf diese Weise kommt der größte Teil der durch die Senkung der Betriebskosten erzielten Einsparungen dem Kunden zugute.

In den ersten zwei Jahrzehnten des Bestehens des Unternehmens verbot es sich, an Personen außerhalb einer bestimmten Gruppe zu verkaufen. Wie der Name des Unternehmens schon sagt, handelte es sich dabei um Staatsbedienstete (einschließlich Militärangehörige). Diese Ausrichtung senkte sowohl die Marketingkosten als auch die Zahl der Schadensfälle, da diese Gruppe einen überdurchschnittlich hohen Anteil an verantwortungsbewussten und besonnenen Personen (risikoarme Fahrer) aufwies.

Erst 1958 durften auch Nicht-Staatsbedienstete eine GEICO-Versicherung abschließen. Aber selbst dann galt das Angebot nur für zivile Fach-, Technik- und Führungsberufe.

GEICO gelang und gelingt es sehr gut, Bestandskunden zu halten, indem es in der Verwaltung und bei der Unterstützung der Kunden nach einem Unfall einen hochwertigen Service entwickelt hat. Dieser trägt dazu bei, das Niedrigkostenmodell zu unterstützen. Die hohe Servicequalität hilft auch bei einem anderen Aspekt des Geschäftsmodells: Eine so große Anzahl von Anträgen ermöglicht eine große Selektivität beim Verkauf von Policen nur an diejenigen, die im Verhältnis zum Risiko eines Schadensfalls die größte Wahrscheinlichkeit eines finanziellen Gewinns bieten.

Viele Neukunden wurden und werden gewonnen, weil bestehende Kunden so beeindruckt sind, dass sie GEICO ihren Freunden empfehlen – eine weitere Möglichkeit, die Kosten für die Akquise zu senken.

Der positive Kreislauf des Vertrauens

Dieser zweite positive Kreislauf trat während der Krise ein, mit der das Unternehmen 1976 konfrontiert war. Ich werde später noch viel ausführlicher darauf eingehen, daher werde ich jetzt nicht viel mehr sagen, als dass das Unternehmen auf den Konkurs zusteuerte, weil die Aktien- und Anleiheinvestoren sowie die Rückversicherer kein Vertrauen in die Überlebensfähigkeit des Unternehmens hatten. Das Vertrauen in die Manager und in die Bilanz war verschwunden.

Um zu überleben, benötigte das Unternehmen dringend Eigenkapital. Wenn jemand das nötige Geld aufbringen würde, dann würden andere auf den Finanzmärkten zu glauben beginnen, dass das Unternehmen eine vernünftige Aussicht auf langfristige Rentabilität hätte. Dies wiederum würde genügend Vertrauen schaffen, um die Versicherungsnehmer zurückzugewinnen und um Kreditgeber und Rückversicherer anzuziehen.

Aber niemand wollte den ersten Schritt tun. Das führte zu einer Zwickmühle, da jeder potenzielle Geldgeber darauf wartete, dass jemand anders den sehr riskanten Schritt unternahm, das Unternehmen mit einer Kapitalspritze in Höhe von zig Millionen Dollar wieder aufzurichten. Die Überlegung war, dass die erste Kapitalspritze funktionieren könnte … oder auch nicht. Weitere Leichen könnten aus dem Schrank kippen oder auch nicht. Warum also ein so extremes Risiko eingehen? Am besten hielt man sich heraus.

Das war die Haltung aller, außer einem. Buffett konnte erkennen, dass die wirtschaftliche Marktstellung – die kostengünstige Methode und der gute Ruf bei den treuen Kunden – intakt war, auch wenn sie hinter einer erschreckenden neuen Versicherungspraxis versteckt war.

Buffetts Kapitalintervention verwandelte den Kreislauf von einem Teufelskreis in einen positiven Kreislauf, da das Geld von Berkshire Hathaway die Bilanz stärkte und Vertrauen in den Markt brachte. Rückversicherer kehrten zurück, um einen Teil der Versicherungsrisiken zu übernehmen; Aufsichtsbehörden und Kreditgeber wurden entgegenkommender.

Der positive Kreislauf aus Verbindlichkeiten und Geldschöpfung

Abbildung 1.2: Positiver Kreislauf aus Verbindlichkeiten und Geldschöpfung

In der Geschichte von Warren Buffett haben wir anhand von National Indemnity bereits erkannt, wie er das, was Buchhalter als Verbindlichkeit einstufen, in einen Vermögenswert verwandeln kann, der Berkshire Millionengewinne einbringt. Er tut dies, indem er den Versicherungs-Float einsetzt, um gute Renditen aus Sicherheiten zu erzielen, Zinsen auf festverzinsliche Wertpapiere zu erwirtschaften und Dividenden und Kapitalgewinne aus Aktien zu erzielen.

Er konnte feststellen, dass das Geschäftsmodell von GEICO zu einem großen und vorhersehbaren Geldfluss führte, der darauf wartete, anderswo investiert zu werden. Es gab im Rahmen von GEICO auch eine staatliche Geldquelle – der zeitliche Abstand zwischen einer Steuerzahlung, die unter dem Posten „latente Steuern“ in den Büchern stand, und dem tatsächlichen Abfluss des Geldes.

WAS HATTE GEICO IN DIE KNIE GEZWUNGEN?

Anfang der 1970er-Jahre geriet GEICO völlig aus der Bahn. Das Unternehmen war äußerst unrentabel, weil seine Manager die Einnahmen in die Höhe getrieben hatten, ohne sich den wahrscheinlichen künftigen Schadensfällen zu widmen. Wie bei so vielen anderen Versicherungsunternehmen waren die Geschäftsführer auf das Geschäftsvolumen fixiert und dachten dabei zu wenig über die langfristigen Gewinne nach.

Von außen betrachtet war es für Buffett sehr traurig, diesen Verlust von Selbstkontrolle mitzuerleben, zumal er sich gern an sein erstes bedeutendes Value-Investment im Jahr 1951 erinnerte. Traurig war es auch für Lorimer Davidson, der 1958 das Amt des Präsidenten vom Gründer Leo Goodwin übernommen hatte. Während Davidsons 12-jähriger Führungszeit stiegen die Prämien von 40 Millionen Dollar (mit 485.443 Policen) auf 250 Millionen Dollar, und GEICO wurde mit fast zwei Millionen verkauften Policen pro Jahr zum fünftgrößten Autoversicherer in den Vereinigten Staaten. Wichtig zu erwähnen ist, dass dieses stetige Wachstum unter den Bedingungen einer strikten Vergabedisziplin stattfand – das heißt, dass man sich eher von Geschäften trennte, als dass man Prämieneinnahmen akzeptierte, die im Verhältnis zu den wahrscheinlichen Schadensfällen und Verwaltungskosten unzureichend waren.

Ende 1970 trat der 71-jährige Davidson von seinem Amt als Präsident und Vorsitzender zurück, und das geschäftliche Siechtum setzte ein. Obwohl sein Rat immer noch gefragt war, wurde er in seiner neuen Position als ein Vorstandsmitglied unter anderen von denjenigen überstimmt, die auf Wachstum drängten und sich für das Vorauswissen neuartiger Computerprogramme begeisterten, die angeblich in der Lage waren, das Versicherungsrisiko sehr viel besser einzuschätzen als die vermeintlich gestrigen Männer und Frauen bisher.

Die Jagd nach Wachstum

1973 hob GEICO alle beruflichen Beschränkungen für den Abschluss einer Versicherung auf – jeder konnte einen Antrag stellen. Das Unternehmen nahm Fabrikarbeiter und Personen unter 21 Jahren auf, beides Gruppen mit schlechteren Unfallstatistiken als GEICOs traditionelle Kunden. Aber was machte das schon aus, die brillante neue Software würde doch die angemessenen Risikoprämien für diese Gruppen mit großer Genauigkeit berechnen, oder?

Die Öffnung für alle erwachsenen Amerikaner steigerte die Nachfrage so sehr, dass GEICO mit jährlichen Prämieneinnahmen von mehr als 479 Millionen Dollar zum viertgrößten börsennotierten Autoversicherer aufstieg. Während die Anleger auf das Wachstum des Unternehmens fixiert waren, stiegen GEICO-Aktien auf 61 Dollar.

In diesem hektischen Expansionsdrang wurde an 25 Millionen Menschen Direktwerbung verschickt, und die Manager richteten 123 Außenstellen ein, in denen fest angestellte Vertreter Versicherungspolicen verkauften. Die Einrichtung dieser Geschäftsstellen war recht kostspielig, denn es fielen Ausgaben für Immobilien, eine große Anzahl neuer Mitarbeiter und Kosten für die Computerausrüstung an. Dieser Aufbau von Geschäftsstellen war Teil der allgemeinen Nonchalance bei der Kostenkontrolle – genau dessen, worauf der Wohlstand des Unternehmens beruhte.

Die Führungskräfte waren zuversichtlich, was die Zukunft betraf, und ließen die Märkte von ihrer Zuversicht wissen. Aber wie Buffett zu sagen pflegt: „Erst wenn die Ebbe einsetzt, entdeckt man, wer nackt geschwommen ist."

Das Blatt wendet sich

Auf dem Höhepunkt seiner Hybris wurde das Unternehmen von einer Änderung der Versicherungsgesetze getroffen. Zuvor war der Versicherer des Fahrers, der einen Unfall verschuldet hatte, für die Zahlungen an alle Beteiligten verantwortlich gewesen. Für GEICO war dies ein Vorteil, da das Unternehmen traditionell nur die vorsichtigsten Fahrer versicherte, die selten Fehler machten. Daher zahlte das Unternehmen nur wenig Schadensersatz.

Nach den neuen, in 26 Staaten verabschiedeten Gesetzen zur verschuldensunabhängigen Versicherung richteten sich die Zahlungen nach einem Unfall jedoch nach dem Ausmaß des Schadens und nicht danach, wer die Schuld trug. Der Grund für diese Gesetze war der Wunsch, die Zahl der langwierigen Gerichtsverfahren nach Unfällen zu verringern. Im Rahmen der verschuldensunabhängigen Versicherung konnte jeder Fahrer für die erlittenen Schäden eine Zahlung aus seiner eigenen Police in Anspruch nehmen.

Eine weitere Belastung wurde GEICO von den staatlichen Aufsichtsbehörden auferlegt, die auf die öffentliche Kritik an den steigenden Versicherungstarifen reagierten; sie beschlossen, die Tarife der Versicherer zu beschränken. Da GEICO seine Policenanzahl binnen Kurzem aggressiv erhöht hatte, verursachten diese beiden staatlichen Belastungen bei GEICO viel mehr Leidensdruck als bei seinen Hauptkonkurrenten. Erschwerend kam hinzu, dass in dieser Zeit die Kosten für Krankenhausaufenthalte, Operationen und Autoreparaturen rapide anstiegen.

Unzulänglichkeiten im Management

Während der Expansionsphase hatte das Führungsteam Schätzungen über die wahrscheinlichen Verluste aus Schadensfällen vorgenommen, die in die Schätzungen der Bilanzstärke einflossen. Sie hatten dies Jahr für Jahr getan. Als sie jedoch auf das Jahr 1975 zurückblickten, stellten die Verantwortlichen fest, dass sie bedauerlicherweise zu optimistisch gewesen waren – die Verluste waren um 100 Millionen Dollar unterschätzt worden. Insgesamt gab es in den Büchern von GEICO 2,3 Millionen verlustbringende Policen.

Als sie die Folgen der Fehler summiert hatten, sahen sich die Direktoren 1975 gezwungen, eine Bombe platzen zu lassen: Sie hatten einen Verlust von 126,5 Millionen Dollar gemacht. Die Dividendenausschüttung wurde ausgesetzt und die Aktie fiel auf fünf Dollar.

In einem Interview sagte der inzwischen pensionierte Benjamin Graham – bis 1965 17 Jahre lang Direktor von GEICO – im Jahr 1976: „Ich frage mich, ob das Unternehmen nicht viel zu schnell expandierte ... Es lässt mich erschaudern, wenn ich daran denke, wie viel Geld es in einem Jahr verlieren konnte. Unglaublich! ... Man muss schon ein Genie sein, um so viel Verlust zu machen."[2]

Lorimer Davidson war erschüttert. Er wusste, dass er seinen Ruhestand unterbrechen musste, um zu versuchen, das Unternehmen zu retten. Eine seiner Maßnahmen war die Bildung eines auserlesenen Unternehmensausschusses, der eine neue Führung für das angeschlagene Unternehmen suchen sollte.

WARREN BUFFETT INTERESSIERT SICH FÜR GEICO

Auf der Jahreshauptversammlung von GEICO im April 1976 machten Hunderte von wütenden Aktionären ihrem Unmut Luft. Sie wollten nicht, dass die derzeitigen Geschäftsführer weitermachten. Um den Druck zu erhöhen, meldeten sich Aufsichtsbehörden aus vielen Bundesstaaten und wollten wissen, ob GEICO stark genug wäre, um den Konkurs zu vermeiden und somit den Verpflichtungen gegenüber den Versicherungsnehmern nachzukommen.

Die Aufsichtsbehörden erkannten, dass das Unternehmen dringend Rückversicherungen benötigte, um einen Teil seines Risikos abzudecken, sowie eine umfangreiche langfristige Kapitalzufuhr. Trotz der Beteuerungen des Unternehmens war die Versicherungsaufsichtsbehörde in Washington D.C. nicht davon überzeugt, dass das Unternehmen überleben könnte, und beabsichtigte daher, es sehr bald für insolvent zu erklären.

Das Unternehmen brauchte in dieser Lage einen sehr willensstarken CEO mit einem Plan und der festen Entschlossenheit, das Vorhaben bis zum Ende durchzuziehen. Jemanden, der die Kraft hatte, gegen alle Widrigkeiten anzukämpfen.

Doch wenige Tage nach der Hauptversammlung wurde der Vorstandsvorsitzende entlassen, sodass die Führung noch mehr geschwächt war. Sam Butler, der leitende Direktor, übernahm vorübergehend den Chefposten mit dem Auftrag, jemanden zu finden, der in der Lage wäre, das Unternehmen zu retten. Die Zeit war sehr knapp bemessen.

Jack Byrne als Retter des Unternehmens

Jack Byrne sollte Buffetts Schlüsselperson bei GEICO werden. Ich glaube, man kann mit Fug und Recht sagen, dass Buffett ohne Byrne nicht investiert hätte. Buffett musste sicherstellen, dass er jemanden an seiner Seite hatte, der (a) die wirklichen strategischen Stärken des Unternehmens erkennen konnte – die Stärken, die der vorherige CEO in seiner Wachstumsbegeisterung aus den Augen verloren hatte; und (b) den Mut und die Tatkraft besaß, das Unternehmen vom Rand einer bröckelnden Klippe zu holen. Buffett nannte Jack später „den Babe Ruth der Versicherungen".

Byrne war ein nüchterner Mann aus New Jersey, dem das Versicherungswesen im Blut lag. Er wuchs damit auf, dass er seinem Vater beim Abendessen zuhörte, wenn er über Versicherungen sprach, und machte seine ersten Erfahrungen als Teenager in der Versicherungsagentur der Familie. In seinen Zwanzigern sammelte Byrne als ausgebildeter Versicherungsmathematiker bei mehreren Unternehmen Erfahrungen im Rückversicherungsvertrieb und in der Geschäftsführung.

Aber der Ort, an dem er wirklich aufblühte, war die Travelers Insurance Company. Als er 1966 im Alter von 34 Jahren dort eintrat, stieg er schnell auf und wurde zum stellvertretenden Vorstandsvorsitzenden ernannt. Er erwarb sich den Ruf eines knallharten Managers – man wollte ihm gegenüber nicht auf der falschen Seite stehen, aber wer gute Leistungen brachte, wurde belohnt. Nachdem er 1975 bei der Wahl zum Vorstandsvorsitzenden übergangen wurde, beschloss er, dass es an der Zeit war, weiterzuziehen.

Butler rief Byrne kurz nach der explosiven Jahreshauptversammlung von GEICO an. Er überzeugte ihn davon, dass die Rettung des Unternehmens für die Aktionäre, den Versicherungssektor und die amerikanische Gesellschaft insgesamt wichtig sei. Byrne arbeitete einen Aktionsplan aus, um GEICO aus dem Schlamassel zu ziehen, den er dem offiziellen Ernennungsausschuss vorlegte. Der Ausschuss war beeindruckt, und Byrne trat im Mai 1976 sein Amt als CEO an.

Auf der To-do-Liste

Es gab keine Zeit zu verlieren. Die erste Aufgabe bestand darin, die Aufsichtsbehörden davon zu überzeugen, nicht den Unternehmensbetrieb einzustellen. Er besuchte fast täglich den Versicherungsbeauftragten des District of Columbia, um ihm seinen Plan und die Fortschritte zu erläutern. Dieser blieb skeptisch, aber er gewährte Byrne einige Wochen Aufschub, um etwas auf die Beine zu stellen. Er erhielt eine Frist bis Ende Juni, sonst wäre es vorbei.

Die zweite Aufgabe bestand darin, den Druck, der durch den großen Bestand an Versicherungspolicen entstand, zu mindern. Byrne hatte die Absicht, ein Konsortium anderer Versicherer zusammenzustellen, das 40 Prozent der von der Firma versicherten Risiken – Policen im Wert von über 25 Millionen Dollar – übernehmen sollte.

Es mag seltsam erscheinen, dass er glaubte, die Konkurrenten würden sein Unternehmen retten – würden sie denn nicht davon profitieren, wenn sie ihm nach GEICOs Ende die Kunden abwarben?

Byrne führte jedoch das Argument an, dass die Aufsichtsbehörden darauf bestehen würden, dass die Versicherungsnehmer nicht benachteiligt würden, wenn GEICO in Konkurs ginge – das heißt, sie müssten schließlich für alle unbezahlte Schäden aufkommen. Außerdem würde der Ruf der Versicherungsbranche Schaden nehmen, wenn einer der großen Akteure scheiterte, was die Nachfrage der Verbraucher nach Versicherungen im Allgemeinen verringern würde.

Trotz Byrnes Hartnäckigkeit erzielte er keine großen Fortschritte. Gerissene Konkurrenten kalkulierten, dass sie lieber den Schaden eines toten GEICO in Kauf nehmen würden, als GEICO wieder aufleben zu lassen und um Marktanteile zu kämpfen.

Byrne war erst wenige Tage im Amt, und es war bereits klar, dass ihm die Zeit davonlief. Hatte er einen schweren Fehler begangen, als er an Bord dieses sinkenden Schiffes ging?

Viele langjährige Aktionäre stiegen aus, und der Aktienkurs fiel auf zwei Dollar, was einem Rückgang von 97 Prozent gegenüber dem Kurs von 1972 entsprach. Sowohl Benjamin Graham als auch Lorimer Davidson behielten jedoch ihre Aktien.

Um den Geldabfluss einzudämmen, begann Byrne mit der Schließung zahlreicher GEICO-Büros im ganzen Land und halbierte die Zahl der Mitarbeiter. Außerdem setzte er Preiserhöhungen durch.

Es gab eine gute Nachricht: Die Washingtoner Versicherungsaufsichtsbehörde schloss das Unternehmen im Juni nicht, sondern erlaubte ihm, bis Juli weiterzumachen.

Buffett trifft Byrne

Buffett hatte den Kampf von der Seitenlinie aus beobachtet. Bevor er etwas unternahm, musste er herausfinden, ob Byrne wirklich die erforderlichen Qualitäten besaß, um das Unternehmen nicht nur zu retten, sondern auch wachsen zu lassen.

Er bat daher seine Freundin Kay Graham, Herausgeberin der *Washington Post* und eine hervorragende Netzwerkerin (siehe den Film *The Post*), ein Treffen zu arrangieren. Byrne, der mit seinem Überlebenskampf beschäftigt war und noch nie von Buffett gehört hatte, lehnte ein Treffen rundweg ab.

Lorimer Davidson erfuhr von dieser Brüskierung Buffetts und machte Byrne die Hölle heiß, indem er ihn unmissverständlich aufforderte, sich mit Buffett zu treffen. Als Buffett und Byrne dann an einem Juliabend zusammenkamen, sprachen sie bis tief in die Nacht miteinander.

Buffett wollte vor allem Folgendes wissen: die Überlebenschancen; den Plan für die Kapitalbeschaffung; ob es eine Einigung über die Art der wirtschaftlichen Marktstellung von GEICO als kostengünstiger Anbieter gab und ob die Marktstellung unter den Trümmern noch vorhanden war; und schließlich, ob Byrne derjenige war, der das Unternehmen durch die kommenden schwierigen Tage führen konnte.

Buffett war in jeder Hinsicht zufrieden. Er wusste, dass er alles, was er in GEICO investierte, verlieren konnte. Andererseits würde es ein Vielfaches der ursprünglichen Investition einbringen, wenn es gelang, das Unternehmen zu sanieren.

Mit Byrne an der Spitze standen die Chancen gut, dass das Unternehmen überleben und seinen rechtmäßigen Platz als Marktführer für preiswerte Kfz-Versicherungen wieder einnehmen würde.

DER KAUF VON GEICO-AKTIEN DURCH WARREN BUFFETT

Am Tag nach dem Treffen von Warren Buffett mit Jack Byrne kaufte Berkshire Hathaway GEICO-Aktien im Wert von über einer Millionen Dollar, und Buffett hinterließ Anweisungen für den Kauf von noch mehr Aktien. Insgesamt wurden 4,116 Millionen Dollar für 1.294.308 Aktien ausgegeben, was einem Durchschnittspreis pro Aktie von 3,18 Dollar entspricht. Dieser Kauf muss für Byrne ein echter Ansporn gewesen sein: Jemand außer ihm selbst glaubte an die Möglichkeit, das Unternehmen wiederzubeleben.

Einen weiteren Hoffnungsschimmer gab es Mitte Juli, als die Versicherungsaufsichtsbehörde in Washington ihre Hürden lockerte, um GEICO die Fortsetzung des Geschäfts zu ermöglichen. Jetzt musste GEICO nur noch eine Gruppe anderer Versicherungsgesellschaften davon überzeugen, dass es 25 Prozent seiner Risiken an sie weitergeben durfte. Ach ja, und es musste mindestens 50 Millionen Dollar an neuem Kapital beschaffen!

Dies wurde von einem Unternehmen verlangt, das eine Schaden-Kosten-Quote von 124 aufwies – einer der schlechtesten Werte, den ein Versicherungsunternehmen je hatte. Das bedeutete, dass es auf jeden Dollar, den es an Policen einnahm, 1,24 Dollar an Schadensersatzverpflichtungen und Kosten auszahlte.

In der langen Geschichte des Unternehmens verzeichnete GEICO zum ersten Mal einen versicherungstechnischen Jahresverlust. Byrne, der sich an einen Strohhalm klammerte, wies darauf hin, dass sich im zweiten Quartal 1976 die Schaden-Kosten-Quote auf 113 verbessert habe. Aber jeder konnte sehen, dass dies immer noch ein Verlust im Kerngeschäft war. Es war daher sehr schwierig, andere Versicherer, die GEICOs Versicherungsrisiken übernehmen sollten, und potenzielle Aktionäre von GEICO zu überzeugen.

BUFFETT UND BYRNE KREMPELN DIE ÄRMEL HOCH

Das Vertrauen in den Namen GEICO war sehr gering, aber Byrne hatte eine neue Karte, die er ausspielen konnte. Er hatte die Unterstützung von Warren Buffett, einem Mann, der an der Wall Street zunehmend als kluger Investor und Leiter der gut geführten Versicherungsgesellschaft National Indemnity anerkannt war.

Buffett war nicht nur bereit, sich zu Byrnes Plan, zur Qualität der wirtschaftlichen Marktstellung von GEICO und zu Byrnes Charakter zu äußern, sondern er hatte sein Urteil auch durch den Kauf von Aktien in Höhe von 4,116 Millionen Dollar untermauert. Seine Beteiligung hatte die Macht, die Dynamik bei Verhandlungen mit anderen zu verändern.

Da er und Byrne nun für eine gemeinsame Sache arbeiteten, suchte Buffett die Aufsichtsbehörde in Washington auf. Buffett erklärte, er habe Millionen von Dollar eingesetzt und zugestimmt, dass BH einen Teil des Versicherungsrisikos von GEICO übernehmen würde. Sicherlich würden selbst die strengsten Regulierungsbehörden genügend Zeit (ein paar Monate) einräumen, um andere Versicherer einzubinden und neu begebene Aktien zu verkaufen?

Das Problem bestand darin, dass die anderen Versicherungsgesellschaften nicht bereit waren, GEICO 25 Prozent der Risiken abzunehmen, es sei denn, es hätte die zusätzlichen 50 Millionen Dollar aufgebracht. Auf der anderen Seite waren die Finanzinstitute nicht bereit, 50 Millionen Dollar beizusteuern, wenn nicht ein Viertel der Versicherungsrisiken beseitigt worden war.

Die Lösung bestand darin, die beiden Aktionen gleichzeitig stattfinden zu lassen. Byrne hatte alle Hände voll zu tun. Bis Anfang August gelang es ihm, 27 Versicherer davon zu überzeugen, ein Viertel des Risikos rückzuversichern. Dies geschah jedoch unter der strikten Bedingung, dass GEICO mindestens 50 Millionen Dollar an neuen Aktien verkaufen konnte.

Der Haken an der Sache war, dass Byrne die Banker dazu bringen musste, eine Aktienemission zu zeichnen. Er suchte die großen Investmentbanken der Wall Street auf, um ihre Unterstützung für eine Emission zu gewinnen, aber eine nach der anderen wies ihn ab.

Verzweifelt suchte er eine verhältnismäßig kleine Firma namens Salomon auf, die eher auf den Handel mit Anleihen als auf die Beschaffung von Eigenkapital spezialisiert war. Es stellte sich heraus, dass die Firma ihr Eigenkapital stärken wollte, daher hörte sie sich Byrnes Vorschlag an. Sie hatte von Buffetts Engagement für GEICO gehört und konnte sich vorstellen, dass das Unternehmen gerettet werden und anschließend eine gute Rendite für die Aktionäre erwirtschaften könnte.

Ein Aktienangebot

Am 18. August 1976 berichtete die *New York Times*, dass „eine große Investmentbank angeboten hat, alle neuen Vorzugsaktien, die GEICO verkaufte, zu kaufen und der Öffentlichkeit erneut anzubieten". Salomon würde von den zehn Millionen Aktien (76 Millionen Dollar) alle übernehmen, die weder von den bestehenden Aktionären im Rahmen des Bezugsrechtsangebots noch von „Angehörigen der Unfallversicherungsbranche, die sich an einer Rückversicherungsvereinbarung mit GEICO beteiligt haben", gezeichnet wurden.

Die Vorzugsaktien boten acht Prozent Dividende pro Jahr und waren in Stammaktien wandelbar. Auf diese Weise konnten die Rückversicherer GEICO retten, eine Rufschädigung des Versicherungssektors vermeiden und Rückversicherungsprämien erhalten. Außerdem würden sie von jeder positiven Entwicklung von GEICO profitieren, indem sie ihre Vorzugsaktien in der Zukunft in Stammaktien umwandelten.

Jack Byrne sagte später: „Das ineinandergreifende Puzzle von Bestandteilen, die wir zusammenbringen mussten, war überwältigend. Die größte Herausforderung war das menschliche Element. Wir mussten verkaufen, überreden, verhandeln, Druck ausüben und schmeicheln – und das alles in einer Zeit, in der die Presse negativ über uns berichtete. Es war eine komplizierte, sensible Abfolge von kleinen Siegen, die das Ganze schließlich zum Erfolg führten. Aber Stück für Stück haben wir es geschafft."[3]

Es dauerte bis November, bis das Aktienangebot abgeschlossen war. Buffett war so überzeugt von der Zukunft von GEICO, dass er Salomon bereits mitgeteilt hatte, dass BH alle Vorzugsaktien übernehmen würde, die andere nicht kauften. Das war ein mutiger Schritt von Berkshire, dessen Marktkapitalisierung damals nicht viel mehr betrug als die Kosten für alle diese GEICO-Aktien.

Letztendlich war das Aktienangebot (und damit das Rückversicherungsgeschäft) ein Erfolg, und Berkshire kaufte nur 1.986.953 wandelbare Vorzugsaktien von GEICO für 19,42 Millionen Dollar. Dies war immerhin ein beträchtlicher Teil des Aktienportfolios von BH, das sich im Dezember 1976 auf 75,4 Millionen Dollar belief.

Sie hatten es geschafft! Byrne und Buffett hatten eine teuflische Abwärtsspirale aus nachlassendem Vertrauen und abfließendem Kapital in einen positiven Kreislauf aus Optimismus und Zufluss von Kapital und Versicherungspolicen verwandelt. Zum Jahresende verfügte GEICO über 137 Millionen Dollar Kapital – genug, um Wachstum zu ermöglichen.

Die an dem Rückversicherungsvertrag Beteiligten machten gute Gewinne aus dem Geschäft, und die Versicherer, die mutig genug gewesen waren, Aktien zu kaufen, sahen, wie diese im Wert stiegen.

Eine traurige Randnotiz: Der ehemalige GEICO-Vorsitzende Benjamin Graham, dessen Investmentfonds sich 1948 erstmals in das Unternehmen eingekauft hatte, erlebte den Abschluss der Kapitalbeschaffung und den Umschwung des Unternehmens unter der Führung von Byrne und Grahams einstigem Lehrling Warren Buffett nicht mehr mit, da er im September 1976 im Alter von 82 Jahren verstarb.

Abbildung 1.3: Der positive Kreislauf des Vertrauens im Jahr 1976

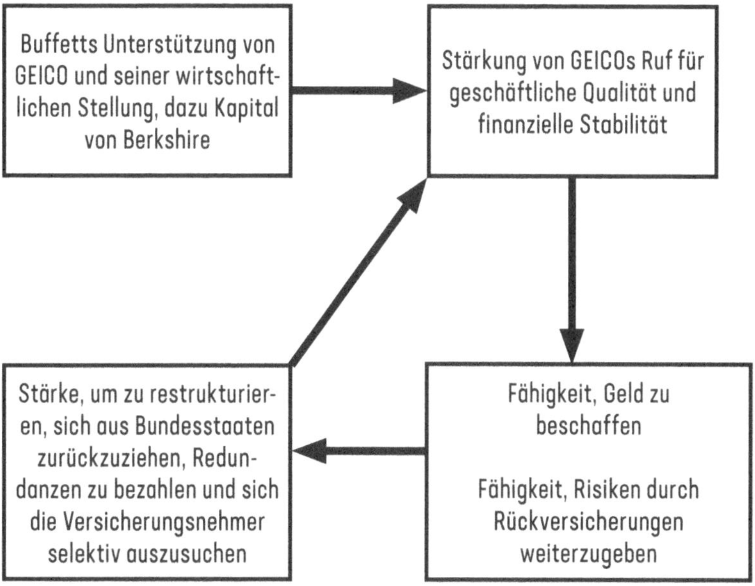

Buffett überlegt, warum er gekauft hat

1980 erklärte Buffett in seinem jährlichen Brief an die Aktionäre von Berkshire Hathaway, warum er einen so großen Teil ihres Geldes in GEICO investiert hatte.

Er sagte, sie hätten im Laufe der Jahre Hunderte von versuchten Turnarounds miterlebt und seien zu dem Schluss gekommen, dass „sich von wenigen Ausnahmen abgesehen der Ruf eines Unternehmens nicht verändert, wenn ein Management mit einem brillanten Ruf ein Unternehmen übernimmt, das in dem Ruf steht, schlecht zu wirtschaften".

Er fuhr fort, dass GEICO eine Ausnahme sein könnte, da das Unternehmen 1976 die Wende erst kurz vor dem Bankrott geschafft habe. Für die Wiederbelebung des Unternehmens sei brillantes Management nötig gewesen, und Jack Byrne habe es in Hülle und Fülle geliefert.

„Aber es ist auch wahr, dass der fundamentale Geschäftsvorteil, den GEICO genossen hatte – ein Vorteil, der zuvor zu atemberaubenden Erfolgen geführt hatte –, innerhalb des Unternehmens immer noch bestand, obwohl er von einem Meer finanzieller und operativer Probleme umgeben war."

Buffett verglich die Probleme von GEICO mit denen von American Express im Jahr 1964 nach dem Salatöl-Skandal. Beide, so Buffett, waren einzigartige Unternehmen, die vorübergehend unter den Auswirkungen von Missmanagement litten, was ihre außergewöhnliche wirtschaftliche Basis aber nicht zerstörte.

WARREN BUFFETTS INVESTITION IN GEICO STARTET DURCH

Tony Nicely von GEICO begann 1961 als 18-Jähriger in der Underwriting-Abteilung. Er wurde 1993 CEO und ging 2018 in den Ruhestand. Zur Zeit der Krise 1975-1976 war Nicely stellvertretender Vizepräsident. Er erinnert sich an eine stürmische Zeit, war aber dankbar, dass Jack Byrne am Ruder war und das Schiff in Sicherheit brachte.

In einem Interview mit Robert Miles sagte er, Byrne habe „GEICO vor der völligen Zerstörung bewahrt. Es gibt, wenn überhaupt, nur wenige Menschen, die das zu dieser Zeit hätten schaffen können. Jack war charismatisch, überzeugend und alles, was er sein musste."[4]

Tony Nicely lernte von Byrne eine Menge über das Versicherungsgeschäft. „Er verstand das Geschäft sehr gut ... er führte einen völlig neuen Managementprozess bei GEICO ein, der größtenteils noch heute existiert ... diejenigen von uns, die überlebten, lernten enorm viel von Jack – über das Versicherungsgeschäft, über Management und über vieles andere mehr."

Byrne fand die Mitarbeiter und Geschäftssysteme, die er geerbt hatte, in isolierten Silos vor: Die Preisgestalter machten ihr Ding, die

Schadenbearbeiter ihres, und um die Reserven kümmerte sich jemand anders. Er war entsetzt darüber, wie oft er hörte: „Das weiß ich nicht, und es ist nicht meine Aufgabe." Es war klar, dass das übergeordnete Ziel – das Erreichen eines akzeptablen Gewinns aus den eingenommenen Prämien – in der gesamten Organisation stärker verankert werden musste, damit alle am gleichen Strang zogen.

Byrne zog und drückte mit einiger Kraft und brachte das Unternehmen in Form. Er verlangte sehr viel, und die Umstellung war für die Belegschaft hart. „Ich fing als junger Mann an und wurde in zwei bis drei Jahren ein alter Mann", sagte Tony Nicely. „Wegen der vielen Stunden, die ich arbeiten musste, war ich einige Jahre lang weder Vater noch Ehemann. Aber es waren weder die langen Arbeitszeiten noch der Mangel an Freizeit, was mich veränderte; nicht einmal der Stress, nicht zu wissen, ob alles am Ende des Tages noch da sein würde oder nicht. Was mich zu einem alten Mann machte, waren all die Momente, in denen ich den Leuten in die Augen schauen und ihnen sagen musste: ‚Es tut mir leid, und es ist nicht Ihr Verschulden, aber ab Montag haben Sie keinen Job mehr.'"[5]

Kleiner, aber immer noch da

Wie erwartet, wurden für 1976 Verluste gemeldet. Im Jahr 1977 erwirtschaftete GEICO jedoch einen operativen Gewinn und verkündete die Rückkehr zur finanziellen Solvenz. Das Geschäftsvolumen war zwar stark zurückgegangen – der Marktanteil fiel von vier Prozent auf unter zwei Prozent –, aber es handelte sich nun um Policen, bei denen die Wahrscheinlichkeit eines positiven versicherungstechnischen Ergebnisses groß war.

Byrne war entschlossen, das Unternehmen zu seinen Wurzeln als Billiganbieter zurückzuführen. Er war so sehr auf Kostensenkungen bedacht, dass er sich viele Jahre lang keine eigene Sekretärin leistete. Was die Motivation zu außergewöhnlichen Leistungen angehe, so Buffett über ihn, sei er wie ein Hühnerzüchter, der ein Straußenei in den Hühnerstall rollt und sagt: „Meine Damen, das hat die Konkurrenz zustande gebracht."

Wie auch bei anderen Unternehmen, in die er investierte und wo er mit der dortigen Schlüsselperson interagierte – etwa Kay Graham bei der *Washington Post* oder Chuck Higgins bei See's Candies –, stellte Buffett die Person vor Ort nicht infrage. Er ließ sie ihre Arbeit ohne Einmischung erledigen und gab nur dann Ratschläge, wenn er ausdrücklich darum gebeten wurde. Buffett schenkte ihnen volles Vertrauen, was diese eigenständig denkenden Führungskräfte sehr zu schätzen wussten.

Eine Sache, die Buffett Byrne einprägte, war die Notwendigkeit, GEICO auf lange Sicht zu führen und keinesfalls nur, um eine kurzfristige Steigerung des Umsatzes oder der Erträge zu erzielen. Er ermutigte ihn, das Unternehmen so zu führen, als wäre es das einzige, an dem seine Familie beteiligt wäre und das er erst in 100 Jahren verkaufen könnte.

Trotz seines Widerwillens, sich einzumischen, fand Buffett Gefallen an der wöchentlichen Lektüre der Schlüsselkennzahlen. GEICO übermittelte jeden Dienstag Zahlen wie etwa den Prozentsatz der telefonischen Anfragen, die zum Abschluss einer Police führten.

Zu viel des Guten kann wunderbar sein

Buffett gefiel die Entwicklung, die er bei GEICO sah, so gut, dass er 1979 weitere 4,76 Millionen Dollar zu der ursprünglichen Beteiligung von BH in Höhe von 23,53 Millionen Dollar hinzufügte, als die Vorzugsaktien in Stammaktien umgewandelt worden waren. Im darauffolgenden Jahr kaufte BH weitere 18,85 Millionen Dollar, sodass sich die Gesamtinvestition auf 47,14 Millionen Dollar (für 7,2 Millionen Aktien) belief. Der über die vier Jahre gezahlte Durchschnittspreis betrug 6,55 Dollar. Berkshire hielt nun 33 Prozent der GEICO-Aktien.

In seinem Brief an die Aktionäre von Berkshire Hathaway im Jahr 1980 schrieb Buffett über seine Begeisterung für die Zukunft von

GEICO: „GEICO repräsentiert die beste aller Investitionswelten – die Verbindung eines sehr wichtigen und sehr schwer zu duplizierenden Geschäftsvorteils mit einem außergewöhnlichen Management, dessen Fähigkeiten im operativen Geschäft seinen Fähigkeiten in der Kapitalallokation entsprechen."

Aufmerksame Leser werden bemerkt haben, dass ich zuvor erklärt hatte, BH habe nur 45,7 Millionen Dollar für seine halbe Beteiligung ausgegeben, aber jetzt sage, dass BH über 47 Millionen Dollar ausgegeben hat. Der Grund für diese Differenz ist, dass GEICO, wie viele Unternehmen, auf die Buffett Einfluss hatte, eine Politik des Aktienrückkaufs einführte.

In einem Fall verkaufte BH einen Teil seiner GEICO-Aktien an das Unternehmen zurück. In vielen anderen Fällen unternahm es jedoch nichts und sah zu, wie die ausgegebenen Aktien sanken, wenn andere verkauften. Schließlich wurde Mitte der 1990er-Jahre aus einem Drittel der GEICO-Aktien die Hälfte, weil andere Investoren ihre Anteile an das Unternehmen verkauften.

Ein fantastischer 19-jähriger Lauf

Zwischen Ende 1976 und Anfang 1996 wuchs GEICO mit phänomenaler Geschwindigkeit. Es dauerte nur ein Jahr, bis die Stammaktien von 3,13 Dollar, die BH gezahlt hatte, auf 8,13 Dollar stiegen. Aber das war nur der Anfang der Auswirkungen auf Berkshire Hathaway und Buffetts Ruf. Im Jahr 1980 erwirtschaftete GEICO so hohe Gewinne, dass der Drittelanteil von BH 20 Millionen Dollar betrug – in einem Jahr erwirtschaftete GEICO fast die Hälfte dessen, was BH für seine Beteiligung bezahlt hatte.

Das nächste Jahr war sogar noch besser. Im Jahr 1981 verdoppelte sich der Kurs der GEICO-Aktien und machte mehr als die Hälfte des Zuwachses im Nettovermögen von Berkshire in diesem Jahr aus (insgesamt 124 Millionen Dollar oder etwa 31 Prozent). Zu diesem Zeitpunkt notierten die Aktien bei 27,75 Dollar – eine Verneunfachung in fünf Jahren – und der Wert der BH-Beteiligung war auf 200 Millionen Dollar angestiegen.

Tabelle 1.1: Der kometenhafte Wertzuwachs von Berkshires Beteiligung an GEICO

Jahr	Aktienkurs in USD	Börsenwert der GEICO-Beteiligung von BH in Millionen USD
1976	3,13	24
1977	8,13	44
1978	7,00	37
1979	11,88	68
1980	14,63	105
1981	27,75	200
1982	43,00	310
1983	58,13	398
1984	58,00	397
1985	87,00	596
1986	98,50	675
1987	110,50	757
1988	124,00	849
1989	152,50	1.045
1990	162,12	1.111
1991	198,98	1.363
1992	325,00	2.226
1993	256,87	1.760
1994	245,00	1.678
1995	349,34	2.393
1996	BH kauft für 2,3 Milliarden USD die restlichen 49%.	

Quelle: Warren Buffett, Briefe an die Aktionäre von BH 1976-1996. Die Ausgabe von Gratisaktien durch GEICO im Jahr 1992 (auf jede gehaltene Aktie vier zusätzliche Aktien) wurde hier nicht berücksichtigt.

Bis 1982 entsprach die Drittelbeteiligung von BH an GEICO einem Prämienvolumen von 250 Millionen Dollar, was erheblich mehr war als das gesamte direkte Volumen aller anderen BH-Versicherungsgesellschaften zusammengenommen, einschließlich National Indemnity. Und nur zwei Jahre später stiegen die Prämieneinnahmen von GEICO sprunghaft auf 885 Millionen Dollar an, was bedeutete, dass der Anteil von BH 320 Millionen Dollar betrug, weit mehr als das Doppelte des eigenen Versicherungsprämienvolumens von BH. Zu diesem Zeitpunkt (Anfang 1984) machte die GEICO-Beteiligung bei einem Aktienwert von rund 400 Millionen Dollar 27 Prozent des Reinvermögens von Berkshire aus.

Anfang der 1990er-Jahre waren die GEICO-Aktien auf mehr als 320 Dollar gestiegen, was Buffett einen 100-fachen Gewinn auf die Stammaktieninvestition von BH aus dem Jahr 1976 einbrachte (zu diesem Zeitpunkt waren die Aktien im Verhältnis 5:1 gesplittet worden, sodass der tatsächliche Preis bei 64 Dollar lag).

Im Maschinenraum

Byrne war sich der Notwendigkeit, eine gute Kapitalrendite zu erzielen, sehr bewusst. In diesem Zusammenhang war er sich über einen entscheidenden Indikator für gutes Management im Klaren, der erkennbar ist, wenn ein Unternehmen viele Barmittel aus dem operativen Geschäft erwirtschaftet: Hält es diese Barmittel fest, indem das Unternehmen es in die Geschäftsexpansion und einen wachsenden Cashbestand investiert, oder gibt es dieses Geld durch Dividenden und/oder Aktienrückkäufe an die Aktionäre zurück?

Gute Manager wissen, dass die Antwort davon abhängt, ob innerhalb des Unternehmens noch ein weiterer Dollar zu einer zufriedenstellenden Rendite investiert werden kann. Wenn dies nicht der Fall ist, sollte er an die Aktionäre gehen, um ihn anderweitig zu investieren.

Byrne investierte zwar innerhalb des Unternehmens, aber nur dort, wo ein investierter Dollar deutlich mehr als einen Dollar Rendite einbrachte. Es ging ihm nicht darum, aus Managerstolz oder der Vergütung halber ein Imperium aufzubauen. Jeder Dollar, der darüber hinausging, wurde für eine deutliche Erhöhung der Dividende verwendet, die sich zwischen 1980 und 1992 mehr als versechsfachte. Außerdem begann er, die Aktien des Unternehmens zurückzukaufen – letztlich wurden 30 Prozent der Aktien zurückgekauft.

Das Managementteam übte auch dadurch eine beeindruckende Zurückhaltung, dass es nur wirklich einträgliche Versicherungsgeschäfte annahm. Buffett schrieb, dass sie „eine außerordentliche Disziplin im Bereich der Versicherungsvergabe beibehalten haben (einschließlich – und das ist von entscheidender Bedeutung – der Bildung vollständiger und angemessener Schadenrückstellungen) und ihre Bemühungen nun durch erhebliche Zuwächse im Neugeschäft weiter belohnt werden."[6]

Auch auf der Kostenseite waren sie diszipliniert:

> „Die Summe der versicherungstechnischen Kosten und Schadenregulierungskosten von GEICO betrug 1986 nur 23,5 Prozent der Prämien. Bei vielen großen Unternehmen liegen die Prozentsätze 15 Prozentpunkte höher. Selbst so große Direktversicherer wie Allstate und State Farm haben deutlich höhere Kosten als GEICO. Die Differenz zwischen den Kosten von GEICO und denen seiner Konkurrenten ist eine Art Wassergraben, der eine wertvolle und begehrte Unternehmensburg schützt. Niemand versteht dieses Konzept des Burggrabens besser als Bill Snyder, der Chairman von GEICO [Nachfolger von Byrne]."[7]

Die Grafik zeigt, wie wirksam die Konzentration auf kostengünstige Geschäfte war. Während bei den meisten Versicherungsunternehmen der Aufwand für Schaden- und Geschäftskosten größer war als die Prämieneinnahmen (Schaden-Kosten-Quote über 100), erzielte GEICO in den 16 Jahren bis 1992 in 14 Jahren versicherungstechnische Gewinne und nur in zwei Jahren eine Schaden-Kosten-Quote von über 100 – eine bemerkenswerte Leistung.

Abbildung 1.4: Die Schaden-Kosten-Quoten von GEICO und der Versicherungsbranche insgesamt (1977-1992)

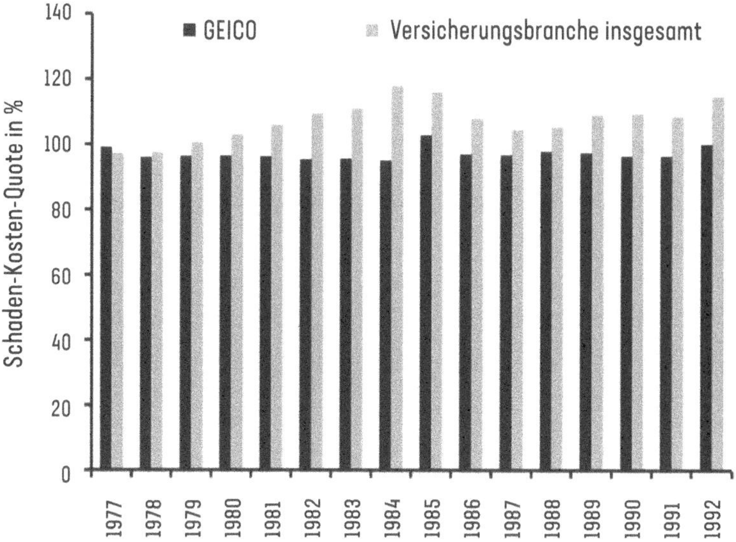

Quellen: Warren Buffett, Briefe an die Aktionäre von BH; R. G. Hagstrom, ***Warren Buffett. Sein Weg. Seine Methode. Seine Strategie*** *(Originalausgabe John Wiley & Sons, 1995).*

Eine Dauerlösung

Buffett bewunderte GEICO so sehr, dass er, selbst als er 1986 praktisch alle anderen Aktien verkaufte, an GEICO festhielt – neben den Aktien von nur zwei anderen börsennotierten Unternehmen, Capital Cities/ABC und The Washington Post. Diese drei betrachtete er als dauerhafte Beteiligungen, die auch dann nicht verkauft werden sollten, wenn sie auf dem Markt deutlich überbewertet erscheinen sollten.

Gegenüber GEICO ging er eine ähnliche Verpflichtung ein wie gegenüber See's Candies: Er würde nicht verkaufen, selbst „wenn uns jemand einen Preis bieten würde, der weit über dem liegt, was diese Unternehmen unserer Meinung nach wert sind. Diese Haltung mag in einer Unternehmenswelt, in der Aktivität an der Tagesordnung ist, altmodisch erscheinen ... wir werden an unserer Politik nach dem Motto ‚bis dass der Tod uns scheidet' festhalten. Es ist die einzige, mit der Charlie und ich uns wohlfühlen, sie führt zu anständigen Ergebnissen und ermöglicht es unseren Managern und den Managern unserer Beteiligungsunternehmen, ihre Geschäfte frei von Ablenkungen zu führen."[8]

Kurz nach dieser Erklärung meldete GEICO einen operativen Nachsteuergewinn je Aktie von 9,01 Dollar. Ein Jahrzehnt nach dem Kauf verdiente BH also in einem Jahr mehr an GEICO als den Durchschnittspreis, den es in den Jahren 1976, 1979 und 1980 für eine Aktie gezahlt hatte (das heißt 6,55 Dollar). Und aus dieser Investment-Goldgrube sollte noch viel mehr Wert kommen.

WARREN BUFFETTS RIVALE IN DER RUHMESHALLE DER INVESTITIONEN

GEICO ist wahrscheinlich die beste Investition, die Buffett je getätigt hat. Ein großer Teil dieses Erfolges hängt mit dem zusammen, was wir bereits betrachtet haben: mit den hervorragenden Leistungen der Versicherungssparte von GEICO. Was jedoch die Rendite von Berkshire Hathaway in die Höhe trieb, war das erstaunliche Vermögen, das die Person erwirtschaftete, die für die Aktienanlagen des GEICO-Floats verantwortlich war. Lou Simpsons Bilanz kann sich mit der von Buffett bei Berkshire messen.

In der Zeit, in der Berkshire etwa die Hälfte von GEICO besaß (1976-1996), war es für die anderen Aktionäre wichtig, dass jemand unabhängig von potenziellen Interessenkonflikten für die Investitionsseite des Unternehmens zuständig war. Buffett kam somit nicht infrage, denn er konnte, wenn er wollte, Geld aus seinen anderen Töpfen, zum Beispiel aus Blue Chip Stamps, in Unternehmensanteile investieren oder desinvestieren, die auch GEICO besaß, und so den Markt manipulieren (zumindest war das für misstrauische Aufsichtsbehörden eine theoretische Möglichkeit). Lou Simpson wurde 1979 zum Investmentchef von GEICO ernannt und erwies sich als hervorragende Wahl.

Die große Neueinstellung

Nachdem er für mehrere Investmentfondsgesellschaften gearbeitet hatte, meldete sich der 42-jährige Lou Simpson 1979 auf eine Anzeige von Jack Byrne, in der ein neuer Chief Investment Officer gesucht wurde. Er und drei andere kamen in die engere Auswahl für ein Vorstellungsgespräch.

Die Befragung von Investoren war etwas, bei dem Buffett aufgrund seines großen Interesses an Investitionsansätzen und dem für einen guten Investor erforderlichen Temperament helfen konnte. Und so wurde der 33-prozentige Eigentümer von GEICO gebeten, die vier Bewerber zu interviewen.

Unmittelbar nachdem er vier Stunden mit Simpson verbracht hatte, rief Buffett Byrne an und teilte ihm mit, er solle die Suche einstellen – sie hätten den Mann gefunden, den sie bräuchten. Vielleicht gibt uns das, was Buffett sieben Jahre später der Zeitschrift *Institutional Investor* sagte, einen Hinweis darauf, was Buffett bei diesem Treffen entdeckte. Er sagte, dass Simpson „das ideale Temperament für die Geldanlage hat … Er hat keine besondere Freude daran, mit oder gegen die Masse zu arbeiten. Er fühlt sich wohl, wenn er seiner eigenen Vernunft folgt."

Buffett bewunderte Simpson so sehr, dass er dessen Umgang mit dem GEICO-Portfolio in Briefen an die BH-Aktionäre regelmäßig lobte.

Er schrieb: „Lou verfügt über die seltene Kombination von veranlagungsmäßigen und intellektuellen Eigenschaften, die zu einer herausragenden langfristigen Investment-Performance führen. Mit einem unterdurchschnittlichen Risiko hat er Renditen erzielt, die bei Weitem die besten in der Versicherungsbranche waren."[9] Und weiter: „Lou verfolgt den gleichen konservativen, konzentrierten Ansatz bei Investitionen wie wir bei Berkshire, und es ist ein enormer Gewinn für uns, ihn an Bord zu haben."[10]

Buffett übergab den Staffelstab tatsächlich an Simpson und begnügte sich damit, erst zehn Tage nach Monatsende von den von Simpson getätigten Transaktionen zu erfahren.

WAS VERANLASSTE BUFFETT, LOU SIMPSON SO HOCH EINZUSCHÄTZEN?

In diesem Abschnitt werde ich darlegen, was Simpson in seinen ersten 25 Jahren bei GEICO erreicht hat. Als er anfing, beliefen sich die jährlichen Einnahmen des Unternehmens aus dem Verkauf von Versicherungspolicen auf etwa 0,7 Milliarden Dollar. Durch die erfolgreiche Erweiterung des Kundenstamms stiegen die jährlichen Einnahmen bis 2004 auf 8,9 Milliarden Dollar.

In unmittelbarem Zusammenhang mit diesen Prämienvolumina steht die Höhe des Floats. In den 1980er-Jahren waren es nur einige Hundert Millionen Dollar, aber bis Mitte der 1990er-Jahre wuchs er auf 2,5 Milliarden Dollar und 2004 auf 6,0 Milliarden Dollar an. Ein Großteil des Floats wurde eher in Staatsanleihen und andere Wertpapiere als in Aktien investiert, sodass Simpson im Allgemeinen weniger als die Hälfte davon für sein Aktienportfolio zur Verfügung stand.

Tabelle 1.2: Das Wachstum des Versicherungs-Floats von GEICO und des Aktienportfolios von Lou Simpson

Jahr	Float von Berkshire Hathaway einschließlich desjenigen von GEICO in Milliarden USD	Float von GEICO	Lou Simpsons Portfolio in Milliarden USD
Beginn 1996	6,4	2,6	
1997	7,1	2,9	
1998	22,8	3,1	
1999	25,3	3,4	
2000	27,9	3,9	
2001	35,5	4,3	2,0
2002	41,2	4,7	
2003	44,2	5,3	
2004	46,1	6,0	2,5

Quelle: Warren Buffett, Briefe an die Aktionäre von BH 1976-1996.

Tabelle 1.3 zeigt die Renditen, die Simpson mit diesem Geld erzielte. Beachten Sie dabei zwei Dinge:

1. **Outperformance**: Die meisten Fondsmanager würden sich weit vor der Konkurrenz sehen, wenn sie eine durchschnittliche jährliche Outperformance von nur einem Prozent erzielen würden. Simpson erreichte 6,8 Prozent. Um Ihnen eine Vorstellung von der langfristigen Bedeutung dieses Ergebnisses zu geben: Eine Investition von 10.000 Dollar, die mit 13,5 Prozent – der Wachstumsrate des S&P 500 – aufgezinst wird, ergibt nach 25 Jahren 237.081 Dollar. Bei einer Aufzinsung mit Simpsons 20,3 Prozent ergibt dies 1.015.408 Dollar.

2. **Underperformance**: Alle Anleger haben Jahre, in denen sie schlechter abschneiden als der Markt – Simpson schnitt drei Jahre in Folge schlechter ab (1997-1999). Wenn das passiert, machen Sie sich keine Sorgen, halten Sie sich an solide Anlagegrundsätze und Sie werden auf lange Sicht gut dastehen. Simpson, der Value-Investor, schien mit dem irrationalen Überschwang des Dotcom-Booms Ende der 1990er-Jahre nicht Schritt halten zu können. Er hielt an seinen Prinzipien fest und erzielte in den Jahren nach dem Crash von 2000 großartige Ergebnisse.

Buffett scherzte regelmäßig darüber, dass es ihm „peinlich" sei, wie gut es bei Simpson im Vergleich zu ihm laufe. 1986 schrieb er: „Nur mein Besitz einer Mehrheitsbeteiligung an Berkshire macht mich sicher genug, um Ihnen die folgenden Zahlen zu mitzuteilen, die die Gesamtrendite des Aktienportfolios von GEICO mit der des Standard & Poor's 500 vergleichen."[11]

2001: „Lou denkt natürlich ganz ähnlich wie ich, aber wir landen meist bei unterschiedlichen Wertpapieren. Das liegt größtenteils daran, dass er mit weniger Geld arbeitet und daher in kleinere Unternehmen investieren kann als ich. Ach ja, es gibt noch einen weiteren kleinen Unterschied zwischen uns: In den letzten Jahren war Lous Performance bei Weitem besser als meine."[12]

Und im Jahr 2004: „Manchmal, das sollte hinzugefügt werden, bin ich mit seinen Entscheidungen nicht einverstanden. Aber meistens hat er recht."[13]

Ein größeres Lob als dieses kann es gar nicht geben: „Ein Punkt, der über Lous Arbeit für GEICO hinausgeht: Seine Anwesenheit vor Ort gibt uns die Gewissheit, dass Berkshire ein außergewöhnlicher Profi zur Verfügung steht, der sich sofort um seine Investitionen kümmert, falls Charlie und mir etwas zustoßen sollte."[14]

Simpson sagte, er habe einen Vorteil gegenüber Buffett. Während beide konzentrierte Portfolios von weniger als 15-20 Aktien (oft sieben

Unternehmen oder weniger) verwalteten, musste Buffett bis zu 40 Milliarden Dollar verwalten, während es bei Simpson nur um einen einstelligen Milliardenbetrag ging.

Dies bedeutete, dass Simpson eine viel breitere Palette von Unternehmen zur Auswahl hatte. Er konnte 400 Millionen Dollar in ein Unternehmen investieren, ohne eine unbequeme Mehrheitsbeteiligung oder eine so große Beteiligung einzugehen, dass sie illiquide wurde.

Tabelle 1.3: Porträt eines disziplinierten Investors - Lou Simpson

Jahr	Rendite aus GEICO-Aktien	Rendite des S&P 500	Relative Ergebnisse	Veränderung des Börsenwerts von BH
1980	23,7%	32,3%	-8,6%	32,8%
1981	5,4%	-5,0%	10,4%	31,8%
1982	45,8%	21,3%	24,4%	38,4%
1983	36,0%	22,4%	13,6%	69,0%
1984	21,8%	6,1%	15,7%	-2,7%
1985	45,8%	31,6%	14,2%	93,7%
1986	38,7%	18,6%	20,1%	14,2%
1987	-10,0%	5,1%	-15,1%	4,6%
1988	30,0%	16,6%	13,4%	59,3%
1989	36,1%	31,7%	4,4%	84,6%
1990	-9,9%	-3,1%	-6,8%	-23,1%
1991	56,5%	30,5%	26,0%	35,6%
1992	10,8%	7,6%	3,2%	29,8%
1993	4,6%	10,1%	-5,5%	38,9%
1994	13,4%	1,3%	12,1%	25,0%
1995	39,8%	37,6%	2,2%	57,4%
1996	29,2%	23,0%	6,2%	6,2%
1997	24,6%	33,4%	-8,8%	34,9%

Jahr	Rendite aus GEICO-Aktien	Rendite des S&P 500	Relative Ergebnisse	Veränderung des Börsenwerts von BH
1998	18,6%	28,6%	-10,0%	52,2%
1999	7,2%	21,0%	-13,8%	-19,9%
2000	20,9%	-9,1%	30,0%	26,6%
2001	5,2%	-11,9%	17,1%	6,5%
2002	-8,1%	-22,1%	14,0%	-3,8%
2003	38,3%	28,7%	9,6%	15,8%
2004	16,9%	10,9%	6,0%	4,3%
Durchschnittliche Jahresrendite 1980-2004	20,3%	13,5%	6,8%	k. A.

Quelle: Warren Buffett, Briefe an die Aktionäre von BH 2004, 2015.

Wenn Buffett dagegen fünf Prozent seines Portfolios in ein einziges Unternehmen investieren würde, wären das vielleicht zwei Milliarden Dollar. Es gibt nur wenige Aktienregister, die so viel Geld aufnehmen können. Die Alternative, das Geld in Beträge von beispielsweise 400 Millionen Dollar aufzuteilen, ist nicht attraktiv, denn das würde bedeuten, Anteile an einer Vielzahl von Unternehmen zu halten, von denen Buffett die meisten womöglich nicht gut genug kennen könnte. Und das würde bedeuten, dass er auf der Attraktivitätskurve oder der Kurve der besten Ideen weit nach unten rutschen würde.

Lou Simpson beschloss 2010, sich zur Ruhe zu setzen. Buffett wollte natürlich nicht, dass er geht; in seinem Brief aus jenem Jahr nannte Buffett Simpson „einen der Großen unter den Investoren".[15]

Simpsons Investitionsansatz

Lou Simpsons Investmentansatz entwickelte sich wie der seines Freundes Buffett durch Versuch und Irrtum und über Jahrzehnte hinweg. Es lohnt sich, ein paar Minuten Zeit für einen Vergleich zu verwenden, der zeigt, wie sehr sich die äußerst erfolgreichen Strategien der beiden Männer ähneln.

Fakten prüfen, statt Hoffnungen zu nähren

Zu Beginn seiner Karriere, lange bevor er bei GEICO angestellt wurde, war Simpson ein wachstumsorientierter Anleger. Dabei achtete er oft nicht darauf, ob das Wachstum zu einem angemessenen Preis angeboten wurde. Er strebte nach einer spektakulären Rendite einiger weniger Spitzenunternehmen und hoffte, dass er die Zukunft richtig eingeschätzt hatte.

Aus bitterer Erfahrung lernte er jedoch, dass man dann langfristig gute Ergebnisse erzielt, wenn man Unternehmen kauft, die nachweislich hohe Leistungen erbringen, ein geringes Risiko aufweisen und einen niedrigen Preis haben. Unternehmen, die zukünftigen Reichtum versprachen, ohne in der Vergangenheit solide Beweise geliefert zu haben, waren selten gute Investitionen.

Den ganzen Tag lesen, wenn man kann

Simpson hatte einen unersättlichen Appetit auf Finanzzeitungen, andere intelligente Presseerzeugnisse, Jahresberichte und Branchenberichte, und er las im Allgemeinen fünf bis acht Stunden am Tag. Wie Buffett war er kein intensiver Trader, sondern ein intensiver Leser, der viel nachdachte.

Eigenständig denken

Seien Sie skeptisch gegenüber gängigen Meinungen. Informieren Sie sich selbst und führen Sie Ihre eigene Analyse durch. Lassen Sie sich nicht von irrationalem Verhalten und Emotionen mitreißen. Seien Sie bereit, unpopuläre und ungeliebte Unternehmen in Betracht zu ziehen, da sie oft die größten Chancen bieten.

In renditestarke Unternehmen investieren, die für die Aktionäre geführt werden

Achten Sie auf die Rendite des im Unternehmen eingesetzten Geldes der Aktionäre. Ist sie hoch und Ihrer Meinung nach angesichts der strategischen Position des Unternehmens und der Qualität des Managements nachhaltig, dann besteht eine gute Chance auf eine langfristige Steigerung des Aktienkurses. Die Cashflow-Rendite kann anstelle der Gewinnrendite eine nützliche zusätzliche Kennzahl sein, da sie schwieriger zu manipulieren ist als der Gewinn.

Wenige Investitionen tätigen

Bei einer Fragestunde an der Kellogg School of Management im November 2017 sagte Simpson: „Je mehr man handelt, desto schwieriger ist es, Mehrwert zu schaffen, weil man dadurch eine Menge Transaktionskosten auf sich nimmt, von den Steuern ganz zu schweigen." (Nach seinem Ausscheiden bei GEICO blieb er als Vorsitzender von SQ Advisors und als außerordentlicher Professor für Finanzen an der Kellogg School weiterhin an Investitionen interessiert.)

Wenn man nur wenige Investitionen tätigt, kann man sich die nötige Zeit nehmen, um die Unternehmen sehr gut zu verstehen, was zu Folgendem führt: „Was wir tun, ist, ein Portfolio mit langfristigem Horizont zu managen, das aus 10 bis 15 Aktien besteht … Im Kern sind es gute Unternehmen. Sie haben eine hohe Kapitalrendite, gleichbleibend gute Renditen und werden von Führungskräften geleitet, die langfristige Werte für die Aktionäre schaffen und gleichzeitig ihre Stakeholder gut behandeln wollen."[16]

Gute Investitionsideen – Unternehmen, die seinen Investitionskriterien entsprachen – waren schwer zu finden. Wenn Simpson also eine fand, ging er ein umfangreiches Engagement ein. „Man kann nur eine bestimme Anzahl Unternehmen kennen. Wenn man 50 oder 100 Positionen verwaltet, ist die Chance, dass man einen Mehrwert schafft, viel, viel geringer. Bisher haben wir in diesem Jahr eine einzige neue

Position gekauft, und wir denken ernsthaft über eine weitere nach. Ich weiß nicht, wofür wir uns entscheiden werden. Unser Umschlag [der Anteil des Portfolios, der in einem Jahr ausgetauscht wird] liegt bei 15-20 Prozent. Normalerweise nehmen wir eine oder zwei Aktien hinzu und stoßen eine oder zwei Aktien ab."[17]

Manchmal besteht der beste Plan darin, nichts zu tun. Simpson räumte ein, dass meisterhaftes Nichtstun schwierig ist, weil es „sehr langweilig", aber oft das Richtige ist.

Die Gerüchteküche

Machen Sie sich mit den Managementteams der Unternehmen vertraut, in die investiert werden soll. Informieren Sie sich auch über die Ansichten von Kunden, Lieferanten und Konkurrenten über das Unternehmen, seine Strategie und seine Manager, bevor Sie eine Investition tätigen. Simpson hat einmal gesagt, dass er gern die Führungskräfte eines Unternehmens in ihrem eigenen Büro besucht, das sei „wie ein Testlauf".[18] Es ist wichtig zu wissen, wie die Führungsebene eines Unternehmens denkt.

Zu den wichtigsten Fragen, die es zu klären gilt, gehört die, ob die Manager eine wesentliche Beteiligung an dem Unternehmen halten und ob sie in ihren Beziehungen zu den Eigentümern geradlinig sind. Sind sie bereit, unrentable Geschäftsbereiche zu veräußern, und verwenden sie überschüssige Barmittel für den Rückkauf von Unternehmensanteilen, anstatt ein Imperium aufzubauen, indem sie in wenig rentable Bereiche investieren?

Simpson erzählte Robert Miles, dass es spannend sei, „Unternehmen wirklich zu verstehen. Ich bin begeistert, wenn wir Einblicke in ein schwer verständliches Geschäft erhalten."[19]

Langfristige Investitionen tätigen

Es ist sinnlos, die Entwicklung des Aktienmarkts oder einzelner Aktien über einen Zeitraum von einigen Monaten abzuschätzen, da die kurzfristigen Bewegungen zu unvorhersehbar sind.

Viel berechenbarer sind die langfristigen (langjährigen) Aktienrenditen von Qualitätsunternehmen: „Im Laufe der Zeit ist der Markt letztlich rational oder zumindest einigermaßen rational.“ [20]

Simpson mochte Buffetts Analogie zum Stempeln von Fahrkarten: „Sie sollten sich das Investieren so vorstellen, als würde Ihnen jemand eine Fahrkarte mit 20 Feldern geben. Jedes Mal, wenn Sie eine Änderung vornehmen, müssen Sie ein Loch in die Karte stanzen. Sobald Sie das 20. Mal eine Position ausgetauscht haben, müssen Sie bei dem bleiben, was Sie besitzen. Es geht darum, dass Sie bei jeder Entscheidung, die Sie treffen, sehr vorsichtig sein müssen. Je mehr Entscheidungen man trifft, desto größer ist die Wahrscheinlichkeit, dass man eine schlechte Entscheidung trifft.“[21]

Simpson hielt oft mehr als zehn Prozent des Fonds in einem Unternehmen und über 50 Prozent in fünf Unternehmen.

Zu einem vernünftigen Preis kaufen

Hat man ein hervorragendes Unternehmen identifiziert, sollte man dessen Aktien nur dann kaufen, wenn der Preis im Verhältnis zu den Aussichten nicht zu hoch ist. „Selbst das beste Unternehmen der Welt ist keine gute Investition, wenn der Preis zu hoch ist.“[22] Simpson verwendete Indikatoren wie die Gewinnrendite (oder deren Umkehrung, das Kurs-Gewinn-Verhältnis) und das Verhältnis zwischen Preis und freiem Cashflow.

Fehlgriffe verkaufen, Erfolge behalten

Es gibt eine ganze Reihe von Studien, die sich mit der psychologischen Tendenz befassen, an Aktien mit Verlusten festzuhalten (weil deren Kurse wieder steigen könnten und man sich nicht der Erkenntnis seines Fehlers stellen möchte, indem man Verluste festschreibt), während man Aktien, die sich gut entwickeln, frühzeitig verkauft (niemand ist jemals pleitegegangen, weil er mit Gewinn verkauft hat).

Simpson bringt seine Ablehnung dieser Vorstellungen mit einem Verweis auf Unkraut und Blumen zum Ausdruck: „Viele Anleger schneiden ihre Blumen und gießen ihr Unkraut. Sie verkaufen ihre Gewinner und behalten ihre Verlierer in der Hoffnung, dass die Kurse der Verlierer wieder steigen."[23] Er sagt, dass wir unseren Instinkten widerstehen und die Investitionen verkaufen sollten, die sich nicht bewähren, während wir an denjenigen festhalten sollten, die sich so gut wie erwartet oder besser entwickeln. Er behauptet, dass seine größten Fehler darin bestanden, dass er wirklich gute Unternehmen zu früh verkauft hat. Die richtige Investition wird in der Regel noch lange Zeit gute Erträge abwerfen.

Man braucht eine Kombination aus quantitativen und qualitativen Fähigkeiten

Simpson sagt uns, dass die meisten Aktienkäufer die erforderlichen quantitativen Fähigkeiten schnell entwickeln, dass aber die entscheidenden qualitativen Fähigkeiten länger brauchen. Die Bedeutung des Qualitativen bei der Analyse von Unternehmen kommt in Buffetts Aphorismus zum Ausdruck: „Es ist besser, ungefähr richtigzuliegen als genau falsch." Hier sind einige der qualitativen Faktoren, die Simpson trotz der Unmöglichkeit von Präzision für entscheidend hält: Sind die Manager von hoher Integrität? Behandeln sie die Menschen im Unternehmen gut? Orientieren sie sich langfristig genug am Interesse der Aktionäre und kaprizieren sie sich nicht nur auf kurzzeitige Bilanzkosmetik?

Jack Byrne äußert sich zu Simpson

Jack Byrne wurde von der *Washington Post* interviewt und äußerte sich wie folgt über Lou Simpson: „Ich habe acht Jahre lang darüber nachgedacht, wie Lou es schafft, so weit aus der Deckung zu kommen. Lou ist sehr klug, er hat ein Wirtschaftsstudium in Princeton absolviert. Aber kluge Leute gibt es natürlich überall. Es hat mehr mit seiner Persönlichkeit zu tun. Er ist sich seines eigenen Urteils sehr, sehr sicher.

Er ignoriert einfach alle anderen. Er hat eine oder zwei wirklich starke Ideen pro Jahr und schlägt dann gern sehr hart zu."[24]

Die Tony-Nicely-Jahre

Sogar großartige Unternehmen schlagen von Zeit zu Zeit den falschen Weg ein, und in den frühen 1990er-Jahren strauchelten die führenden Manager von GEICO. Wieder einmal hatten sie Visionen davon, dass die Geschäfte auf anderen Gebieten besser laufen würden. Sie expandierten daher weg von ihrem zentralen Wettbewerbsvorteil in der Kfz-Versicherung mit einem kostengünstigen Vertriebsmodell hinein in die Bereiche Luftfahrtversicherung, Hausratversicherung und Finanzierungen. Dies führte zu einem Verlust des Fokus und zu schlechten Renditen.

Ohne Jack Byrne, der die Manager ständig auf Trab hielt, ließen sie sich treiben. Byrne trat 1986 zurück, weil ihn die Aussicht lockte, die Versicherungsgesellschaft Fireman's Fund zu leiten, die aus American Express ausgegliedert worden war.

Ein weiterer Schlag war der Hurrikan Andrew im Jahr 1992. Die daraus resultierenden erheblichen Zahlungen führten in diesem Jahr zu einem versicherungstechnischen Verlust.

Die GEICO-Aktien hatten einen Höchststand von über 300 Dollar und damit eine Marktkapitalisierung von rund 4,5 Millionen Dollar erreicht, fielen dann aber auf knapp über 200 Dollar (gemessen am Aktienkurs vor dem Split von 1992; nach dem 5:1-Split wurden die Aktien in Wirklichkeit bei etwa 40 Dollar gehandelt).

Buffett war besorgt über die Abkehr des Unternehmens von seinem Kompetenzbereich und erwog sogar den Verkauf von Berkshires Anteilen.

Tony Nicely übernahm 1993 als Co-CEO die Verantwortung für das operative Geschäft, während Lou Simpson als Co-CEO für die Investitionen zuständig war.

Unter Nicely wurden die geschäftlichen Ablenkungen fallen gelassen und zusätzliche Investitionen in den kostengünstigen Direktvertrieb von Kfz-Versicherungen getätigt. Wir wissen, wie sehr Buffett Unternehmen mit einem Burggraben mag, und er sagte später, dass „dank Tony und seinem Managementteam der Burggraben von GEICO breiter geworden ist“.[25]

Der Kauf der anderen Hälfte

Jetzt, da GEICO sich wieder auf sein Modell des Verkaufs von Kfz-Versicherungen ohne Vertreter konzentrierte, wollte Buffett, dass Berkshire das gesamte Unternehmen besitzt. Er und Charlie Munger begannen 1994, mit dem Vorsitzenden Sam Butler, mit Lou Simpson und Tony Nicely über einen Preis zu verhandeln. Die zähen, aber freundschaftlichen Gespräche zogen sich bis 1995 hin. Butler, Simpson und Nicely nahmen ihre treuhänderische Verantwortung gegenüber den Minderheitsaktionären von GEICO sehr ernst und verhandelten lobenswerterweise hart – sie forderten für die verbleibenden 49 Prozent einen hohen, aber fairen Preis des Unternehmens.

Buffett schluckte schwer und akzeptierte, dass BH 2,3 Milliarden Dollar für die zweite Hälfte eines Unternehmens zahlte, für dessen erste Hälfte er nur 45,7 Millionen Dollar bezahlt hatte (der Preis betrug 70 Dollar pro Aktie oder 350 Dollar pro ursprünglicher Aktie, wenn man den Aktiensplit im Verhältnis 5:1 außer Acht lässt).

Tony Nicely begrüßte die vollständige Übernahme durch Berkshire Hathaway sehr. Kurz nachdem er dem Geschäft zugestimmt hatte, sagte er der *Washington Post*: „Ich glaube wirklich, dass wir jetzt besser für schnelleres Wachstum positioniert sind, als wir es vielleicht je waren.“ Da Buffett auf eine langfristige Ausrichtung drängte, hatte er das Gefühl, wachstumsorientiert agieren zu können, ohne dabei zu zögern, aggressiv zu investieren, um das Unternehmen kurzfristig aufzubauen.

Nicely sagte: „Im Versicherungsgeschäft neigt man dazu, im ersten Jahr bei [neuen] Geschäften Geld zu verlieren. Man hat höhere Verluste und höhere Kosten ... Wir werden keine Aktionäre haben, die sich um die jährlichen [Ergebnisse] kümmern. Wir haben einen langfristigen Investor, der sagt: ‚Leute, baut das Ganze nach besten Kräften aus, und ich kümmere mich um die Finanzen.'"[26]

Unter neuer Leitung

Nicely war sehr daran interessiert, das Werbebudget zu erhöhen, und Buffett ermutigte ihn, da er der Meinung war, dass es umso besser sei, je mehr Menschen von den niedrigen Kosten der GEICO-Versicherung wüssten – das generiere mehr versicherungstechnischen Gewinn und mehr Geld für Investitionen. Dies wäre jedoch nur dann eine gute Sache, wenn GEICO den Druck auf die Kostenbasis aufrechterhalten würde. Nicely war genau der richtige Mann für diese Aufgabe, denn er hatte eine harte Schule durchlaufen, als das Unternehmen nur knapp überlebte, und wirklich verstanden, dass der Wettbewerbsvorteil von GEICO in einer hervorragenden betrieblichen Effizienz lag. Die Ausgaben für das Marketing wurden bis 1997 auf 100 Millionen Dollar mehr als verdreifacht. Und dabei blieb es nicht: Innerhalb von zwei weiteren Jahren beliefen sie sich auf 242 Millionen Dollar, und 2009 waren es 800 Millionen Dollar.

In seinem Brief an die Berkshire-Aktionäre von 1998 brachte Buffett seine Begeisterung für mehr Werbung zum Ausdruck. „Es gibt keine Grenze für das, was Berkshire bereit ist, in GEICOs Neugeschäft zu investieren, solange wir gleichzeitig die Infrastruktur aufbauen können, die das Unternehmen benötigt, um seine Versicherungsnehmer angemessen zu bedienen."

Er war unbesorgt, wenn neue Unternehmen im ersten Jahr einen Verlust machten, wie es oft der Fall war: „Wir messen einfach, ob wir mehr als einen Dollar an Wert pro ausgegebenem Dollar schaffen – und wenn diese Rechnung aufgeht, bin ich umso glücklicher, je mehr Dollar wir ausgeben."

Und in seinem Brief im folgenden Jahr: „Tonys Fuß wird auf dem Werbepedal bleiben (und mein Fuß auf seinem)."

Er betonte, dass es die enorme Erhöhung der Werbeausgaben dem Unternehmen ermöglichen würde, ein erhebliches Wachstum zu erzielen und das Versprechen der Marke GEICO in den Köpfen der Amerikaner auszubauen und zu festigen. „Ich persönlich halte diese Ausgaben für die beste Investition, die Berkshire tätigen kann ... GEICO erwirbt dadurch eine direkte Beziehung zu einer riesigen Anzahl von Haushalten, die uns im Durchschnitt Jahr für Jahr 1.100 Dollar überweisen ... das Geld fließt herein, anstatt herauszufließen."

Der GEICO-Gecko, eine Zeichentrickfigur mit surrealem Humor und Satire, mit britischem Akzent (nicht australisch, Warren, wie ich Sie einmal sagen hörte!), trat erstmals in der Fernsehsaison 2000 auf und wurde schnell zu einer Werbe-Ikone. Bis 2006 gab GEICO weit mehr Geld für Werbung aus als alle seine Konkurrenten, weil Tony Nicely es so gut schaffte, Werbegelder in Versicherungsgewinne und Float zu verwandeln.

> „Letztes Jahr sagte ich Ihnen, wenn Sie einen neuen Sohn oder Enkel bekommen würden, sollten Sie ihn unbedingt Tony nennen. Aber Don Keough, ein Direktor von Berkshire, hatte kürzlich eine bessere Idee. Nachdem er die Leistung von GEICO im Jahr 2006 überprüft hatte, schrieb er mir: ‚Vergessen Sie Geburten. Sagen Sie den Aktionären, dass sie die Namen ihrer derzeitigen Kinder sofort in Tony oder Antoinette ändern sollen.' Don unterzeichnete seinen Brief mit ‚Tony'."[27]

Auf in die große Liga

Bis 2008 war GEICO vom sechstgrößten US-Autoversicherer (1995) mit einem Marktanteil von 2,5 Prozent zum drittgrößten mit einem Anteil von 7,7 Prozent aufgestiegen. Buffett wies darauf hin, dass sich die Amerikaner darauf konzentrierten, Geld zu sparen, und dass sie deshalb zu GEICO strömten.

Es dauerte nur weitere vier Jahre, bis GEICO die zweitgrößte Autoversicherung war, und 2015 hatte das Unternehmen einen Marktanteil von 11,4 Prozent. Buffett schrieb: „Am 30. August 2030 – meinem 100. Geburtstag – habe ich vor, zu verkünden, dass GEICO den Spitzenplatz übernommen hat."[28]

Ein Jahr mit branchenweiten Verlusten – das Jahr 2016 – wurde von Nicely und Buffett als Chance für GEICO gesehen, denn in solchen Zeiten verlieren andere Unternehmen ihren Elan, neue Kunden zu gewinnen. Während sie sich zurückhielten, beschleunigte GEICO dankend seine Neugeschäftsbemühungen. In seiner typischen, von Eigenständigkeit geprägten Art sagte Buffett: „Wir machen gern Heu,

Abbildung 1.5: Der Gecko springt - Prämienvolumen und Float von GEICO in Milliarden USD

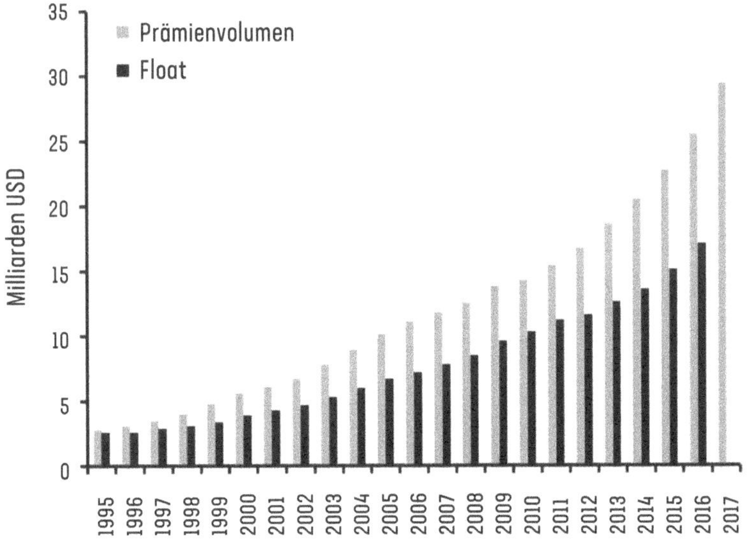

Quellen: Warren Buffett, Briefe an die Aktionäre von BH; National Association of Insurance Commissioners.

Abbildung 1.6: Schaden-Kosten-Quote von GEICO in %

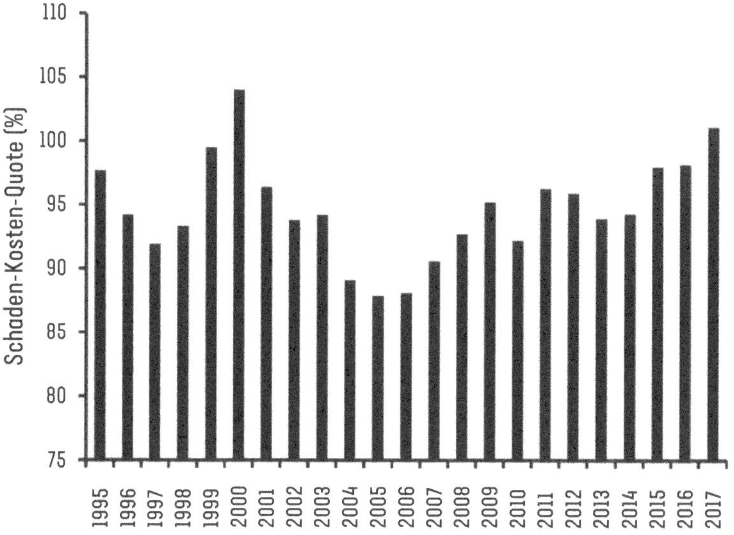

Quellen: Jahresberichte von BH; Warren Buffett, Briefe an die Aktionäre von BH.

wenn die Sonne untergeht, weil wir wissen, dass sie sicher wieder aufgehen wird. Während ich Ihnen diesen Brief sende, ist GEICO weiter auf Erfolgskurs. Wenn die Versicherungspreise steigen, kaufen die Menschen mehr ein. Und wenn sie einkaufen, gewinnt GEICO."[29]

Das Wachstum des Prämienvolumens (Verkauf von Versicherungspolicen) zeigt, dass sich die Werbeausgaben sehr gelohnt haben. Der Umsatz hat sich in 24 Jahren verzehnfacht – siehe Abbildung 1.5.

Infolge des Umsatzwachstums stieg der Versicherungs-Float von unter drei Milliarden Dollar auf über 22 Milliarden Dollar – eine Menge Geld zur möglichen Verwendung für Aktien und andere Wertpapiere. Selbst bei einer bescheidenen Rendite dieser Wertpapiere von zum Beispiel sieben Prozent (wir kennen die tatsächliche Rendite nicht) würden über 1,4 Milliarden Dollar erwirtschaftet.

Abbildung 1.7: Versicherungstechnischer Gewinn von GEICO in Millionen USD

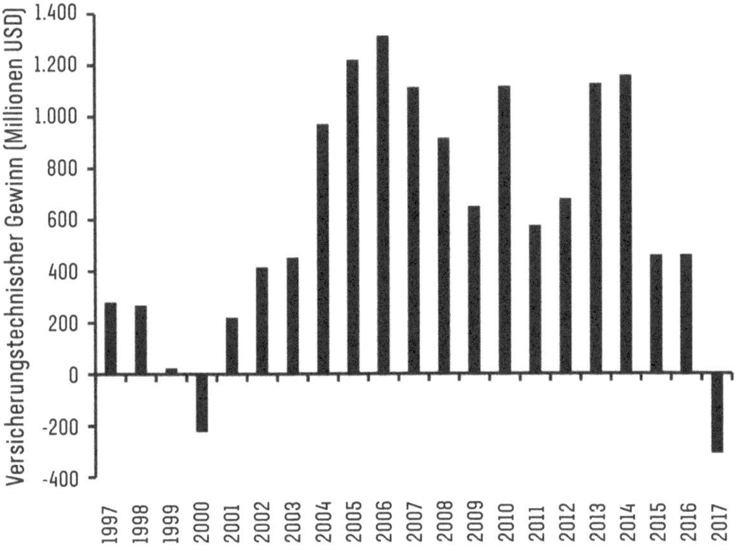

Quellen: Jahresberichte von BH; Warren Buffett, Briefe an die Aktionäre von BH.

Bei den meisten Versicherungsunternehmen wäre diese Anlagerendite natürlich notwendig, um die Verluste aus dem Versicherungsgeschäft auszugleichen. Die Abbildungen 1.6 und 1.7 zeigen, dass ein solcher Ausgleich für GEICO nicht erforderlich war, weil das Team von Tony Nicely Schaden-Kosten-Quoten von weniger als 100 Prozent und dabei versicherungstechnische Gewinne von manchmal mehr als einer Milliarde Dollar erzielte.

Ein Unternehmen, das BH für 45,7 Millionen Dollar + 2,3 Milliarden Dollar gekauft hat, ist also heute in der Lage, den Aktionären in einem einzigen Jahr mindestens eine Milliarde Dollar aus Investitionen und eine weitere Milliarde Dollar an Versicherungsgewinnen zu bescheren (insgesamt 15,5 Milliarden Dollar bis Ende 2018). Das ist eine Menge Geld für Buffett, das er andernorts einsetzen kann. Kein Wunder, dass GEICO oft als Buffetts großartigste Investition angesehen wird.

DER FÜHRUNGSSTIL VON WARREN BUFFETT

Die überwiegende Mehrheit der Manager, die zu Berkshire Hathaway kommen, verlassen das Unternehmen nie, es sei denn, sie werden krank oder gehen in den Ruhestand (oft mit großer Verspätung). Es handelt sich dabei in der Regel um Multimillionäre, die daher nicht zu arbeiten brauchen. Aber sie fühlen sich von Buffett und Munger wertgeschätzt. Sie fühlen sich als Teil einer größeren Familie von Gleichgesinnten. Sie haben das Gefühl, dass sie etwas Sinnvolles tun. Sie kommen voller Elan zur Arbeit und geben sich große Mühe, etwas Bedeutendes aufzubauen. Sie wollen, dass ihre Freunde Warren und Charlie stolz auf sie sind.

Wie ein Eigentümer denken

Der Fall GEICO veranschaulicht gut, wie Buffett mit seinen Managern umgeht. Tony Nicely betrachtete GEICO als *sein* Unternehmen, als ob es ihm gehören würde, und traf dementsprechend langfristig orientierte Entscheidungen. Diese Einstellung deckt sich mit Buffetts Anweisung an alle seine wichtigsten Führungskräfte.

Zur Einstellung der Führungskräfte trägt auch die enorme Freiheit bei, die jeder Schlüsselperson eingeräumt wird, um das Unternehmen so zu führen, wie sie es für richtig hält. Es ist ihre Leinwand, auf der sie malen kann; wo sie mit, wenn überhaupt, sehr wenig operativem Input von der Berkshire-Zentrale, die ohnehin nur eine Handvoll Mitarbeiter hat, kreativ sein und etwas Großartiges aufbauen kann.

Die Zeit effizient nutzen

Unter dem Dach von Buffett zu sein bedeutete, dass Tony Nicely nicht das tun musste, was so viele CEOs tun müssen: Unmengen von Zeit mit nicht-operativen Aktivitäten verbringen.

In seinem Brief an die BH-Aktionäre aus dem Jahr 1998 erläuterte Buffett die Vorteile einer außerbörslichen Beteiligung. Er schrieb, dass Tony weder Zeit noch Energie für „Vorstandssitzungen, Pressegespräche, Präsentationen von Investmentbankern oder Gespräche mit Finanzanalysten“ aufwenden musste. Und er brauchte „keinen Augenblick über Finanzierung, Bonitätsratings oder die Erwartungen der Wall Street an den Gewinn pro Aktie nachzudenken“. Mit dieser operativen Freiheit konnten Tony und GEICO „ihr fast grenzenloses Potenzial in entsprechende Leistungen umsetzen“.

Verstand trifft Verstand

Nicely sagte dem Autor Robert Miles im Jahr 2001 bei der Vorbereitung seines Buches *The Warren Buffett CEO*, dass das Größte daran, Teil von Berkshire Hathaway zu werden, die Möglichkeit war, häufiger mit Buffett zu sprechen. Nicely sagte, dass er die Freiheit schätze, eine langfristige Perspektive einzunehmen und das Unternehmen so zu führen, dass es auch in 30 Jahren noch stark ist, und nicht so, dass es morgen einen guten Tag hat.[30]

Er bezeichnete Buffett als „den besten Chef der Welt“ und lobte seine Weisheit und Unterstützung. Nicely sagte, er wolle Buffett stolz machen.[31]

Der Respekt beruhte auf Gegenseitigkeit; Buffett schrieb in seinem Brief von 1998, dass es in der Geschäftswelt keine bessere Person als Nicely gebe, um GEICO zu führen.

Sich von den richtigen Dingen motivieren lassen

Buffett ermutigt zu Anstand im Geschäftsleben, Integrität und Dienst am Nächsten. Nicely empfindet große Befriedigung, wenn er es den Kunden recht macht, ihnen Geld spart und einen ausgezeichneten Service bietet – und wenn er den BH-Aktionären dient. Er sagt: „Es sind nicht materielle Besitztümer, Reichtum oder Ähnliches, das einem Befriedigung verschafft. Es geht darum, Teil von etwas zu sein, das wirklich lohnenswert ist."[32]

Zu den wichtigsten Voraussetzungen für einen erfolgreichen operativen Manager sagte Nicely: „Ich finde, Ehrlichkeit und Integrität müssen ganz oben auf der Liste stehen ... die Fähigkeit, gut zu kommunizieren ... mit Menschen für eine gemeinsame Sache zu arbeiten."[33]

Aber auch finanzielle Anreize sind wichtig

Buffett betrachtet die Auswahl des Prämiensystems für Manager als eine seiner wichtigsten Aufgaben. Die Ziele variieren von einer Tochtergesellschaft zur anderen, je nachdem, welche Faktoren die Manager direkt beeinflussen können. Im Falle von GEICO konzentrierte sich Buffett auf zwei Schlüsselvariablen:

1. Wachstum der Zahl der Verträge. Der Direktvertrieb ist im ersten Jahr in der Regel unrentabel, auch wenn er zu längerfristigen Kunden führt, die Gewinne bringen. Deshalb sollten die GEICO-Mitarbeiter nicht durch ein Anreizsystem bestraft werden, das sofortige Gewinne verlangt. Bei den Policen für das erste Jahr war also nur das Volumen ein Ziel.
2. Versicherungstechnische Rentabilität des alten Autoversicherungsgeschäfts (Policen, die länger als ein Jahr in den Büchern stehen).

Jeder dieser Faktoren trägt zu 50 Prozent zu den Boni bei.

Buffett hielt es für klug, alle GEICO-Mitarbeiter auf der Grundlage der gleichen Kriterien über den Gewinnbeteiligungsplan des Unternehmens zu belohnen. „*Jeder* bei GEICO weiß, worauf es ankommt", schrieb er 1996 in seinem Brief an die BH-Aktionäre.

„Berkshires Grundsätze der Leistungsvergütung: Die Ziele sollten (1) auf die Wirtschaftlichkeit des jeweiligen Geschäftsbereichs zugeschnitten sein; (2) einfach sein, sodass der Grad ihrer Verwirklichung leicht gemessen werden kann; und (3) in direktem Zusammenhang mit den täglichen Aktivitäten der Planteilnehmer stehen. Folglich meiden wir „Lotterielos"-Vereinbarungen wie Optionen auf Berkshire-Aktien, deren letztendlicher Wert – der von null bis enorm reichen kann – völlig außerhalb der Kontrolle der Person liegt, deren Verhalten wir beeinflussen möchten. Unserer Ansicht nach ist ein System, das zu weltfremden Gewinnen führt, nicht nur eine Verschwendung für die Eigentümer, sondern kann auch das von uns geschätzte zielgerichtete Verhalten von Managern beeinträchtigen.[34]

Wir haben einige Zahlen über das Ausmaß, in dem Boni die Gehälter der GEICO-Mitarbeiter erhöht haben. Im ersten Jahr, in dem BH alleiniger Eigentümer war (1996), wurden umgerechnet 16,9 Prozent (40 Millionen Dollar) des Gehalts als Leistungsprämien ausgezahlt. Zwei Jahre später waren es 32,3 Prozent beziehungsweise 103 Millionen Dollar und 2004 dann 24,3 Prozent (191 Millionen Dollar). Bei einer derartigen Zusatzvergütung ist es nicht verwunderlich, dass die Mitarbeiter sich besonders anstrengten und die Zahl der Verträge sowie die Rentabilität stiegen.

Aus Tabelle 1.4 geht hervor, dass das GEICO-Team die Versicherungskosten im Bereich von nur 14 bis 20 Prozent der von den Kunden eingenommenen Prämien hielt – oft 15 Prozentpunkte weniger als die Wettbewerber.

Tabelle 1.4: Der beständige Erfolg von GEICO bei der Minimierung der versicherungstechnischen Kosten

Jahr	Versicherungstechnische Aufwendungen in % der Prämien	Jahr	Versicherungstechnische Aufwendungen in % der Prämien
1995	15,8	2007	18,4
1996	15,8	2008	17,9
1997	16,4	2009	18,2
1998	19,5	2010	17,8
1999	19,3	2011	18,1
2000	18,3	2012	20,0
2001	16,5	2013	17,2
2002	16,8	2014	16,6
2003	17,7	2015	15,9
2004	17,8	2016	15,6
2005	17,3	2017	14,5
2006	18,0		

Quellen: Jahresberichte von BH; Warren Buffett, Briefe an die Aktionäre von BH.

EIN BLICK AUF DIE BEDEUTUNG VON GEICO FÜR BERKSHIRE INSGESAMT

Die jährlichen Versicherungsgewinne von GEICO und die Renditen seines Wertpapierportfolios haben es Berkshire ermöglicht, zu wachsen, indem es diese Barmittel in Investitionen sowohl in hundertprozentige Tochtergesellschaften als auch in beträchtliche Minderheitsbeteiligungen an großen US-amerikanischen und anderen Unternehmen leitete.

Aber GEICO war nicht das einzige Versicherungsunternehmen innerhalb von Berkshire. In den 1990er-Jahren hatte National Indemnity unter der Leitung von Ajit Jain ein umfangreiches Rückversicherungs- und Katastrophengeschäft aufgebaut, das den Float seiner Personenversicherungen durch einen sehr großen zusätzlichen Float ergänzte.

Im Laufe der Jahre kamen weitere Versicherungsgesellschaften hinzu, vor allem die General Reinsurance (Gen Re), die 1998 für 22 Milliarden Dollar übernommen wurde. Sie steuerte 14,9 Milliarden Dollar bei und verdreifachte damit den Float von Berkshire.

Buffett und Charlie Munger führen den Erfolg von Berkshire zu einem großen Teil auf die effektive Anlage von kostengünstigem oder kostenlosem Aktienkapital sowie auf die Anlage der für latente Steuern zurückgestellten Barmittel zurück.

Diese Geldquellen sind nicht nur auf über 170 Milliarden Dollar angewachsen, sondern sie sind auch kostenlos. Es handelt sich zwar immer noch um *Verbindlichkeiten*, aber im Gegensatz zu anderen Kapitalquellen werden sie nicht verzinst und es gibt keine Verpflichtungen oder Fälligkeitsdaten.

Abbildung 1.8: Der Float von GEICO und der gesamte Float von Berkshire aus allen Versicherungstöchtern in Milliarden USD

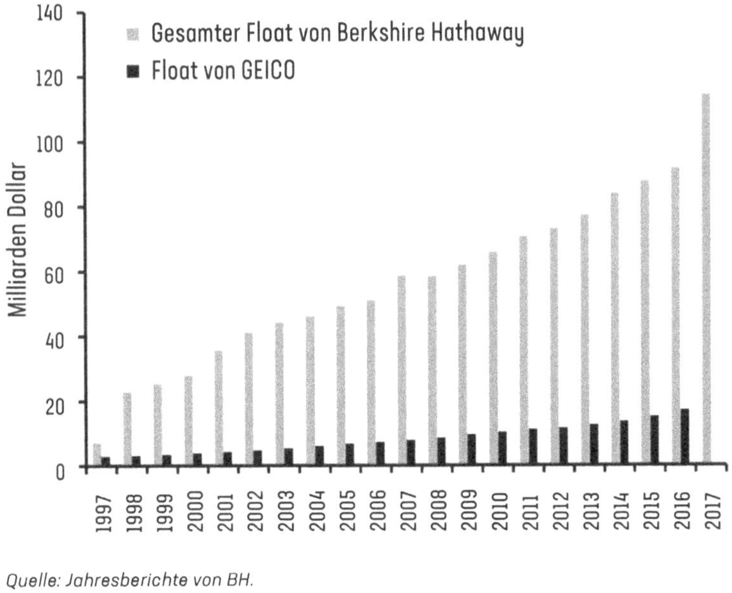

Quelle: Jahresberichte von BH.

Im Jahresbericht 2017 von Berkshire schrieb Buffett: „In der Tat bieten sie uns den Vorteil von Schulden – die Möglichkeit, mehr Vermögenswerte für uns arbeiten zu lassen –, aber bürden uns keinen ihrer Nachteile auf."

Aus Tabelle 1.5 ist ersichtlich, dass der Float nur in einer Minderheit der Jahre (18 von 51) überhaupt Kosten verursacht hat, da BH in zwei Dritteln der Jahre seit dem Erwerb der National Indemnity versicherungstechnische Gewinne erwirtschaftet hat.

Die Höhe des Gewinns, der aus dem Versicherungsgeschäft fließt, ist phänomenal. So gab es in den 16 Jahren bis Ende 2018 nur ein einziges Jahr mit versicherungstechnischen Verlusten. Über den gesamten Zeitraum von 16 Jahren belief sich der Gewinn vor Steuern auf 27 Milliarden Dollar.

Tabelle 1.5: Berkshires Erfolg bei der Generierung versicherungstechnischer Gewinne bei geringen oder gar keinen Finanzierungskosten

Jahr	Versicherungstechnischer Verlust in Millionen USD	Durchschnittlicher Float in Millionen USD	Durchschnittliche Finanzierungskosten (Verhältnis 1:2)
1967	Gewinn	17,3	Unter null
1968	Gewinn	19,9	Unter null
1969	Gewinn	23,4	Unter null
1970	0,37	32,4	1,14%
1971	Gewinn	52,5	Unter null
1972	Gewinn	69,5	Unter null
1973	Gewinn	73,3	Unter null
1974	7,36	79,1	9,30%
1975	11,35	87,6	12,96%
1976	Gewinn	102,6	Unter null
1977	Gewinn	139,0	Unter null

Jahr	Versicherungs-technischer Verlust in Millionen USD	Durchschnitt-licher Float in Millionen USD	Durchschnittliche Finanzierungs-kosten (Verhältnis 1:2)
1978	Gewinn	190,4	Unter null
1979	Gewinn	227,3	Unter null
1980	Gewinn	237,0	Unter null
1981	Gewinn	228,4	Unter null
1982	21,56	220,6	9,77 %
1983	33,87	231,3	14,64 %
1984	48,06	253,2	18,98 %
1985	44,23	390,2	11,34 %
1986	55,84	797,5	7,00 %
1987	55,43	1.266,7	4,38 %
1988	11,08	1.497,7	0,74 %
1989	24,40	1.541,3	1,58 %
1990	26,65	1.637,3	1,63 %
1991	119,59	1.895,0	6,31 %
1992	108,96	2.290,4	4,76 %
1993	Gewinn	2.624,7	Unter null
1994	Gewinn	3.056,6	Unter null
1995	Gewinn	3.607,2	Unter null
1996	Gewinn	6.702,0	Unter null
1997	Gewinn	7.093,1	Unter null
1998	Gewinn	22.800	Unter null
1999	1.400	25.300	5,8 %
2000	1.700	27.900	6 %
2001	4.100	35.500	12,8 %
2002	400	41.200	1 %
2003	Gewinn	44.200	Unter null
2004	Gewinn	46.100	Unter null

Jahr	Versicherungs-technischer Verlust in Millionen USD	Durchschnitt-licher Float in Millionen USD	Durchschnittliche Finanzierungs-kosten (Verhältnis 1:2)
2005	Gewinn	49.300	Unter null
2006	Gewinn	50.900	Unter null
2007	Gewinn	58.700	Unter null
2008	Gewinn	58.500	Unter null
2009	Gewinn	61.900	Unter null
2010	Gewinn	65.800	Unter null
2011	Gewinn	70.600	Unter null
2012	Gewinn	73.100	Unter null
2013	Gewinn	77.200	Unter null
2014	Gewinn	83.900	Unter null
2015	Gewinn	87.700	Unter null
2016	Gewinn	91.600	Unter null
2017	3.200	114.500	3%
2018	Gewinn	122.700	Unter null

Quellen: Jahresberichte von BH, Angaben in Millionen USD, sofern nicht anders angegeben.

Ein Fehler von Buffett – 50 Millionen Dollar weg

Trotz Buffetts üblicher nicht-interventionistischer Haltung, wenn es um die Interaktion mit seinen Managern geht, kann er manchmal von einer Idee so begeistert sein, dass er seine Manager ermutigt, sie umzusetzen. Das war bei den Kreditkarten für GEICO-Kunden der Fall. Schließlich hatte das Unternehmen bereits Kontakt zu Millionen von Autobesitzern, Daten über das Verhalten dieser Menschen und eine effiziente Vertriebsmethode. Warum also nicht einfach eine Kreditkarte zusammen mit einer Versicherung verkaufen? Es war die Geburtsstunde der Geico Platinum MasterCard.

Das Problem ist, dass das Kreditkartengeschäft für neue Marktteilnehmer bekanntermaßen tückisch ist. Es gibt ein Verhaltensphänomen, das als *adverse Selektion* bezeichnet wird und durch asymmetrische Informationen begünstigt wird: Der Kunde weiß mehr über seine Kreditwürdigkeit und Zuverlässigkeit als das Kreditkartenunternehmen, sodass die am wenigsten kreditwürdigen Personen ein Angebot eines neuen Marktteilnehmers annehmen, wenn sie die Chance dazu haben. Auf diese Weise erhält der neue Marktteilnehmer ein Portfolio von Kunden, die im Durchschnitt ein schlechtes Risiko darstellen.

Ich lasse Buffett seine Geschäftssünde eingestehen:

> „Und nun ein schmerzhaftes Geständnis: Letztes Jahr hatte Ihr Vorsitzender einen sehr teuren, von ihm selbst verursachten geschäftlichen Misserfolg … Die GEICO-Manager, das muss betont werden, waren von meiner Idee nie begeistert. Sie warnten mich, dass wir statt der Crème de la Crème der GEICO-Kunden das ganze Gegenteil – sprich den Bodensatz – bekommen würden. Ich deutete subtil an, dass ich älter und weiser sei. Ich war aber nur älter."[35]

Natürlich bekräftigte Buffett nach dieser harten Lektion sein Gelübde, sich als Chef nicht einzumischen und seinen Managern zu erlauben, einfach ihre Arbeit zu erledigen – zumindest die meiste Zeit über:

> „Wir neigen dazu, unsere zahlreichen Tochtergesellschaften auf sich selbst gestellt arbeiten zu lassen, ohne dass wir sie in irgendeiner Weise beaufsichtigen und kontrollieren. Das bedeutet, dass wir Managementprobleme manchmal zu spät erkennen und gelegentlich sowohl Betriebs- als auch Kapitalentscheidungen getroffen werden, mit denen Charlie und ich nicht einverstanden gewesen wären, wenn wir konsultiert worden wären … Wir tragen lieber die sichtbaren Kosten einiger weniger Fehl-

entscheidungen als die vielen unsichtbaren Kosten, die sich aus Entscheidungen ergeben, die aufgrund einer erdrückenden Bürokratie zu langsam – oder gar nicht – getroffen werden."[36]

LEKTIONEN

Jetzt, da wir die Geschichte von GEICO kennen – die noch nicht zu Ende ist, denn das Unternehmen hat noch eine große Zukunft –, ist es sinnvoll, dass wir uns an die wichtigsten Lektionen erinnern, die Buffett durch diese Erfahrung gelernt oder bekräftigt hat, und an das, was wir aus der Geschichte mitnehmen und für unseren eigenen Investitionsansatz nutzen können.

1. **Konzentrieren Sie sich auf die wirtschaftliche Marktstellung.** Wenn ein Unternehmen aufgrund von Managementfehlern der letzten Zeit am Boden zu liegen scheint, ist es an der Zeit, eine eigene Analyse durchzuführen, um herauszufinden, ob das einst so erfolgreiche Geschäftsmodell in irgendeiner Form überlebt hat und ob es wiederbelebt und gestärkt werden kann.
2. **Erkennen Sie die Qualität und den Charakter der Schlüsselpersonen.** Vergewissern Sie sich, dass die leitende(n) Person(en) (a) die Eigenart der wirtschaftlichen Marktstellung verstehen, (b) intelligent und energisch nach Gewinnen streben und (c) mit hoher Integrität gegenüber den Aktionären handeln.
3. **Verkaufen Sie nicht zu früh.** Buffett hätte jederzeit zu einem Vielfachen des ursprünglichen Aktienkurses verkaufen können, aber er blieb dabei. Wenn das Unternehmen intakt bleibt, hohe Kapitalrenditen erwirtschaftet und von guten Managern geführt wird, dann könnte es sich lohnen, weiter zu kaufen und nicht zu verkaufen, selbst wenn sich Ihre ursprüngliche Investition um das 50-Fache erhöht hat (1976 bis 1996).

4. **Suchen Sie nach positiven Kreisläufen.** Suchen Sie insbesondere nach funktionierenden positiven Kreisläufen, die entweder bereits im Gange sind oder in naher Zukunft geschaffen werden könnten.
5. **Ermutigen Sie zu Investitionen innerhalb des Unternehmens.** Aber nur so lange, wie jeder ausgegebene Dollar mehr als einen Dollar an Shareholder-Value schafft. Alle darüber hinaus erwirtschafteten Mittel sollten den Aktionären zur Verfügung gestellt werden, um in anderen Geschäftsbereichen bessere Renditen zu erzielen.
6. **Ermitteln Sie den Float und setzen Sie ihn klug ein.** Viele Unternehmen verfügen über große Floats, da sie die Zahlungen ihrer Kunden im Voraus erhalten. Die Manger erhalten damit eine Art Trostpflaster in Form von ungenutztem Geld, das nur eine mickrige Rendite abwirft. Buffett zieht es vor, dieses Geld für Investitionen mit zweistelligen Renditen zu verwenden.

Investition 2

THE BUFFALO EVENING NEWS

Eckpunkte des Geschäfts

Geschäft	**The Buffalo Evening News**
Zeit	1977 bis heute
Gezahlter Preis	35,5 Millionen USD
Menge	100 Prozent des Aktienkapitals
Verkaufspreis	Heute Teil von Berkshire Hathaway
Gewinn	Mindestens das 15-Fache
Berkshire Hathaway im Jahr 1977	Aktienkurs: 90-138 USD Buchwert: 151 Millionen USD Buchwert pro Aktie: 155 USD

Um die Attraktivität der Investition in die *Buffalo Evening News* zu verstehen, muss man sich die Welt vor dem Internet vorstellen. In dieser Welt gab es in einer Stadt nur eine einzige Zeitung, die eine hervorragende wirtschaftliche Marktstellung hatte. Dieses lokale Monopol konnte Aufschläge auf den Ausgabenpreis verlangen und, was noch wichtiger war, die Preise für Anzeigen erhöhen.

Das Problem besteht darin, dass jeder in der Gemeinschaft der Anleger wusste, dass Städte mit nur einer Zeitung Goldgruben waren, und daher wurde ein hoher Preis erzielt, wenn eine solche Zeitung zum Verkauf stand. In vielen Fällen war der Preis so hoch, dass die Käufer den Fluch des Siegers erlitten – sie gewannen die Auktion, bereuten es aber hinterher für immer.

Buffett und Munger suchten und suchten, sie prüften und verwarfen mögliche Zeitungsübernahmen. Sie kauften eine kleine Anzahl von Aktien von vier Zeitungsunternehmen, aber sie konnten ihre Beteiligungen nicht vergrößern, ohne zu viel zu bezahlen.

Dann kam *The Buffalo Evening News* auf den Markt. Der Preis war nicht außergewöhnlich hoch, aber dafür gab es gute Gründe:

- Erstens war es eines von zwei Zeitungsunternehmen, die in Buffalo tätig waren. Sie hatten jahrelang aufeinander herumgehackt und in ihrem verzweifelten Konkurrenzkampf die Gewinne des jeweils anderen geschmälert.
- Zweitens hatten die Manager den Forderungen der Gewerkschaft in einem Maße nachgegeben, dass schwer herauszufinden war, zu wessen Gunsten das Unternehmen geführt wurde – die Aktionäre schienen jedenfalls nicht viel davon zu haben.
- Drittens erschien keine Sonntagsausgabe, obwohl der Sonntag der für die Anzeigenkunden attraktivste Tag war, zumal die Leser dann mehr Zeit mit der Zeitung verbrachten.
- Schließlich befand sich das Unternehmen in Buffalo, einer vom Pech verfolgten Stadt, einer Stadt im Rust Belt mit einer schrumpfenden Bevölkerung.

Die *Washington Post* und die *Chicago Tribune* hatten bereits Aufforderungen zur Abgabe von Geboten abgelehnt. Aber Buffett und Munger sahen einen Weg durch die Schwierigkeiten, mit denen sie unmittelbar konfrontiert waren, und hatten eine Vision für die Zukunft.

Wie sich herausstellte, brauchte es fünf Jahre voller Schmerzen und Verluste, um die Gewinnzone zu erreichen. Es gab Zeiten, in denen Buffett am liebsten das Handtuch geworfen hätte; er bereitete sich darauf vor, einen Verlust von 35,5 Millionen Dollar verkraften zu müssen. Doch in den schwärzesten Momenten holte Charlie Munger – mit der Hilfe anderer – Buffett wieder an Bord, um noch einen weiteren Versuch zu unternehmen.

Es war sehr schwierig, aber durch ihr Durchhaltevermögen schufen sie ein Unternehmen, das Berkshire in den 1980er-Jahren mehr als das Dreifache des Kaufpreises einbrachte. Noch besser lief es in den 1990er-Jahren, als fast 300 Millionen Dollar an Berkshire überwiesen wurden, die anderswo investiert werden konnten – nicht schlecht für eine Investition von 35,5 Millionen Dollar.

DIE MARKTMACHT DER ZEITUNGEN IN DEN 1970ER- UND 1980ER-JAHREN

Das ideale Unternehmen ist eine *unregulierte mautpflichtige Brücke,* denn laut Buffett kann man, sobald die Kapitalkosten bezahlt sind, die Preise so anheben, dass sie die Inflation übertreffen, solange man ein lokales Monopol aufrechterhalten kann.

Buffett hatte seine Gedanken dazu über viele Jahre hinweg engen Freunden gegenüber geäußert. Einer von ihnen, Sandy Gottesman, ließ 1977 in einem Interview für das *Wall Street Journal* die Katze aus dem Sack. „Warren vergleicht den Besitz eines Monopols oder einer marktbeherrschenden Zeitung mit dem Besitz einer unregulierten mautpflichtigen Brücke. Man ist relativ frei darin, die Gebühren zu erhöhen, wann und so viel man will."[37]

Buffett ging später in seinem Brief an die Berkshire-Aktionäre aus dem Jahr 1984 näher auf die Idee der Marktmacht von Zeitungen ein. Er schrieb:

„Die Wirtschaftlichkeit einer marktbeherrschenden Zeitung ist ausgezeichnet ... Die Eigentümer würden natürlich gern glauben, dass ihre wunderbare Rentabilität nur deshalb erreicht wird, weil sie unfehlbar ein wunderbares Produkt herausbringen. Diese bequeme Theorie verfliegt angesichts einer unbequemen Tatsache. Während erstklassige Zeitungen ausgezeichnete Gewinne erzielen, sind die Gewinne drittklassiger Zeitungen ebenso gut oder besser – solange die Zeitung einer der beiden Klassen in ihrer Gemeinschaft dominiert. Natürlich mag die Produktqualität ausschlaggebend gewesen sein, damit die Zeitung ihre Vorherrschaft erlangte ... [Aber] wenn sie einmal die Vorherrschaft erlangt hat, bestimmt die Zeitung selbst und nicht der Markt, wie gut oder schlecht sie ist. Ob gut oder schlecht, sie wird florieren. Das ist bei den meisten anderen Unternehmen nicht der Fall: Minderwertige Qualität führt in der Regel zu minderwertigen wirtschaftlichen Ergebnissen. Aber selbst eine schlechte Zeitung ist für die meisten Bürger ein Schnäppchen, allein schon wegen ihres Wertes als ‚schwarzes Brett'. Unter sonst gleichen Bedingungen wird ein schlechtes Produkt nicht ganz die Leserschaft erreichen, die ein erstklassiges Produkt hat. Aber auch ein schlechtes Produkt bleibt für die meisten Bürger unverzichtbar, und was ihre Aufmerksamkeit bestimmt, das bestimmt auch die Aufmerksamkeit der Anzeigenkunden."

Die Liebe zum Zeitungspapier

Buffett hatte sich schon immer für Zeitungen interessiert, seit er als 13-jähriger Zeitungsjunge seine erste Einkommensteuererklärung abgab (in jenem Jahr zahlte er sieben Dollar Steuern). Er schätzt, dass er als Teenager 500.000 Zeitungen ausgetragen hat, was ihm viel Zeit gab, über die Anziehungskraft von Zeitungen für die Verbraucher des 20. Jahrhunderts und damit über ihre Bedeutung für die Werbebranche nachzudenken.

Auch heute noch ist er ein hervorragender „Zeitungswerfer". Am frühen Morgen vor jeder Berkshire-Hauptversammlung nimmt er an einem Wettbewerb im Zeitungswerfen teil, den er „The Newspaper Tossing Challenge" nennt. Buffett weiß genau, wie man eine Zeitung faltet und aus der Entfernung so wirft, dass sie sich nicht aufblättert. Er ist immer noch ziemlich gut – fordern Sie ihn nicht heraus, es sei denn, Sie haben ein paar Tausend Mal geübt. Der Versuch von Bill Gates war peinlich!

Schon früh entwickelte Buffett eine Vorliebe für guten Journalismus und ein Verständnis für die entscheidende Bedeutung unabhängiger, fundierter Analysen und Berichte für eine gesunde Demokratie. In einem Schreiben aus dem Jahr 2006 blickte Buffett liebevoll auf die gute alte Zeit der Zeitungen zurück:

> „Im 20. Jahrhundert waren Zeitungen zumeist die wichtigste Informationsquelle für die amerikanische Öffentlichkeit. Egal ob es um Sport, Finanzen oder Politik ging, die Zeitungen hatten die Oberhand. Ebenso wichtig war, dass ihre Anzeigen der einfachste Weg waren, um Stellenangebote zu finden oder die Preise für Lebensmittel in den Supermärkten der Stadt zu erfahren.
> Die große Mehrheit der Familien hatte daher das Bedürfnis, jeden Tag eine Zeitung zu lesen, aber verständlicherweise wollten die meisten nicht für zwei bezahlen. Die Anzeigenkunden bevorzugten die Zeitung mit der höchsten Auflage, und die Leser tendierten dazu, die Zeitung mit den meisten Anzeigen und Nachrichtenseiten zu kaufen. Dieser Kreislauf führte zu einem Gesetz des Zeitungsdschungels: *das Überleben des Fettesten.* Wenn es in einer Großstadt zwei oder mehr Zeitungen gab (was im vergangenen Jahrhundert fast durchgängig der Fall war), ging diejenige, die die Nase vorn hatte, in der Regel als alleiniger Gewinner hervor. Nachdem die Konkurrenz verschwunden war, war die Preissetzungsmacht der Zeitung sowohl bei den Anzeigen als

auch bei der Auflage entfesselt. In der Regel wurden die Preise sowohl für Anzeigenkunden als auch für Leser jährlich angehoben – und die Gewinne flossen in Strömen. Für die Eigentümer war das der wirtschaftliche Himmel."[38]

In diesem Kontext suchten Buffett und Munger Mitte der 1970er-Jahre nach Investitionen in Zeitungen.

DER KAUF DER ZEITUNG VON BUFFALO

1976 war Berkshire Hathaway bereits ein bedeutender Anteilseigner der *Washington Post* – es hielt etwa ein Zehntel der Aktien – und Buffett war ein enger Freund der Hauptaktionärin und Verlegerin Katharine Graham geworden. Zudem war er ein Direktor des Unternehmens.

Graham erzählt uns in ihrer Biografie, dass sie sich Mitte der 1970er-Jahre darauf konzentrierte, das Unternehmen wachsen zu lassen, dass ihr aber das Fachwissen fehlte, um mögliche Käufe zu analysieren oder mit den Übernahmezielen zu verhandeln. Sie wandte sich an Buffett, der „fast jedes Geschäft, das in den letzten zehn Jahren stattfand oder stattgefunden hatte", im Kopf zu haben schien.[39]

Im Dezember 1976 zogen sie den Kauf eines Fernsehsenders in Buffalo in Erwägung. Buffett schlug jedoch vor, dass die *Buffalo Evening News*, die ebenfalls zum Verkauf stand, ein besserer Kauf wäre. Laut Graham fügte er hinzu, dass „wenn wir es nicht wollten, er es wollte".[40]

Der Verwaltungsrat der *Washington Post* schaute sich die *Buffalo Evening News* – ich nenne sie im Folgenden einfach *The News* – an, wurde aber durch die starke Konkurrenz der Zeitungen in Buffalo, die starken Gewerkschaften und das Fehlen einer Sonntagsausgabe abgeschreckt und beschloss daher, das Projekt nicht weiterzuverfolgen.

Beachten Sie die Abfolge der Ereignisse: Buffett, der seine übliche hohe Integrität an den Tag legte, wollte die Zeitung in Buffalo von Anfang an kaufen, gab aber Graham den Vorzug – sie war eine Freundin, und als Direktor der *Washington Post* hatte Buffett die treuhänderische Pflicht gegenüber den Aktionären, sie ehrlich zu beraten. Nun, da sie abgelehnt hatten, war der Weg frei.

Buffett setzte sich umgehend mit dem Makler Vincent Manno in Verbindung, der von den Eigentümern von *The News* beauftragt worden war, einen Käufer zu finden. Er hatte gerade die Preisvorstellung von 40 Millionen Dollar auf 35 Millionen Dollar gesenkt, als Buffett um ein Treffen bat. Das Unternehmen erwirtschaftete nur 1,7 Millionen Dollar vor Steuern, und potenzielle Käufer waren bei 40 Millionen Dollar eindeutig nicht interessiert.

Buffett und Munger reisten an dem eiskalten ersten Samstag des Jahres 1977 zu Mannos Haus in Connecticut. Nach einigem Feilschen einigten sie sich vor Ort auf einen Preis von 35.509.000 Dollar, wovon 34.076.000 Dollar in bar gezahlt werden sollten, während der Restbetrag die Übernahme bestimmter Pensionsverpflichtungen darstellte. Buffett und Munger übernahmen am 15. April 1977 die Kontrolle über 100 Prozent der Aktien.

Damals war Murray B. Light Chefredakteur. In seinem Buch über die Geschichte der *News* „From Butler to Buffett" schrieb er:

> „Buffett fühlte sich zu *The News* hingezogen, weil die Zeitung einen höheren Prozentsatz an lokalen Haushalten erreichte als andere Großstadt-Tageszeitungen in den Vereinigten Staaten. Beeindruckt war er auch von der Tatsache, dass *The News* eine fast doppelt so hohe tägliche Auflage wie *The Courier-Express* und 75 Prozent mehr Werbeeinnahmen hatte. Ihm war bewusst, dass die Zeitung nur an sechs Tagen in der Woche erschien und somit sonntags eine Lücke im Erscheinungszyklus entstand, und er wusste, dass er diese Lücke schnell schließen musste."[41]

Ein kurzer Blick auf die Historie

Die Zeitung entstand im Jahr 1873 in der Rezession nach dem Bürgerkrieg, im von verdreckten Straßen, Saloons (93 an der Zahl) und Kriminalität geprägten Buffalo im Bundesstaat New York. Sie wurde von dem 23-jährigen Unternehmer Edward H. Butler gegründet, der die erste Sonntagszeitung für die rund 120.000 Einwohner Buffalos herausgab – es gab dort bereits zehn Tageszeitungen in verschiedenen Sprachen.

Edward H. Butler Sr. übertrug die Leitung des Unternehmens schließlich an seinen Sohn Edward H. Butler Jr. Die Frau von Edward Junior, Kate Butler, führte das Unternehmen nach dem Tod ihres Mannes im Jahr 1956 weiter. Sie war sehr willensstark und arbeitete sechs Tage die Woche im Büro der *News*, wo sie deutlich ihre Meinung kundtat.

Sie weigerte sich hartnäckig, auf diejenigen zu hören, die ihr in den Jahren vor ihrem Tod rieten, einen Teil ihres Vermögens zu verschenken, um die Folgen der Erbschaftsteuer zu verringern. Als sie 1974 starb, gab es eine große Rechnung zu begleichen und keinen offensichtlichen Nachfolger in der Familie, sodass die Nachlassverwalter keine andere Möglichkeit sahen, als das Unternehmen zum Verkauf anzubieten.

Murray Light war 1969 Chefredakteur der *News* geworden, die zu diesem Zeitpunkt an sechs Tagen am Nachmittag erschien. Henry Urban wurde 1974 nach dem Tod von Kate Butler zum Präsidenten und Verleger ernannt. Er war ein Gentleman alter Schule. Hier ist ein Beispiel dafür, dass er mehr Wert auf das legte, was er als faires Geschäftsgebaren betrachtete, als auf Gewinnmaximierung:

> „Urban hatte moralische Bedenken gegen den Versuch, Zeitungspapier mit einem ausgehandelten Rabatt zu kaufen. Er sagte, die Zeitung verlange von allen Anzeigenkunden feste Preise für ihre Anzeigen … und angesichts dessen sei es nicht fair, die Lieferanten der *News* zu bitten, ihm das Produkt zu einem ermäßigten Preis zu verkaufen."[42]

Blue Chip Stamps als Käufer

Im Frühjahr 1977 kontrollierte Buffett drei große Fonds, die derartige Geschäfte tätigten. Die ersten beiden, Berkshire Hathaway und Diversified Retail, hatten keine Barmittel, und so war es der dritte, Blue Chip Stamps (BCS), der *The News* kaufte.

Blue Chip Stamps war in den Jahren 1969 und 1970, als er die Buffett Partnership auflöste, ihre Anteile verkaufte und den Erlös seinen Partnern zukommen ließ (oder ihnen Anteile an Berkshire oder Diversified Retail gab), das hässliche Entlein in Buffetts Sammlung. Er versuchte, alle Blue-Chip-Aktien zu verkaufen, konnte dies aber nicht zu einem angemessenen Preis tun. Also behielt er widerwillig die Beteiligung – etwa 7,5 Prozent des BCS-Eigenkapitals –, die Buffett Partnership 1968 und 1969 für drei bis vier Millionen Dollar erworben hatte.

Im Laufe der Monate lernten Buffett und Munger die attraktive Bilanz von Blue Chip Stamps zu schätzen. Das Unternehmen war ideal für ein Investorenpaar, das das Potenzial eines Wechsels von langweiligen Bargeld- und Anleiheanlagen (die anfällig für Inflation sind) zu Aktien attraktiver Unternehmen erkannte.

Zu dieser Zeit belief sich der Float von Blue Chip – die Einnahmen aus dem Verkauf von noch nicht eingelösten Briefmarken – auf 60 bis 100 Millionen Dollar. Anfang 1972 arrangierten Buffett und Munger, dass das Unternehmen 99 Prozent von See's Candies für 25 Millionen Dollar kaufte. Das Ganze war ein sofortiger Erfolg. Der Gewinn von See's nach Steuern betrug 1972 nur 2,3 Millionen Dollar, wuchs aber 1976 auf 5,1 Millionen und 1977 auf 5,75 Millionen Dollar. Das Süßwarenunternehmen an der Westküste erforderte nur geringe Kapitalinvestitionen, sodass die Einnahmen, die es abwarf, in die BCS-Zentrale verlagert werden konnten, um sie anderswo einzusetzen. Das hässliche Entlein wuchs zu einem Schwan heran.

Weitere rund 30 Millionen Dollar der BCS-Bilanz wurden 1973 und 1974 in Wesco-Aktien angelegt, und auch dies führte zu einem großen

Geldfluss an die BCS-Zentrale. Der Anteil von Blue Chip an der von Mutual Savings, dem Hauptbestandteil von Wesco, gezahlten Bardividende betrug 1975 1,9 Millionen, 1976 3,2 Millionen und 1977 3,8 Millionen Dollar.

Blue Chip erzielte auch Einnahmen aus anderen Aktivitäten: 2,1 Millionen Dollar im Jahr 1976 und 5,2 Millionen Dollar im Jahr 1977 (das alte Briefmarkengeschäft erbrachte rund 1,1 Millionen Dollar und sein Float erwirtschaftete 4,1 Millionen Dollar aus Zinsen, Dividenden und realisierten Kapitalgewinnen aus Börsenanlagen). Alles in allem erwirtschaftete BCS 1977 ein Nachsteuereinkommen von 17 Millionen Dollar.

Obwohl *The News* die größte Investition war, die Buffett und Munger bis dahin getätigt hatten, verfügte Blue Chip über das nötige Kleingeld, um das Unternehmen ganz zu übernehmen.

Buffett und Munger waren nun echte Fans von Blue Chip. Berkshire Hathaway kaufte fleißig weitere Anteile an dem Unternehmen und hielt Ende 1974 mehr als ein Viertel des BCS-Kapitals. Diese Beteiligung wurde bis Ende 1976 auf 36,5 Prozent aufgestockt. Außerdem besaßen Susie und Warren Buffett 13 Prozent der BCS-Aktien, der Fonds von Charlie Munger ein Zehntel und Diversified Retail etwa ein Sechstel. (Nach der Fusion von Berkshire und Diversified im Jahr 1978 hielt BH 58 Prozent von Blue Chip. Erst 1983 besaß es alle Anteile.)

EIN VERLUSTBRINGER, BEI DEM DIE NACHRICHTEN IMMER SCHLECHTER WERDEN

Buffalo mag eine Stadt gewesen sein, die vom Pech verfolgt war, aber für Zeitungsverleger hatte sie einen großen Vorteil: Die Bevölkerung wies ein hohes Maß an Beständigkeit auf. Die Menschen, die in Buffalo geboren und aufgewachsen waren, hielten dem Ort und seinen Institutionen, wie zum Beispiel den historischen Zeitungen, die Treue.

Ein weiterer Vorteil für einen Produzenten von Nachmittagszeitungen war der industrielle Charakter der Stadt. Viele Arbeiter gingen früh zur Arbeit und lasen dann am späten Nachmittag oder Abend ihre Zeitung. Ein großer Teil von ihnen las *The News.* Tatsächlich wurde keine andere Zeitung in einer größeren US-Stadt von einem höheren Prozentsatz der örtlichen Haushalte gekauft als *The News.*

Charlie Munger wies auf einen weiteren Faktor hin, der *The News* einen Vorteil verschaffte – seinen Ruf für hochwertigen Journalismus. In seinem Brief von 1977 an die Aktionäre von Blue Chip Stamps schrieb er:

> „Unsere Investitionsentscheidung beruhte auf der Überzeugung, dass die vorhandenen journalistischen Verdienste von *The News* bei entsprechender Förderung und Pflege schließlich auf dem Markt gedeihen würden und dass die Inflation ein florierendes Zeitungsunternehmen schließlich zu einem sichereren Vermögenswert machen würde als jedes andere Unternehmen, das wir dann zu dem für *The News* gezahlten Preis kaufen könnten. Erfahrungen und Überlegungen haben uns mehr denn je zuversichtlich gemacht, dass wir mit unserer ursprünglichen Einschätzung des journalistischen Wertes von *The News* richtiglagen. *The News* ist auch deshalb eine verdienstvolle Zeitung, weil sie jahrzehntelang von einem legendären Redakteur, Alfred Kirchhofer, geprägt wurde, der zwar im Ruhestand ist, aber auch mit 83 Jahren noch jeden Tag in die Redaktion von *The News* kommt. Herr Kirchhofer hatte und hat eine Leidenschaft für Genauigkeit, Fairness und Service. Das jetzige Management hatte diese Standards schon vor dem Kauf weitergeführt, und wir haben deren Fortsetzung gefördert."

Aufgrund ihres guten Rufs konnte *The News* den *Courier-Express* unter der Woche übertreffen – mit einer Auflage von 270.000 von Montag bis Freitag im Vergleich zu 125.000.

Spielraum für Verbesserungen

Aber wie der Vorsitzende von Blue Chip Stamps in seinem Brief von 1977 schrieb, gab es „Probleme und Ungewissheiten, die mit dieser Art von Zeitungsinvestition verbunden sind". Er brachte seine Enttäuschung darüber zum Ausdruck, dass der konkurrierende *Courier-Express* bei der Übernahme von *The News* an sieben Tagen in der Woche erschien, während *The News* seit über 60 Jahren nur an sechs Tagen erschienen war. Der *Courier-Express* mit seinem bequemen Monopol verkaufte an einem typischen Sonntag, dem Tag, für den die Anzeigenkunden am meisten bezahlten, 275.000 Exemplare.

Für Munger, der die finanzielle Entwicklung von Stadtzeitungen in den USA studiert hatte, war es für das langfristige Überleben einer führenden Zeitung unerlässlich, eine Sonntagsausgabe zu haben. Noch bevor der Kauf von *The News* abgeschlossen war, erörterten Buffett und Munger daher mit den Managern die Gründung einer Sonntagszeitung.

Um der Sonntagsausgabe im November 1977 einen großen Auftritt zu verschaffen, musste man den Lesern einen Anreiz bieten, ihre Gewohnheiten zu ändern. Daher wurde im Vorfeld der Markteinführung eine Werbekampagne gestartet, deren Höhepunkt darin bestand, dass die Abonnenten in den ersten fünf Wochen für sieben Zeitungen den gleichen Preis zahlen würden wie für sechs (1,05 Dollar). Das heißt, die Sonntagsausgabe würde kostenlos sein. Nach den ersten fünf Wochen würde der Preis auf nur 1,20 Dollar steigen.

Der Gegenangriff

Die Chefs des *Courier-Express* wollten die Bedrohung ihres lukrativen Sonntagsmarkts durch die Konkurrenz nicht einfach so hinnehmen. Zunächst starteten sie eine Propaganda-Offensive mit Artikeln, in denen sie die Bürger von Buffalo vor dem „großen Bruder aus Omaha" warnten, der im Begriff sei, ihren geliebten *Courier-Express* zu zerstören. Zweitens reichten sie eine Klage ein, in der sie behaupteten, *The News* versuche absichtlich, einen Konkurrenten zu zerstören, indem es eine Sonntagszeitung subventioniere und damit gegen das Kartellrecht verstoße.

Sie beantragten ein Verbot des geplanten Einführungsprogramms, des vorgeschlagenen niedrigen Preises der Sonntagsausgabe von 30 Cent und der niedrigen Anzeigenpreise, die *The News* verlangen sollte. Darüber hinaus verlangten sie Schadensersatz in dreifacher Höhe nach Kartellrecht sowie Anwaltshonorare und Kosten.

Sehr zum Entsetzen von Buffett und Munger wurde kurz vor dem Start der Zeitung eine einstweilige Verfügung erlassen. Das alteingesessene Unternehmen hatte unverhohlen beantragt, die eigene Monopolstellung zu behalten. Auch wenn der *Courier-Express* nicht alles bekam, was er wollte, legte das Gericht *The News* Steine in den Weg. Der Zeitraum für Sonderangebote wurde von fünf auf zwei Wochen verkürzt; Anzeigenkunden durften keine Garantien für die Höhe der Sonntagsauflage erhalten; der künftige Preisnachlass für die Zeitung war begrenzt; kostenlose Probeexemplare waren nicht erlaubt; und, was sehr zeitaufwendig war: Sie mussten für jede Sonntagszustellung eine unterzeichnete Kundenbestellung als Genehmigung vorlegen.

Kampfbereite Überlebende

Dies war ein harter Schlag. Der Anwalt Munger war entschlossen, sich zu wehren, und beauftragte sein altes kalifornisches Anwaltsteam, sich gründlich auf den Prozess vorzubereiten. Bis dahin vergingen viele Monate, und in der Zwischenzeit gelang es der Sonntagszeitung trotz der drakonischen Unterlassungsauflagen, im Winter 1977/1978 etwa 160.000 Exemplare pro Woche zu verkaufen. Das war zwar recht beeindruckend, aber nur zwei Drittel der Auflage des *Courier-Express*. Entmutigend wirkte zudem die Tatsache, dass *The News* etwa 45.000 Exemplare seiner Samstagsauflage verloren hatte. Noch wichtiger war, dass der *Courier-Express* 75 Prozent der Sonntagsanzeigen innehatte. Der *Courier-Express* gab auch viel Geld für die Modernisierung seines

Maschinenparks aus, erweiterte die Zeitung durch Features und Beilagen und setzte Reporter ein, um zu versuchen, *The News* zu überflügeln.

Munger schrieb im Februar 1978 (im BCS-Jahresbericht 1977) trotzig, dass das Engagement für eine Sonntagszeitung „total" sei. Sie würden nicht zurücktreten, auch wenn „aufgrund der Kosten für Rechtsstreitigkeiten und anderer unerwarteter Probleme die kurzfristigen Gewinne von *The News* zeitweise niedrig oder gleich null sein könnten". Trotz der Aufhebung der rechtlichen Beschränkungen in einem Berufungsverfahren im April 1979 führte das anhaltende Kopf-an-Kopf-Rennen zwischen den beiden Zeitungen zu einem jahrelangen Leidensweg, wie aus Tabelle 2.1 hervorgeht.

Tabelle 2.1: Verluste und Sonntagsauflagen von ***The Buffalo Evening News***

	Reinertrag in Millionen USD	Sonntagsauflage (Februar)
1977	0,34	
1978	-1,43	160.000
1979	-2,41	156.000
1980	-1,47	173.000
1981	-0,53	178.000
1982	-0,60	183.000

Quelle: Jahresberichte von Blue Chip Stamps. Die Auflagenzahlen von Montag bis Freitag veränderten sich in diesem Zeitraum gegenüber den 270.000 im Jahr 1977 kaum. Im Jahr 1982 stieg der Auflagenanteil der News am Sonntag auf 40 Prozent.

Eine harte Schufterei

Buffett, Munger und ihr Team arbeiteten unermüdlich daran, das Unternehmen in die Gewinnzone zu bringen. Sie reduzierten die Zahl der Fabriken, die Zeitungspapier lieferten, und handelten bessere Preise aus. 1980 stellten sie sich den 13 Gewerkschaften des Unternehmens und sagten ihnen im Grunde, dass das Unternehmen geschlossen würde, wenn die Arbeiter weiterhin streikten und das Unternehmen unter Druck setzten. Die Aktionäre von Blue Chip Stamp würden bei einer Schließung einen massiven Verlust erleiden, aber die Eigentümer sahen damals nicht, wie sie einen Gewinn erzielen konnten, wenn sie mit unnachgiebigen Gewerkschaften zurechtkommen mussten. Das war eine glaubwürdige Drohung. Buffett und Munger legen Wert darauf, niemals zu bluffen. Glücklicherweise verstanden die Gewerkschaftsführer die Botschaft und zogen sich zurück.

In den Jahren 1980 und 1981 traf die Rezession Buffalo besonders hart – die Zahl der Einzelhändler in der Stadt ging drastisch zurück, und andere überlegten sich ihre Werbebudgets zweimal. In den frühen 1980er-Jahren sah es düster aus. Doch Munger ließ sich nicht beirren und schrieb im Februar 1982 an die BCS-Aktionäre:

> „Da wir eine der unserer Meinung nach besten Dienstleistungsinstitutionen der Gesellschaft und die bessere der beiden großen Zeitungen in Buffalo besitzen, hoffen und erwarten wir, dass *The News* zu gegebener Zeit jährliche Gewinne erwirtschaftet, die ihrem Wert für Buffalo entsprechen und unserer Investition angemessen sind."[43]

Teilweise bedauerte er aber auch, dass er so viel Geld in dieses Unternehmen investiert hatte. In solch einer finsteren Stunde war Munger der Meinung, dass ein großer Teil des Wertes von Blue Chip und damit von Berkshire vernichtet worden war, da das gleiche Geld an anderer Stelle viel mehr eingebracht hätte. Es gab hohe Opportunitätskosten, die nach Mungers Ansicht ebenso gravierend waren wie die herkömmlichen ausgewiesenen Verluste einer Investition. Er schrieb:

> „Hätten wir *The News* 1977 nicht gekauft, sondern einfach eine Rendite auf den nicht ausgegebenen Kaufpreis erwirtschaftet, die

mit der durchschnittlichen Ertragskraft des restlichen Eigenkapitals unserer Aktionäre vergleichbar gewesen wäre, hätten wir heute anstelle der *Buffalo Evening News* und ihrer derzeitigen roten Zahlen etwa 70 Millionen Dollar an anderen Vermögenswerten, die über zehn Millionen Dollar pro Jahr einbrächten.

Wenn anderes Kapital vorausssprintet, verhindert ein langes Verharren in den Startlöchern, dass man das Feld jemals einholen kann. Natürlich können wir jetzt nicht noch einmal die Vergangenheit wieder aufleben lassen, sondern müssen einfach die richtige Geschäftsstrategie für die gegenwärtige Situation wählen."

Munger vertrat die Ansicht, dass die Strategie für *The News* darin bestand, weiterhin die bestmögliche Arbeit für die Stadt, die Mitarbeiter, die Leser und die Anzeigenkunden zu leisten, bis die langfristige Zukunft des Unternehmens hoffnungslos erschien – wobei die Ursache in einer Kombination aus der relativen Stärke des Hauptkonkurrenten, dessen Verlusten sowie Problemen mit den Gewerkschaften bestand.

Diese resignierte Akzeptanz eines Beurteilungsfehlers ist genau die Art von rationaler, ruhiger und ehrlicher Analyse, die wir von Buffett und Munger erwarten. Womit wir jedoch nicht so vertraut sind, ist das Auftreten von Verlusten über einen längeren Zeitraum hinweg. Natürlich wissen wir, wie die Geschichte ausgeht – mit einer Rendite von mindestens dem 15-Fachen der ursprünglichen Investition von 35,5 Millionen Dollar. Doch Anfang 1982 schien dies alles andere als unvermeidlich.

BUFFETTS UND MUNGERS MANAGEMENTSTIL BEI *THE BUFFALO EVENING NEWS*

Buffett und Munger erbten zwei solide Manager bei den *Buffalo Evening News*. Der erste war Henry Urban, der von 1974 bis zu seiner Pensionierung im Jahr 1983 als Präsident und Herausgeber fungierte. Urban vertrat in einer besonders turbulenten Zeit einen beständigen, konservativen Ansatz. Er hatte kein Problem damit, seine Gefolgschaft auf Blue Chip Stamps umzustellen.[44]

In seinem Brief an die BH-Aktionäre aus dem Jahr 1983 schrieb Buffett über Urban: „Henry hat in den dunklen Tagen der Rechtsstreitigkeiten und Verluste nach der Einführung der Sonntagszeitung nie gezögert … Henry wird von der Geschäftswelt in Buffalo bewundert, er wird von allen bewundert, die für ihn gearbeitet haben, und er wird von Charlie und mir bewundert."

Die zweite Schlüsselperson war Murray B. Light, der seit 1949 für die Zeitung tätig war. Er erweckte den Anschein, als wäre er der typische Zeitungsredakteur aus einem Hollywoodfilm: Er stolzierte durch die Redaktion, klopfte anderen auf die Schulter, bellte Befehle und nahm Einfluss auf die Inhalte und Leitartikel der Zeitung. Obwohl er hartnäckig war, galt er als fair und moralisch, mit einer Leidenschaft für die freie Presse.

Urban und Light respektierten und unterstützten Buffetts Begeisterung für Qualitätsjournalismus und sahen in ihm einen hilfsbereiten Chef. Light schrieb in seiner Geschichte der Zeitung, dass Buffett natürlich an der Rentabilität des Unternehmens interessiert war. Buffett gab die Richtung vor, wenn es um die Auflagenhöhe und die Anzeigenpreise ging, und er war erwartungsgemäß an der Kapitalzuteilung und der Vergütung des Managements beteiligt. Aber darüber hinaus, und insbesondere in Bezug auf die redaktionelle Ausrichtung der Zeitung, überließ Buffett alles Light und seinem Team.[45]

Dies sind die Hauptelemente von Buffetts Ansatz zur Führung seiner Unternehmen:

- Erstens hat er weder die Zeit noch das Fachwissen, um sich mit den alltäglichen Angelegenheiten zu befassen oder gar wichtige operative Entscheidungen zu treffen. Außerdem würde er, wenn er sich einmischte, stolzen und fähigen Managern die Autonomie und das Vertrauen entziehen, das sie verdienen; die Autonomie und das Vertrauen, die Loyalität und Fleiß mit sich bringen. Viele Menschen sind motiviert, ihr Bestes zu geben, wenn es einen greifbaren Indikator für den Respekt gibt, den der Chef ihnen entgegenbringt; die fast vollständige Kontrolle an die Leute vor Ort abzugeben ist der ultimative Ausdruck von Respekt.

- Zweitens wird sehr deutlich, dass Buffett mit dem Besitz des Unternehmens ein übergeordnetes Ziel verfolgt – eine hohe Rendite auf das eingesetzte Kapital zu erzielen. Die Informationen, die er am liebsten regelmäßig erhalten möchte, betreffen die wichtigsten Leistungsindikatoren, die zum Gewinn beitragen, zum Beispiel die Auflagenzahlen oder die Kosten für Zeitungspapier.
- Drittens übernimmt er die Verantwortung dafür, das richtige Vergütungspaket für die Führungskräfte zu finden, sodass deren Interessen mit Buffetts langfristigen, gewinnorientierten Interessen in Einklang gebracht werden. Und die Belohnungen gehen über das Finanzielle hinaus, denn sein Lob für gute Arbeit wird von seinen Managern sehr geschätzt.
- Wenn schließlich ein zusätzlicher Dollar, den das Unternehmen erwirtschaftet, weniger als eine zufriedenstellende Rendite abwirft, muss er an die Zentrale geschickt werden, damit Buffett ihn anderweitig einsetzen kann – zum Beispiel, um ein anderes Unternehmen oder Aktien auf dem Markt zu kaufen.

Buffett hielt sich so sehr zurück, dass er die Redakteure von *The News* nie aufforderte, seiner politischen Philosophie zu folgen – die meisten Journalisten wussten nicht einmal, wie diese aussah. Seine Anweisungen an die Redakteure lauteten, diejenigen Politiker zu unterstützen, die für die Leser von Buffalo wohl am effektivsten wären.

Buffett mischte sich zwar nur ungern ein, stellte sich aber in den ersten harten Tagen zur Verfügung, um als Gesprächspartner zu fungieren oder um Ideen zu entwickeln, wie man die Konkurrenz schlagen und das Unternehmen in die Gewinnzone bringen könnte. Light und er diskutierten oft eine Stunde oder länger am Telefon über Ideen und Light war stets beeindruckt von Buffetts umfassenden Kenntnissen über Zeitungen.

Charlie Munger

Munger war in den finsteren Tagen der späten 1970er- und frühen 1980er-Jahre ein Fels in der Brandung. Er konzentrierte sich unbeirrt auf die langfristigen Aussichten einer Zeitung, von der er glaubte, dass sie einen zufriedenstellenden Gewinn erwirtschaften könnte, wenn sie an ihrem Grundsatz festhielte, durch großartigen Journalismus ein hervorragendes Produkt herzustellen. Besonders stolz war er darauf, dass die Zeitung zu über 50 Prozent aus Nachrichten und nicht aus Anzeigen bestand – die meisten anderen Zeitungen arbeiteten mit einem Anteil von 40 Prozent an Nachrichten.

In seinem Blue-Chip-Jahresbericht 1981 schrieb er, dass er nicht im Geringsten versucht sei, *The News* zu verkaufen, was seine Überzeugung von der Zukunft Buffalos und vom Team des Unternehmens zum Ausdruck brachte. Er vertraute darauf, dass es den „guten Leuten, die bei *The News* arbeiten", gelingen würde, „das Unternehmen zu einem gesunden Unternehmen für seine Eigentümer und Mitarbeiter zu machen".

Abgesehen von Engagement, Fleiß und einer fairen und genauen Berichterstattung verlangte Munger von seinen Managern noch etwas anderes: dass sie ihm schlechte Nachrichten so schnell wie möglich überbringen. Gute Nachrichten würden sich von selbst erledigen, sagte er, aber er müsse wissen, was schiefläuft, und zwar schnell, damit er etwas dagegen tun könne, um die Auswirkungen zumindest zu mildern. Im BCS-Jahresbericht 1981 betonte er, dass er nicht wolle, dass Manager Schwierigkeiten beschönigen, und dass er selbst dies in seinen Jahresbriefen auch nicht tun werde. Er glaubte daran, dass „wir praktizieren, was wir predigen", indem wir den Aktionären die Wahrheit über die schwierigen Zeiten in Buffalo sagen. Dementsprechend teilte er mit:

> „Wenn der Rechtsstreit weitergeht und es der konkurrierenden Zeitung gelingt, das Gesetz irgendwie zu ändern ... die angestrebte Unterlassungsverfügung zu erwirken oder wenn ein längerer Streik die *Buffalo Evening News* lahmlegt, wird sie wahrscheinlich gezwungen sein, den Betrieb einzustellen und zu liquidieren."

Stanford Lipsey

Der dritte wichtige Manager bei *The News* war Stanford Lipsey. Die Beziehung zwischen Stan Lipsey und Buffett reicht weit zurück, mindestens bis 1965, als Buffett erstmals anbot, die Zeitung *Omaha Sun* zu kaufen. Lipsey, Eigentümer und Verleger der winzigen *Sun*, wurde überredet, die Zeitung nach ihrem Verkauf 1969 weiterhin zu leiten. Er leistete gute Arbeit in Bezug auf investigativen und kämpferischen Journalismus – er gewann sogar einen Pulitzer-Preis –, aber die Zeitung war kein finanzieller Erfolg und wurde 1980 verkauft. Die beiden waren eng befreundet und sprachen regelmäßig miteinander.

Als es Ende 1977 mit der Zeitung in Buffalo schlecht lief, fragte Buffett Lipsey, ob dieser zur Verbesserung der Situation nach Buffalo ziehen würde. Lipsey zögerte. Buffett war so sehr an Lipseys Input interessiert, dass er ihn bat, wenigstens einmal im Monat zu kommen und „alles zu tun, was Ihrer Meinung nach getan werden muss ... Der Laden wird einfach besser laufen, wenn Sie da sind."[46]

So begann eine 34-jährige Zusammenarbeit mit Buffalo. Lipsey arbeitete eine Stunde die Woche als Berater des Verlegers Henry Urban und konzentrierte sich dabei auf die Abteilungen Auflage und Werbung.

Der Außenseiter aus Omaha fand schnell die Zustimmung des Buffalo-Teams. Light schrieb, dass „sein schneller, erfinderischer Geist und seine Fähigkeit, Probleme sorgfältig und logisch zu durchdenken, das Vertrauen aller gewann".[47] Lipsey blieb schließlich für den Rest seiner Karriere dort und wurde zu einer Säule der Gesellschaft in Buffalo und zu einem großen Wohltäter.

1980 stand es Lipsey frei, ganz nach Buffalo zu ziehen. Der Kampf gegen den *Courier-Express* hatte ihn fasziniert, und er war entschlossen, ihn zu gewinnen. Der freundliche, gut gelaunte Lipsey sah sich nicht als Geschäftsmann, sondern als „Zeitungsmann ... Das ist es, was ich mir auf die Fahne geschrieben habe ... [Zeitungen] sind eine lebenswichtige Institution in der Gesellschaft."[48] Er war fest entschlossen, die Zeitung durchzubringen.

Als Urban 1983 in den Ruhestand ging, übernahm Lipsey das Amt des Verlegers. Er konnte sich auf glorreiche Jahre freuen. Auch in der Ära Lipsey war Buffetts Einfluss begrenzt. Der einzige entscheidende Bereich, den Buffett gern diskutierte, war die Preisgestaltung für Werbung und die Kosten für das Papier. In einem *Fortune*-Artikel sagte er zu Carol Loomis, dass der Vorstandsvorsitzende (oder Eigentümer) eine andere Sichtweise auf die Preisgestaltung hat als der Manager eines bestimmten Unternehmens:

> „Der Manager hat nur ein einziges Unternehmen. Nach seinen Berechnungen ist es nicht so schlimm, wenn er die Preise ein wenig zu niedrig ansetzt. Aber wenn er die Preise zu hoch ansetzt, muss er erkennen, dass er die wichtigste Sache seines Lebens in den Sand setzt. Und niemand weiß, was eine Preiserhöhung bewirken wird. Für den Manager ist das alles russisches Roulette. Für den Vorstandsvorsitzenden, der mehr als eine wichtige Sache in seinem Leben zu entscheiden hat, ist es das nicht wirklich. Ich würde also dafür plädieren, dass in bestimmten Fällen jemand mit viel Erfahrung und Abstand zur Szene die Preise festlegt."[49]

Buffett überhäufte Lipsey mit öffentlichem Lob. Hier ein Beispiel aus seinem Brief von 1986 an die Berkshire-Aktionäre:

> „Die Betriebsergebnisse von *The Buffalo News* spiegeln weiterhin eine wirklich hervorragende Managementarbeit von Stan Lipsey wider. Im dritten Jahr in Folge sind die geleisteten Arbeitsstunden deutlich zurückgegangen, und die sonstigen Kosten wurden genau kontrolliert. Infolgedessen haben sich unsere Gewinnspannen 1986 erheblich verbessert, obwohl die Steigerungen der Anzeigenpreise weit unter denen der meisten großen Zeitungen lagen. Unsere Bemühungen um Kostenkontrolle haben in keiner Weise unser Engagement für Nachrichten verringert. Wir liefern weiterhin einen 50-prozentigen Nachrichtenanteil."

Lipsey sagte, das Beste an der Zusammenarbeit mit Buffett sei, dass „er absolut moralisch und ehrlich ist, dass man weiß, dass er an einen denkt, wenn er mit einem spricht, und dass er zugänglich ist … wir arbeiten seit mehr als 30 Jahren zusammen und hatten noch nie eine Meinungsverschiedenheit."[50]

Lipseys Einstellung zu seinen Mitarbeitern deckt sich perfekt mit der des ebenfalls aus Omaha stammenden Buffett: „Behandle sie so, wie du selbst behandelt werden möchtest. Genau das tut Warren. Man setzt sich für seine wichtigsten Mitarbeiter ein und denkt intensiv und kreativ darüber nach, wie man den Einzelnen bei Laune halten kann.[51]

Lipsey ging im Dezember 2012 in den Ruhestand, was Buffett dazu veranlasste, über dessen Beitragsleistung nachzudenken. Er schrieb, dass *The News* ohne Lipsey durchaus hätte untergehen können. Lipseys Wissen über das Zeitungsgeschäft – einschließlich „Auflage, Produktion, Vertrieb und Redaktion" – sei „außergewöhnlich". Lipsey hatte die schwierigen Jahre in Zusammenarbeit mit Murray Light durchgestanden und *The News* in den folgenden Jahren zu außergewöhnlichen Leistungen geführt. „Sowohl als Freund als auch als Manager ist Stan einfach der Beste.[52]

DAS ÜBERLEBEN DES FETTESTEN

In den Jahren 1978 bis 1982 erlitten sowohl die *Buffalo Evening News* als auch der *Courier-Express* große Verluste, da sie die Preise senkten, um auf einem überversorgten Markt Leser und Anzeigenkunden zu gewinnen. Die Aussichten waren für beide düster – bis zu der sensationellen Ankündigung der Eigentümer des *Courier-Express* am 19. September 1982, dass sie aufgeben und *The News* als einzige großstädtische Tageszeitung in Buffalo zurücklassen würden.

Abbildung 2.1: Der Nachsteuergewinn von ***The Buffalo Evening News****, der Berkshire Hathaway zufiel, in Millionen USD*

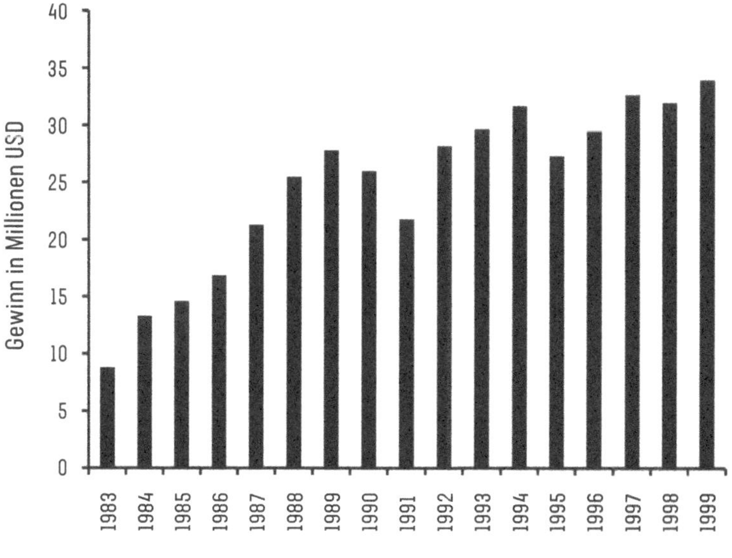

Quelle: Warren Buffett, Briefe an die Aktionäre von BH (nach 1999 keine Zahlen verfügbar).

Die Eigentümer des *Courier-Express* hatten einfach genug, und sie sahen, dass die Eigentümer von *The News* über tiefe Taschen verfügten, die noch viele Jahre lang Verluste verkraften konnten. Blue Chip verfügte nicht nur über Einnahmen, die durch See's Candies und Wesco hereinflossen, sondern auch die Muttergesellschaft Berkshire Hathaway konnte im Handumdrehen Geld nachschießen. Welchen Sinn hatte es da, sich in Buffalo weiter die Köpfe einzuschlagen?

So kam es, dass sich das am besten ausgestattete, fetteste Unternehmen durchsetzte. Buffalo wurde von einer Stadt mit zwei Zeitungen zu einer Stadt mit nur einer Zeitung. Die Belohnung dafür war der enorme Anstieg der Gewinne nach Steuern, die an Berkshire Hathaway flossen. Nach dem Rückzug des *Courier-Express* dauerte es nur noch etwa drei Jahre, bis Berkshire die vollen 35,5 Millionen Dollar zurückerhielt, die es 1977 in *The News* investiert hatte. Und die Gewinne wuchsen weiter, bis Berkshire fast so viel pro Jahr bekam.

1983 stellte *The News* viele ehemalige Mitarbeiter der *Courier*-Redaktion und andere journalistische Mitarbeiter ein und gründete eine Morgenzeitung. Auch wurde der Name in *The Buffalo News* geändert. Die Sonntagsauflage verdoppelte sich schnell auf mehr als 360.000, und die Werktagsauflage stieg auf 323.000. Im Januar 1983 unternahm *Forbes* einen Versuch, die *News* zu bewerten – und errechnete 400 Millionen Dollar.

EIN RÜCKGANG, ABER KEIN UNTERGANG

Mitte der Nullerjahre hatte das Internet die Wirtschaft der Zeitungsbranche verändert, wie es auch bei vielen anderen Branchen der Fall war. Buffett beklagte die Auswirkungen und schrieb, dass die Fundamente der Zeitungsbranche erodierten und die Gewinne von *The Buffalo News* zurückgingen. Er schrieb: „Wenn die wirtschaftlichen Grundlagen einer Branche bröckeln, kann ein talentiertes Management den Niedergang verlangsamen. Letzten Endes werden die erodierenden Fundamente jedoch die Brillanz des Managements überwältigen."[53]

Trotz der Verschlechterung gelobte Buffett, *The News* weiter zu unterstützen:

> „Solange wir keinen unabwendbaren Geldabfluss wahrnehmen, halten wir zu *The News* ... Charlie und ich lieben Zeitungen – jeder von uns liest fünf am Tag – und wir glauben, dass eine freie und lebendige Presse ein Schlüsselelement für den Erhalt einer bedeutenden Demokratie ist. Wir hoffen, dass eine Kombination aus Print und Online den wirtschaftlichen Untergang der Zeitungen abwenden wird, und wir werden in Buffalo hart daran arbeiten, ein nachhaltiges Geschäftsmodell zu entwickeln. Ich glaube, wir werden erfolgreich sein. Aber die Zeiten, in denen unsere Zeitung satte Gewinne abwarf, sind vorbei."[54]

Das Aufkommen von Online-Journalismus, Internetwerbung und spezialisierten Websites – wie zum Beispiel Websites zum Verkauf von Immobilien – führte dazu, dass sich die Sonntagsauflage in den ersten 15 Jahren des 21. Jahrhunderts auf 174.000 Exemplare halbierte. Die Werktagsauflage sank auf nur noch 111.000 Exemplare. Trotzdem erwirtschaftete die Zeitung immer noch einen operativen Gewinn – 10,9 Millionen Dollar im Jahr 2015 und 7,3 Millionen Dollar im Jahr 2016 –, was durch die Erschließung anderer Einnahmequellen wie dem Druck für die *New York Times* unterstützt wurde. Auch die Ausgaben wurden gesenkt.

The Buffalo News gehört auch heute noch zu Berkshire Hathaway und ist die wichtigste Zeitung für die Region Buffalo-Niagara, die jeden Morgen erscheint (die Nachmittagsausgabe wurde 2006 eingestellt). Doch der Kampf um den Erhalt dieser Position ist hart. Zum Zeitpunkt der Erstellung dieses Buchs im Jahr 2018 wurden sogar redaktionelle Stellen gestrichen, um die Kosten einzudämmen.

LEKTIONEN

1. **Es geht nicht immer um die Zahlen, die man sehen kann.** Eine gute Investition erkennt man oft daran, dass man das qualitative Potenzial im Hinblick auf die strategische Position durchdenkt, und nicht durch Betrachtung der jüngsten Buchhaltungszahlen. *The News* hatte das Potenzial, eine unregulierte Mautbrücke zu werden (eine dominante wirtschaftliche Marktmacht zu erreichen), auch wenn die Geschäfte in letzter Zeit schwierig waren und noch in den nächsten Jahren wahrscheinlich unrentabel sein würden.
2. **Konzentrieren Sie sich auf die Qualität des Produkts und die Qualität der Manager.** Beim Kauf überzeugten sich Buffett und Munger davon, dass das Produkt hohes Ansehen genoss und die Redakteure hervorragend waren. Und selbst in den ersten schmerzhaften Tagen, als die Zeitung Woche für Woche Geld verlor, weigerten sich die Eigentümer und die Redakteure, bei der Qualität Kompromisse einzugehen.
3. **Denken Sie langfristig.** Buffett und Munger sagen, dass sie eine Aktie „für immer" halten. Ein solcher Zeithorizont hilft, kurzfristige Verluste zu relativieren.
4. **Bleiben Sie dabei, wenn es Sie am härtesten trifft.** „Wenn manches schiefgeht, wie's passiert, und der Weg, den du gehst, nur bergan führt. Wenn wenig Geld da ist und viele Schulden, wenn du lächeln willst, aber seufzen musst. Wenn die Sorge dich ein wenig niederdrückt. Dann ruhe, wenn du musst, doch gib nicht auf. Das Leben mit seinen Drehungen und Wendungen ist krumm, und jeder erfährt das irgendwann. Und bei manchem Scheitern zeigt sich, dass man gewonnen hätte, hätte man bis zum Schluss durchgehalten." (‚Gib nicht auf', Anonym.)
5. **Reserven.** Als Munger versprach, den Kampf um *The News* fortzusetzen, war es hilfreich, dass Blue Chip über zahlreiche Einnahmequellen und Barreserven verfügte, um seinen Worten

Glaubwürdigkeit zu verleihen. Dies hat wohl dazu beigetragen, die Truppen von *The News* zu sammeln und die Eigentümer des *Courier-Express* zu demoralisieren.

6. **Vertrauen Sie Ihren Führungskräften und helfen Sie ihnen, wo Sie können**, ohne sie zu bevormunden.

Investition 3

NEBRASKA FURNITURE MART

Eckpunkte des Geschäfts

Geschäft	**Nebraska Furniture Mart**
Zeit	1983 bis heute
Gezahlter Preis	55,35 Millionen USD
Menge	90 Prozent des Aktienkapitals
Verkaufspreis	Heute Teil von Berkshire Hathaway
Gewinn	Mindestens das Zehnfache
Berkshire Hathaway im Jahr 1977	Aktienkurs: 775-1.345 USD Buchwert: 1.118 Millionen USD Buchwert pro Aktie: 975 USD

Zu den großen Traditionen für die Teilnehmer der Jahreshauptversammlung von Berkshire Hathaway in Omaha im Mai gehören das abendliche Grillen bei Countrymusik im Nebraska Furniture Mart. Es ist eine gute Gelegenheit, mit anderen Aktionären zu plaudern, sowie die Größe des Geschäfts und die Brillanz dieser Investition aus dem Jahr 1983 zu bestaunen.

Als Berkshire Hathaway NFM kaufte, hatte das Unternehmen nur eine einzige Filiale. Aber es war das größte Möbelhaus im Umkreis von Hunderten von Meilen. Seitdem ist es sogar noch größer geworden und erstreckt sich jetzt über 160.000 Quadratmeter auf 31 Hektar, nur zwei Meilen von Buffetts Haus entfernt. Es verkauft nicht nur Möbel, sondern auch über 85.000 andere Produkte, darunter Computer, Fernsehgeräte und Haushaltsgeräte.

Was die geografische Expansion anbelangt, so ist das Unternehmen bescheiden gewachsen – es eröffnete riesige Filialen in Kansas City, Dallas-Fort Worth und Des Moines. Das war's – in vier Jahrzehnten nur drei neue Filialen. Wie immer ließen Buffett und Munger große Kapitalinvestitionen nur dort zu, wo sie glaubten, einen Wettbewerbsvorteil schaffen oder verbessern und eine wirtschaftliche Marktmacht erreichen zu können. Es wurde kein Aufbau eines Imperiums um seiner selbst willen zugelassen und keine Annahme, dass das, was an einem Standort funktioniert, an Hunderten von anderen Orten einfach repliziert werden könnte. Zugelassen wurden nur gründlich durchdachte Pläne, um das Interesse der Kunden zu wecken, die Konkurrenten zu schlagen und eine gute Rendite auf das eingesetzte Kapital zu erzielen.

Der Erfolg von NFM ist umso bemerkenswerter, wenn man bedenkt, dass das Unternehmen von einer Frau gegründet wurde, die als fast mittellose 24-Jährige in die USA kam, kaum Englisch sprach und keinen einzigen Tag in der Schule verbracht hatte. Mrs. Rose Blumkin, oder Mrs. B, wie sie in Omaha genannt wurde, floh während der Russischen Revolution aus Weißrussland, indem sie Wachleute bestach. Erst 1937 eröffnete sie einen winzigen Laden in einem Keller und schlug sich mit vier Kindern durch. Ihr Motto ist berühmt geworden: *Billig verkaufen und die Wahrheit sagen.* Es gab harte Zeiten; sie musste sogar Möbel aus ihrem eigenen Haus verkaufen, um Schulden zu begleichen. Doch der jahrzehntelange Kampf führte schließlich dazu, dass das Geschäft Menschen dazu animierte, Hunderte von Kilometern zu reisen, um ein besonderes Schnäppchen zu machen.

Als sie 89 Jahre alt war, gelang es Buffett schließlich, sie zu überreden, einen Anteil von 90 Prozent an dem Unternehmen zu verkaufen (später wurde er auf 80 Prozent reduziert). Das Geschäft wurde mit einem Lächeln und einem Händedruck abgeschlossen, der heute als „Historischer Handschlag von Omaha" bekannt ist, und einem 1¼-seitigen Vertrag, den Buffett aufgesetzt hatte. Er hielt es nicht für nötig, das Inventar oder die Eigentumsrechte an den Immobilien zu überprüfen oder irgendeine Art von Due Diligence durchzuführen. Es wurden nicht einmal die Bücher geprüft. Er kannte die Leute, er wusste, dass man ihnen vertrauen konnte, und er war sehr vertraut mit der Qualität des Einkaufserlebnisses, das den Menschen in Omaha geboten wurde.

Mrs. B. liebte ihre Arbeit bei NFM so sehr, dass sie bis zu ihrem 103. Lebensjahr weitermachte, wobei sie dann vielleicht etwas weniger als ihre übliche 70-Stunden-Woche arbeitete. Buffett sagte, dass weder die besten Absolventen von Wirtschaftsschulen noch die Leiter der größten Unternehmen ihr gewachsen waren. Sie konnte sie in den Schatten stellen. Von ihrer Geschichte und ihren Ideen kann man viel lernen. Buffett sagte in einem *NBC*-Interview kurz nach dem Kauf von NFM:

> „Wenn ich ein Unternehmen gründen könnte und zunächst die 25 besten Absolventen der besten Wirtschaftshochschulen des Landes und die 25 … Top-CEOs der Fortune 500 auswählen oder Mrs. B. anstellen könnte, um das Unternehmen zu leiten, würde ich Mrs. B. anstellen. Es gibt keine zweite Mrs. B."[55]

In demselben Dokumentarfilm sagte Mrs. B.: „Ich kenne keine Lehrbücher. Ich habe es auf die altmodische Art gemacht: die Wahrheit sagen, richtig kaufen, billig verkaufen."

Buffett ist davon überzeugt, dass es wichtig ist, an einer talentierten Gründerfamilie mit ihrem Ethos und Teamgeist festzuhalten. Nach dem Kauf von BH leiteten viele Jahre lang der Sohn von Mrs. B., Louie, und später dessen Söhne Ronald und Irvin das Unternehmen an der Seite von Mrs. B., bis sie 1998 im Alter von 104 Jahren starb. Heute leiten Ron und Irv das Unternehmen, wobei die vierte Generation mit ihnen zusammenarbeitet.

Bevor ich auf das NFM-Geschäft selbst eingehe, sollte ich noch die Zeit zwischen dem Kauf der *Buffalo Evening News* im Jahr 1977 und dem NFM-Geschäft im Jahr 1983 aufarbeiten. Es gab da keine großen langfristigen Investitionen, wenn man von einigen vorbereitenden Käufen von Capital-Cities-Aktien absieht (die Gegenstand des nächsten Kapitels sind). Aber die wirtschaftliche Marktmacht wurde stetig aufgebaut und es gab einige kluge Käufe an der Börse sowie viele Überlegungen darüber, wie diese wachsende Ansammlung scheinbar unterschiedlicher Unternehmen in Zukunft von Buffett und Munger geführt werden sollte. Es war eine Zeit, in der der Hintergrund der großen Leinwand skizziert wurde, die sie malten.

DIE FÜNF JAHRE VOR DEM KAUF DES NEBRASKA FURNITURE MART

Neben dem Aufbau der operativen Geschäfte waren Buffett und Munger vor allem daran interessiert, Minderheitsbeteiligungen an Unternehmen zu erwerben, die einen gewissen Schutz gegen die Folgen der hohen Inflation bieten konnten, die 1979 einen beunruhigenden Wert von 14 Prozent erreichte. Selbst wenn man in einem solchen Umfeld eine Aktie kaufte, die eine Vorsteuerrendite von 20 Prozent abwarf, hatte man nach Abzug der Steuern am Ende des Jahres weniger Geld zur Verfügung als zu Beginn. Unternehmen, die ihre Preise mindestens um die Inflationsrate erhöhen konnten und die für ihr Wachstum keine großen Kapitalinvestitionen benötigten, wurden bevorzugt.

Berkshire hatte in diesen fünf Jahren einen enormen Einkommenszufluss. Im Jahr 1977 lieferte das operative Geschäft 39,2 Millionen

Dollar, die Buffett und Munger anderweitig einsetzen konnten. Bis 1981 war dieser Betrag auf 62,6 Millionen Dollar gestiegen.

Tabelle 3.1: Nachsteuer-Reinerträge aus Geschäftstätigkeit, die Berkshire Hathaway zufielen

	1978 (in Millionen USD)	**1979 (in Millionen USD)**	**1980 (in Millionen USD)**	**1981 (in Millionen USD)**	**1982 (in Millionen USD)**
Versicherungsgeschäft	1,6	2,2	3,6	0,8	-11,3
Einnahmen aus Versicherungsinvestitionen (Dividenden und Zinsen)	16,4	20,1	25,6	32,4	35,3
Realisierte Wertpapiergewinne	9,2	6,8	9,9	23,1	14,9
Associated Retail Stores	1,2	1,3	1,2	0,8	0,4
See's Candies	3,0	3,4	4,2	6,3	6,9
Blue Chip Stamps - Muttergesellschaft	1,4	1,6	3,1	2,1	2,5
Illinois National Bank	4,3	5,0	4,7	-	-
Wesco (Muttergesellschaft und S&L)	3,7	4,2	3,0	3,1	3,7
Sonstige	0,9	1,0	2,6	0,6	1,0
Zinsen für Schuldendienst	-2,3	-2,9	-4,8	-6,7	-7,0
GESAMTGEWINN	39,2	42,8	53,1	62,6	46,4

Quelle: Warren Buffett, Briefe an die Aktionäre von BH 1978-1982.

Die Gewinne aus dem Versicherungsgeschäft waren nicht besonders groß, aber der Geldfluss in Form von Dividenden und Zinsen aus Wertpapieren, die mit Versicherungsgeldern gekauft wurden, war gewaltig und stieg von 16,4 Millionen Dollar im Jahr 1978 auf 35,3 Millionen Dollar im Jahr 1982 an. Kein Wunder, dass Warren und Charlie voller Elan zur Arbeit kamen – all das Geld, das hereinfloss, stand zur Finanzierung ihrer neuesten Investitionsideen zur Verfügung. Und das war noch nicht alles, was aus dem Versicherungsfloat (und dem Float von Blue Chip) kam: Von Zeit zu Zeit wurden Aktienbestände verkauft, die einen Kapitalgewinn erbrachten. Die jährlichen Beträge aus dieser Quelle schwankten zwischen 6,8 und 23,1 Millionen Dollar.

See's Candies hat seinen Gewinn in diesen fünf Jahren auf 6,9 Millionen Dollar mehr als verdoppelt. Außerdem benötigte das Unternehmen das erwirtschaftete Geld nicht für zusätzliche Investitionen. Also wurde das Geld an Buffett und Munger weitergereicht, die es investieren sollten. Die Muttergesellschaft von See's, Blue Chip Stamps, erwirtschaftete ebenfalls einen erfreulichen Einkommensstrom, vor allem aus dem Börsengang.

Ein Teil des Geldes kam von Associated Retail Stores, aber statt im Laufe der Zeit zu steigen, war der Beitrag rückläufig. Es war nur gut, dass Buffett Jahre zuvor eine Diversifizierung weg von den Bekleidungsgeschäften und seiner Berkshire-Textilproduktion vorgenommen hatte.

Die in Rockford ansässige Illinois National Bank entwickelte sich prächtig und fügte Buffetts Bargeldberg jährlich mehr als vier bis fünf Millionen Dollar für Reinvestitionen hinzu. Im Idealfall wäre dieses hervorragende Unternehmen im Konzern verblieben, aber die Aufsichtsbehörden sahen es nicht gern, wenn eine Bank im Besitz einer Nichtbanken-Handelsorganisation war, da sie Interessenkonflikte befürchteten. Daher wurde sie von Berkshire getrennt, indem am letzten Tag des Jahres 1980 Aktien der Bank an die BH-Aktionäre ausgegeben wurden.

Wesco war im Begriff, Fahrt aufzunehmen. In den späten 1970er-Jahren verdiente das Unternehmen immer noch Geld mit seinem Spar- und Darlehensgeschäft. Darüber hinaus verfügte das Unternehmen über ein beträchtliches Vermögen außerhalb des S&L-Geschäfts, das durch Zinsen aus Anleihen, durch Dividenden und Kapitalgewinne aus Aktien erwirtschaftet wurde. Dieser Geldtopf für Investitionen wurde durch den geschickt getimten Verkauf des größten Teils des S&L-Geschäfts im

März 1980 erheblich aufgestockt. Das verbliebene S&L-Geschäft erwirtschaftete auch während der nationalen S&L-Krise weiterhin Geld.

Die Minderheitsbeteiligungen

Die Liste der bedeutenden Beteiligungen, die in diesem Zeitraum erworben wurden, ist lang (siehe Tabelle 3.2), aber sie wurden nicht auf Dauer gehalten. Bis Ende 1987 wurden sie alle verkauft, oder sie wurden zu relativ kleinen Beteiligungen. Diese Anhäufung von Minderheitsbeteiligungen wurde hauptsächlich durch die von den mehrheitlich kontrollierten (operativen) Unternehmen abfließenden Barmittel finanziert und durch die Ausweitung des Versicherungsgeschäfts verstärkt, das zu einer Erhöhung der zu investierenden Mittel führte. Im Jahr 1977 belief sich der Float auf durchschnittlich 139 Millionen Dollar, 1982 waren es bereits 220 Millionen Dollar.

Tabelle 3.2: Beteiligungen, die von 1977 bis 1982 verkauft oder bis Ende 1987 bedeutungslos wurden

	Bezahlter Betrag in Millionen USD
Affiliated Publications	3,5
Aluminum Company of America (Alcoa)	25,6
Amerada Hess	2,9
Arcata	14,1
The Cleveland-Cliffs Iron Company	12,9
Crum & Forster	47,1
GATX	17,1
General Foods	66,3
Handy & Harman	27,3
Interpublic Group	4,5

	Bezahlter Betrag in Millionen USD
Kaiser Aluminum and Chemical	20,6
Kaiser Industries	0,8
Knight Ridder	7,5
Media General	4,5
National Detroit	5,9
National Student Marketing	5,1
Ogilvy & Mather	3,7
Pinkerton	12,1
R.J. Reynolds Tobacco Company	142,3
Safeco	32,1
Time	45,3
The Times Mirror Company	4,4
F.W. Woolworth	15,5

Quelle: Warren Buffett, Briefe an die Aktionäre von BH 1978-1982.

Tabelle 3.3: Gesamtwert der von Berkshire Hathaway gehaltenen Aktien 1977-1982

	Kosten in Millionen USD	Marktwert zum Jahresende in Millionen USD
1977	107	181
1978	134	221
1979	185	337
1980	325	530
1981	352	639
1982	424	945

Quelle: Warren Buffett, Briefe an die Aktionäre von BH 1978-1982.

Auch Anteile an Capital Cities/ABC wurden in diesem Zeitraum erworben. 1983 stieg die Zahl der Berkshire-Hathaway-Aktionäre von 1.900 (gegenüber rund 1.000 in den späten 1970er-Jahren) auf etwa 2.900. Der größte Teil dieses Anstiegs war darauf zurückzuführen, dass BH den Kauf von Blue-Chip-Stamps-Aktien mit neu ausgegebenen Aktien bezahlte. Danach gab es 1.146.099 BH-Aktien (nur ein Prozent mehr als 1965). Nun, 18 Jahre später, besaßen die Aktionäre gemeinsam große Unternehmen wie National Indemnity, See's und *The Buffalo News* sowie Anteile an amerikanischen Giganten wie R. J. Reynolds und *Time*. Die Aktien von Berkshire Hathaway waren von unter 20 Dollar pro Stück auf mehr als 1.000 Dollar gestiegen.

Die Grundsätze von Buffett und Munger

In dieser Zeit – etwa ein Jahrzehnt nach der Auflösung der Partnership – dachten Buffett und Munger über grundlegende Prinzipien für die Verwaltung der von ihnen zusammengetragenen Unternehmen und Beteiligungen sowie für die Art und Weise nach, wie sie die Aktionäre behandeln sollten. Diese Ideen bildeten den Grundstein für die Schaffung des größten Unternehmens, das jemals gegründet wurde.

Aus Buffetts Zusammenfassung der Grundsätze (unten), die zusammen mit seinem Brief an die BH-Aktionäre aus dem Jahr 1983 veröffentlicht wurde, geht hervor, dass er die Aktionäre in demselben Licht sah wie diejenigen, die ihm vertraut hatten, als er ein 20-jähriger Enthusiast war, der die Ersparnisse einiger Personen aus Omaha zusammentrug. Ungeachtet der recht begrenzten rechtlichen Verpflichtungen, die er gegenüber den Aktionären hatte, war er entschlossen, noch weiter zu gehen. Er war auch entschlossen, vertrauensvolle Freundschaften mit den Managern seiner Betriebsgesellschaften aufzubauen.

Diese Grundsätze sind ein zeitloser Leitfaden für alle, die ein diversifiziertes Unternehmen oder ein diversifiziertes Aktienportfolio aufbauen wollen. Ich gebe sie hier in vollem Umfang wieder:

Obwohl wir die Form eines Unternehmens haben, ist unsere Einstellung partnerschaftlich. Charlie Munger und ich betrachten unsere Aktionäre als Eigentümer und Partner und uns selbst als geschäftsführende Gesellschafter. (Aufgrund des Umfangs unserer Beteiligungen sind wir im Guten wie im Schlechten auch beherrschende Gesellschafter.) Wir betrachten das Unternehmen selbst nicht als den endgültigen Eigentümer unseres Geschäftsvermögens, sondern stattdessen als eine Zweckgesellschaft, durch die unsere Aktionäre das Vermögen besitzen.

Im Einklang mit dieser Eigentümerorientierung sind alle unsere Direktoren Großaktionäre von Berkshire Hathaway. Bei mindestens vier der fünf Direktoren entfallen mehr als 50 Prozent des Familienvermögens auf Beteiligungen an Berkshire. Wir kochen unser eigenes Süppchen.

Unser langfristiges wirtschaftliches Ziel (vorbehaltlich einiger später erwähnter Einschränkungen) ist die Maximierung der durchschnittlichen jährlichen Steigerungsrate des inneren Unternehmenswerts auf der Basis der einzelnen Aktien. Wir messen die wirtschaftliche Bedeutung oder Leistung von Berkshire nicht an seiner Größe, sondern am Fortschritt pro Aktie. Wir sind sicher, dass der Fortschritt pro Aktie in der Zukunft abnehmen wird – dafür wird die stark vergrößerte Kapitalbasis sorgen. Aber wir werden enttäuscht sein, wenn unsere Rate nicht die eines durchschnittlichen amerikanischen Großunternehmens übertrifft.

Wir würden es vorziehen, dieses Ziel durch den direkten Besitz einer diversifizierten Gruppe von Unternehmen zu erreichen, die Barmittel erwirtschaften und beständig überdurchschnittliche Kapitalrenditen erzielen. Unsere zweite Wahl ist der Besitz von Teilen ähnlicher Unternehmen, die wir in erster Linie durch den Kauf von börsenfähigen Stammaktien durch unsere Versicherungstöchter erreichen. Der Preis und die Verfügbarkeit von Unternehmen sowie der Bedarf an Versicherungskapital bestimmen die Kapitalallokation für ein bestimmtes Jahr.

Aufgrund dieser zweigleisigen Herangehensweise an das Eigentum an einem Unternehmen und wegen der Beschränkungen der konventionellen Rechnungslegung sagen die konsolidierten Gewinnzahlen relativ wenig über unsere wahre wirtschaftliche Leistung aus. Charlie und ich, sowohl als Eigentümer als auch als Manager, ignorieren diese konsolidierten Zahlen praktisch. Wir werden Ihnen jedoch auch die Gewinne jedes größeren Unternehmens, das wir kontrollieren, mitteilen – die Zahlen, die wir für sehr wichtig halten. Diese Zahlen und andere Informationen, die wir Ihnen über die einzelnen Unternehmen zur Verfügung stellen, sollten Ihnen im Allgemeinen helfen, sich ein Urteil über diese Unternehmen zu bilden.

Die buchhalterischen Konsequenzen haben keinen Einfluss auf unsere operativen Entscheidungen oder Entscheidungen über die Kapitalallokation. Wenn die Akquisitionskosten vergleichbar sind, ziehen wir es vor, zwei Dollar an Erträgen zu erwerben, die nach den üblichen Rechnungslegungsgrundsätzen nicht berichtspflichtig sind, als einen Dollar an Erträgen zu erwerben, die berichtspflichtig sind. Genau vor dieser Entscheidung stehen wir oft, da ganze Unternehmen (deren Erträge vollständig berichtspflichtig sind) häufig zum doppelten Preis kleinerer Teile (deren Erträge weitgehend nicht berichtspflichtig sind) verkauft werden. Insgesamt und im Laufe der Zeit erwarten wir, dass sich die nicht ausgewiesenen Gewinne durch Kapitalgewinne vollständig in unserem inneren Unternehmenswert niederschlagen.

Wir nehmen nur selten Schulden auf, und wenn, dann versuchen wir, sie auf einer langfristigen, festverzinslichen Basis zu strukturieren. Wir lehnen interessante Gelegenheiten lieber ab, als unsere Bilanz übermäßig mit Schulden zu belasten. Dieser Konservatismus beeinträchtigt unsere Ergebnisse, aber es ist das einzige Verhalten, das uns in Anbetracht unserer treuhänderischen Verpflichtungen gegenüber Versicherungsnehmern, Einlegern, Kreditgebern und den vielen Anteilseignern, die einen ungewöhnlich großen Teil ihres Nettovermögens in unsere Obhut gegeben haben, zufriedenstellt.

Eine „Wunschliste" des Managements wird nicht auf Kosten der Aktionäre erfüllt. Wir werden nicht diversifizieren, indem wir ganze Unternehmen zu kontrollierten Preisen kaufen, die die langfristigen wirtschaftlichen Folgen für unsere Aktionäre ignorieren. Wir werden mit Ihrem Geld nur das tun, was wir auch mit unserem eigenen Geld tun würden, indem wir die Werte, die Sie durch die Diversifizierung Ihrer eigenen Portfolios erzielen können, durch direkte Käufe auf dem Aktienmarkt vollständig abwägen.

Wir sind der Meinung, dass edle Absichten in regelmäßigen Abständen anhand der Ergebnisse überprüft werden sollten. Wir prüfen, ob es sinnvoll ist, Gewinne einzubehalten, indem wir beurteilen, ob die Einbehaltung im Laufe der Zeit den Aktionären für jeden einbehaltenen Dollar mindestens einen Dollar an Marktwert bringt. Bislang wurde dieser Test bestanden. Wir werden ihn weiterhin auf einer rollierenden 5-Jahres-Basis anwenden. Da unser Nettovermögen wächst, wird es schwieriger, einbehaltene Gewinne sinnvoll zu verwenden.

Wir werden nur dann Stammaktien ausgeben, wenn wir so viel an Unternehmenswert erhalten, wie wir abgeben. Diese

Regel gilt für alle Formen der Emission – nicht nur für Fusionen oder Emissionen an der Börse, sondern auch für Schulden-Swaps, Aktienoptionen und wandelbare Wertpapiere. Wir werden keine kleinen Teile Ihres Unternehmens auf einer Basis verkaufen – und darauf läuft die Ausgabe von Aktien hinaus –, die mit dem Wert des gesamten Unternehmens nicht vereinbar ist.

Sie sollten sich über **eine Einstellung im Klaren sein, die Charlie und ich teilen und die unserer finanziellen Leistung schadet:** Unabhängig vom Preis haben wir keinerlei Interesse daran, gute Unternehmen, die Berkshire besitzt, zu verkaufen, und wir zögern sehr, minderwertige Unternehmen zu veräußern, solange wir erwarten, dass sie zumindest etwas Bargeld erwirtschaften, und solange wir bei ihren Managern und ihren Arbeitgeber-Arbeitnehmer-Beziehungen ein gutes Gefühl haben. Wir hoffen, dass wir die Fehler bei der Kapitalallokation, die uns zu solchen minderwertigen Unternehmen geführt haben, nicht wiederholen werden. Und wir reagieren mit großer Vorsicht auf Vorschläge, dass unsere schlechten Geschäfte durch größere Kapitalausgaben wieder zu einer zufriedenstellenden Rentabilität gebracht werden können. (Die Prognosen werden blendend sein – ihre Verfechter werden aufrichtig sein –, aber am Ende sind größere zusätzliche Investitionen in eine miese Branche in der Regel ungefähr so lohnend wie Strampeln im Treibsand.) Nichtsdestotrotz ist Managementverhalten im Stil von Gin Rommé (bei jeder Gelegenheit das am wenigsten vielversprechende Geschäft verwerfen) nicht unser Stil. Wir nehmen lieber in Kauf, dass unser Gesamtergebnis ein wenig darunter leidet, anstatt uns darauf einzulassen.

Wir werden Ihnen gegenüber in unseren Berichten offen sein und die Vor- und Nachteile hervorheben, die für die Beurteilung des Unternehmenswerts wichtig sind. Unsere Leitlinie ist es, Ihnen diejenigen geschäftlichen Fakten mitzuteilen, die wir wissen wollten, wenn unsere Positionen vertauscht wären. Nicht weniger sind wir Ihnen schuldig. Außerdem wäre es für uns als Konzern mit einem bedeutenden Kommunikationsunternehmen unentschuldbar, wenn wir bei der Berichterstattung über uns selbst geringere Maßstäbe an Genauigkeit, Ausgewogenheit und Prägnanz anlegen würden, als wir von unseren Nachrichtenkollegen bei der Berichterstattung über andere erwarten. Wir glauben auch, dass Offenheit für uns als Manager von Vorteil ist: Ein CEO, der andere in der Öffentlichkeit in die Irre führt, führt sich möglicherweise insgeheim auch selbst in die Irre.

Trotz unserer Politik der Offenheit werden wir unsere Aktivitäten mit marktfähigen Wertpapieren nur insoweit erörtern, als dies gesetzlich vorgeschrieben ist. Gute Anlageideen sind selten, wertvoll und unterliegen ebenso der Aneignung durch Wettbewerber wie gute Ideen für Produkte oder Geschäftsübernahmen. Daher werden wir in der Regel nicht über unsere Anlageideen sprechen. Dieses Verbot erstreckt sich sogar auf Wertpapiere, die wir verkauft haben (weil wir sie möglicherweise wieder kaufen), und auf Aktien, über die fälschlicherweise gemunkelt wird, dass wir sie kaufen würden. Wenn wir diese Berichte dementieren, aber bei anderen Gelegenheiten „kein Kommentar" sagen, werden die Nicht-Kommentare zur Bestätigung.

WAS ROSE AUFBLÜHEN LIESS

Anfang des 20. Jahrhunderts wachte die junge Rose eines Nachts in der 2-Zimmer-Blockhütte der Familie in einem Dorf in der Nähe von Minsk auf und fand ihre Mutter bereits beim Brotbacken. Sie teilte ihrer Mutter mit, dass sie es nicht ertragen könne, „dass sie so furchtbar hart arbeiten muss", und fügte hinzu, dass sie, wenn sie erwachsen sei, in eine große Stadt gehen, eine Arbeit finden, Geld verdienen und nach Amerika gehen würde. Ihre Mutter kümmerte sich um ihre acht Kinder und führte einen Lebensmittelladen, ihr Vater war Rabbiner. Rose begann im Alter von sechs Jahren im Laden ihrer Mutter zu arbeiten. Doch mit 13 Jahren fühlte sie sich ihrer vielen Geschwister wegen verpflichtet, von einem Geschäft zum anderen zu gehen, um einen Job zu finden. Ihre Hartnäckigkeit zahlte sich aus, und im Alter von 16 Jahren war Rose, die nie eine Schule besucht hatte, Managerin und beaufsichtigte die Arbeit von sechs Männern.

Vier Jahre später, 1914, heiratete die 20-jährige Rose den Schuhverkäufer Isadore Blumkin. Sie erinnert sich, dass ihre Mutter an ihrem Hochzeitstag zwei Pfund Reis und zwei Pfund Kekse mitbrachte: „Das war das ganze Hochzeitsfest." Der Krieg kam, und Isadore entging der Einberufung zu den „verhassten Kosaken", indem er nach Amerika reiste. Er fuhr ohne Rose, weil sie nicht genug Geld für beide hatten.

Vor dem Hintergrund der aufkeimenden Russischen Revolution im Dezember 1916 machte sich die 1,48 m große Rose ohne Fahrkarte oder Pass mit der Transsibirischen Eisenbahn auf den Weg durch Sibirien. Ein Grenzbeamter an der russisch-chinesischen Grenze ließ sie passieren, nachdem sie ihm gesagt hatte, dass sie Leder für die Armee kaufen und ihm bei ihrer Rückkehr eine große Flasche Sliwowitz mitbringen würde. „Ich lernte alle Tricks", sagte sie. Sie reiste weiter nach Japan und Seattle mit einem Schild um den Hals, auf dem „Fort Dodge, Iowa" stand.

Rose Blumkin war für immer dankbar für die herzliche Aufnahme, die sie erfuhr: „Die Menschen, die in diesem Land geboren wurden, wissen all diese wunderbaren Dinge nicht so zu schätzen wie diejenigen, die aus der Dunkelheit gekommen sind. Ich liebe die Vereinigten Staaten seit dem Tag, an dem ich hierhergekommen bin."[56]

Nach zwei Jahren in Fort Dodge zog das junge Paar nach Omaha, und Isadore eröffnete einen Secondhand-Kleiderladen mit Pfandleihe. Erst als ihre älteste Tochter Frances in die Schule kam, lernte Rose

Englisch; Frances brachte ihrer Mutter bei, was sie jeden Tag aufgeschnappt hatte.

Eine ihrer größten Sorgen war die Rettung ihrer weißrussischen Familie; um Kleidung verkaufen zu können, arbeitete sie hart, sparte 50 Dollar und schickte sie nach Hause. Das war genug, um ein Familienmitglied nach Amerika zu holen. Bis Ende 1922 brachte sie nach und nach ihre Eltern und fünf Geschwister herüber.

Als Mrs. B. im Alter von 43 Jahren endlich mit ihren vier Kindern sesshaft wurde, begann sie mit 500 Dollar ihre geschäftliche Laufbahn. Sie setzte sich 1937 in einen Zug nach Chicago, dem damaligen Zentrum des landesweiten Möbelgroßhandels. Dort fand sie den American Furniture Mart. Sie war so beeindruckt von dem riesigen Gebäude und den übersichtlich eingerichteten Geschäftsräumen, dass sie beschloss, ihr neues Geschäft großspurig „Nebraska Furniture Mart" zu nennen. Sie kaufte Waren im Wert von 2.000 Dollar für das Geschäft, das sie im Keller des Gebäudes, in dem sich das Geschäft ihres Mannes befand, in der Innenstadt von Omaha eröffnen wollte.

Auf dem Heimweg machte sie sich Sorgen, weil sie nur 500 Dollar Eigenkapital und 1.500 Dollar Schulden hatte. Sie war so besorgt, dass sie die Möbel aus ihrer eigenen Wohnung verkaufte – den Kühlschrank und vieles mehr –, um das Geld für die pünktliche Zahlung aufzutreiben.

Mrs. B. hatte es mit der härtesten Konkurrenz zu tun – mit großen, etablierten Kaufhäusern und Fachgeschäften –, und ein Keller war nicht gerade der beste Standort. Aber im Hinblick auf ihre 500 Dollar Eigenkapital begann sie ihr Business mit dem Gedanken: „Wenn du den niedrigsten Preis hast, finden dich die Kunden auch auf dem Grund eines Flusses."[57] Sie hatte recht, die Leute fanden sie.

Doch ihre ermäßigten Preise ärgerten die Teppich- und Möbel-Riesen. Die Hersteller und Einzelhändler hatten eine bequeme Vereinbarung getroffen, nach der jeder eine große Gewinnspanne erhielt, wenn sie alle ihre hohen Preise beibehielten. Ihre Konkurrenten überzeugten zunächst die Hersteller, sie zu boykottieren. Sie reagierte darauf, indem sie bei Lieferanten anderswo im Lande einkaufte oder andere Leute dazu brachte, heimlich Teppiche und andere Artikel für sie zu kaufen. So konnte sie weiterhin zu niedrigen Preisen verkaufen.

Mrs. B. wurde nicht nur einmal, sondern gleich viermal wegen „Verstoßes gegen die Gesetze des freien Handels“ vor Gericht gezerrt. Sie sagte zu einem Richter: „Ich zahle drei Dollar pro Meter [Teppich], Brandeis [Hauptkonkurrent, nicht mehr existent] verkauft ihn für 7,95 Dollar. Ich verkaufe ihn für 3,95 Dollar. Herr Richter, ich verkaufe alles zehn Prozent über dem Selbstkostenpreis, was ist daran falsch? Ich raube die Kunden nicht aus.“ Der Richter sprach sie nicht nur frei, sondern kaufte am nächsten Tag auch Teppiche im Wert von 1.400 Dollar. Und das Beste daran war, dass die Zeitungen darüber berichteten, was den Umsatz enorm ankurbelte.

Das Ausmaß des Ansatzes der niedrigen Marge/des hohen Umsatzes lässt sich anhand der Konten von 1946 ermessen, die im Jahresbericht 2013 von Berkshire Hathaway wiedergegeben sind (Abbildung 3.1).[58] Zu Beginn des Jahres verfügte das Unternehmen über ein Nettovermögen von lediglich 57.460 Dollar und setzte in den folgenden zwölf Monaten 575.096 Dollar um – ein erstaunlicher Vermögensumschlag für solch ein Produkt. Die Umsatzkosten (hauptsächlich Zahlungen an Lieferanten) lagen weit über dem Wert, den man im Allgemeinen bei Möbelhändlern erwarten würde. Sie beliefen sich auf 472.891 Dollar, sodass ein Bruttogewinn von 102.206 Dollar beziehungsweise eine Bruttomarge von nur 17,77 Prozent übrig blieb (also nicht ganz die zehn Prozent, die sie häufig angab, wenn jemand zuhörte). Aber die Kostenkontrolle war so streng, dass die Ausgaben für alles andere – von der Werbung und den Gehältern bis zur Miete und dem Kraftstoff für den Lkw – nur 81.521 Dollar betrugen, was einen operativen Gewinn von 20.685 Dollar und einen Nettogewinn von 29.884 Dollar nach einigen zusätzlichen Einnahmen ergab.

1945 zog NFM aus dem Keller in ein größeres Geschäft in der Farnam Street 2205 im Stadtzentrum von Omaha um. Ihr Sohn Louie schloss sich ihr dort an, nachdem er im Zweiten Weltkrieg gedient hatte (er war unter anderem am Omaha Beach in der Normandie gelandet, hatte in der Ardennenschlacht das Verwundetenabzeichen Purple Heart erhalten und das Konzentrationslager Dachau befreit). Louie übernahm die Gründungsphilosophie seiner Mutter und baute das Unternehmen auf der von ihr geschaffenen Basis auf. Die Kombination ihres gesunden Menschenverstands und ihrer Tatkraft mit seiner Klugheit, seinem ausgeglichenen Temperament und seinen hervorragenden menschlichen Fähigkeiten führte dazu, dass das Unternehmen in den 1960er- und 1970er-Jahren sprunghaft wuchs. Er hatte ein natürliches Talent für den Handel, was er zum großen Teil seiner Mutter zu verdanken hatte: „Ich hätte fünf staatliche Schulen und vier Colleges durchlaufen können, ohne die Ausbildung zu erhalten, die ich von meiner Mutter bekommen habe.“[59]

Während Mrs. B. sehr streng war – oftmals schimpfte sie und entließ Mitarbeiter –, war Louie als Gentleman bekannt; er war sehr freundlich und stellte oft dieselben Menschen wieder ein. Er erkannte, dass seine Mutter die Angewohnheit hatte, Leute bis zur Demütigung zu kritisieren, während er es liebte, „ihnen Honig ums Maul zu schmieren“. Während sie Faulheit oder Angestellte, die „Dummköpfe“ oder „Trottel“ waren, nicht ausstehen konnte, konnte sie in vielerlei Hinsicht freundlich sein. Zum Beispiel hatte sie großes Mitgefühl für die Armen (daher ihr Bestreben, die Gewinnspannen sehr niedrig zu halten) und Unterdrückten: „Viele Einwanderer kamen aus den Konzentrationslagern. Einige brauchten Arbeit. Wir stellten sie ein … Was für ein Niveau. Das waren die Menschen, die wir zu schätzen wussten.[60] Mitte des 20. Jahrhunderts stellte sie viele russische Neueinwanderer ein. „Ich bekam eine junge Frau – ich stellte sie im Möbelverkauf ein, und sie schlug jeden amerikanischen College-Absolventen. Sie war so freundlich. Wenn sie etwas verkaufte, war sie im siebten Himmel.“[61]

Zusätzlich zu dem Laden in der Innenstadt wurde 1970 ein großes Geschäft außerhalb der Stadt an der Stelle des jetzigen riesigen Gebäudes errichtet. Die Geschäfte liefen gut, bis 1975 ein verheerender Tornado das Gebäude zerstörte. Seltsamerweise erwies sich dies in strategischer Hinsicht als Segen. Die Reaktion darauf, dass das Dach des riesigen Lagerhauses weggeblasen worden war, bestand natürlich darin, alles in die eine verbliebene Verkaufsstelle zu bringen. Man stellte fest, dass die Menschen lieber dort einkauften, wo es ein sehr großes Angebot an einem Ort gab, und zwar zu niedrigen Preisen; und dass sie bereit waren, für Schnäppchen zu reisen. Mehr als ein einziges sehr großes Teppich- und Möbelgeschäft brauchte Omaha nicht. Louies Sohn Irv

Abbildung 3.1: Abschluss 1946 von Nebraska Furniture Mart

NEBRASKA FURNITURE MART
STATEMENT OF ASSETS & LIABILITIES
DECEMBER 31, 1946

ASSETS

CURRENT ASSETS			
Cash on Hand		$ 50.00	
Accounts Receivable	$67,007.01		
Less-Reserve for Bad Debts	6,162.58	60,844.43	
Inventory		34,650.00	$ 95,544.43
FIXED ASSETS			
Furniture & Fixtures		$ 42.85	
Leasehold Improvements		22,787.90	
Truck		1,565.35	
		$24,396.10	
Less-Reserve for Depreciation		5,590.98	$ 18,805.12
OTHER ASSETS			
Loans Receivable - Simons Jewelry Co.			$ 2,000.00
Total			$116,349.55

LIABILITIES

CURRENT LIABILITIES			
First National Bank - Overdraft		$ 9,730.54	
Accounts Payable		20,612.55	
Accrued Taxes		2,742.05	
Loans Payable -			
Cynthia Schneider	$ 3,000.00		
Norman Batt	2,000.00		
Ben Magzamin	2,000.00		
Omaha National Bank	4,000.00	$11,000.00	$ 44,085.14
PARTNERS' CAPITAL & UNDIVIDED PROFIT			
Balance, January 1, 1946		$57,460.27	
Net Profit for Year 1946		29,884.42	
		$87,344.69	
Less - Withdrawals		15,080.28	
Balance, December 31, 1946			$ 72,264.41
Total			$116,349.55

NEBRASKA FURNITURE MART
PROFIT & LOSS STATEMENT
YEAR ENDED DECEMBER 31, 1946

			%
NET SALES		$575,096.47	100.00%
COST OF SALES			
Inventory, beginning	$ 22,789.00		
Purchases	457,834.81		
Freight	17,186.27		
Fabrication & Installation	9,730.72		
	$507,540.80		
Inventory, ending	34,650.00		
Cost of Sales		$472,890.80	82.23%
Gross Profit		$102,205.67	17.77%
Less - EXPENSES			
Accounting & Legal	$ 548.29		.10%
Advertising	5,750.19		1.00
Provision for Bad Debts	3,777.63		.66
Bank Charges	40.43		.01
Car & Truck Expense	2,000.54		.35
Commissions	434.74		.08
Depreciation	3,770.36		.66
Donations	1,067.50		.19
Drayage	57.17		.01
Dues & Subscriptions	49.00		.01
Fuel	1,175.10		.20
General Expense	2,836.75		.49
Insurance	1,543.49		.27
Interest	630.52		.11
Light, Power, Water	1,384.09		.24
Maintenance & Repair	222.25		.04
Postage	255.83		.04
Rent	9,294.00		1.62
Salaries	40,288.00		7.00
Sign Rental	600.00		.10
Stationery & Supplies	659.57		.11
Taxes	1,062.60		.18
Payroll Taxes	1,042.78		.18
Telephone & Telegraph	1,141.25		.20
Travel	1,887.60		.32
Total Expenses		$ 81,520.68	14.17%
Operating Profit		$ 20,684.99	3.60%
Add - OTHER INCOME			
Purchase Discounts	$ 5,409.33		
Carrying Charges	3,790.10	$ 9,199.43	1.60%
Net Profit		$ 29,884.42	5.20%

Quelle: Jahresbericht 2013 von Berkshire Hathaway

(heute CEO) erklärt, wie es dazu kam: „Wir fanden heraus, dass wir mit einem [Geschäft] mehr erreichen konnten als mit zwei in derselben Stadt. Das brachte uns auf die Idee, ein großes Geschäft zu bauen und schließlich unser Geschäft in der Innenstadt zu schließen." Der Standort an der 72. Straße wurde gewählt, weil er über einen großen Parkplatz verfügte und erweitert werden konnte. In den 1980er-Jahren war der Nebraska Furniture Mart das größte Einrichtungshaus in den USA.

DER DEAL MIT WARREN BUFFETT

Im Jahr 1970 erhielt der Autor von Investmentbüchern „Adam Smith" (George Goodman) einen Brief von Benjamin Graham über einen ihm unbekannten Investor, der in Omaha lebte. Graham schlug Smith vor, ihn zu besuchen und mit ihm zu sprechen. Als die graue Eminenz der Wall Street sagte, es lohne sich, einem talentierten Investor zuzuhören, wurde Adam Smith klar, dass er dumm wäre, nicht nach Omaha zu reisen. Buffett war ein freundlicher Gastgeber, und sie verbrachten einige Zeit miteinander.

> „Wir fahren eine Straße in Omaha entlang und kommen an einem großen Möbelhaus vorbei. Ich muss in der Geschichte Buchstaben verwenden, weil ich mir die Zahlen nicht merken kann. ‚Sehen Sie dieses Geschäft?', fragt Warren. Das ist ein wirklich gutes Geschäft. Es hat eine Fläche von ***a***, einen Jahresumsatz von ***b***, einen Lagerbestand von nur ***c*** und einen Kapitalumschlag von ***d***.' ‚Warum kaufen Sie es nicht?', fragte ich. ‚Es ist in Privatbesitz.' sagte Warren. ‚Oh', sagte ich. ‚Vielleicht kaufe ich es trotzdem', sagte Warren. ‚Eines Tages.'
> Diesen Satz – ‚Das ist ein wirklich gutes Geschäft' – bekam ich mehrmals zu hören, und er bezog sich immer auf ein solide geführtes Unternehmen mit einer sicheren Nische, viel Kapital und einer respektablen Rendite auf das investierte Kapital."[62]

Da haben wir es also: Mindestens zwölf Jahre bevor Berkshire das Unternehmen kaufte, beobachtete Buffett die Wirtschaftlichkeit von

NFM und war beeindruckt. In dem Jahrzehnt nach der Autofahrt mit Adam Smith wuchs NFM auf zwei Drittel des Möbelumsatzes in Omaha. Alte Konkurrenten schlossen und potenzielle neue Konkurrenten wichen aus Furcht vor einem Gemetzel zurück.

Das Problem für Buffett war, dass sich NFM zu 100 Prozent im Besitz der Familie befand und diese keine Anzeichen zeigte, verkaufen zu wollen. Er konnte das Unternehmen also nur aus der Ferne bewundern – und sie wissen lassen, dass er es eines Tages gern kaufen würde. Es war leicht, den Kontakt aufrechtzuerhalten, da Susan Buffett mit den Blumkins befreundet war, insbesondere mit Louies Frau Fran.

Bis 1983 hatten Louies Söhne Ronald, Irvin und Steve viele Jahre im Unternehmen verbracht. Aber es gab Spannungen. Mrs. B. war gegenüber ihren Familienmitgliedern genauso streng und launisch wie gegenüber ihren Mitmenschen. Dies führte dazu, dass sie zeitweise nicht mit anderen kommunizieren wollte. Sie beschwerte sich, dass sie von „den Kindern" herumkommandiert würde. Wenn das Unternehmen verkauft würde, wäre der neue Eigentümer der Chef, und er könnte „die Faulenzer" aus dem Weg räumen. Ihre drei Töchter (und damit auch die Schwiegersöhne) waren mit jeweils 20 Prozent am Unternehmen beteiligt, aber sie wollte, dass sie ihre Anteile verkaufen und das Unternehmen in den Händen von Louie belassen. Darüber hinaus war sie 89 Jahre alt und wollte einen Streit der Familie um das Erbe des Unternehmens vermeiden. Und natürlich gab es auch Überlegungen zur Erbschaftsteuer. Daher war sie offen für die Idee, den größten Teil des Unternehmens zu verkaufen – und damit einen einzigen illiquiden Vermögenswert in liquides Geld umzuwandeln, das den Familienmitgliedern zugeteilt werden konnte, die dann ihren eigenen Weg gehen konnten.

Buffett wandte sich an Louie, um mit ihm über einen akzeptablen Preis zu sprechen. Um seine Chancen zu erhöhen, wies er darauf hin, dass bei einem Verkauf des Unternehmens an eine der großen Ketten diese früher oder später ihre eigenen Manager für die Geschäftsführung einsetzen würden – und dass diese bei erster Gelegenheit den Hebel umlegen und verkaufen könnten. Unter den Fittichen von Berkshire hingegen würden Louie und seine Söhne die operative Kontrolle behalten, und das Unternehmen würde langfristig geführt werden, was den Mitarbeitern, den Kunden und Omaha zugutekäme. Was sie in ihrem Leben aufgebaut hätten, würde mit seinem außergewöhnlichen Ethos und seiner Kultur weiterleben.

Erst als Louie akzeptiert hatte, gingen sie zu Mrs. B. in den Laden. Sie pflegte sich sehr schnell über Menschen ein Urteil zu bilden. Glücklicherweise mochte sie Buffett und vertraute ihm, sodass das Geschäft auf der Stelle abgeschlossen wurde. Noch lange danach sagte sie (scherzhaft?), Buffett habe sie zum Verkauf überredet, indem er sie bat, einen Preis zu nennen. Als sie dies tat, sagte er sofort zu. „Er kaufte in bar und machte nie eine Inventur. Er sagte mir, er vertraue mir sein Leben an – eher mir als der Bank of England. Er ist sehr klug. Er hat ein Schnäppchen gemacht."[63]

Buffett beschrieb die Begegnung folgendermaßen: „Ich ging an meinem Geburtstag, dem 30. August 1983, aus dem Haus. Und hatte diesen Vertrag bei mir … Und ich gab ihn Mrs. B. Sie las ihn nicht, aber Louie, ihr Sohn, sagte ihr, was darin stand. Und ich habe sie nie um eine Rechnungsprüfung gebeten. Ich habe sie nur gefragt, ob sie Schulden habe. Und ich fragte sie, ob ihr das Gebäude gehöre. Und sie sagte Ja. Und wir machten das Geschäft. Aber es war kein Schnäppchenkauf."[64] Der Vertrag für das Geschäft wurde im BH-Jahresbericht 2013 abgedruckt, den Sie online lesen können.[65]

Unabhängig davon, ob sie sich darüber einig waren, wer das bessere Geschäft gemacht hatte, herrschte eine große gegenseitige Achtung. So sagte Mrs. B. über Buffett: „Warren Buffett. Er ist ein Genie. Ich respektiere ihn sehr. Er ist sehr ehrlich, sehr schlicht und sein Wort ist so gut wie Gold. Ich glaube, es gibt keinen anderen in der Stadt, der so einfühlsam, so nett, so ehrlich und so freundlich ist."[66]

Für 55,35 Millionen Dollar erwarb Berkshire Hathaway 90 Prozent der Aktien (mir gefällt, dass dies handschriftlich im Vertrag vermerkt ist), wobei zehn Prozent bei Louie und seinen drei Söhnen verblieben. Aktienoptionen für weitere zehn Prozent wurden bestimmten jungen Managern aus der Familie in Schlüsselpositionen gewährt. So kam es, dass Berkshire Hathaway nach einer gewissen Zeit 80 Prozent der Anteile besaß. Beachten Sie, dass der Vertrag auch von den drei Töchtern von Mrs. B. unterzeichnet wurde.

Mrs. B. blieb Vorsitzende und leitete das Teppichgeschäft, während Louie weiterhin als Präsident und Haupttriebfeder des Unternehmens fungierte.

Die Marktmacht

Warum bewertete Buffett das Unternehmen mit über 60 Millionen Dollar? Beginnen wir mit dem Gewinn. In den Jahren 1982 und 1983 betrug die Gewinnspanne vor Steuern bei einem Umsatz von etwa 100 Millionen Dollar circa sieben Prozent. Nach Steuern waren das etwa 4,5 Millionen Dollar[67], die den Aktionären als Eigentümergewinn zur Verfügung standen. Das 1-jährige Kurs-Gewinn-Verhältnis lag also bei etwa 13. Bei isolierter Betrachtung dieser Daten würde Buffett nicht davon sprechen, das Unternehmen billig eingekauft zu haben: „Es war also kein Schnäppchenkauf."[68]

Wir sehen daher, dass die quantitativen Fakten unzureichend waren, um den Preis zu rechtfertigen. Bei allen Investitionen müssen wir die qualitativen zu den quantitativen Fakten hinzunehmen. Die qualitativen Faktoren, die Buffett über Jahrzehnte hinweg beachtet hatte, bedeuteten, dass es eine solide Grundlage für einen wachsenden Geldfluss gab. „Es war ein großartiges Unternehmen. Es war eine wunderbare Gelegenheit, sich einer so guten Familie anzuschließen, wie ich sie noch nie getroffen habe."[69] Lassen Sie uns das weiter ausführen. Das fast 19.000 Quadratmeter große Geschäft verkaufte die bei Weitem größte Menge an Möbeln, Teppichen und Geräten im ganzen Land. Hier ist der Schlüssel zur Stärke der wirtschaftlichen Marktmacht:

- Erstens konnte das Unternehmen den Kunden eine große Auswahl in allen Preisklassen bieten.
- Zweitens hatte es den Ruf, zu niedrigen Preisaufschlägen zu verkaufen, was zu einem sehr hohen Umsatzvolumen führte, da die Menschen in Scharen kamen, um ein Schnäppchen zu machen. Dies führte zu einem sehr hohen Umsatz pro Quadratfuß (500 Dollar).
- Drittens verfügte es aufgrund des Umsatzvolumens über eine enorme Kaufkraft.
- Viertens hatte es sehr geringe Ausgaben für den Geschäftsbetrieb. Ihm gehörte das Gebäude, sodass es keine Miete bezahlte, und es hatte auch keine Schulden. Außerdem bedeutete ein hoher Umsatz pro Quadratfuß geringe Gemeinkosten pro Umsatzeinheit.

Abbildung 3.2: Stärken der wirtschaftlichen Marktmacht

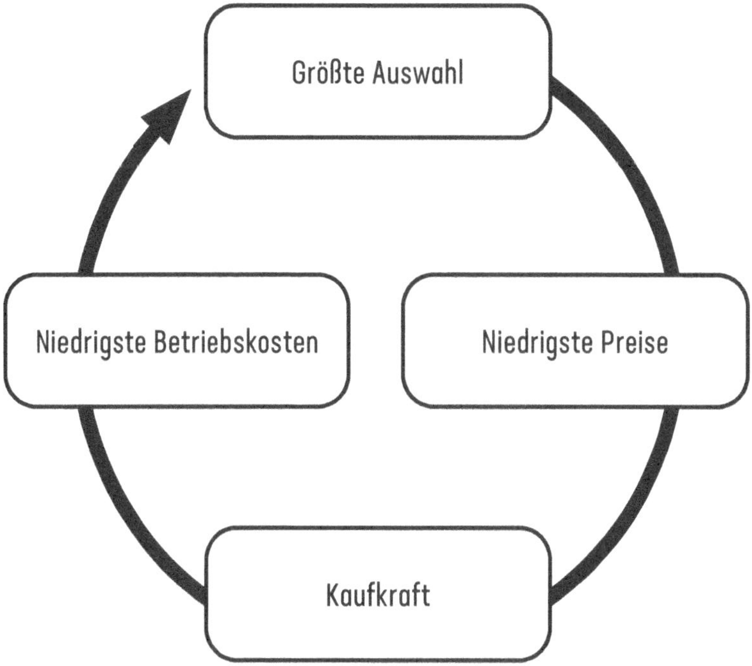

- Fünftens bildeten die oben genannten Faktoren eine positive Rückkopplungsschleife, die bewirkte, dass ein Großteil des Nutzens der niedrigen Kosten an die Kunden weitergegeben wurde, was zu einem größeren Umsatzvolumen führte, was wiederum das Angebot, den Ruf und die Kaufkraft erhöhte und die Kosten senkte.

Kurz nach dem Kauf des Unternehmens schrieb Buffett: „Eine Frage, die ich mir immer stelle, wenn ich ein Unternehmen bewerte, ist, wie ich mit ihm konkurrieren wollen würde, vorausgesetzt, ich verfügte über ausreichend Kapital und qualifiziertes Personal. Ich würde lieber mit Grizzlys ringen, als mit Mrs. B. und ihren Nachkommen zu konkurrieren. Sie kaufen brillant ein, sie arbeiten mit Kostenquoten, von denen die Konkurrenz nicht einmal träumt, und sie geben einen Großteil der Einsparungen an ihre Kunden weiter. Es ist das ideale Unternehmen – eines, das auf einem außergewöhnlichen Wert für den Kunden aufbaut, der sich wiederum in einer außergewöhnlichen Wirtschaftlichkeit für seine Eigentümer niederschlägt.[70]

Charlie Munger konnte mit seiner großen intellektuellen Bandbreite erkennen, in welche Art von Geschäftsform NFM passte:

> „Ein extremer Erfolg ist wahrscheinlich auf eine Kombination der folgenden Faktoren zurückzuführen:
>
> Extreme Maximierung oder Minimierung einer oder zweier Variablen. Beispiel: Costco oder unser Möbel- und Haushaltswarengeschäft [NFM].
>
> Das Hinzufügen von Erfolgsfaktoren auf eine Art und Weise, dass eine größere Kombination zum Erfolg führt, erfolgt oft nicht linear, wie die Konzepte der Bruchstelle und der kritischen Masse in der Physik zeigen. Die Ergebnisse sind oft nicht linear. Ein bisschen mehr Masse, und sie erhalten ein außergewöhnliches Ergebnis.

Ein Extremfall von guter Leistung bei vielen Faktoren.
Ein Unternehmen, das auf einer großen Erfolgswelle reitet."[71]

19 Monate nach dem Kauf staunte Buffett über den Vorsprung, den NFM gegenüber seinen Konkurrenten hatte. In seinem Brief an die Aktionäre aus dem Jahr 1984 wies er darauf hin, dass Levitz Furniture – der größte unabhängige Fachhändler für Einrichtungsgegenstände im Land –, der stolz darauf war, niedrigere Preise als die meisten anderen anzubieten, immer noch mit einer Bruttomarge von 44,4 Prozent arbeitete.

Die Bruttomarge von NFM betrug nur etwa die Hälfte davon. Die niedrigen Gewinnspannen von NFM waren aufgrund seiner außergewöhnlichen Effizienz möglich: Die Betriebskosten (Lohnkosten, Raumkosten, Werbung und so weiter) beliefen sich auf etwa 16,5 Prozent des Umsatzes, gegenüber 35,6 Prozent bei Levitz. Durch diese beispiellose Effizienz und den geschickten Mengeneinkauf war NFM in der Lage, eine hervorragende Kapitalrendite zu erwirtschaften und gleichzeitig seinen Kunden jährlich mindestens 30 Millionen Dollar zu ersparen, wenn man bedenkt, was es sie im Durchschnitt kosten würde, die gleiche Ware in Geschäften mit typischen Preisaufschlägen zu kaufen. Diese Einsparungen ermöglichten es NFM, seine geografische Reichweite ständig zu erweitern und so ein Wachstum zu erzielen, das weit über das natürliche Wachstum des Marktes in Omaha hinausging.

Bemerkenswerterweise war NFM im Jahr 1990 in Des Moines das drittbeliebteste von 20 Möbelhäusern. Dabei hatte das Unternehmen dort nicht einmal eine Filiale. Des Moines ist gut 200 Kilometer von Omaha entfernt, und dennoch fuhren die Kunden an den örtlichen Einzelhändlern vorbei, angezogen von „einem unwiderstehlichen Magneten, der Preis und Auswahl einsetzt, um die Massen anzuziehen".[72]

Eine gute Familie

Eine gute wirtschaftliche Marktmacht allein reicht nicht aus, um eine Investition zu rechtfertigen. Man muss sich darauf verlassen können, dass die Verantwortlichen kompetent und integer sind.

Buffett bewunderte die Familie Blumkin seit Jahrzehnten. Angeführt wurde sie von der klugen und inspirierenden Matriarchin und ihrem Sohn Louie, er „galt weithin als der klügste Käufer von Möbeln und Haushaltsgeräten im ganzen Land".[73] Und dann waren da noch Louies drei Söhne, die „alle die Blumkin'sche Geschäftstüchtigkeit, Arbeitsmoral und, was am wichtigsten ist, Charakter haben. Darüber hinaus sind sie wirklich nette Menschen. Wir freuen uns, mit ihnen zusammenzuarbeiten."[74] Diese drei hatten jeweils die besten Business Schools besucht, aber alle waren sich einig, dass die beste Wirtschaftsschule die von Mrs. B. und Louie in Omaha war.

Ein wichtiger Grundsatz von Buffett und Munger besteht darin, den eigenen Kompetenzbereich klar zu definieren und innerhalb dessen zu bleiben. Die Blumkins wussten, wo sie einen Wissensvorsprung hatten, und waren immer in diesem Bereich tätig. Sie blieben bei Möbeln und Teppichen, an einem einzigen Standort, Jahrzehnt für Jahrzehnt.

Auf die Frage, welche Geheimnisse die Blumkins in ihr Unternehmen einbrachten, antwortete Buffett:

> „Alle Mitglieder der Familie: (1) setzen sich mit einem Enthusiasmus und einer Energie ein, die Benjamin Franklin und Horatio Alger wie Schulabbrecher aussehen lassen würden; (2) definieren mit außerordentlichem Realismus ihren speziellen Kompetenzbereich und handeln in allen Angelegenheiten, die in diesen Bereich fallen, entschlossen; (3) ignorieren selbst die verlockendsten Vorschläge, die nicht in diesen speziellen Kompetenzbereich fallen; und (4) verhalten sich stets nobel gegenüber jedem, mit dem sie zu tun haben."[75]

WAS GESCHAH NACH DEM KAUF?

Erstens hatte Mrs. B., die Vorstandsvorsitzende, für lange Zeit nicht die Absicht, sich zurückzuziehen, und Buffett hatte nicht die Absicht, sie darum zu bitten. Ihr Gehalt wurde erhöht, und sie arbeitete wie üblich sieben Tage die Woche als Teppichverkäuferin. In der Lokalzeitung wurde sie mit den Worten zitiert: „Ich komme nach Hause, um zu essen und zu schlafen, und das war's dann auch schon. Ich kann es kaum erwarten, bis es hell wird, damit ich mich wieder dem Geschäft widmen kann."

Wenn Buffett und Munger ein Unternehmen kaufen, suchen sie nach Menschen, die nicht das Geringste ihrer Leidenschaft für die Leitung des Unternehmens verlieren, selbst wenn jemand anderes die meisten oder alle Anteile besitzt. Mit NFM haben sie in dieser Hinsicht sicherlich einen Glückstreffer gelandet, denn Louie, Ron, Irv, Steve und andere Enkel von Mrs. B. waren mit großer Leidenschaft bei der Sache und nicht geneigt, ihre Bemühungen zurückzufahren. Sie waren begeistert von dem Potenzial, mit dem Unternehmen Großes zu erreichen. Wenn wir uns die Zahlen in Tabelle 3.4 ansehen, können wir wohl zu dem Schluss kommen, dass sie gut gearbeitet haben. In den zehn Jahren nach dem Kauf verdoppelte sich der Umsatz, und auch der Gewinn stieg. Der größte Teil des Geldes, welches das Unternehmen abwarf, stand Buffett für andere Investitionen zur Verfügung.

Tabelle 3.4: Berkshires Anteil am Nachsteuergewinn von Nebraska Furniture Mart

	Nachsteuergewinn in Millionen USD	**Umsatz in Millionen USD**
1983 (nur 4 Monate)	annualisiert 4,5	100
1984	5,9	115
1985	5,2	120
1986	7,2	132
1987	7,6	143

	Nachsteuergewinn in Millionen USD	Umsatz in Millionen USD
1988	9,1	k. A.
1989	8,4	153
1990	8,5	159
1991	7,0	k.A.
1992	8,1	k.A.
1993	10,4	200
2011	Im Jahr 2011 war der Gewinn 10-mal so hoch wie 1983	

Quelle: Warren Buffett, Briefe an die Aktionäre von BH 1984-2011.

Nach 1993 werden die öffentlich zugänglichen Daten lückenhaft. Als Berkshire Hathaway weitere Einzelhändler aufkaufte, wurden in den Jahresberichten die Umsatz- und Ertragszahlen von NFM mit denen anderer Unternehmen zusammengefasst, sodass ich nicht in der Lage bin, das anschließende Gewinnwachstum darzustellen. Buffett sagte jedoch, dass die Gewinne von NFM im Jahr 2011 mehr als 10-mal so hoch waren wie 1983.

Wir können daraus eine gewisse Schlussfolgerung ziehen: Nach der Eröffnung der Märkte in Des Moines (1993), Kansas City (2003) und Texas (2016) stieg der Umsatz von NFM auf rund 1,6 Milliarden Dollar. Aus der Tabelle können wir ersehen, dass die Gewinne in den 1980er-Jahren in der Regel zwischen fünf und acht Prozent des Umsatzes lagen. Wenn wir großzügig kalkulieren, können wir zu dem Schluss kommen, dass NFM jetzt etwas mehr als 80 Millionen Dollar nach Steuern pro Jahr verdient. Diese Zahl könnte allerdings noch höher sein, wenn man noch mehr Effizienzgewinne durch den größeren Umfang berücksichtigt. Unabhängig von der tatsächlichen Zahl ist es wahrscheinlich, dass die jährlichen Einnahmen weit über der Summe liegen, die 1983 für die 80-prozentige Beteiligung gezahlt wurde.

Sechs Jahre nach der Übernahme ihres Unternehmens durch Berkshire war Mrs. B. immer noch besser als ihre Mitbewerber und cleverer als diese: „Sie übertrumpft die Konkurrenz. Für mich ist ganz offensichtlich, dass sie noch mehr Tempo draufhat und in fünf bis zehn Jahren ihr volles Potenzial erreicht haben könnte. Deshalb habe ich den Vorstand davon überzeugt, unsere Politik der Zwangsverrentung mit 100 Jahren aufzugeben. (Und es wurde auch Zeit: Mit jedem Jahr, das vergeht, erscheint mir diese Politik alberner.)"[76]

Doch 1989 kam es zum Zerwürfnis zwischen ihr und ihren Enkeln. Sie wollten die Teppichabteilung umgestalten und den Betrieb verändern. Sie war damit nicht einverstanden und kündigte daher. Eine Zeit lang blieb sie zu Hause, aber das fand sie bald unerträglich, und so eröffnete sie im Alter von 95 Jahren ein neues Geschäft, in dem sie Teppiche und Möbel verkaufte. Wo ließ sie sich nieder? Auf einem Stück Land direkt gegenüber dem NFM. Sie konkurrierte mit ihrer Familie und arbeitete sieben Tage die Woche.

Erst 1992 war sie so weit versöhnt, dass sie ihr Gebäude und ihr Grundstück an NFM verkaufte. Dieses Mal bot Mrs. B. gnädigerweise an, ein Wettbewerbsverbot zu unterzeichnen.

Weitere vier Jahre lang, bis zu ihrem 103. Lebensjahr, führte sie ihr Teppichgeschäft. An ihrer Beerdigung im August 1998 nahmen mehr als 1.000 Menschen teil, darunter drei Geschwister, die sie in den Jahren 1920 bis 1922 vor den Sowjets gerettet hatte, zwölf Enkel und 21 Urenkel. Das Geschäft wurde für die Beerdigung nicht geschlossen, weil die Familie dachte, dass sie eine solche verpasste Verkaufsgelegenheit missbilligen würde.

Ron und Irv leiten das Unternehmen noch heute (Steve leitet in Kalifornien ein anderes Unternehmen) und sind sehr stolz darauf, mit Buffett in Verbindung gebracht zu werden. Irv sagte über Buffetts Ansatz einmal: „Er sagt uns nie, was wir tun sollen, aber wenn er eine Geschichte erzählt, ist ziemlich klar, was wir tun sollen. Er ist wie mein Vater ein unglaubliches Vorbild."[77]

„Du kämpfst, du arbeitest hart, du hoffst, manchmal gehen deine Wünsche in Erfüllung, manchmal nicht … Mein Wunsch ging in Erfüllung."[78]

Mrs. Rose Blumkin

NEBRASKA FURNITURE MART - LEKTIONEN

1. **Wenn Sie ein gutes Unternehmen entdecken, kann es sich lohnen, dessen Geschicke über viele Jahre hinweg zu verfolgen,** auch wenn Sie es nicht kaufen können, weil es entweder zu teuer ist oder die Eigentümer es nicht verkaufen wollen.
2. **Billigproduzenten können gute Investitionen sein.** Niedrige Kosten und eine niedrige Gewinnspanne in Verbindung mit einem umfangreichen Sortiment können zu einem großen Kundennutzen und einer hohen Kapitalrendite führen, wenn das Unternehmen in seinem Bereich (geografisch oder produktspezifisch) eine beherrschende Stellung einnimmt.
3. **Schauen Sie bei der Bewertung eines Unternehmens nicht nur auf die diesjährigen Gewinne.** Die ausgewiesenen Gewinne müssen im Zusammenhang mit dem Gewinnwachstumspotenzial und dem Investitionsbedarf gesehen werden. Dies wiederum hängt davon ab, ob es einen schützenden Graben um das Unternehmen herum gibt, der zu einem dauerhaften Wettbewerbsvorteil führt, und ob die Manager kompetent und integer sind.
4. **Genießen Sie die Zeit mit den Direktoren und leitenden Angestellten.** Ermutigen und loben Sie sie, wenn sich die Gelegenheit ergibt.
5. **Gehen Sie nicht davon aus, dass ein Erfolgsrezept, das hohe Renditen auf das eingesetzte Kapital bietet, wiederholt werden kann.** Das ist höchstwahrscheinlich nicht der Fall, sodass bei der geografischen Expansion oder der Ausweitung der Produktpalette große Vorsicht geboten ist. NFM hat in 40 Jahren nur drei Märkte eröffnet.

Investition 4

CAPITAL CITIES - ABC - DISNEY

Eckpunkte des Geschäfts

Geschäft	**Capital Cities - ABC - Disney**
Zeit	1986-2000
Gezahlter Preis	517,5 Millionen USD
Menge	18 % des gemeinsamen Aktienkapitals von Capital Cities und ABC, dann 3,5 % von Disney
Verkaufspreis	Über 3,8 Milliarden USD
Gewinn	Über 600 %
Berkshire Hathaway im Jahr 1986	Aktienkurs: 2.440-3.170 USD Buchwert: 2.073 Millionen USD Buchwert pro Aktie: 1.808 USD

Diese Investition beruhte auf einer Beziehung. Die Freundschaft und der tiefe Respekt standen an erster Stelle, gefolgt von der Bestätigung des Unternehmergeists, der sich in den hervorragenden Gewinnen und der Kapitalrendite von Capital Cities widerspiegelte. Dann folgten Jahre, in denen Buffett frustriert war, weil er nicht in dieses Talent und die Qualität des Geschäftsmodells investieren konnte. Erst nach 15 Jahren fand Buffett schließlich einen Weg, um in den Genuss der finanziellen Vorteile als Geschäftspartner zu kommen (wenn man von einer vorübergehenden verlustreichen Investition im Jahr 1977 absieht). Er tat dies, indem er den größten Betrag investierte, den Berkshire Hathaway je in ein Unternehmen gesteckt hatte. Berkshire hatte sich seit seiner Gründung mit 22 Millionen Dollar, als Buffett nur zwei Jahrzehnte zuvor die Kontrolle übernahm, so weit entwickelt, dass es 1986 für eine einzige Investition 517,5 Millionen Dollar bereitstellen konnte.

Sehen Sie sich nur an, wie lange es dauerte, bis Buffett Capital Cities als hervorragendes Unternehmen erkannte und tatsächlich Geld in das Unternehmen investierte – 15 Jahre. Das nenne ich Geduld und Disziplin! Es mussten anderthalb Jahrzehnte vergehen, bevor es sinnvoll war, mit ganzem Herzen in ein erkennbar hervorragendes Unternehmen zu investieren – vorher war es einfach zu teuer. In dieser Zeit wuchs Buffetts Verständnis für das Unternehmen ebenso wie sein Vertrauen und seine Bewunderung für den Hauptgeschäftsführer. Er erkannte sowohl Kompetenz als auch Integrität.

Das Geschäft zwischen Berkshire und Capital Cities ist das erste, das ich in dieser Fallstudie behandeln werde.

Das zweite ist eng mit dem ersten verbunden. Berkshire kaufte 1986 18 Prozent der neu ausgegebenen Capital-Cities-Aktien und verschaffte sich damit die nötigen zusätzlichen Barmittel, um die damals zweitgrößte Übernahme in der amerikanischen Geschichte abzuschließen, nämlich die von ABC für 3,5 Milliarden Dollar. Auf diese Weise kaufte sich Buffett in kürzester Zeit in einen riesigen Fernsehsender ein und brachte einen zweiten unter die Fittiche des gleichen Managements.

Und dann ist da noch die dritte Transaktion: Disney kaufte 1996 alle Anteile an Capital Cities/ABC, sodass BH 1,3 Milliarden Dollar an Barmitteln übrig hatte, die es anderweitig investieren konnte, und 1,2 Milliarden Dollar in Disney-Aktien. Diese Summe kam zu dem Betrag hinzu, den Berkshire aus früheren Aktienverkäufen von Capital Cities erhalten hatte.

VON KLEINEN EICHELN

Die Beziehung begann in den späten 1960er-Jahren, als ein gemeinsamer Freund Buffett und Thomas S. Murphy zum Mittagessen nach New York einlud. Sie verstanden sich auf Anhieb und Buffetts Bewunderung für Murphy als „bester Manager der USA" begann.[79]

Murphy war ein Marineveteran aus dem Zweiten Weltkrieg und Absolvent der Harvard Business School. Im Jahr 1954, im Alter von 29 Jahren, ging er zu einem winzigen Unternehmen namens Hudson Valley Broadcasting in Albany im Bundesstaat New York. Das Unternehmen startete mit weniger als 1,5 Millionen Dollar, hatte nur einen Fernsehsender und einen Mittelwelle-Radiosender. Das Fernsehen steckte noch in den Kinderschuhen und war im Allgemeinen verlustbringend. Murphy erhielt den hochtrabenden Titel „Chief Operating Officer" – tatsächlich war er der erste Mitarbeiter.

Murphy schrieb einen großen Teil seines späteren Erfolgs der Tatsache zu, dass er die Grundlagen in einem kleinen Unternehmen lernte, das schwere Zeiten durchlebte. Das eng zusammengeschweißte Team hatte mit ernsten finanziellen Problemen zu kämpfen – drei Jahre lang gab es Verluste. Zweimal wären sie fast pleitegegangen und waren gezwungen, sich an die ursprünglichen Aktionäre zu wenden, um sich aus der Patsche helfen zu lassen. Sie lernten, wie man einen sparsamen Betrieb führt, in dem Personal und Ausstattung nicht über das absolut notwendige Maß hinausgehen.

Das Durchhalten in den schwierigen Zeiten lohnte sich, denn die Branche stand kurz vor dem Durchbruch, da die Haushalte landauf, landab Fernsehgeräte kauften. Es gab eine bestimmte Anzahl von Lizenzen für den Betrieb von Fernsehsendern; wenn man eine hatte, war man bis zu einem gewissen Grad vor Konkurrenz geschützt. Außerdem war das Geschäft nicht kapitalintensiv. Und der Staat war zwar in geringem Maße beteiligt, diktierte aber nicht die Preise, die den Werbekunden berechnet wurden.

Das Unternehmen aus Albany konnte seine Einnahmen steigern und – da es relativ feste Kosten hatte – seine Gewinnspannen schnell erhöhen, sobald es in den schwarzen Zahlen war. Nachdem das Unternehmen das Studio, die Kameras und die Sendeantenne bezahlt hatte, war der Geschäftsbetrieb so gut wie komplett – die Kosten blieben in etwa gleich, egal ob 300.000 Haushalte oder drei Millionen bedient wurden. Und je höher die Zuschauerzahlen stiegen, desto mehr zahlten die Werbekunden.

Murphy und sein inspirierender Chef Frank Smith erkannten das wirtschaftliche Potenzial dieses Geschäftsbereichs mit seinem charakteristischen überproportionalen Gewinnanstieg bei steigendem Umsatz. Andere Eigentümer von Rundfunksendern erkannten das volle Ausmaß des Gewinnpotenzials nicht und waren daher bereit, ihre Unternehmen zu niedrigen Preisen an das Unternehmen zu verkaufen, das nach der ersten Fusion im Jahr 1957 in Capital Cities umbenannt worden war. Dutzende von Übernahmen sollten folgen.

Das Geld strömte weiter herein, ohne dass viel investiert werden musste. Der Eigentümergewinn entsprach in etwa den ausgewiesenen Gewinnen nach Steuern, da die Investitionsausgaben im Allgemeinen den Abschreibungen entsprachen und das Betriebskapital nur minimal erhöht wurde. Ein ausgewiesener Gewinn nach Steuern von zum Beispiel acht Millionen Dollar stand also den Aktionären zur Verfügung. Sie konnten ihn in Form von Dividenden annehmen oder – wenn sie darauf vertrauten, dass es gut investiert würde – ihn den Managern überlassen, um mehr Sender zu kaufen. Das taten sie, und sie wurden reich belohnt.

1964 wurde Murphy zum Präsidenten ernannt, und 1966, nach dem frühen Tod (mit 56 Jahren) von Murphys Mentor und Freund Frank Smith, zum Vorsitzenden und CEO befördert. Zu diesem Zeitpunkt bestand das Unternehmen aus fünf Fernsehsendern und einem halben Dutzend Radiosendern.

Stil

Murphy sagte, dass er „das Unternehmen immer so geführt [hat], als ob es mir zu 100 Prozent gehören würde, in guten wie in schlechten Zeiten. Wir haben wirklich an unsere Aktionäre gedacht. Wir haben das Unternehmen so geführt, dass wir das Beste für unsere Aktionäre tun konnten. Wir haben es nie geführt, um groß zu werden. Wir führten es, wenn wir konnten, um unsere Aktionäre reich zu machen."[80]

Wir können bereits erkennen, warum sich Buffett und Murphy bei diesem schicksalhaften ersten Treffen gut verstanden haben:

1. Ihm war klar, dass Kostenkontrolle wichtig ist, auch wenn ein Unternehmen wächst; das wusste er instinktiv.
2. Er erkannte, dass er ein Unternehmen leitete, das hohe Renditen auf das eingesetzte Kapital erzielte, weil es über Lizenzen verfügte, die bei steigendem Umsatz rasch steigende Gewinne ermöglichten. Offensichtlich hatte er ein gutes Gespür für die strategische Positionierung, denn er erkannte eine wirtschaftliche Marktmacht mit einem tiefen und gefährlichen Burggraben und wusste, wie er diesen Graben vertiefen und erweitern konnte.
3. Er leitete das Unternehmen zum Wohle der Aktionäre – das entsprach seinem Charakter; er fühlte sich dazu berufen, denen zu dienen, die ihm ihr Geld anvertraut hatten.

Es gibt noch einen vierten Faktor, den Buffett bewunderte: Murphy verstand das Konzept des *Kompetenzkreises* und sorgte dafür, dass er innerhalb dieses Kreises blieb. „Ich blieb so lange wie möglich in den Geschäftsbereichen, die wir verstanden, nämlich Fernsehen und Radio."[81]

Dennoch dauerte es nicht lange, bis Capital Cities die von der Regulierungsbehörde zugelassene Höchstzahl an Rundfunklizenzen beisammen hatte. Dann suchte Murphy woanders nach Profiten und fand sie in einem verwandten Unternehmensbereich, einem Bereich, in dem er sich seiner Meinung nach gut auskannte. „Als wir so groß geworden waren, wie es die FCC [die Regulierungsbehörde] zuließ, widmete ich mich einem anderen Geschäft, das ich verstand, nämlich dem Zeitungsgeschäft. In gewisser Weise ist es ein Monopolgeschäft wie der Rundfunk und wird von den Werbekunden getragen."[82] Ein großer Zeitschriftenverlag, Fairchild, zu dem *Women's Wear, Daily Trade Record* und andere beliebte Zeitschriften gehörten, wurde 1968 aufgekauft.

Murphy konnte sich auf die Strategie und die Suche nach neuen Unternehmen konzentrieren, weil er einen brillanten Manager namens Dan Burke hatte, der sich um das operative Geschäft kümmerte. Buffett lobte die beiden:

> „Ich äußere mich seit vielen Jahren über das Management von Cap Cities: Ich halte es für das beste aller börsennotierten Unternehmen des Landes. Und Tom Murphy und Dan Burke sind nicht nur großartige Manager, sondern genau die Art von Männern, die man seiner Tochter zur Frau geben würde. Es ist ein Privileg, mit ihnen zusammenzuarbeiten."[83]

Und im Jahr 2015:

> „Diese beiden waren das beste Führungsduo – sowohl hinsichtlich dessen, was sie erreichten, als auch in der Art und Weise, wie sie es erreichten –, das Charlie und ich je erlebt haben."[84]

Buffett lobte Murphy und Burke in einem Interview für einen *Fortune*-Artikel im Jahr 1985 auf einer größeren Bühne:

„In Buffetts bewundernder Formulierung sind Murphy und Burke ‚Vorbilder an angenehmer Rationalität‘, die es verstehen, Manager zu motivieren, ohne oft den Knüppel zu schwingen oder konkrete finanzielle Ziele zu setzen. Ihr zurückhaltender Managementstil, der auf Dezentralisierung und Kostenkontrolle beruht, ist von dem Gedanken durchdrungen, dass jeder Manager das Vertrauen seiner Vorgesetzten genießt und von ihm erwartet wird, dass er sein Potenzial voll ausschöpft.“[85]

Wenn Berkshire es nur haben könnte

Das Wachstumspotenzial von Capital Cities wurde von der Börse weitgehend honoriert, sodass der Aktienkurs hoch blieb. In der Tat waren die Capital-Cities-Aktien seit dem Börsengang 1957 um durchschnittlich mehr als 20 Prozent pro Jahr gestiegen, eine hohe Bewertung, die Buffett davon abhielt, die Aktien zu kaufen.

Kurz nach ihrem ersten Treffen versuchte Murphy, Buffett als Vorstandsmitglied von Capital Cities zu gewinnen. Buffett erklärte jedoch: „Ich kann nicht Vorstandsmitglied deines Unternehmens werden, weil euer KGV zu hoch ist. Ich würde eine große Position wollen.“[86] Zu dieser Zeit hoffte Buffett, in den Vorstand der *Washington Post* berufen zu werden, und die Medienaufsichtsbehörde verbot ihm, in den Vorständen von zwei großen Verlags-, Fernseh- und Rundfunkunternehmen mitzuarbeiten.

Obwohl Buffett keine finanzielle Beteiligung an Capital Cities hatte, erklärte er sich bereit, seinem Freund zu helfen. Buffett sagte zu Murphy: „Wenn ich dir irgendwie behilflich sein kann, kannst du mich gern anrufen.“[87] Sie telefonierten regelmäßig miteinander, und Murphy wurde Teil von Buffetts innerem Kreis. Sie suchten den Rat des jeweils anderen. Murphy war besonders daran interessiert, Buffett zu fragen, was er von seinen Ideen für das Unternehmen und von seinem neuesten potenziellen Geschäft hielt. „Warren war der beste Regisseur, den ich hatte, auch wenn er technisch gesehen nicht Regie führte. Wann immer ich ein Geschäft abschließen wollte, rief ich Warren an und sprach mit ihm darüber. Er war sehr großzügig mit seiner Zeit und seinem Rat."[88]

Abbildung 4.1: Splitbereinigter Aktienkurs von Capital Cities/ABC

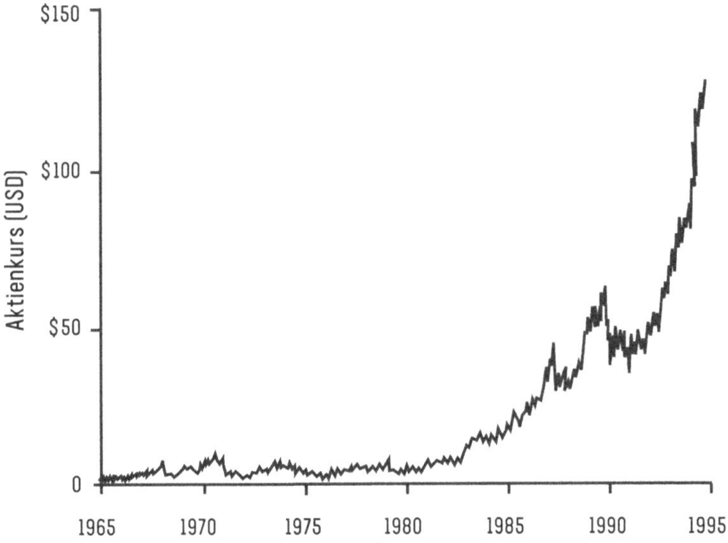

1977 gab es an der Börse ein Zeitfenster, in dem Buffett die Capital-Cities-Aktien angemessen bewertet fand, sodass Berkshire 220.000 Stücke für 10,9 Millionen Dollar (49,48 Dollar pro Aktie) kaufte. Am 31. Dezember 1977 notierten sie bei 59,20 Dollar, erwiesen sich aber letztlich als schlechte Investition, da Buffett sie von 1978 bis 1980 für nur 43 Dollar verkaufte. Sechs Jahre später, nachdem er drei Millionen Aktien zu einem viel höheren Preis gekauft hatte, geißelte er sich selbst öffentlich, weil er ausgestiegen war:

> „Natürlich fragen sich einige von Ihnen wahrscheinlich, warum wir jetzt Cap Cities zu 172,50 Dollar pro Aktie kaufen, wo doch

Ihr Vorsitzender in einem charakteristischen Anfall von Brillanz Berkshires Anteile an demselben Unternehmen in den Jahren 1978 bis 1980 zu 43 Dollar pro Aktie verkauft hat. In Erwartung Ihrer Frage habe ich einen Großteil des Jahres 1985 damit verbracht, eine schlagfertige Antwort zu formulieren, die diese Vorgänge miteinander in Einklang bringen würde. Geben Sie mir bitte noch etwas Zeit." [89]

WOHER HATTE BERKSHIRE HATHAWAY DAS GANZE GELD?

Bevor wir uns mit dem Geschäft selbst befassen, sollten wir uns fragen, woher die bereits angesprochenen 517,5 Millionen Dollar stammten. Wie konnten die restlichen Berkshire-Hathaway-Unternehmen eine so große Summe Geld generieren?

Ursprünglich rechnete Buffett in den 1980er-Jahren nicht mit großen Mittelzuflüssen. Zwischen August 1983, als er Nebraska Furniture Mart kaufte, und Ende 1985 warnte Buffett seine Aktionäre/Partner, dass sie sich an wesentlich niedrigere Renditen als in der Vergangenheit würden gewöhnen müssten. In seinem Brief an die Aktionäre von 1984 war er unerbittlich:

„Ich habe Ihnen bereits in der Vergangenheit von der Belastung berichtet, die eine wuchernde Kapitalbasis auf die Renditen ausübt … Unsere historische Rate von 22 Prozent ist genau das – historisch, also nun Geschichte (über 22 Jahre). Um in den nächsten zehn Jahren auch nur 15 Prozent jährlich zu erwirtschaften, bräuchten wir Gewinne in Höhe von insgesamt 3,9 Milliarden Dollar. Um dies zu erreichen, sind ein paar große Ideen erforderlich – kleine Ideen reichen nicht aus. Charlie Munger, mein Partner in der Geschäftsleitung, und ich haben derzeit keine solchen Ideen, aber wir haben die Erfahrung gemacht, dass sie gelegentlich auftauchen." (Wie wäre es, daraus eine Strategie zu machen?)

Natürlich wissen wir heute, dass Buffett und Munger weit über ihr Ziel hinausschossen. Die allgemeine Entwicklung des Aktienmarkts Mitte der 1980er-Jahre (siehe Grafik) trug ein wenig dazu bei, erklärt aber kaum die annähernde Verdoppelung des Nettobuchwerts in diesem Zeitraum.

Abbildung 4.2: Dow Jones Industrial Average Oktober 1982 bis Dezember 1985

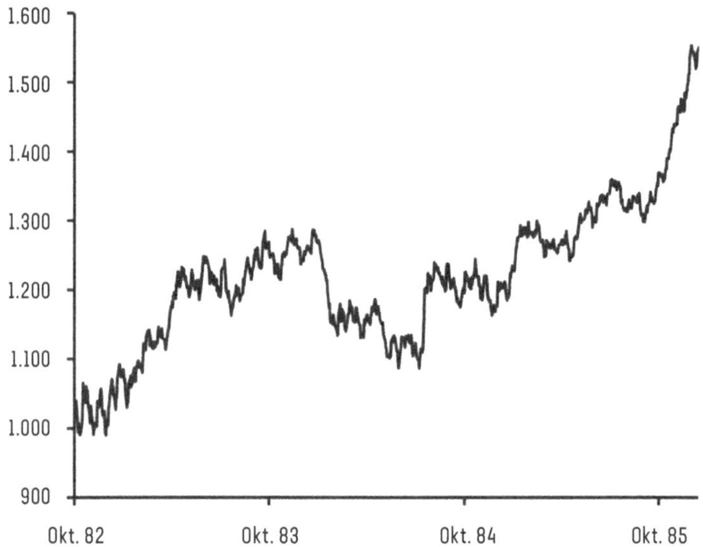

Quelle: ADVFN.com

Was wirklich zählte, waren die außerordentlichen Kapitalgewinne aus den von den Versicherungstöchtern gekauften und verkauften Aktien sowie die damit verbundenen hohen Dividenden- und Zinserträge.

Hinzu kamen die steigenden Gewinne von *The Buffalo News*, Nebraska Furniture Mart, See's Candies und Wesco (siehe Tabelle 4.1).

Tabelle 4.1: Nachsteuergewinn aus Geschäftstätigkeit, der Berkshire Hathaway zufiel

	1983 (Millionen USD)	**1984 (Millionen USD)**	**1985 (Millionen USD)**
Versicherungsabschlüsse	-18,4	-26,0	-23,6
Versicherungsinvestitionen	39,1	62,1	79,7
Realisierte Wertpapiergewinne	45,3	71,6	325,2
The Buffalo News	8,8	13,3	14,6
Nebraska Furniture Mart	1,5	5,9	5,2
Associated Retail Stores	0,4	-0,6	0,1
See's Candies	12,2	13,4	14,6
Blue Chip Stamps - Muttergesellschaft	-0,4	-0,9	2,8
Mutual Savings & Loan	1,9	3,2	4,0
Wesco Financial	3,4	4,8	4,2
Sonstige	27,2	11,3	18,4
Zinsen für Schuldendienst	-7,3	-7,5	-7,3
Gemeinnützige Spenden von BH-Aktionären	-1,7	-1,7	-2,2
GESAMTGEWINN	112,2	148,9	435,8

Quelle: Warren Buffett, Briefe an die Aktionäre von BH 1984-1986.

Insgesamt erbrachten diese drei Jahre einen Gewinn nach Steuern von 697 Millionen Dollar. Der Löwenanteil stammte aus einer 1985 verkauften Investition in General Foods, das 1980 größtenteils „weit unter dem, was wir für seinen Geschäftswert pro Aktie hielten", erworben worden war.[90] Der realisierte Gewinn vor Steuern aus dem Verkauf des Unternehmens an Philip Morris betrug 338 Millionen Dollar.

„Wir haben also von vier Faktoren profitiert: einem günstigen Kaufpreis, einem Unternehmen mit guten wirtschaftlichen Grundlagen, einem fähigen Management, das sich auf die Interessen der Aktionäre konzentrierte, und einem Käufer, der bereit war, den vollen Unternehmenswert zu zahlen. Während der letzte Faktor der einzige ist, der zu ausgewiesenen Gewinnen führt, betrachten wir die Identifizierung der ersten drei Faktoren als den Schlüssel zur Schaffung von Werten für die Berkshire-Aktionäre. Bei der Auswahl von Stammaktien richten wir unsere Aufmerksamkeit auf attraktive Käufe, nicht auf die Möglichkeit attraktiver Verkäufe.“[91]

Ein weiterer, wenn auch geringer Beitrag zu den künftigen Gewinnen war die Schließung des defizitären Textilbetriebs im Zeitraum Juli bis Dezember 1985. Nachdem Buffett jahrelang versucht hatte, den Betrieb aufrechtzuerhalten, auch um der loyalen und fleißigen Mitarbeiter willen, kam er schließlich zu dem Schluss, dass er „endlose Verluste" zu befürchten hatte.[92]

1965 entfielen die gesamten 22 Millionen Dollar des buchhalterischen Nettovermögens von Berkshire auf Textilien. Aber die Verlagerung von Kapital, zunächst in den Versicherungsbereich (National Indemnity) im Jahr 1967 und dann in eine Vielzahl anderer Geschäftsbereiche, führte zu einem Unternehmen, das in einem Jahr ein Einkommen nach Steuern von über 400 Millionen Dollar ausweisen konnte.

Mit Blick auf das Textilgeschäft und die Verlagerung von Ressourcen schrieb Buffett in seinem Brief von 1985:

„Vor einigen Jahren schrieb ich: ‚Wenn ein Management mit einem brillanten Ruf, ein Unternehmen mit dem Ruf, schlecht zu wirtschaften, übernimmt, bleibt der Ruf des Unternehmens intakt.‘

An diesem Standpunkt hat sich bis heute nichts geändert. Wenn Sie sich in einem chronisch leckenden Boot befinden, ist es wahrscheinlich produktiver, Energie in einen Fahrzeugwechsel zu investieren als in das Flicken von Lecks."

Durch Befolgung dieser Philosophie und ihrer Umsetzung mit großem Geschick waren Buffett und Munger in der Lage, 517,2 Millionen Dollar aufzutreiben, um ihren Freund Tom Murphy bei seiner bisher größten Akquisition zu unterstützen, während sie gleichzeitig einige ausgezeichnete hundertprozentige Töchter sowie ein erstklassiges Portfolio an handelbaren Wertpapieren hielten.

DER DEAL

Die 1980er-Jahre waren die Zeit der Heuschrecken – genährt durch Schrottanleihen und angestachelt durch Investmentbanker –, die Unternehmen aufkauften, mit diesen finanzielle Spielchen trieben und sie dann verkauften, was oft zu großen Störungen in den Betrieben und bei den zuvor loyalen Managern führte.

ABC wurde von solchen Plünderern ins Visier genommen, und der Mann, der dieses Unternehmen zum angesehensten Fernsehimperium aufgebaut hatte, Leonard Goldenson, war um seine Zukunft besorgt. Er war 80 Jahre alt und dachte, dass die kreisenden Geier alles, was er geschaffen hatte, zerreißen würden. Er suchte innerhalb des Unternehmens nach einem Nachfolger, fand aber niemanden, der bereit war, die Führungsrolle zu übernehmen.

Die Vorschriften für den Besitz von Fernsehsendern waren gelockert worden (die FCC hatte kürzlich die Zahl der VHF-Fernsehsender, die ein Unternehmen besitzen durfte, von fünf auf zwölf erhöht). Dadurch ermutigt, trat Tom Murphy im Januar 1985 an Goldenson heran. Es bestand bereits eine enge Beziehung zwischen den beiden Unternehmen, da die Sender von Capital Cities die ABC-Sendungen ausstrahlten. „Wir waren das größte mit ABC verbundene Unternehmen, das sich nicht im Besitz von ABC befand", sagte Murphy.[93]

Goldenson kannte und bewunderte Murphy seit vielen Jahren und war bereit, die Idee eines Zusammenschlusses zu erörtern. Murphy erinnert sich: „Ich ging zu ihm und sagte: ‚Leonard, ich würde gern herausfinden, ob wir ein Geschäft miteinander machen können.' Ich dachte, er würde mich aus dem 39. Stock werfen, aber das tat er nicht. Tatsächlich wurden wir sehr schnell handelseinig."[94]

Goldenson sah jedoch sofort ein Problem voraus: Diese lästigen Unternehmensgeier mit ihrer hohen Verschuldung und ihrem kurzfristigen Denken könnten jederzeit herabstoßen, einen großen Teil der Aktien aufkaufen – wenn nicht sogar ein Angebot für das gesamte kombinierte Unternehmen abgeben – und die langfristige Unternehmensleistung ruinieren, indem sie die strategische und kulturelle Stärke zerstören, die Murphy und sein Team nach der Fusion aufzubauen versuchten.

Goldenson vertraute Murphy zwar, dass er das Unternehmen zusammenhalten und zum Erfolg führen würde, aber er sagte auch: „Tom, du brauchst einen 400 Pfund schweren Gorilla, um zu verhindern, dass jemand kommt und versucht, uns beide zu übernehmen."[95] Murphy würde einen Großaktionär brauchen, der jeden Übernahmeversuch blockieren konnte. „So kam es, dass ich mich mit meinem Freund Warren Buffett einließ. Ich kannte Warren schon seit 15 Jahren. Als ich ihn anrief, saß er im Verwaltungsrat der *Washington Post*. Ich sagte zu Warren: ‚Ich glaube, ich habe einen Deal mit Leonard Goldenson und würde gern deinen Rat hören.'"[96]

Der Königsmacher

Berkshire besaß bereits ABC-Aktien im Wert von über 46 Millionen Dollar, und Buffett hatte großes Interesse an beiden Unternehmen gezeigt. Er erkannte sofort die Logik des Geschäfts mit seinen zahlreichen Quellen potenzieller Synergien und den Wert der brillanten Kostensenkungen von Murphy und Burke. Er meinte auch, dass die Manager einen Großaktionär bräuchten, der sich weigern würde, das Unternehmen zu verkaufen – trotz der verlockenden kurzfristigen Gewinne, die von den Finanzakteuren an der Wall Street angeboten wurden –, damit sie sich sicher fühlten und das Unternehmen im Sinne der langfristigen Wertschöpfung für die Aktionäre weiterführen konnten. Murphy erinnert sich:

> „[Buffett] kam am nächsten Tag zu mir, und wir besprachen es. Ich sagte Warren, dass ich wirklich gern ein Geschäft mit ihm abschließen würde, wenn er ein Geschäft mit mir abschließen wollte. Er dachte darüber nach und sagte: ‚Okay, ich denke, das ist eine gute Idee. Das würde ich gern tun …‘ Dann sagte er: ‚Ich setze 500 Millionen Dollar ein …‘ Das Geschäft belief sich auf 3,5 Milliarden Dollar, und Warren bot 500 Millionen Dollar [genau genommen 517,5 Millionen Dollar]. Ich vermute, Warren dachte, ich sei voreilig. ABC war so viel größer als Capital Cities, aber ich sagte Warren, dass Capital Cities sehr viel Geld verdiene und die Gewinnspannen groß seien, und so überzeugte ich ihn.[97]

Beide wussten, dass der Übernahmeprozess viele Monate dauern würde, da die Regulierungsbehörden zufriedengestellt werden mussten, zum Beispiel durch die Zustimmung zum Verkauf sich überschneidender Fernseh- und Radiosender. Buffett befürchtete, dass die Aktien in dieser Zeit an Wert gewinnen würden, da der Markt die Idee aufnahm, dass für die Aktionäre von Capital Cities ein Wert geschaffen würde. Er bestand daher darauf, dass die 172,50 Dollar, die für jede der drei Millionen Aktien zu zahlen waren, festgesetzt wurden, auch wenn die Aktien erst 1986 bezahlt werden sollten und ihr Börsenkurs bis dahin in die Höhe geschossen wäre. Murphy war schnell einverstanden, denn Berkshires Barmittel waren für das Zustandekommen des Geschäfts unerlässlich. Für ABC wurden insgesamt 3,5 Milliarden Dollar gezahlt, aber Capital Cities musste sich 2,1 Milliarden Dollar leihen – mehr aufzunehmen wäre leichtsinnig gewesen. Es war geplant, weitere 0,9 Milliarden Dollar durch den Verkauf von Fernsehsendern zu beschaffen.

Die normale Marktreaktion auf die Ankündigung einer Fusion besteht darin, dass die Aktien des Zielunternehmens steigen und die des Erwerbers fallen (weil der Markt oft der Meinung ist, dass die Führungskräfte zu optimistisch sind und am Ende zu viel bezahlen). In diesem Fall stiegen beide Aktien, als die Informationen an den Markt weitergegeben wurden. Der Aktienkurs von ABC stieg innerhalb einer Woche um 42 Prozent auf 106 Dollar, der von Capital Cities um 22 Prozent auf 215 Dollar. In einem Artikel in *Fortune* wurde dies erklärt:

> „Die donnernde Zustimmung des Marktes zeugt von einem fast ehrfürchtigen Vertrauen in das Management von Capital Cities, welches das entstehende Unternehmen leiten wird."[98]

Engagement ja, aber *The Buffalo News* war unantastbar

Es gab zwei Komplikationen, die ausgeräumt werden mussten. Erstens besaß Capital Cities einen Fernsehsender in Buffalo, der verkauft werden musste, da Buffett nicht sowohl auf den Sender als auch auf die Zeitung Einfluss nehmen durfte. Murphy stimmte zu.

Zweitens musste Buffett aus dem Verwaltungsrat der *Washington Post* ausscheiden, wenn er Direktor von Capital Cities werden wollte, was er auch tat – schließlich konnte er Katharine Graham ja auch beraten, ohne mit am Tisch zu sitzen.

Um sein Vertrauen in Murphy und Burke zu zeigen, ging Buffett noch viel weiter. Er übertrug Murphy das Stimmrecht über Berkshire Hathaways Aktien von Capital Cities und das Recht, über den Verkauf der Aktien zu entscheiden.

> „Zu den interessanten Dingen, die passiert sind, gehört, dass Warren seinen 18-prozentigen Anteil am Unternehmen elf Jahre lang in

> meine Hände gelegt hat. Ich wäre nie auf die Idee gekommen, ihn darum zu bitten, aber er sagte mir, ich solle für seinen Anteil an den Aktien stimmen. Er übertrug mir die absolute Kontrolle über das Unternehmen. Er zeigte großes Vertrauen in mich und meinen Partner Dan Burke. Wir hatten in all den Jahren, in denen wir ABC leiteten, eine wirklich wunderbare Beziehung. Und es steht außer Frage, dass Warren Buffett mir ein hohes Maß an Sicherheit gegeben hat. Er war sozusagen mein 400 Pfund schwerer Gorilla."[99]

Ein Beweis für Murphys und Burkes unternehmerische Brillanz: Capital-Cities-Aktien wurden 1957 an der Börse zu einem Preis von 0,72 Dollar verkauft (splitbereinigt). Im Dezember 1985 notierten sie bei 224,50 Dollar. Über einen Zeitraum von 28 Jahren entspricht dies einer durchschnittlichen jährlichen Rendite von 22,8 Prozent. Dazu kamen noch die Dividenden. (1993 wurden die Aktien im Verhältnis 10:1 gesplittet, sodass ein Diagramm des Aktienkurses für 1985 nur 22,45 Dollar anzeigt, was jedoch einem Preis von 224,50 Dollar in der Zeit vor 1993 entspricht. Vor dem Split von 1993 stieg der Kurs auf über 1.000 Dollar, bevor er von Disney aufgekauft wurde.)

Warum sich der Deal mit ABC gelohnt hat

In seinem Brief an die Berkshire-Aktionäre vom März 1986 erklärte Buffett, dass der Kauf von drei Millionen Aktien von Capital Cities im Januar, der die Übernahme von ABC ermöglichte, zu „wirtschaftlichen Ergebnissen führen wird, die in den nächsten Jahren wahrscheinlich nicht für Aufregung sorgen werden". Dies war nicht gerade das, was die Berkshire-Aktionäre hören wollten, aber Buffett bot ein wenig Trost. „Das stört uns nicht im Geringsten; wir können sehr geduldig sein. (Egal wie groß das Talent oder die Bemühungen sind, manche Dinge brauchen einfach Zeit; man kann nicht in einem Monat ein Baby produzieren, indem man neun Frauen schwängert.)"

Die Renditen würden also nicht schnell eintreten, aber er war sich sicher, dass es sich um eine gute Investition handelte, obwohl er in einem Zeitungsinterview sagte, dass Benjamin Graham ihm in diesem Fall nicht applaudieren würde.

> „Unser Kauf von Cap Cities erfolgte zum vollen Preis und spiegelt die sehr große Begeisterung wider, die sich in den letzten Jahren sowohl für Medienaktien als auch für Medienimmobilien entwickelt hat (und die im Falle einiger Immobilienkäufe einer Manie gleichkommt). Das ist kein Feld für Schnäppchen. Mit unserer Investition in Cap Cities verfügen wir jedoch über eine außergewöhnliche Kombination aus Immobilien und Menschen – und wir schätzen die Möglichkeit, an der Größe zu partizipieren."[100]

Vor der Fusion, Anfang 1985, hatten sowohl Capital Cities als auch ABC eine Marktkapitalisierung von etwa 2,2 Milliarden Dollar, obwohl ABC einen viel höheren Umsatz (3,7 Milliarden Dollar) als Capital Cities (weniger als eine Milliarde Dollar) hatte. Die Ertragszahlen lagen jedoch viel näher beieinander (siehe Tabelle 4.2).

Tabelle 4.2: Nachsteuergewinne von Capital Cities und ABC

	Capital Cities		**ABC**	
	Gesamt (Millionen USD)	**Gewinn pro Aktie (USD)**	**Gesamt (Millionen USD)**	**Gewinn pro Aktie (USD)**
1982			160	5,54
1983	114	8,53	160	5,45
1984	143	10,98	195	6,71
1985	142	10,87		

Quelle: Warren Buffett, Briefe an die Aktionäre von BH 1984-1986.

Capital Cities kaufte alle 29,1 Millionen Aktien von ABC für 3,5 Milliarden Dollar (118 Dollar pro Aktie) plus ein Zehntel eines Optionsscheins (im Wert von etwa drei Dollar). Ein Optionsschein gab dem Inhaber das Recht, innerhalb eines Zeitraums von zweieinhalb Jahren nach Abschluss der Fusion Capital-Cities-Aktien zu 250 Dollar zu kaufen. Um einen Optionsschein zu erhalten, waren zehn ABC-Aktien erforderlich.

PREIS VERSUS WERT

Wir könnten damit beginnen, über den Preis im Vergleich zum Wert aus der Perspektive von 1985 nachzudenken, indem wir davon ausgehen, dass das kombinierte Unternehmen einen Gewinn von etwa 300 bis 350 Millionen Dollar erzielen würde, was einer groben Schätzung dessen entspricht, was sie als getrennte Unternehmen verdient haben.

Dabei würde man jedoch die enorme Verschuldung dieses Unternehmens vergessen – über zwei Milliarden Dollar. Im Jahr 1986 wurden Unternehmensanleihen mit mindestens neun Prozent verzinst, sodass dieses Unternehmen eine Zinslast von über 180 Millionen Dollar zu tragen hatte, wodurch die Erträge unter 200 Millionen Dollar pro Jahr lagen. Dies galt für ein Unternehmen, das vom Markt mit 3,6 Milliarden Dollar bewertet wurde (16,08 Millionen Aktien × 224,5 Dollar), sodass die Aktien mit einem hohen Kurs-Gewinn-Verhältnis gehandelt wurden. (Vor dem Kauf von weiteren drei Millionen Aktien durch Berkshire waren es 13,08 Millionen Aktien.)

Die bisherige Analyse berücksichtigt jedoch weder das Potenzial der Geschäftsbereiche des Unternehmens in einem expandierenden Medienmarkt noch sein hervorragendes Management oder einige beträchtliche Synergien.

Erstens: Ein Blick auf die Vermögenswerte des Konzerns

Damals schaltete die Mehrheit der Zuschauer die drei großen Sender über die angeschlossenen Sendeanstalten ein – Kabelfernsehen gab es zwar auch, aber es war ziemlich unbedeutend. Die ABC-Programme erreichten so gut wie jeden Amerikaner. Neben diesem sogenannten Network besaß Capital Cities/ABC acht Sender, die in ihren Märkten jeweils auf Platz 1 oder 2 lagen. Die Werbetreibenden gaben von Jahr zu Jahr mehr Geld aus und konkurrierten um Sendeplätze, um ein Massenpublikum zu erreichen.

ABC Radio Networks verfügte über mehr als 2.000 Tochtergesellschaften, 17 Radiosender und eine breite Palette von Zeitungspublikationen, darunter *Institutional Investor* und *The Kansas City Star/ Times.* Außerdem besaß das Unternehmen ein Filmstudio.

Das verborgene Juwel war der Sportsender ESPN, an dem ABC 80 Prozent der Anteile hielt. Seine Zahlen sahen in den 1980er-Jahren ziemlich schlecht aus, aber der Sender sollte in den 1990er-Jahren für Disney von großem Interesse werden. Murphy erinnert sich, dass Goldenson ihm sagte, ESPN werde eines Tages wirklich wertvoll sein:

„ESPN ist unfassbar erfolgreich. Als wir den Sender 1985 kauften, machte er 40 Millionen Dollar Verlust pro Jahr. Leonard Goldenson sagte zu mir: ‚Tom, eines Tages wird das hier so viel wert sein wie einer deiner großen Fernsehsender.‘ … Capital Cities kaufte ABC, weil wir dachten, wir könnten die Fernsehsender leiten und mehr Geld verdienen, was wir auch taten. Aber das, was für uns tatsächlich ein großer Durchbruch war, war das kontinuierliche Wachstum von ESPN. Von 40 Millionen Dollar Verlust über 20 Millionen Dollar Verlust bis hin zu einem ausgeglichenen Ergebnis, 50 Millionen Dollar Gewinn und 100 Millionen Dollar Gewinn. Jetzt befindet sich ESPN in der Stratosphäre.“[101]

Zweitens: Die Eigenkapitalrendite

Da die Medienunternehmen in den 1980er-Jahren nur wenig zusätzliches Kapital benötigten, weil sie Kunden hinzugewannen, erzielten diese beiden Unternehmen, als sie getrennt waren, regelmäßig Eigenkapitalrenditen zwischen 15 und 22 Prozent. Es gab gute Gründe zu erwarten, dass dieses Niveau zumindest beibehalten werden würde.

Drittens: Möglichkeiten zur Kostensenkung

Murphys Führungsstil bestand in der Dezentralisierung von Betriebsentscheidungen auf die lokale Ebene. Den Managern wurde gesagt, sie sollten ihre Unternehmen so führen, als ob sie sie langfristig besitzen würden. Die Manager mussten sich auf die Kosten konzentrieren; diejenigen, die schon lange unter Murphy gearbeitet hatten, wussten, was sie zu tun hatten. Einige der kürzlich übernommenen Unternehmen mussten lernen, dass Ratings wichtig sind, aber nur insofern, als hohe Ratings zu Gewinnen führen – sie sind nicht das Endziel. Wenn sie es nicht schafften, gute Gewinne zu erzielen, griff Murphy ein. Mehr als 1.500 Entlassungen wurden vorgenommen und leichtfertige Ausgaben wie Blumenlieferungen in Höhe von 60.000 Dollar sowie Limousinenfahrten gestoppt. Gebäude in bester Lage wurden verkauft.

Murphy erläuterte seinen Ansatz in einem Interview im Jahr 2000. Er war der Meinung, dass ein Unternehmen nicht nur gegenüber seinen Mitarbeitern, seinen Kunden und seinen Aktionären Verantwortung trägt, sondern auch gegenüber den Gemeinden, in denen es tätig ist.

> „… wir sagten unseren Mitarbeitern, dass wir die klügsten Leute einstellen, die wir finden können, und dass wir nicht mehr von ihnen haben als nötig. Wir sagten ihnen auch, dass wir stark dezentralisiert arbeiten und ihnen viel Verantwortung übertragen würden … Den meisten Mitarbeitern schenkten wir ein Ticket für

> das Pferderennen, eröffneten ihnen also Handlungsoptionen … Wir sagten den Mitarbeitern, dass sie nichts tun dürften, was das Unternehmen in Verlegenheit bringen würde. Sie dürften nichts tun, was unangemessen oder unethisch wäre, denn es würde keine zweite Chance geben."[102]

Murphy war der Meinung, dass es den Aktionären gut gehen würde, wenn das Unternehmen sich für Gemeinsamkeit und für seine Mitarbeiter einsetzen würde.

Viertens: Die Fähigkeit, Schulden zu tilgen

Murphy konnte durch den Verkauf von sich überschneidenden Fernsehsendern in kürzester Zeit 1,2 Milliarden Dollar beschaffen.

In den fünf bis sechs Jahren nach der Übernahme kumulierte sich der Cashflow, der über den Bedarf an Kapitalinvestitionen und zusätzlichem Betriebskapital hinausging, auf mehr als zwei Milliarden Dollar.

Obwohl er Capital Cities in den 1960er- und 1970er-Jahren durch eine Reihe von Übernahmen aufgebaut hatte, sah er sich Ende der 1980er-Jahre das Angebot an und hielt die Preise für zu hoch. Stattdessen wurden die durch das Geschäft erwirtschafteten Barmittel zum Schuldenabbau und zum Aufbau von Barreserven verwendet. Bis 1991 hielten sich Schulden und Bargeldbestände in etwa die Waage; 1992 überstiegen die Bargeldbestände sogar die Schulden, die zu diesem Zeitpunkt unter eine Milliarde Dollar gefallen waren.

DIE GEWINNE STIEGEN

Es dauerte nicht lange, bis die Gewinne von Capital Cities/ABC nach Steuern über 400 Millionen Dollar ausmachten (siehe Tabelle 4.3). Berkshires Anteil an diesen Gewinnen betrug 18 Prozent, zwischen 67 und 87 Millionen Dollar. Zugegebenermaßen wurde nicht alles in Form von Dividenden ausgeschüttet, da es sinnvoller war, das meiste davon in das Unternehmen zurückfließen zu lassen, um es noch stärker zu machen.

Tabelle 4.3: Nachsteuergewinne von Capital Cities/ABC 1986-1992

	Millionen USD
1986	181,9
1987	279,1
1988	387,1
1989	485,7
1990	477,8
1991	374,7
1992	389,3

Quelle: R. G. Hagstrom, ***Warren Buffett. Sein Weg. Seine Methode. Seine Strategie*** *(Originalausgabe John Wiley & Sons, 1995).*

Capital Cities/ABC kaufte in diesen Jahren ebenfalls Aktien zurück, da Murphy die Aktien seines Unternehmens im Vergleich zu anderen attraktiven Unternehmen als zu niedrig bewertet ansah. Im Dezember 1993 verkaufte Berkshire ein Drittel seiner Aktien zu 630 Dollar pro Aktie an Capital Cities/ABC Inc. und erhielt dafür 297 Millionen Dollar nach Steuern. Damit besaß Berkshire noch 13 Prozent der ausstehenden Aktien.

Im darauffolgenden Jahr wurde ein Aktiensplit im Verhältnis 10:1 durchgeführt, der dazu führte, dass aus Berkshires verbleibender Beteiligung von zwei Millionen Aktien 20 Millionen Aktien mit einem Marktwert von insgesamt 1,7 Milliarden Dollar wurden.

Durchblicksgewinn

Buffett gab in seinen Jahresbriefen die folgenden „Look-through Earnings" an (siehe Tabelle 4.4). Diese „Durchblicksgewinne" bestanden aus:

- der an Berkshire gezahlten Bardividende
- Berkshires Anteil an den einbehaltenen operativen Gewinnen, die sich nach GAAP-Rechnungslegung nicht in den Gewinnen von Berkshire niederschlugen
- einem Freibetrag für die Steuern, die Berkshire zahlen müsste, wenn diese einbehaltenen Gewinne der Beteiligungsunternehmen stattdessen an Berkshire ausgeschüttet worden wären

Tabelle 4.4: Eigentümergewinne von Capital Cities, die Berkshire Hathaway zufielen (1990-1994)

	Dividenden in Millionen USD	Berkshires Anteil an nicht ausgeschütteten operativen Gewinnen in Millionen USD	Steuern in Millionen USD	„Durchblicks-gewinne" (Look-through Earnings) in Millionen USD
1990	0,5	85	-11,0	75
1991	0,5	61	-8,0	54
1992	0,5	70	-9,9	61
1993	0,5	83	-11,5	72
1994	0,5	85	-11,7	74

Quelle: Warren Buffett, Briefe an die Aktionäre von BH 1991-1994.

Eine ursprüngliche Investition von 517,5 Millionen Dollar führte also zu jährlichen Erträgen zwischen 54 und 75 Millionen Dollar, was ein durchaus akzeptables Niveau darstellt. Und dann wurde es noch besser. Nachdem die Investitionskosten durch den Verkauf eines Drittels der Aktien im Jahr 1993 auf 345 Millionen Dollar gesenkt worden waren, erwirtschaftete Capital Cities/ABC für Berkshire weiterhin jährliche Erträge von über 70 Millionen Dollar – eine *sehr gute* Unternehmensleistung.

Buffetts Rat an Investoren

Buffett empfiehlt allen Anlegern, die Eigentümergewinne ihrer Portfolios zu ermitteln. Dazu muss der Anleger die zugrunde liegenden Erträge ermitteln, die den in seinem Portfolio gehaltenen Aktien zuzurechnen sind, und diese zusammenzählen. Das Ziel eines jeden Anlegers sollte es sein, ein Portfolio (also ein *Unternehmen*) zu schaffen, das in einem Jahrzehnt den höchstmöglichen Durchblicksgewinn liefert.

> „Ein solcher Ansatz zwingt den Anleger, über langfristige Geschäftsaussichten und nicht über kurzfristige Börsenaussichten nachzudenken, eine Perspektive, die die Ergebnisse verbessern dürfte. Es stimmt natürlich, dass langfristig der Marktpreis der Maßstab für Investitionsentscheidungen ist. Aber die Preise werden durch die künftigen Erträge bestimmt. Beim Investieren muss man – wie beim Baseball – das Spielfeld und nicht die Anzeigetafel im Auge behalten, um Runs auf die Anzeigetafel zu bringen."[103]

DIE GROSSE BELOHNUNG - DISNEYS BEWERTUNG VON CAPITAL CITIES/ABC

Beim Kauf von Capital Cities wollte Buffett Murphy und Burke versichern, dass er sich nicht aus dem Staub machen würde. Er sagte, dass die Übergabe der Stimmrechtskontrolle und der Entscheidung über den Zeitpunkt des Verkaufs von Berkshire-Aktien seine Manager dazu motivieren sollte, ihr Bestes zum langfristigen Nutzen der Aktionäre zu geben. Mit Buffetts selbst auferlegten Beschränkungen:

> „Die erstklassigen Manager, mit denen wir uns zusammengetan haben, können sich ganz auf die Führung der Unternehmen und die Maximierung der langfristigen Werte für die Eigentümer konzentrieren. Das ist mit Sicherheit viel besser, als wenn diese Manager von ‚Drehtür-Kapitalisten' abgelenkt werden, die hoffen, das Unternehmen ‚ins Spiel zu bringen' … Wir wollen nicht, dass Manager, die wir mögen und bewundern – und die ein großes finanzielles Engagement von uns begrüßt haben –, jemals schlaflose Nächte haben, weil sie sich fragen, ob es aufgrund unserer großen Beteiligung Überraschungen geben könnte."[104]

Buffett ging nach der Fusion noch weiter und erklärte, dass Capital Cities eine von nur drei dauerhaften Beteiligungen für Berkshires Versicherungstöchter sei. „Selbst wenn diese Wertpapiere deutlich überbewertet erscheinen sollten, würden wir sie nicht verkaufen, genauso wenig wie wir See's oder *The Buffalo Evening News* verkaufen würden, wenn uns jemand einen Preis bieten würde, der weit über dem liegt, was diese Unternehmen unserer Meinung nach wert sind."[105]

In seinem Brief an die Aktionäre von 1987 gab Buffett zu, dass seine und Mungers Entschlossenheit, langfristig zu halten, einigen an der Wall Street exzentrisch erscheinen mochte. Er behauptete, dass die beiden den Rat von David Ogilvy befolgten: „Entwickle deine Exzentrizität, solange du jung bist. Auf diese Weise werden die Leute nicht denken, dass du verrückt bist, wenn du alt bist."

> „Unsere Einstellung entspricht jedoch unserer Persönlichkeit und der Art und Weise, wie wir leben wollen. Wir würden lieber eine Rendite von X erzielen, indem wir mit Menschen zusammen-

Tabelle 4.5: Stammaktien-Positionen von Berkshire Hathaway 1986-1988

	Anzahl Aktien in Millionen	Kosten in Millionen USD	Marktwert im Dezember 1986	Marktwert im Dezember 1987	Marktwert im Dezember 1988
Capital Cities/ABC	2,99 im Jahr 1986, danach 3,00	515,8 im Jahr 1986, 517,5 im Jahr 1987 und danach	801,7	1.035,0	1.086,8
GEICO	6,85	45,7	647,7	756,9	849,4
Handy & Harman	2,38	27,3	47,0	k. A.	k. A.
Lear Singer	0,49	44,1	44,6	k. A.	k. A.
The Washington Post	1,73	9,7	269,5	323,1	364,1
The Coca-Cola Company	14,17	592,5 im Jahr 1988	k. A.	k. A.	632,4
Federal Home Loan Mortgage Company Corporation Vorzugsaktien	2,40	71,7 im Jahr 1988	k. A.	k. A.	121,2
Sonstige Stammaktien-Positionen		12,8 im Jahr 1986	36,5	k. A.	k. A.
Gesamte Stammaktien-Position			1.874,0	k. A.	k. A.

Quelle: Warren Buffett, Briefe an die Aktionäre von BH 1986-1988.

arbeiten, die wir mögen und bewundern, als 110 Prozent von X erreichen, indem wir diese Beziehungen gegen uninteressante oder unangenehme Menschen austauschen. Und niemanden werden wir mehr mögen und bewundern als einige der Hauptakteure in den drei Unternehmen – unseren dauerhaften Beteiligungen."

Tabelle 4.5 zeigt den Konzentrationsgrad des Portfolios Mitte der 1980er-Jahre, als Buffett nur wenige Minderheitsbeteiligungen günstig erwerben konnte, und sich an seine Zusage hielt, *The Washington Post,* GEICO oder Capital Cities/ABC nicht zu verkaufen. Auf Capital Cities/ABC allein entfielen bis zu 43 Prozent der marktfähigen Wertpapiere.

Buffett beklagte sich darüber, dass er in den Jahren 1987 und 1988 nicht in börsennotierte Unternehmen zu den vorherrschenden hohen Kursen investieren konnte, und sagte, dass er und Charlie in den letzten Jahren wenig mit Aktien zu tun gehabt hätten. So hatte Berkshire Ende 1987 außer den „Permanent Three" (oder einigen Arbitragebeteiligungen) keine Aktienanlagen über 50 Millionen Dollar. Er parkte Geld in mittelfristigen Anleihen (900 Millionen Dollar) und kaufte für 700 Millionen Dollar 9-prozentige Vorzugsaktien von Salomon Inc.

VON DER MARKTMACHT ZUM REINEN „GESCHÄFT"

In den frühen 1990er-Jahren war für die alten Medienunternehmen das Ende der Fahnenstange erreicht. Neue Technologien bedrohten ihre Fähigkeit, hohe Preise im Verhältnis zu den Kosten zu verlangen, und die Werbetreibenden sahen sich mit einer Vielzahl von alternativen Möglichkeiten konfrontiert, um Aufmerksamkeit zu erregen.

In seinem Brief an die Aktionäre aus dem Jahr 1991 vertrat Buffett die Ansicht, dass Fernsehen, Zeitungen und Zeitschriften in ihrem wirtschaftlichen Verhalten neuerdings eher *Unternehmen* als einer *Marktmacht* ähnelten.

Er definierte Marktmacht als ein Produkt oder eine Dienstleistung, das oder die benötigt oder gewünscht wird, für das oder die es nach Ansicht der Kunden keinen nahen Ersatz gibt und das oder die die keiner Preisregulierung unterliegt. Diese Bedingungen ermöglichten es einem Unternehmen, die Preise für sein Produkt oder seine Dienstleistung aggressiv zu gestalten und eine hohe Kapitalrendite zu erzielen.

Unternehmen mit Marktmacht können, so Buffett, eine Zeit lang Missmanagement aushalten; schlechte Manager könnten die Rentabilität eines solchen Unternehmens schmälern, aber das Geschäftsmodell nicht ernsthaft beschädigen.

Ein Unternehmen hingegen kann nur dann außergewöhnliche Gewinne erzielen, wenn es seine Konkurrenten beim Preis übertrifft und das Volumen anzieht oder wenn das Angebot an seinem Produkt oder seiner Dienstleistung begrenzt ist. Ein überlegenes Management könne diese Bedingungen länger aufrechterhalten, aber letztlich seien beide anfällig für Konkurrenz. Schlechtes Management hingegen könne ein Unternehmen jederzeit zerstören.

Buffett war der Ansicht, dass Medienunternehmen ihre Stärke als Unternehmen mit Marktmacht verloren hätten. Die Kunden hätten nun eine größere Auswahl. „Leider kann die Nachfrage nicht mit dem neuen Angebot mithalten: 500 Millionen amerikanische Augäpfel und ein 24-Stunden-Tag sind alles, was zur Verfügung steht. Das Ergebnis ist, dass sich der Wettbewerb verschärft hat, die Märkte zersplittert sind und die Medienbranche einen Teil ihrer Marktmacht verloren hat – wenn auch bei Weitem nicht die gesamte."[106]

Buffett veranschaulichte die Auswirkungen des Wechsels vom Innehaben der Marktmacht zum Business auf den Unternehmenswert. Ein Unternehmen mit Marktmacht könne in diesem Jahr Gewinne in Höhe von einer Million Dollar ausweisen, aber es sei davon auszugehen, dass es diese Zahl in jedem künftigen Jahr um sechs Prozent steigern kann, da es in der Lage ist, die Preise zu erhöhen. Die Wachstumsrate bewirkt bei der Bewertung einen großen Unterschied.

Wenn wir von einer erforderlichen Rendite von zehn Prozent und einer Wachstumsrate von sechs Prozent ausgehen, dann wäre der Gegenwartswert (innerer Wert) 1 Million Dollar/(0,10 – 0,06) = 25 Millionen Dollar.

Wäre jedoch die Marktmacht verschwunden, sodass ein Nullwachstum der Erträge zu erwarten wäre, würde der Gegenwartswert (innerer Wert) lediglich zehn Millionen Dollar betragen: 1 Million Dollar / (0,10 – 0) = 10 Millionen Dollar.

Buffett sagte, der innere Wert von Capital Cities/ABC (und *The Buffalo News* und *The Washington Post*) sei „aufgrund des säkularen Wandels, den die Branche erlebt, erheblich gesunken". Er hatte jedoch nicht vor, seine wichtigsten Medienunternehmen zu verkaufen, da die Wertverluste durch das hervorragende Management von *The Buffalo News*, Capital Cities und *The Washington Post* gemildert wurden; sie hatten eine niedrige Verschuldung und „verfügten weiterhin über weitaus bessere wirtschaftliche Eigenschaften als das durchschnittliche amerikanische Unternehmen. Aber die Tage der unerschütterlichen Marktmacht und der Überflusswirtschaft sind vorbei."[107]

UND DANN ... SCHLUG DISNEY ZU

Die offensichtliche Logik des Zusammenschlusses des weltweit führenden Anbieters von Inhalten und des weltweit führenden Vertriebsunternehmens wurde in den 1990er-Jahren von vielen Analysten diskutiert. Es bestand ein enormes Potenzial in der Ausweitung des geografischen Gebiets außerhalb der USA, in dem ihre Produkte angeboten werden konnten – insbesondere für Sport und Zeichentrickfilme.

Trotz Gesprächen konnten Tom Murphy und Michael Eisner von Disney keine Einigung erzielen. Eisner war bereit, großzügige 19 Milliarden Dollar für Capital Cities/ABC zu bieten, aber er wollte keine

Disney-Aktien tauschen, sondern bestand auf einem Barkauf. Mit Bargeld gab es zwei Probleme. Erstens müssten viele Aktionäre (zum Beispiel Berkshire) Kapitalertragsteuer zahlen. Zweitens würden die Capital Cities/ABC-Aktionäre dann nicht am künftigen Erfolg des kombinierten Unternehmens beteiligt werden. Daher lehnte Murphy das Angebot ab.

Jedes Jahr im Juli treffen sich Medienmogule und andere hochrangige Persönlichkeiten aus der ganzen Welt in Sun Valley im Bundesstaat Idaho; das Treffen wird von Herb Allen organisiert. Dort wurde schließlich eine Vereinbarung getroffen. In seinem Brief an die Aktionäre aus dem Jahr 1995 erzählte Buffett, wie ein zufälliges Zusammentreffen das Geschäft zustande gebracht hatte.

Nach dem Treffen, am 14. Juli 1995, wurde Buffett zum Mittagessen in Allens Haus eingeladen. Beim anschließenden Verlassen des Hauses, als er sich mit Tom Murphy zu einer Partie Golf treffen wollte, stieß er zufällig auf Michael Eisner, der dieselbe Straße entlangging.

Buffett beglückwünschte Eisner zu seiner großartigen Präsentation bei der Sitzung am Morgen. Sie begannen eine Unterhaltung und kamen auf das Thema einer Fusion zwischen Capital Cities und Disney zu sprechen. Es war nicht das erste Mal, dass die Fusion diskutiert wurde, aber nie wurden Fortschritte erreicht, auch weil Disney auf einem Bargeschäft bestand und Capital Cities Aktien wollte.

Als Murphy eintraf, hatten die drei eine kurze Unterredung, in der sowohl Eisner als auch Murphy andeuteten, dass sie bereit sein könnten, bei der Ausgestaltung des Geschäfts nachzugeben. Innerhalb weniger Wochen wurde eine Einigung erzielt und innerhalb von drei Tagen ein Vertrag aufgesetzt.

> „Der Deal zwischen Disney und Cap Cities macht so viel Sinn, dass ich mir sicher bin, dass er auch ohne diese zufällige Begegnung in Sun Valley zustande gekommen wäre. Aber als ich Michael an diesem Tag traf, war er auf dem Weg zu seinem Flugzeug.

> Ohne diese zufällige Begegnung wäre das Geschäft sicherlich nicht in einem solchen Zeitrahmen zustande gekommen. Ich glaube, dass sowohl Disney als auch Cap Cities von der Tatsache profitieren werden, dass wir uns alle an diesem Tag zufällig getroffen haben."[108]

Für jede Capital Cities/ABC-Aktie bot Eisner eine Aktie von Disney plus 65 Dollar in bar. Den Aktionären stand es frei, ein Übergewicht an Disney-Aktien oder überwiegend Bargeld zu verlangen, wenn sie dies wünschten.

Am 5. März 1996 brachte Buffett zwei Umschläge zu den Bankern in Manhattan, die den Verkauf abwickelten. Der erste Umschlag enthielt die Berkshire-Aktien im Wert von 2,5 Milliarden Dollar an Capital Cities/ABC (20 Millionen Dollar), die an Disney übergeben werden sollten. Der zweite Umschlag war versiegelt und mit der Aufschrift versehen: „Nicht vor 16:30 Uhr am 7. März öffnen."[109] Bis zu diesem Zeitpunkt hatte er weder Murphy noch Eisner mitgeteilt, ob er Bargeld oder Aktien wollte. Als der Umschlag geöffnet wurde, stand dort, dass Berkshire nur Aktien wollte.

Das sollte jedoch nicht sein. So viele Capital Cities/ABC-Aktionäre wollten Disney-Aktien, dass sie einen Kompromiss eingehen und eine Mischung akzeptieren mussten, weil Michael Eisner darauf bestand, die Hälfte in bar und die Hälfte in Aktien zu zahlen. So erhielt Berkshire am Ende 1,2 Milliarden Dollar in bar und 1,3 Milliarden Dollar in Disney-Aktien – nicht schlecht für eine Investition von nur 345 Millionen Dollar nur zehn Jahre zuvor.

WAS DANN GESCHAH

Anfangs war Buffett von Disney begeistert und stockte sogar Berkshires Aktienbesitz von 21 Millionen auf. Er war besonders davon begeistert, dass die „Maus" keinen Agenten hatte. Eine Zeichentrickfigur kann im

Gegensatz zu einem Starschauspieler keinen hohen Anteil an der Wertschöpfung eines Films verlangen – weil sie zu 100 Prozent Disney gehört.

Aber als die Blase von 1998 bis 2000 fortschritt, verkaufte er angesichts dieser Marktstärke Disney-Aktien und erlöste damit etwa zwei Milliarden Dollar vor Abzug der Kapitalertragsteuer (diese Zahl ist mit Vorsicht zu genießen; die genaue Zahl ist nicht öffentlich zugänglich, und ich musste sie aus vereinzelten Daten zusammensetzen). Zu diesem Zeitpunkt wurden die Auswirkungen des Internets, des Satellitenfernsehens und der Kabelkonkurrenz immer deutlicher, und Disney wurde zu einem Kurs-Gewinn-Verhältnis von über 40 gehandelt.

Insgesamt zahlte Berkshire Hathaway 517,5 Millionen Dollar für seine Capital Cities/ABC-Anteile. Im Jahr 1993 betrug der Erlös vor Steuern aus dem Verkauf eines Drittels dieser Anteile 630 Millionen Dollar. Im Jahr 1996 erhielt Berkshire Hathaway von Disney 1,2 Milliarden Dollar (vor Steuern) plus Disney-Aktien, und von 1998 bis Ende

Abbildung 4.3: Aktienkurs von Disney 1995-2003

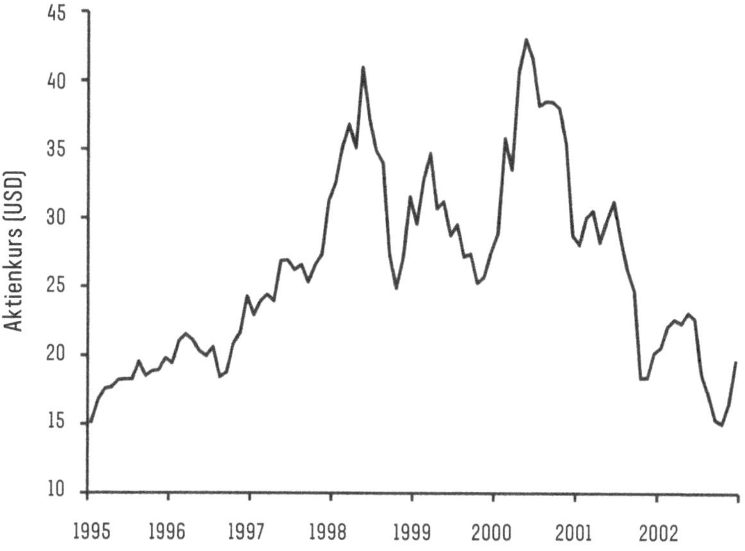

2000 wurden rund zwei Milliarden Dollar aus dem Verkauf der Disney-Aktien eingenommen.

Tom Murphy, damals in seinen Siebzigern, blieb noch eine Weile bei Disney, bis er 2003, im Alter von 78 Jahren, in den Vorstand von Berkshire Hathaway eintrat. Dort ist er auch in seinen Neunzigern noch tätig und berät Buffett und Munger.

LEKTIONEN

1. **Es kann sehr wichtig sein, die Menschen zu kennen, die ein Unternehmen leiten.** Da Buffett darauf vertraute, dass Murphy das Unternehmen gut und im Interesse der Aktionäre führen würde, suchte er nach einer Möglichkeit, zu einem späteren Zeitpunkt zu investieren.
2. **Geduld und Disziplin.** Es ist klug, einem erstklassigen Unternehmen zu folgen – das Unternehmen und die Manager kennenzulernen –, aber die Anhäufung eines solchen Wissens führt nur dann zu einer Investition, wenn es eine gute Sicherheitsmarge zwischen dem inneren Wert und dem Marktpreis gibt.
3. **Unternehmen mit wirtschaftlicher Marktmacht können gute Investitionen sein.** Aber nur, wenn der Preis nicht zu hoch ist. Merkmale der Marktmacht: (a) ein Produkt oder eine Dienstleistung wird benötigt oder gewünscht; (b) es gibt keine engen Ersatzprodukte/Ersatzleistungen; (c) der Preis ist nicht reguliert.
4. **Nur innerhalb des eigenen Kompetenzkreises.** Unternehmensleiter müssen die Grenzen ihres Kompetenzbereichs erkennen und einhalten.
5. **In das richtige geschäftliche Boot einsteigen.** Konzentrieren Sie Ihre Energie darauf, eventuell das Boot zu wechseln, anstatt Lecks zu flicken.
6. **Loyalität und Nicht-Konfrontation.** Anleger können eine Dividende einfahren, wenn sie sich loyal und nicht konfrontativ

gegenüber Managern verhalten (wenn diese es verdienen). Buffett war im Vergleich zu den gefräßigen, kurzfristig orientierten Wall-Street-Akteuren ein attraktiver 400-Pfund-Gorilla („weißer Knappe“).[110]

7. **Das Nachdenken über Durchblicksgewinne bietet eine wertvolle Perspektive.** Berechnen Sie für Ihre Portfoliobestandteile die zugrunde liegenden Erträge, die Ihren Aktien zuzurechnen sind, unabhängig davon, ob diese Beträge als Dividenden ausgeschüttet oder einbehalten werden. Streben Sie die höchsten Durchblicksgewinne in zehn Jahren an.
8. **Um Runs auf die Anzeigetafel zu bringen, muss man das Spielfeld (Unternehmensleistung) und nicht die Anzeigetafel (Aktienmarkt) betrachten.**

Investition 5

SCOTT FETZER

Eckpunkte des Geschäfts

Geschäft	**Scott Fetzer**
Zeit	1986 bis heute
Gezahlter Preis	315,2 Millionen USD
Menge	100 % des Eigenkapitals
Verkaufspreis	Noch im Besitz
Gewinn	2 Milliarden Dollar, Tendenz steigend
Berkshire Hathaway im Jahr 1986	Aktienkurs: 2.440-3.170 USD Buchwert: 2.073 Millionen USD Buchwert pro Aktie: 1.808 USD

Der Kauf von Scott Fetzer ist vor allem deshalb bemerkenswert, weil es sich um ein Konglomerat handelt. Bis zu diesem Zeitpunkt konzentrierten sich Buffett und Munger auf Unternehmen, die in einer einzigen Branche tätig waren und von denen erwartet wurde, dass sie diesen Weg noch jahrzehntelang fortsetzen würden. See's Candies beschränkte sich auf die Herstellung und den Verkauf von Süßigkeiten; die

Illinois National Bank war nach geografischem Maßstab nur in einem kleinen Gebiet im Bankgeschäft tätig; National Indemnity und GEICO waren Versicherer. Und die verschiedenen Geschäftsbereiche von Capital Cities/ABC waren mit der Unterhaltung verbunden.

Aber Scott Fetzer hatte mehr als 20 Unternehmen mit wenigen Gemeinsamkeiten. Die größte Tochtergesellschaft verkaufte Enzyklopädien von Tür zu Tür (600 Dollar pro Set). Die Staubsaugerabteilung verkaufte ebenfalls von Tür zu Tür, mit einem Preis von bis zu 900 Dollar pro Gerät, war aber ansonsten völlig anders. Scott Fetzer hatte Tochtergesellschaften, die so unterschiedliche Produkte wie Kompressoren, Elektromotoren und Anhängerkupplungen herstellten und verkauften.

Diese Investition ist auch deshalb bemerkenswert, weil der Leiter des Unternehmens nur wenige Monate zuvor eine fremdfinanzierte Übernahme des Managements angestrebt hatte, die ihn zum unangefochtenen Chef seines eigenen Unternehmens gemacht hätte – eines Unternehmens, das groß genug war, um zu den Fortune 500 zu gehören. Und da stand er nun und akzeptierte Buffett und Munger als Oberhäupter.

Außerdem muss das Führungsteam nach dem Verkauf an Berkshire Hathaway unglaublich enthusiastisch gewesen sein, denn es erzielte in der Folgezeit außerordentlich gute Renditen auf das eingesetzte Kapital. Renditen von über 50 Prozent pro Jahr waren die Regel. Und da Scott Fetzer keine großen zusätzlichen Investitionen in Kapitalposten und Betriebskapital benötigte, flossen erstaunlich hohe Dividenden an Buffett und Munger, die diese in andere Unternehmen investieren konnten. Allein in den ersten 15 Jahren wurden 1,03 Milliarden Dollar an die Zentrale in Omaha überwiesen – von einem Unternehmen, das für nur 315,2 Millionen Dollar gekauft wurde.

Diese Fallstudie ist sehr nützlich, um Buffetts Methode zur Berechnung der Eigentümergewinne zu veranschaulichen. In einem Anhang zu seinem Brief an die Aktionäre aus dem Jahr 1986 legte er die Komponenten dar, die für die Schätzung der Eigentümergewinne von Scott Fetzer erforderlich sind. Außerdem erläuterte er, warum dies die beste Methode zur Vorhersage der jährlichen Kapitalflüsse an die Aktionäre ist, um ein Unternehmen zu bewerten. Dies ist das einzige öffentliche Beispiel, in dem Buffett diese wichtige Technik veranschaulicht.

EIN BISSCHEN GESCHICHTE

George Scott und Carl Fetzer gründeten 1914 eine Maschinenwerkstatt in Cleveland, Ohio. Im Jahr 1922 schlossen sie sich mit einem Kollegen aus Cleveland, Jim Kirby, zusammen, der eine neue Art von Staubsauger erfunden hatte. Bis in die 1960er-Jahre führten sie ein sehr erfolgreiches Unternehmen, das sich fast ausschließlich auf diesen Produktbereich konzentrierte. Zu diesem Zeitpunkt hatte das Unternehmen reichlich Barmittel und tätigte eine Reihe von Übernahmen – bis 1973 waren es 31 Unternehmen.

Mitte der 1970er-Jahre wurde Ralph Schey zum Vorsitzenden und CEO ernannt. Er machte sich daran, das weitläufige Konglomerat auf nur noch 20 Geschäftsbereiche zu reduzieren, hielt aber an denjenigen mit guten Marken auf dem Gebiet der Verbrauchermärkte fest.

Nach den Erfahrungen der Rezession von 1973-1975 ging er davon aus, dass Verbrauchermarken bei einem künftigen Abschwung widerstandsfähiger sein würden. Außerdem entsprach dieser Ansatz den Fähigkeiten der leitenden Manager, die weniger als Hersteller, sondern vielmehr als Vermarkter tätig waren.

Schey machte sich daran, das Angebot an Verbraucherprodukten zu erweitern. Er begann 1978 mit der Übernahme von Wayne Home Equipment, einem Hersteller von Öl- und Gasbrennern, Pumpen für Raumheizungen und Heizkessel sowie Wasserpumpen. Das weitaus größere Geschäft des Jahres 1978 war der 50 Millionen Dollar teure Kauf von World Book, einem Unternehmen, das marktführend im Direktvertrieb von Enzyklopädien war. World Book agierte in einem Oligopol, die Encyclopaedia Britannica war weit abgeschlagen an zweiter Stelle. In der Zeit vor dem Internet war World Book mit einem Jahresumsatz von etwa 200.000 bis 300.000 Exemplaren ein fester Bestandteil des Lebens der amerikanischen Mittelschicht. Obwohl ein kompletter Satz Hunderte von Dollar kostete, war nach landläufiger Meinung der Eltern der damaligen Zeit eine solche Investition lohnenswert.[111] Enzyklopädien wurden in der Regel auf Kredit verkauft, sodass Scott & Fetzer (wie das Unternehmen damals hieß) mit der Finanzierung gute Gewinne erzielte.

Der Übernahmewahn – und Scott Fetzer in Gefahr

Die 1980er-Jahre waren eine Zeit wilder Private-Equity-Attacken – man denke nur an den Film *Wall Street* (1987). Ein großer Teil davon wurde mit neu emittierten Schrottanleihen von Drexel Burnham Lambert finanziert, was dazu führte, dass hoch verschuldete Unternehmen gefährlich am Klippenrand der Verschuldung taumelten; ein falscher Schritt, und das Unternehmen war erledigt, mit der Folge, dass Mitarbeiter verzweifelt und Städte finanziell am Ende waren.

Ivan Boesky, ein Übernahmespezialist, der über einen 200-Millionen-Dollar-Fonds verfügte, begann im Frühjahr 1984, Aktien von Scott Fetzer zu erwerben (es wird vermutet, dass Gordon Gekko in *Wall Street* zum Teil auf Boesky basiert – vier Jahre später sollte er eine 3-jährige Haftstrafe wegen Insiderhandels antreten). Am 26. April 1984 bot Boesky an, Scott Fetzer für 60 Dollar pro Aktie zu kaufen. Dies entsprach einer Gesamtsumme von 420 Millionen Dollar. Die *New York Times* stellte allerdings fest[112]: „Die Hauptattraktion des Unternehmens soll ein Barbestand von fast 100 Millionen Dollar sein", sodass die tatsächlichen Kosten wesentlich geringer waren.

Ralph Schey rechnete damit, dass früher oder später Angreifer vor seiner Tür stehen würden. Wenige Tage vor Boeskys Schritt hatte er bekannt gegeben, dass er ein eigenes Angebot im Rahmen eines Management-Buy-outs (MBO) zusammengestellt hatte und 50 Dollar pro Aktie (360 Millionen Dollar) bot. Schey sah, dass er nun überboten wurde, und außerdem hatte er Probleme, das Geld aufzubringen, sodass er das Angebot zurückzog.

Boesky besaß jedoch nur etwa fünf Prozent der Aktien, sodass er viel Überzeugungsarbeit leisten musste, wenn er Erfolg haben wollte, zumal das Angebot zu einem niedrigen Kurs-Gewinn-Verhältnis von 60 Dollar/4,80 Dollar = 12,5 erfolgte. Offensichtlich blieb der Markt skeptisch, ob Boesky erfolgreich sein würde, da die Aktie nur auf 57,50 Dollar stieg.

Am 8. Mai lehnte der Verwaltungsrat das Angebot mit der Begründung ab, dass es „erhebliche Unsicherheiten und Bedingungen im Zusammenhang mit dem Vorschlag“ gebe.[113] Schey war strikt dagegen und befürchtete das Schlimmste für seine Freunde und Kollegen im Unternehmen. „Ich fühlte mich unseren Mitarbeitern gegenüber verpflichtet, dafür zu sorgen, dass sie alle so gleich wie möglich behandelt wurden. Ich wollte nicht, dass sich eine Gruppe von Mitarbeitern … plötzlich auf einem Markt wiederfand, auf dem sie niemand haben wollte.“[114]

Es gab einiges Hin und Her, bis Boesky im August 1985 das Handtuch warf und begann, seine Aktien zu verkaufen. Der Plan des Managements, die Aktionäre freizukaufen, war bereits wieder aufgegriffen worden und wurde nun mit 62 Dollar pro Aktie, also 440 Millionen Dollar Gesamtsumme, angeboten. Doch es gab ein großes Problem: Ein erheblicher Teil des Geldes sollte aus Scott Fetzers Mitarbeiterbeteiligungsplan (ESOP = Employee Stock Ownership Plan) stammen. Dieser sollte 41 Prozent der Aktien halten und dafür 182 Millionen Dollar in das für die Übernahme gegründete neue Unternehmen einbringen (während das Management nur neun Millionen Dollar für seine 29 Prozent zahlte).

Der Staat hatte Einwände dagegen, dass nur 41 Prozent vom ESOP gehalten wurden, zumal die Manager davon ausgingen, dass sie eine

Steuervergünstigung in Anspruch nehmen könnten, um zusätzliche 25 Millionen Dollar in den ESOP zu pumpen. Das Geschäft scheiterte, und am 5. September kündigte Schey den Plan mit der Begründung, Scott Fetzer sei nun „von den Beschränkungen befreit, die die Einholung neuer Vorschläge verhindern, und es werden andere mögliche Transaktionen in Betracht gezogen“.[115] Die Aktien fielen auf 55,50 Dollar, was im Oktober ein Angebot eines anderen Raubritterpaars, der Gebrüder Rales (Steven und Mitchell), zu 60 Dollar nach sich zog. Auch sie hatten die Angewohnheit, Junkbonds für Übernahmen einzusetzen.

DER DEAL

Warren Buffett verfolgte die Scott-Fetzer-Saga in der Presse und dachte, es könnte sich lohnen, einen Brief an Schey zu schreiben, um herauszufinden, ob er daran interessiert wäre, sich der Sammlung von Unternehmen im Besitz von Berkshire anzuschließen – Unternehmen, denen ein hohes Maß an Management-Autonomie zugestanden wurde und die ermutigt wurden, sich auf den langfristigen Horizont zu konzentrieren.

Buffett beschrieb das Zustandekommen des Geschäfts in einem Vortrag vor MBA-Studenten und anderen Studenten der Notre Dame Faculty im Frühjahr 1991:[116]

> „Ich hatte den Mann noch nie getroffen … Ich schrieb ihm in einem Brief [10. Oktober]: ‚Sehr geehrter Herr Schey: Das sind wir …‘ Ich schickte ihm einen Jahresbericht und schrieb: ‚Wenn Sie mit jemandem Geschäfte machen wollen, dessen Schecks gedeckt sind, der Sie nicht belästigen wird, hier sind alle Hiobsbotschaften (ich erzählte ihm alles Schlechte über uns – ein einseitiger Brief) …‘ Ich schrieb: ‚Wenn Sie darüber reden wollen, treffen wir uns, und wenn nicht, werfen Sie den Brief weg.‘ Er rief mich an, wir trafen uns an einem Sonntag in Chicago [22. Okto-

ber], machten in dieser Nacht einen Deal, und innerhalb einer Woche war das Geschäft abgeschlossen. Das war vor fünf oder sechs Jahren – ich war zweimal in Cleveland, aber nicht weil ich es musste. Er führt das Geschäft genau so, als ob es ihm gehören würde."

Schey sagte 1988 gegenüber *Fortune*, dass Buffetts Schnelligkeit und sein Verzicht auf eine Due-Diligence-Prüfung den Mangel an Bürokratie bei der Zusammenarbeit mit ihm verdeutlichten. „Wenn ich Scott Fetzer schon nicht selbst besitzen konnte, so war dies das Zweitbeste."[117] Er fügte hinzu, dass es sogar besser sei, als ein börsennotiertes Unternehmen zu leiten, da er genug davon habe, von institutionellen Anlegern infrage gestellt und im Nachhinein kritisiert zu werden. Und er war frustriert über die übermäßige Vorsicht des Vorstands bei der Genehmigung größerer Maßnahmen. „Scheys Paradebeispiel ist seine derzeitige [1988] Absicht, die Organisation von Word Book zu dezentralisieren, die seit jeher im Chicagoer Merchandise Mart untergebracht ist. Scheys alter Vorstand, sagt er, hätte sich wahrscheinlich gegen das Risiko einer Umstrukturierung gewehrt; Buffett winkte sie durch."[118]

Eine Woche nach dem Treffen in Chicago stimmte der Vorstand von Scott Fetzer dem Verkauf zu. Am Tag nach der Bekanntgabe (29. Oktober 1985) schrieb die *New York Times*, dass die Anziehungskraft von Scott Fetzer in der stetigen Generierung von Barmitteln und der Anhäufung von Bargeld begründet sei. Einem Analysten zufolge handelte es sich um ein Unternehmen mit „bescheidenem" Wachstum, was jedoch durch die geringe Volatilität kompensiert werde.[119] Das Unternehmen meldete für 1984 einen Gewinn von 40,6 Millionen Dollar (6,01 Dollar pro Aktie), eine Steigerung um 26 Prozent gegenüber 32,2 Millionen Dollar oder 4,80 Dollar pro Aktie im Jahr 1983. Der Umsatz 1984 betrug 695,4 Millionen Dollar.

Buffett sah viel mehr als die Autoren der *New York Times*: eine Reihe tiefer, von wirtschaftlicher Marktmacht geprägter Burggräben und starke Unternehmen. Er schätzte World Book als „etwas Besonderes" und drückte in seinem Brief an die Berkshire-Aktionäre 1985 die Verbundenheit aus, die viele mit den Büchern hatten:

> „Charlie und ich haben ein besonderes Interesse am Betrieb von World Book, weil wir die Enzyklopädie für etwas Besonderes halten. Ich bin seit 25 Jahren ein Fan (und Nutzer) und habe jetzt Enkel, die die Bände genauso konsultieren wie meine Kinder."

Er fügte hinzu, dass World Book regelmäßig von Lehrern, Bibliothekaren und in Kaufrichtlinien für Verbraucher als die nützlichste Enzyklopädie eingestuft werde und dennoch weniger koste als alle anderen großen Konkurrenten. Diese Kombination aus außergewöhnlichen Produkten und moderaten Preisen habe dazu beigetragen, sie davon zu überzeugen, den für Scott Fetzer geforderten Preis zu zahlen – trotz der rückläufigen Ergebnisse vieler Unternehmen in der Direktvertriebsbranche.

Das Unternehmen als Ganzes wurde von Buffett und Munger als „verständlich, groß, gut geführt, gut verdienend ... [mit vielen seiner Geschäftsbereiche] führend auf seinen Gebieten" angesehen.[120] Das Beste von allem: „Die Rendite auf das investierte Kapital ist in den meisten dieser Geschäftsbereiche gut bis ausgezeichnet."[121]

Im Januar 1986 zahlte Berkshire 60 Dollar pro Aktie, das heißt 315,2 Millionen Dollar unter Berücksichtigung der im Unternehmen vorhandenen Barmittel (die kurz nach der Übernahme an Berkshire übertragen werden konnten). Die Tatsache, dass Ralph Schey bereit war, als CEO weiterzumachen, war für die Attraktivität des Unternehmens entscheidend:

> „Als Ralph die Leitung übernahm, zählte das Unternehmen 31 Geschäftsbereiche, die das Ergebnis einer Akquisitionswelle in den 1960er-Jahren waren. Er trennte sich von vielen, die nicht

passten oder nur ein begrenztes Gewinnpotenzial aufwiesen, aber sein Fokus auf die Rationalisierung des ursprünglichen Potpourris war nicht so stark, dass er World Book übersehen hätte, als es 1978 zum Kauf angeboten wurde. Ralphs Betriebs- und Kapitalallokations-Bilanz ist hervorragend, und wir freuen uns, mit ihm zusammenzuarbeiten."[122]

Wer braucht schon eine Strategieabteilung?

Buffett macht sich über sein unglaubliches Verständnis für die strategische Positionierung von Unternehmen und sein feines Gespür für unternehmerische Qualitäten lustig. „Der Kauf von Scott Fetzer veranschaulicht unsere recht willkürliche Vorgehensweise bei Akquisitionen. Wir haben keine Gesamtstrategie, keine Unternehmensplaner, die uns Erkenntnisse über sozioökonomische Trends liefern, und kein Personal, das eine Vielzahl von Ideen untersucht, die von Projektmanagern und Vermittlern vorgelegt werden. Stattdessen hoffen wir einfach, dass sich etwas Vernünftiges ergibt – und wenn das der Fall ist, handeln wir."[123]

Und doch scheint dieser Ansatz – in den richtigen Händen – besser zu sein, als sich auf hoch bezahlte Investmentbanker zu verlassen, die das Denken für einen übernehmen, wie in Buffetts Brief an die Aktionäre aus dem Jahr 1999 dargestellt wird:

> „1985 bemühte sich eine große Investmentbank um den Verkauf von Scott Fetzer und bot das Unternehmen auf breiter Basis an – jedoch ohne Erfolg. Unglücklicherweise sah der Vertrag von Scott Fetzer mit dem Bankhaus eine Gebühr von 2,5 Millionen Dollar beim Verkauf vor, auch wenn es nichts mit der Suche nach dem Käufer zu tun hatte. Ich schätze, der leitende Banker war der Meinung, dass er etwas für seine Bezahlung tun sollte, also bot er uns gnädigerweise ein Exemplar des Buches über

Scott Fetzer an, das sein Bankhaus vorbereitet hatte. Mit seinem üblichen Taktgefühl antwortete Charlie: ‚Ich zahle 2,5 Millionen Dollar dafür, es nicht zu lesen.'"[124]

Die Akquisitionsstrategie von Berkshire, so Buffett, bestand einfach darin, darauf zu warten, dass das Telefon klingelte. Wenn es dann klingelte, lag es in der Regel daran, dass ein Manager, der in der Vergangenheit an Berkshire verkauft hatte, einem Freund empfohlen hatte, dasselbe zu tun.

GROSSARTIGE ERTRÄGE

Scott Fetzer ist eine der größten Investitionen, die Buffett und Munger je getätigt haben. Für nur 315,2 Millionen Dollar kaufte Berkshire Hathaway ein Unternehmen, das im ersten Jahr mehr als 35,6 Millionen Dollar nach Steuern erwirtschaftete. Und dieser Wert stieg immer weiter an, auf mehr als 56,5 Millionen Dollar im Jahr 1990 und mehr als 83 Millionen Dollar im Jahr 2002 (siehe Abbildung 5.1). Für die Zeit danach liegen uns keine öffentlich zugänglichen Informationen vor, aber man kann davon ausgehen, dass das Unternehmen trotz des Rückgangs bei World Book heute mindestens genauso gut dasteht. Eine Liste der Unternehmen von Scott Fetzer finden Sie am Ende des Kapitels.

Ich habe im letzten Absatz „mehr als" geschrieben, weil es zusätzlich zu den ausgewiesenen Zahlen eine profitable Scott Fetzer Financial Group gab, eine Kreditgesellschaft, die sowohl World-Book- als auch Kirby-Forderungen hielt; BH erfasste die Gewinne aus dieser Einheit in einer separaten Tochtergesellschaft. Ursprünglich gehörte dazu auch Mutual Savings, doch mit dem Kauf weiterer Unternehmen durch Berkshire kamen weitere Finanztransaktionen hinzu.

Buffett hat die Zahlen für die Finanzsparte von Scott Fetzer im Jahr 1990 extrahiert und schreibt, dass 12,2 Millionen Dollar vor Steuern erwirtschaftet wurden. Der Gesamtgewinn von Scott Fetzer nach

Steuern betrug 1990 also 56,5 Millionen Dollar + 8,1 Millionen Dollar = 64,6 Millionen Dollar. Aus anderen Daten lässt sich ableiten, dass die Finanztransaktionen von Scott Fetzer in den späten 1980er-Jahren jährliche Gewinne nach Steuern in der Größenordnung von drei bis vier Millionen Dollar und in den frühen 1990er-Jahren von acht bis zehn Millionen Dollar generierten (siehe Tabelle 5.1).

In der Tabelle umfasst die Scott Fetzer Manufacturing Group die Geschäftsbereiche mit Ausnahme von World Book, Kirby und dem Finanzgeschäft. In diesen Jahren gab es keine Zugänge oder Veräußerungen von Tochtergesellschaften. Ende der 1980er-Jahre trugen die Unternehmen unter der Leitung von Ralph Schey etwa 40 Prozent zu den versicherungsfremden Gewinnen von Berkshire bei.

Abbildung 5.1: Berkshires Anteil am Nachsteuergewinn von Scott Fetzer in Millionen USD

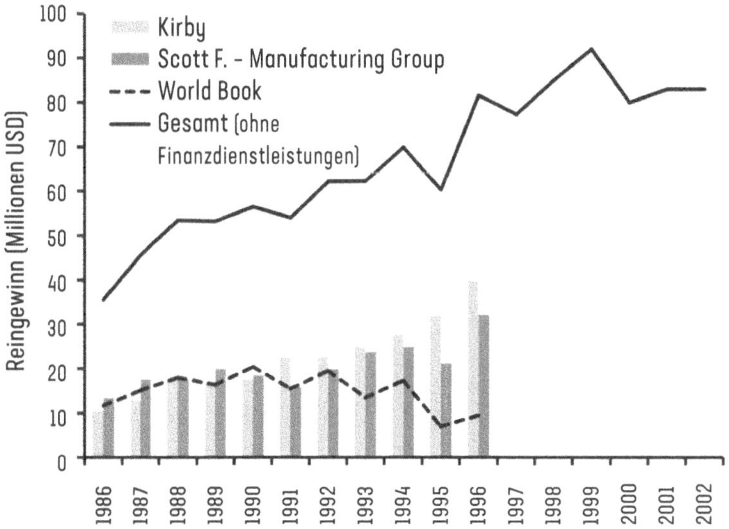

Quelle: Jahresberichte von BH 1986-2002.

Die Fortschritte von World Book

In den 1980er-Jahren war World Book ein echtes Juwel; der Absatz stieg zwischen 1982 und 1986 um 45 Prozent. Der für Berkshire erwirtschaftete Gewinn lag 1986 bei 11,7 Millionen Dollar und stieg rasch auf fast das Doppelte im Jahr 1990 an. Es folgten vier weitere gute Jahre, doch dann machte sich die disruptive Technologie des Internets mit seinen kostenlosen Informationen zunehmend bemerkbar. Zunächst versuchte das Unternehmen, mit der CD-Technologie zu konkurrieren, aber diese wurde bald verdrängt. Mitte der 1990er-Jahre lag der Gewinn unter zehn Millionen Dollar, und seither kämpft das Unternehmen darum, seinen Platz in dieser Ära des nahezu unbegrenzten Zugangs zu Informationen zu finden.

Heute konzentriert sich World Book fast ausschließlich auf den Verkauf seiner 22-bändigen Papierausgabe an Schulen und Bibliotheken. Außerdem bietet es eine Reihe von Online-Abonnements für seine Enzyklopädien an (monatliche Zahlungen). Das Verkaufsargument, mit dem sich World Book vom allgemeinen Internet abhebt, ist, dass das Material genau und vertrauenswürdig sowie auf die jeweilige Alters- und Klassenstufe zugeschnitten ist. Das Unternehmen hat sich auch als Anbieter von Sachbüchern für Schulen und Bibliotheken etabliert, mit einem Angebot, das von Atlanten bis zu bunten Sachbüchern über Tiere für Kinder reicht.

Kirbys Fortschritte

Kirby-Staubsauger werden als die Cadillacs der Staubsaugerwelt verkauft, leistungsstark und jahrzehntelang haltbar. Trotz des hohen Preises stiegen die Verkaufszahlen zwischen 1982 und 1986 um ein Drittel. Der Gewinn nach Steuern belief sich 1986 auf beeindruckende 10,5 Millionen Dollar, aber es sollte noch viel besser kommen – in den nächsten elf Jahren vervierfachte er sich fast.

Kirby ist für Berkshire viel bedeutender als World Book und verkauft jährlich etwa 500.000 Staubsauger. Und das, obwohl sie 1.300 Dollar oder mehr kosten und in 50 Ländern immer noch bei Vorführungen zu Hause verkauft werden (die drei Stunden oder länger dauern – die Verkäufer sind hartnäckig).

Kapitalrendite

Die Ertragszahlen von Scott Fetzer sind beeindruckend genug, aber noch aussagekräftiger sind die Zahlen zur Kapitalrendite. Im Jahr 1992 setzte Scott Fetzer beispielsweise nur 120,7 Millionen Dollar Eigenkapital ein und erzielte dennoch einen Gewinn nach Steuern von mehr als 70,5 Millionen Dollar (siehe Tabelle 5.1). Zudem wurde dies mit „nur geringen Beträgen an geliehenem Geld erreicht (abgesehen von den Schulden, die das Unternehmen sachgerecht für seine Finanztochter verwendet)".[125] Bemerkenswerterweise hatte es sowohl die Vorräte als auch das Anlagevermögen auf einen geringeren Umfang als bei der Übernahme durch Berkshire reduziert, was dazu führte, dass in den sieben Jahren bis Ende 1992 mehr als 100 Prozent der Gewinne an Omaha ausgeschüttet wurden. Dies zu erreichen **und** den jährlichen Gewinn zu steigern, ist spektakulär.

Tabelle 5.1: Reinvermögen, Gewinne und Dividenden von Scott Fetzer 1986-1994

	Buchwert zu Jahresbeginn in Millionen USD	Nachsteuer-gewinn in Millionen USD	Nachsteuer gewinn in % des Buchwerts	Dividenden an Berkshire Hathaway in Millionen USD
1986	172,6	40,3	23%	125,0
1987	87,9	48,6	55%	41,0
1988	95,5	58,0	61%	35,0
1989	118,6	58,5	49%	71,5

	Buchwert zu Jahresbeginn in Millionen USD	Nachsteuer-gewinn in Millionen USD	Nachsteuer gewinn in % des Buchwerts	Dividenden an Berkshire Hathaway in Millionen USD
1990	105,5	61,3	58%	33,5
1991	133,3	61,4	46%	74,0
1992	120,7	70,5	58%	80,0
1993	111,2	77,5	70%	98,0
1994	90,7	79,3	87%	76,0
Gesamt		555,4		634,0

Quelle: Warren Buffett, Briefe an die Aktionäre von BH 1986-1994. Gewisse Erkenntnisse über die Gewinne von SF aus Finanzdienstleistungen kann man aus der Differenz zwischen den Gewinnen in dieser Tabelle und der vorigen Abbildung gewinnen. In den ersten Jahren erzielte der Bereich Finanzen drei bis vier Millionen USD Jahresgewinn, in den späteren Jahren acht bis zehn Millionen USD.

Obwohl Berkshire für den Kauf von Scott Fetzer 315,2 Millionen Dollar bezahlte, betrug der Buchwert des Nettovermögens, das die Manager einsetzen mussten, nur 172,6 Millionen Dollar, wie aus der von BH übernommenen Bilanz hervorgeht. Wenngleich Scott Fetzer im ersten Jahr nur 40,3 Millionen Dollar erwirtschaftete, konnte das Unternehmen mit seinen überschüssigen Barmitteln eine Dividende von 125 Millionen Dollar zahlen. Diese Leistung wurde mit einer Bilanz erzielt, die weder durch die Aufnahme von Schulden noch durch den Verkauf von Anlagen mit anschließender Rückmietung oder durch den Verkauf von Forderungen vor dem Einzug bei den Kunden belastet war. „In all den Jahren, in denen wir Eigentümer waren, hat Scott Fetzer als konservativ finanziertes und liquides Unternehmen agiert."[126]

Buffett weist darauf hin, dass Scott Fetzer, wenn es als eigenständiges Unternehmen in die Fortune-500-Liste aufgenommen worden wäre, mit seiner Eigenkapitalrendite auf dem vierten Platz gelandet wäre. Aber das ist nicht die ganze Geschichte. Die Unternehmen, die vor ihm rangierten, waren gerade aus dem Konkurs hervorgegangen, und die meisten ihrer sogenannten Gewinne waren auf den Erlass von Schulden zurückzuführen, sodass Scott Fetzer in der Tat den ersten Platz unter den 500 Unternehmen verdient gehabt hätte.

Doch anstatt den Erfolg des Unternehmens auf eine konjunkturelle Ertragsspitze, eine Monopolstellung oder eine Hebelwirkung zurückzuführen, war sich Buffett darüber im Klaren, dass die Führungskompetenz von CEO Ralph Schey der entscheidende Faktor war:

> „Die Gründe für Ralphs Erfolg sind nicht kompliziert. Ben Graham hat mich vor 45 Jahren gelehrt, dass man bei Investitionen nichts Außergewöhnliches tun muss, um außergewöhnliche Ergebnisse zu erzielen. In meinem späteren Leben habe ich zu meiner Überraschung festgestellt, dass diese Aussage auch auf die Unternehmensführung zutrifft. Was ein Manager tun muss, ist, die Grundlagen gut zu beherrschen und sich nicht ablenken zu lassen. Genau das ist Ralphs Formel. Er setzt sich die richtigen Ziele und vergisst nie, was er sich vorgenommen hat. Auf der persönlichen Ebene ist es eine Freude, mit Ralph zu arbeiten. Er spricht Probleme offen an und ist selbstbewusst, ohne sich aufzudrängen."[127]

Bei der Betrachtung der Renditezahlen in der Tabelle ist zu beachten, dass die Einführung der GAAP-Rechnungslegung im Jahr 1986, nach der Übernahme, Berkshire dazu zwang, einige Aktiva und Passiva in der Bilanz von Scott Fetzer *mit dem aktuellen Wert* anzusetzen. Der Wert der Vorräte wurde um 37,3 Millionen Dollar erhöht (der Wert war durch die „Last-in-first-out"-Methode für den Verbrauch von Vorräten verzerrt worden). Außerdem erhöhte sich das Anlagevermögen um 68 Millionen Dollar, und latente Steuerverbindlichkeiten in Höhe von 13 Millionen Dollar wurden eliminiert. Diese und andere Anpassungen bedeuteten, dass das Management von Scott

Fetzer mit einem Nettosachvermögen von rund 280 Millionen Dollar arbeitete, wenn man die damaligen Werte zugrunde legte. Wenn man diese Zahl statt 172,6 Millionen Dollar als Nenner verwendet, sinkt die prozentuale Kapitalrendite, ist aber immer noch außergewöhnlich hoch; hoch genug, um in den ersten 15 Jahren der Eigentümerschaft über eine Milliarde Dollar an Dividenden an Berkshire zu zahlen.

WIE MAN EIN VERGÜTUNGSPAKET GESTALTET

Ein wichtiger Grund für die außergewöhnlich hohe Kapitalrendite ist, dass Schey durch seine Vergütungsvereinbarung einen Anreiz hatte, sich auf die Kapitalrendite und nicht auf den Gesamtgewinn zu konzentrieren. Wie immer setzte Buffett einen einfachen Vertrag auf, der jedoch den Nagel auf den Kopf traf, indem er die Interessen des Managers mit denen der Berkshire-Aktionäre in Einklang brachte.

Der erste logische Schritt besteht darin, sicherzustellen, dass die Vergütung auf den Ergebnissen von Scott Fetzer und nicht auf denen von Berkshire basiert. Er schrieb 1994 in seinem Brief an die BH-Aktionäre:

> „Was könnte sinnvoller sein, da er für den einen Betrieb verantwortlich ist, für den anderen aber nicht? Ein Bargeldbonus oder eine Aktienoption, die an die Geschicke von Berkshire gebunden ist, würde Ralph völlig willkürlich belohnen. Er könnte zum Beispiel bei Scott Fetzer Erfolge erzielen, während Charlie und ich bei Berkshire Fehler machen, wodurch seine Bemühungen um ein Vielfaches zunichtegemacht würden. Umgekehrt: Warum sollte Ralph mit Optionsgewinnen oder Boni überhäuft werden, wenn in anderen Bereichen von Berkshire gute Ergebnisse erzielt werden, Scott Fetzer aber hinterherhinkt?“[128]

Zweitens: Sicherstellen, dass die Belohnungen für großartige Leistungen auch großartig sind. „Bei der Festlegung der Vergütung versprechen wir gern beträchtliche Prämien in Aussicht und sorgen dafür, dass deren Auszahlung direkt an die Ergebnisse in dem Bereich gebunden ist, den ein Manager kontrolliert."[129]

Drittens sollten niedrige Kapitalrenditen durch eine Kapitalverbrauchsgebühr bestraft werden; hohe Renditen sollten belohnt werden, indem den Managern, die Kapital an die Zentrale abführen, ein Bonus gezahlt wird:

> „Wenn in ein Unternehmen viel Kapital investiert wird, berechnen wir den Managern einen hohen Satz für das zusätzliche Kapital, das sie einsetzen, und schreiben ihnen einen ebenso hohen Satz für das Kapital gut, das sie freisetzen. Das Ergebnis dieses Geld-gibt-es-nicht-umsonst-Ansatzes ist bei Scott Fetzer deutlich sichtbar. Wenn Ralph zusätzliches Kapital zu guten Renditen einsetzen kann, wird er dafür bezahlt. Sein Bonus erhöht sich, wenn die Erträge aus dem zusätzlichen Kapital eine aussagekräftige Basisvergütung übersteigen. Unsere Bonusberechnung ist jedoch symmetrisch: Wenn zusätzliche Investitionen zu unzureichenden Renditen führen, ist der Fehlbetrag sowohl für Ralph als auch für Berkshire kostspielig. Die Folge dieser wechselseitigen Vereinbarung ist, dass es sich für Ralph lohnt – und zwar enorm –, Geld, das er nicht vorteilhaft in seinem Unternehmen einsetzen kann, nach Omaha zu schicken."[130]

Indem er diese einfachen Prinzipien befolgte und sich auf einfache, nur eine Seite umfassende Verträge stützte, erzielte Buffett erstklassige Leistungen von seinen Managern und teilte das Kapital zum besten Vorteil für Berkshire Hathaway auf.

Andere Unternehmen verfolgen einen komplexeren, aber weniger effektiven Ansatz, wie Buffett sagt:

„In börsennotierten Unternehmen ist es in Mode gekommen, fast jeden Vergütungsplan als Angleichung der Interessen des Managements an die der Aktionäre zu bezeichnen. Unserer Meinung nach bedeutet Angleichung, dass man ein Partner in beide Richtungen ist, nicht nur wenn es aufwärts geht. Viele „Angleichungs"-pläne fallen bei diesem grundlegenden Test durch, da sie lediglich ein künstlerischer Ausdruck der Maxime *Bei Kopf gewinne ich, bei Zahl verlierst du* sind.

Eine häufige Form der Fehlanpassung geschieht bei der typischen Aktienoptionsvereinbarung, bei der der Optionspreis nicht regelmäßig erhöht wird, um die Tatsache auszugleichen, dass die einbehaltenen Gewinne das Vermögen des Unternehmens vergrößern. Tatsächlich kann die Kombination aus einer 10-jährigen Option, einer niedrigen Dividendenausschüttung und dem Zinseszinseffekt einem Manager, der in seinem Job nur auf der Stelle tritt, satte Gewinne bescheren …

Unsere Vergütungsvereinbarung mit Ralph Schey wurde direkt nach dem Kauf von Scott Fetzer und ohne die ‚Hilfe' von Anwälten oder Vergütungsberatern in etwa fünf Minuten ausgearbeitet … Unsere Vergütungsvereinbarungen mit den Managern aller unserer anderen Firmen sind ähnlich einfach, obwohl die Bedingungen jeder Vereinbarung variieren, damit sie den wirtschaftlichen Merkmalen des jeweiligen Unternehmens entsprechen."[131]

DER EIGENTÜMERGEWINN

Im Zusammenhang mit Scott Fetzer erläuterte Buffett, was er unter dem Eigentümergewinn versteht, der das beste Maß für das für die Aktionäre erwirtschaftete Geld ist und den wichtigsten Input für die Schätzung des inneren Wertes darstellt:

(a) ausgewiesenes Ergebnis, zuzüglich
(b) Abschreibungen und bestimmte andere, nicht zahlungswirksame Aufwendungen, abzüglich
(c) des durchschnittlichen jährlichen Betrags der aktivierten Ausgaben für Sachanlagen, den das Unternehmen benötigt, um seine langfristige Wettbewerbsposition und sein Absatzvolumen vollständig zu erhalten. Benötigt das Unternehmen zusätzliches Betriebskapital, um seine Wettbewerbsposition und sein Absatzvolumen aufrechtzuerhalten, so ist dieser zusätzliche Betrag ebenfalls in Buchstabe (c) einzubeziehen.[132]

Er beeilt sich hinzuzufügen, dass diese Gleichung nicht zu präzisen Zahlen führt, „da (c) eine Schätzung sein muss, die manchmal sehr schwer zu treffen ist". Nichtsdestotrotz bleibt der Eigentümergewinn der Schlüssel zur Ermittlung von Bewertungen sowohl für einzelne Aktien als auch für ganze Unternehmen. Er zitiert John Maynard Keynes: „Ich habe lieber vage recht als präzise unrecht."[133]

Was Scott Fetzer betrifft, so kamen Munger und Buffett zu dem Schluss, dass das Element (c) sehr nahe an 8,3 Millionen Dollar lag, was in diesem speziellen Fall genau dem entsprach, was das Unternehmen für „Abschreibungen von Sachanlagen" in seinem offiziellen Jahresabschluss für 1986 abzog, also Element (b) in der Gleichung. Mit anderen Worten: Der Verbrauch von (materiellen und immateriellen) Investitionsgütern entsprach in etwa den Ausgaben für neue Investitionsgüter, die zur Aufrechterhaltung der Stückzahlen und der Qualität der Wettbewerbsposition erforderlich waren. Implizit wurde davon ausgegangen, dass es in diesem Fall nicht notwendig sei, den im Umlaufvermögen gebundenen Betrag von Jahr zu Jahr zu erhöhen.

Tabelle 5.2: Buffetts Schätzungen des Eigentümergewinns von Scott Fetzer 1986

	Millionen USD
Gemeldete Gewinne	40,2
Zuzüglich aller Abschreibungen und anderer nicht zahlungswirksamer Aufwendungen	+8,3
Abzüglich des notwendigen Betrags, der für Gebäude und Anlagen aufgewendet werden muss, sowie des zusätzlichen Betriebskapitals, welches das Unternehmen benötigt, um seine langfristige Wettbewerbsposition und seine Stückzahlen aufrechtzuerhalten	-8,3
EIGENTÜMERGEWINN	40,2

Buffett warnt, dass die meisten Manager unter (c) mehr ausgeben müssen als unter (b) angegeben, nur um im Hinblick auf die Wettbewerbsposition und das Absatzvolumen nicht vorankommen zu müssen. In diesen Fällen wird der ausgewiesene Gewinn gegenüber dem Gewinn des Eigentümers überbewertet, oft sogar erheblich.

See's Candies hat einen anderen Investitionsbedarf

Buffett veranschaulichte in seinem Brief von 1986 am Beispiel von See's Candies, wie wichtig es ist, sich Gedanken über die Ausgaben für Kapitalposten und zusätzliches Betriebskapital zu machen. Bei diesem Unternehmen mussten unter (c) jährlich 0,5 bis 1,0 Millionen Dollar mehr ausgegeben werden als unter (b) für Abschreibungen hinzukamen, wenn es sich im Wettbewerb behaupten wollte.

Der veröffentlichte Cashflow ist NICHT der Eigentümergewinn

Wir müssen auch den von Unternehmen und Analysten vorgelegten „Cashflow“-Zahlen gegenüber misstrauisch sein. Sie enthalten routinemäßig (a) plus (b), ziehen aber (c) nicht ab.

> „… wenn alle US-Unternehmen gleichzeitig über unsere führenden Investmentbanker zum Verkauf angeboten würden und wenn man den Verkaufsbroschüren, in denen sie beschrieben werden, Glauben schenken würde, müssten die staatlichen Prognosen für die landesweiten Ausgaben für Sachanlagen um 90 Prozent gekürzt werden … Sicherlich mögen Unternehmen … in einem bestimmten Jahr in der Lage sein, Investitionsausgaben aufzuschieben. Aber über einen Zeitraum von fünf oder zehn Jahren müssen sie die Investitionen tätigen – oder das Unternehmen geht unter."[134]

Buffett äußert sich zynisch darüber, warum diese Cashflow-Zahlen von Verkäufern von Unternehmen und Aktien angepriesen werden, „um das Unbegründbare zu begründen (und damit zu verkaufen, was unverkäuflich sein sollte)".[135] Sie sind nützlich für Kommunikationsexperten, wenn die gemeldeten Gewinne unzureichend erscheinen, um die Schulden von Ramschanleihen zu bedienen oder um einen verrückten Aktienkurs zu rechtfertigen:

> „Das Unternehmen oder der Investor, der glaubt, dass die Schuldendienstfähigkeit oder die Bewertung des Eigenkapitals eines Unternehmens durch die Summe von (a) und (b) gemessen werden kann, während (c) ignoriert wird, steuert auf sichere Schwierigkeiten zu … Buchhaltungszahlen … [sind] der Ausgangspunkt für uns bei der Bewertung unserer eigenen Unternehmen und der Unternehmen anderer. Manager und Eigentümer müssen jedoch bedenken, dass die Buchhaltung nur ein Hilfsmittel für das unternehmerische Denken ist, niemals ein Ersatz dafür."[136]

DER INNERE WERT

Der innere Wert ist der abgezinste Wert der Barmittel, die einem Unternehmen während seiner verbleibenden Lebensdauer entnommen werden können. Diese Zahl ist zwangsläufig sehr subjektiv, da der Bewertende gezwungen ist, die künftigen Gewinne des Eigentümers zu schätzen, also die jährlichen Beträge, die von den Anteilseignern entnommen werden können, ohne die Wettbewerbsposition oder das Absatzvolumen zu beeinträchtigen. Die Schätzung der Zukunft wird niemals präzise sein, sondern immer nur unscharf. Trotzdem fordert Buffett uns auf, dies zu tun, da es der „einzige logische Weg ist, die relative Attraktivität von Investitionen und Unternehmen zu bewerten".[137]

Eine Ausbildung

Um zu verstehen, warum der Buchwert nicht der innere Wert ist, zieht Buffett eine Analogie zu einer College-Ausbildung: Die Kosten der Ausbildung sind der Buchwert (idealerweise sollte dieser die Opportunitätskosten des College-Besuchs einschließen, zum Beispiel den entgangenen Arbeitsverdienst).

Um den inneren Wert in rein wirtschaftlicher Hinsicht zu ermitteln (wobei wir die ästhetischen, sozialen, psychologischen und sonstigen Vorteile der Bildung außer Acht lassen), schätzen wir das Lebenseinkommen des Absolventen und ziehen den Betrag ab, den er ohne den Besuch der Hochschule verdient hätte. Diese jährlichen Zusatzeinkünfte werden mit einem angemessenen Zinssatz auf einen Gegenwartswert abgezinst, um den inneren wirtschaftlichen Wert der Bildung zu ermitteln.

Manche Absolventen stellen fest, dass der Buchwert den inneren Wert übersteigt, aber in vielen Fällen übersteigt der innere Wert den Buchwert bei Weitem – und bestätigt damit eine kluge Kapitalallokation zu Beginn des Studiums. Die wichtigste Lehre ist hier, dass der Buchwert für die Berechnung des inneren Wertes nicht relevant ist.

Der innere Wert von Scott Fetzer

Wenn wir dieses Prinzip auf Scott Fetzer anwenden wollen, sind die wichtigsten Fakten, dass 315,2 Millionen Dollar für ein Unternehmen mit einem Buchwert von 172,6 Millionen Dollar gezahlt wurden. „Die von uns gezahlte Prämie von 142,6 Millionen Dollar zeigt, dass wir davon überzeugt waren, dass der innere Wert des Unternehmens fast doppelt so hoch war wie sein Buchwert."[138]

In seinem Brief von 1994 veranschaulichte Buffett den Unterschied, indem er einen sinkenden Buchwert zwischen 1986 und 1994, aber steigende Gewinne und Dividenden aufzeigte (siehe Tabelle 5.3). Der innere Wert war eindeutig gestiegen (unter der Annahme einer weiterhin soliden strategischen Positionierung und der Qualität des Managements und damit guter künftiger Erträge).

Tabelle 5.3: Gegenüberstellung der Buchwerte und Gewinne von Scott Fetzer 1986-1994

	Buchwert zu Jahresbeginn in Millionen USD	**Nachsteuergewinn in Millionen USD**	**Dividenden an Berkshire Hathaway**
1986	172,6	40,3	125,0
1987	87,9	48,6	41,0
1988	95,5	58,0	35,0
1989	118,6	58,5	71,5
1990	105,5	61,3	33,5
1991	133,3	61,4	74,0
1992	120,7	70,5	80,0
1993	111,2	77,5	98,0
1994	90,7	79,3	76,0

Quelle: Warren Buffett, Brief an die Aktionäre von BH 1994.

Scott Fetzer verfügte über große Mengen überschüssiger Barmittel, als Berkshire das Unternehmen kaufte, und konnte daher im ersten Jahr 125 Millionen Dollar an die Muttergesellschaft auszahlen, 84,8 Millionen Dollar mehr als den Eigentümergewinn.

> „Es ist klar, dass der innere Wert des Unternehmens ständig gestiegen ist ... Der Unterschied zwischen dem inneren Wert von Scott Fetzer und dem Buchwert in den Büchern von Berkshire ist jetzt enorm."[139]

Versuch einer Bewertung anhand des Eigentümergewinns

Buffett teilt uns seine Schätzung des inneren Wertes aus dem Jahr 1985 – den abgezinsten Wert der geschätzten künftigen Eigentümergewinne – nicht mit, denn tatsächlich hat er seine Zahlen für kein Unternehmen veröffentlicht. Höchstwahrscheinlich, so spekuliere ich, dachte er an eine Bandbreite des Wertes, die auf seiner Erwartung von 40,2 Millionen Dollar an Eigentümergewinn im folgenden Jahr beruhte.

Vielleicht war er anfangs sehr konservativ und ging davon aus, dass es im Laufe der Jahre nicht mehr als 40,2 Millionen Dollar werden würden. Wäre er dann, so konnte er sich fragen, immer noch damit zufrieden, 315,2 Millionen Dollar zu investieren?

Eine ewige Rendite von 12,8 Prozent (40,2 Millionen Dollar/315,2 Millionen Dollar) pro Jahr wäre immer noch eine gute Investition (die Inflation lag 1986 unter zwei Prozent). Wir nehmen dies als Basisfall und erstellen einige andere Szenarien, die Buffett in Betracht gezogen haben **könnte**.

Ein bescheidenes Wachstumsszenario

Buffett könnte über ein optimistischeres Szenario nachgedacht haben, in dem der Eigentümergewinn in allen künftigen Jahren mit der nominalen BIP-Wachstumsrate für die US-Wirtschaft im Jahr 1986, das heißt mit 3,5 Prozent, wächst. Diese Verschiebung der Annahmen hat große Auswirkungen auf den Gegenwartswert der künftigen Eigentümererträge. Der Zinssatz für 10-jährige Staatsanleihen lag 1986 im Durchschnitt bei 7,7 Prozent. Wenn er diesen Zinssatz als Abzinsungssatz verwendete und von einem Wachstum der Eigentümereinkünfte von 3,5 Prozent ausging, ergab sich ein Schätzwert von fast einer Milliarde Dollar:

Innerer Wert = Gewinn der Eigentümer im nächsten Jahr geteilt durch die erforderliche Rendite abzüglich der Wachstumsrate

Innerer Wert = (40,2 Millionen Dollar × 1,035)/(0,077 – 0,035) = 991 Millionen Dollar

(Wir lassen die 84,7 Millionen Dollar an Barmitteln, die an BH geflossen sind, unberücksichtigt, da wir sie mit den Nettokosten von BH für den Erwerb von Scott Fetzer in Höhe von 315,2 Millionen Dollar vergleichen, also nach Berücksichtigung der Freisetzung von Barmitteln).

Ein Szenario mit einem risikobereinigten Abzinsungssatz

Wenn wir ein zusätzliches Risiko einkalkulieren, weil Scott-Fetzer-Aktien risikoreicher sind als 10-jährige Staatsanleihen, können wir eine *Risikoprämie* auf die geforderte Rendite von zum Beispiel sieben Prozent aufschlagen. Somit beträgt der Abzinsungssatz 7,7 % + 7 % = 14,7 %.

Die Risikoprämie könnte so hoch gewesen sein, wenn Buffett den Finanzlehrbüchern jener Zeit gefolgt wäre (was eher unwahrscheinlich, aber möglich ist):

Innerer Wert = (40,2 Millionen Dollar × 1,035)/(0,147 – 0,035) = 371 Millionen Dollar

Ein Szenario mit schnellem Wachstum

Vielleicht hat Buffett ein Szenario ausprobiert, in dem er von einer Wachstumsrate des Eigentümergewinns ausging, wie sie sich in den folgenden neun Jahren tatsächlich einstellte, also eine durchschnittliche jährliche Rate von 8,8 Prozent (fast eine Verdoppelung der Eigentümergewinne über neun Jahre).

Innerer Wert = (40,2 Millionen Dollar × 1,088)/(0,147 – 0,088) = 741 Millionen Dollar

Natürlich könnten wir noch weitere Szenarien durchspielen, um uns ein Bild davon zu machen, was hätte passieren können, zum Beispiel die Verwendung des durchschnittlichen Eigentümergewinns der letzten fünf Jahre statt des letzten Jahres, um den Eigentümergewinn des nächsten Jahres zu schätzen, aber das Wesentliche des Bewertungsprozesses wurde bereits dargestellt.

Bei der Analyse des inneren Wertes gibt es einen Aspekt, den man sich immer vor Augen halten sollte. Benjamin Graham forderte uns auf, bei der Beurteilung der Differenz zwischen der Bandbreite der begründeten Szenarien für den inneren Wert und dem Angebotspreis eine gute Sicherheitsmarge einzuplanen.

Buffett hat die Einzelheiten seiner Berechnungen des inneren Wertes nicht dargelegt, sodass wir nur raten können, wie er den Abzinsungssatz gewählt oder das Gewinnwachstum in den kommenden Jahren berücksichtigt hat. Selbst Charlie Munger war nicht in die Details eingeweiht. Er sagte einmal: „Wir haben bei Berkshire Hathaway so unseren eigenen Stil. Warren spricht zwar immer über diese abgezinsten Cashflows [Eigentümergewinne] – ich habe aber nie gesehen, dass er so etwas gemacht hat", und Buffett scherzte: „Es gibt eben Dinge, die man nur privat macht."[140]

Buffett ist sehr schnell im Kopfrechnen, und die Erklärung könnte darin liegen, dass er die Berechnungen einfach im Kopf abspulen kann.

Eine wahrscheinlichere Erklärung ist, dass die Berechnung gar nicht so genau sein muss – eine ungefähre Zahl reicht aus. Man kann sich in Details verlieren und das Gesamtbild übersehen. Wie Buffett sagt: „Wenn einem der [Wert des Unternehmens] nicht entgegenschreit, ist er zu gering."[141]

Innerer Wert und Kapitalallokation

Trotz seiner Unschärfe ist das Konzept des inneren Wertes nicht nur für Anleger, sondern auch für Manager von großer Bedeutung – auch sie müssen es verstehen, wie Buffett in seinem Brief von 1994 darlegte:

> „Wenn Manager Entscheidungen über die Kapitalallokation treffen – einschließlich Entscheidungen über den Rückkauf von Aktien –, ist es von entscheidender Bedeutung, dass sie so handeln, dass sie den inneren Wert pro Aktie erhöhen und Schritte vermeiden, die ihn verringern. Dieser Grundsatz mag offensichtlich erscheinen, aber wir sehen immer wieder, dass er verletzt wird. Und wenn es zu Fehlallokationen kommt, haben die Aktionäre das Nachsehen."

Buffett war der Ansicht, dass viele Manager bei der Prüfung von Unternehmensfusionen und -übernahmen dazu neigten, sich darauf zu konzentrieren, ob die Transaktion den Gewinn pro Aktie unmittelbar verwässert oder nicht. Diese Art der Konzentration, so warnte er, berge große Gefahren. Er führte das Beispiel eines 25-jährigen MBA-Studenten im ersten Jahr an, der erwägt, seine künftigen wirtschaftlichen Interessen mit denen eines 25-jährigen Tagelöhners zusammenzulegen. Der MBA-Student, der nichts verdient, würde feststellen, dass eine „Anteil-für-Anteil"-Fusion seiner eigenen Kapitalbeteiligung mit der des Tagelöhners sein kurzfristiges Einkommen erheblich steigern würde. Aber das wäre verrückt, denn die potenziellen langfristigen Einkünfte des Studenten würden die des Tagelöhners bei Weitem übersteigen.

Berkshire, so sagte er, habe viele Fusions- und Kaufgelegenheiten abgelehnt, die zwar die aktuellen und kurzfristigen Erträge gesteigert hätten, aber den inneren Wert pro Aktie verringert hätten.

> „Unser Ansatz war vielmehr, Wayne Gretzkys Rat zu befolgen: ‚Gehe dahin, wo der Puck sein wird, nicht dahin, wo er ist.' Das Ergebnis ist, dass unsere Aktionäre jetzt um viele Milliarden Dollar reicher sind, als sie es wären, wenn wir uns an den gängigen Katechismus gehalten hätten."

Bei Berkshire suchten die Manager nach Möglichkeiten, ihre Gewinne vorteilhaft in ihren Unternehmen einzusetzen. Was übrig blieb, schickten sie an Buffett und Munger, damit sie diese Mittel so verwendeten, dass der innere Wert pro Aktie gesteigert wurde.

DIE UNTERNEHMEN VON SCOTT FETZER

Ralph Schey ging im Jahr 2000 im Alter von 76 Jahren in den Ruhestand, sehr zum Bedauern von Buffett und Munger. Als er 2011 starb, sagte Buffett: „Er war ein großartiger Geschäftsmann. Es gab nichts, was ich dem Management von Scott Fetzer hätte hinzufügen können. Was mich wirklich beeindruckt hat, war [Scheys] umfassendes Wissen über jedes der Unternehmen. Er hätte jedes einzelne leiten können."[142]

Schey hatte über Buffett gesagt: „Er ist ein ganz besonderer Mann, und man findet kaum jemanden wie ihn. Es gibt nicht viele Menschen, die sich bei der Arbeit so wohlfühlen wie er oder die so auf Menschen einwirken können wie er. Er bringt einen dazu, gut abzuschneiden. Einerseits tut man es im eigenen Interesse, anderseits weil man weiß, dass er stolz darauf sein wird, und man möchte ihn stolz machen. Und so etwas ist sehr selten."[143]

Tabelle 5.4: Die zu Scott Fetzer gehörenden Unternehmen

Unternehmen	Geschäftstätigkeit	Anzahl der Beschäftigten 2017
Adalet	Explosions- und brandsichere Gehäuse; Ausrüstung für gefährliche und ungefährliche Umgebungen	164
Altaquip	Reparaturdienstleistungen für Antriebsaggregate, Kompressoren, Generatoren, Farbspritzpistolen, Rasenmäher, Gartengeräte und Motorsägen	166
Campbell Hausfeld (2015 von Scott Fetzer in die Berkshire-Tochter Marmon verschoben)	Amerikas führender Hersteller von kleinen und mittelgroßen Kompressoren	k.A.
Carefree of Colorado	Komfortprodukte und praktische Produkte für Freizeitfahrzeuge und Boote (etwa Markisen für Wohnwagen und Wohnmobile)	336
Cleveland Wood Products (CWP)	Rotierende Staubsaugerbürsten, gewerbliche Reinigungsbürsten, Produkte für die Bodenpflege; genähte Staubsaugerbeutel, Lebensmitteldienstleistungen und militärische Zwecke	39
Douglas/Qikut/Ginsu	Ginsu-Messer für den Hausgebrauch, für Feinschmecker und Gewerbe, elektrische und manuelle Fischermesser	38
France	Elektrische Beleuchtung	95
Halex	Ausrüstung für die Elektroindustrie, vor allem Metallteile wie etwa Gehäuse	72
Kirby	Staubsauger	344
Stahl	Karosserien für Lastwagen, Müllfahrzeuge, Nutzfahrzeuge und Kräne; Werkzeugkisten; Zubehör für Lastwagen und Kräne	134

Unternehmen	Geschäftstätigkeit	Anzahl der Beschäftigten 2017
United Consumer Financial Services	Finanzierung der Produkte von Direktverkäufern, unter anderem Geräte für die häusliche Pflege, Feueralarmanlagen, Luft- und Wasserreinigungsanlagen, Töpfe und Pfannen, Produkte für die Haustierpflege	197
Wayne Water Systems	Schmutzwasser- und Versorgungspumpen, breites Angebot an Pumpen für Abwasser, Quellen, Rasen, Pools und Teiche	101
Western Enterprises	Beliefert den medizinischen Markt und den Spezialgase-Markt mit Produkten für die Regelung, Lagerung und den Transport von unter Druck stehenden Gasen	232
World Book	Lexika, Nachschlagewerke und digitale Produkte für Heim und Schule	138
Scott Fetzer Financial – 1986 in Berkshires Abteilung Finanzen und Finanzdienstleistungen überführt	Kredite für Kirby-Kunden und andere	k. A.

Unternehmen	Geschäftstätigkeit	Anzahl der Beschäftigten 2017
Sonstige Scott-Fetzer-Unternehmen	Arbortech – Hersteller von Holztransportern und Nutzfahrzeugen für Forstwirtschaft und Baumpflege Meriam Process Technologies – Messinstrumente für Druck und Durchfluss von Flüssigkeiten und Gasen Powerex Inc. – Druckluft- und Vakuumsysteme für Medizin, Labor und Industrie Scott Laboratories – Reinigungsprodukte für Teppiche, Bodenbeläge, Autos und Wohnräume ScottCare – Telemetrische Überwachungs-, Diagnose- und Rehabilitationssysteme für Herz-Kreislauf-Patienten Scott Fetzer Electrical Group – Elektrizitätsprodukte Wayne Combustion Systems – Ölbrenner für Wasserheizungen, Boiler und Öfen; Gasbrenner für Pizzaöfen, Backöfen, Geschirrspüler und Haushaltsgasherde	320

Quelle: Jahresbericht 2017 von BH.

LEKTIONEN

1. **Nicht alle Konglomerate sind chaotisch.** Ausgezeichnete leitende Manager können mit der Komplexität umgehen.
2. **Wenn man ein anständiger, ehrbarer, intelligenter und sensibler Eigentümer von Unternehmen ist, hat man einen Vorteil, wenn es darum geht, Teams von Managern/Eigentümern davon zu überzeugen, zu verkaufen und anschließend hart zu arbeiten.** Buffett und Munger waren eine viel bessere Wahl als die berüchtigten Heuschrecken, mit denen eine hohe Hebelwirkung, Rücksichtslosigkeit, Einmischung und kurzfristige Ausrichtung einherging.
3. **Der Eigentümergewinn ist die nützlichste Ertragskennzahl, und der abgezinste Eigentümergewinn ist die beste Bewertungsmethode für die Schätzung des inneren Wertes.** Der Eigentümergewinn ist der konventionelle Gewinn nach Steuern, zu dem nicht zahlungswirksame Posten hinzugerechnet werden, und von dem notwendige Investitionen in Kapitalposten und Betriebskapital abgezogen werden. „Notwendig" ist dabei definiert als das, was erforderlich ist, um den langfristigen Wettbewerbsvorteil des Unternehmens und sein Stückvolumen vollständig zu erhalten.
4. **Die Manager motivieren, hohe Kapitalrenditen zu erzielen.** Ein einfacher, eine Seite langer Vertrag mit leicht verständlichen Zielvorgaben für die Kapitalrendite und üppigen Prämien für Manager, die hohe Prozentsätze erreichen, sowie Strafen für niedrige Renditen ist ebenso erforderlich wie Anreize, überschüssiges Kapital an die Muttergesellschaft zu schicken, um es anderswo zu investieren.
5. **Das Gewöhnliche außerordentlich gut machen.** Bei Investitionen oder im Geschäftsleben ist es nicht notwendig, außergewöhnliche Dinge zu tun, um außergewöhnliche Ergebnisse zu erzielen.

Investition 6

FECHHEIMER BROTHERS

Eckpunkte des Geschäfts

Geschäft	**Fechheimer Brothers**
Zeit	1986 bis heute
Gezahlter Preis	46,2 Millionen USD
Menge	84% des Eigenkapitals
Verkaufspreis	Noch im Besitz
Gewinn	Keine öffentlichen Informationen, aber die auf Berkshire entfallenden Gewinne haben den Kaufpreis nach 7 Jahren überschritten.
Berkshire Hathaway im Jahr 1986	Aktienkurs: 2.440-3.170 USD Buchwert: 2.073 Millionen USD Buchwert pro Aktie: 1.808 USD

Die Geschichte von Fechheimer ist ungewöhnlich, weil sich Buffett und Munger dafür entschieden haben, eine Mehrheitsbeteiligung von Private-Equity-Verkäufern zu erwerben, die ihre Anteile fünf Jahre zuvor im Rahmen einer fremdfinanzierten Übernahme erworben hatten.

Diese klugen Köpfe stiegen mit einem guten Gewinn aus. Zwar gibt es für Private-Equity-Akteure oft gute Gründe für einen Verkauf – etwa die Beschaffung von Finanzmitteln für andere risikoreiche/hochprofitable Unternehmungen oder die Erfüllung von Verpflichtungen zur Kapitalrückzahlung an Investoren –, doch muss sich jeder, der von ihnen kauft, immer zwei Fragen stellen. Erstens: Warum sind sie bereit, sich von einem Unternehmen zu trennen, das sie zwangsläufig als brillant anpreisen? Zweitens: Haben sie die Zahlen für die zwei Jahre vor dem Verkauf geschönt, indem sie zum Beispiel wichtige Investitionen in Forschung und Entwicklung, Marketing, Managementschulung und vieles mehr zurückgehalten und die Kunden mit ungerechtfertigten Preiserhöhungen verärgert haben, was dem wirtschaftlichen Erfolg geschadet hat?

Um diese Bedenken zu zerstreuen, suchten und fanden Buffett und Munger die Gewissheit, dass das Unternehmen nach wie vor stark und der geforderte Preis im Verhältnis zur Ertragskraft nicht überhöht war. Diese Gewissheit ergab sich zum Teil aus den Buchhaltungszahlen, vor allem aber aus dem Charakter und dem Engagement der Familie Heldman, die das Unternehmen seit 1941 geführt hatte. Sie besaß die Qualitäten, die Buffett suchte, sie war also „talentiert, standfest und liebt ihre Arbeit".[144] Außerdem hielt sie immer noch die verbleibenden 16 Prozent der Aktien, sodass die Interessen der Direktoren und die der Aktionäre aufeinander abgestimmt waren.

WERBUNG WIRKT

Bis 1982 hatten Buffetts jährliche Briefe Tausende Leser gewonnen, und viele der Aktionäre von Berkshire Hathaway waren wohlhabende Geschäftsleute. Zusammengenommen verfügten sie über ein hervorragendes Wissen über Unternehmen in ganz Amerika. Buffett ging davon aus, dass diese Menschen bereit sein würden, als seine Augen und Ohren zu fungieren, wenn es darum ging, neue Unternehmen zu finden, die einen Kauf wert waren.

Daher schaltete er ab 1982 in seinen Briefen eine Anzeige, in der er die Aktionäre aufforderte, nach folgenden Möglichkeiten Ausschau zu halten:

- große Käufe (mindestens fünf Millionen Dollar Gewinn nach Steuern)
- nachgewiesene kontinuierliche Ertragskraft (Zukunftsprognosen sind für uns ebenso wenig von Interesse wie „Turnaround“-Situationen)
- Unternehmen, die gute Eigenkapitalrenditen erwirtschaften und dabei wenig oder gar kein Fremdkapital einsetzen
- Management vorhanden (wir können es nicht liefern)
- einfache Geschäftsmodelle (wenn es zu viele technische Details gibt, haben wir ein Verständnisproblem)
- ein Preisangabe (wir wollen weder unsere Zeit noch die des Verkäufers verschwenden, indem wir auch nur vorläufig über eine Transaktion sprechen, wenn der Preis unbekannt ist)
  „Wir werden uns nicht auf feindselige Geschäfte einlassen. Wir versprechen absolute Vertraulichkeit und eine sehr schnelle Antwort auf mögliches Interesse – in der Regel innerhalb von fünf Minuten. Barkäufe werden bevorzugt, aber wir werden den Einsatz von Aktien in Betracht ziehen, wenn dies auf der im vorigen Abschnitt beschriebenen Grundlage möglich ist [wir werden keine Aktien ausgeben, es sei denn, wir erhalten so viel inneren Geschäftswert, wie wir hergeben].“[145]

Die Untergrenze von fünf Millionen Dollar wurde 1985 auf zehn Millionen Dollar angehoben, als Berkshire größere Unternehmen finden musste, um den Konzerngewinn zu steigern. Im Laufe der folgenden Jahrzehnte wurde die Untergrenze weiter angehoben – heute spricht Buffett davon, dass er mit einem Elefantengewehr auf die Jagd geht, weil er für Hunderte von Millionen, wenn nicht gar für Milliarden kaufen muss, um bei einem Unternehmen mit einem Wert von 500 Milliarden Dollar viel zu bewirken.

Bob antwortet

So kam es, dass im Januar 1986 der langjährige Berkshire-Hathaway-Aktionär Robert Heldman, Vorsitzender von Fechheimer Brothers, an Buffett schrieb und erklärte, dass das Unternehmen, an dem seine Familie mit 16 Prozent beteiligt bleiben wollte, die von Buffett aufgestellten Kriterien erfüllte. Ich bin mir nicht sicher, ob Buffett gleich überzeugt war, denn Bob Heldman erzählt uns, dass er „mehrmals" schrieb und auf die Vorzüge seines Unternehmens hinwies, bevor er eine Antwort erhielt (Buffett hatte noch nie von dem Unternehmen gehört).

Sie trafen sich im Frühjahr 1986 in Omaha, was Heldman Gelegenheit gab, das Unternehmen zu erklären. Seit 1842 lieferte es Uniformen an Organisationen des öffentlichen Dienstes und an das Militär. Nach dem Bürgerkrieg und den beiden Weltkriegen war das Unternehmen in den 1980er-Jahren ein zuverlässiger Lieferant von Uniformen für die US-Marine und belieferte Polizeikräfte im ganzen Land sowie Feuerwehren, die Post und öffentliche Verkehrsbetriebe. Sogar Baseball-Schiedsrichter wurden mit speziell angefertigten Uniformen des Unternehmens ausgestattet.

Fechheimer verfügte über ein Netz von rund drei Dutzend firmeneigenen Geschäften sowie über Vereinbarungen mit zahlreichen unabhängigen Händlern unter verschiedenen Handelsnamen. Die starke Präsenz auf der Straße bot die Möglichkeit, mit den Kunden von Angesicht zu Angesicht in Kontakt zu treten, langfristige Beziehungen aufzubauen, und sie war bequem – etwas, das den Wettbewerbern fehlte.

Weniger als die Hälfte der verkauften Waren wurde in den Fabriken des Unternehmens hergestellt, aber dieser Anteil war sehr wichtig, weil er ein wesentliches Unterscheidungsmerkmal darstellte:

- Erstens müssen Militär- und Postuniformen per Gesetz in den Vereinigten Staaten hergestellt werden. Außerdem verfolgen manche Polizeidienststellen die Politik, nur im Inland hergestellte Produkte zu kaufen.
- Zweitens ist Fechheimer aufgrund seiner Fertigungskompetenz in der Lage, maßgeschneiderte Lösungen für seine Kunden zu finden.
- Drittens war die Marke Flying Cross in vielen Organisationen des öffentlichen Dienstes anerkannt und respektiert; ihr Logo stand für Qualität und Service.
- Viertens war das Unternehmen Marktführer und verfügte daher über Größenvorteile und eine breitere Angebotspalette als die Wettbewerber.

Jeder aufstrebende Neueinsteiger in dieser Branche hätte einen beträchtlichen Aufwand betreiben müssen, um einen solchen Bekanntheitsgrad aufzubauen und die erforderliche betriebliche Effizienz zu erreichen. Diese Markteintrittsbarrieren ließen auf eine gewisse Nachhaltigkeit der Wettbewerbsvorteile schließen.

Es gibt zwar Anbieter billigerer Uniformen, aber für viele sehen sie auch billiger aus, und oft werden Bundesstaaten, Countys und Teile der Streitkräfte nichts akzeptieren, was zweitklassig aussieht und möglicherweise nicht lange hält.

DER DEAL

Ohne die Büros und das Werk von Fechheimer in Cincinnati besucht zu haben, erklärten sich Buffett und Munger bereit, sich mit Heldman und seinem Team zu Verhandlungen in einer kleinen Siedlung in Idaho zu treffen, in der es nicht einmal eine Zufahrtsstraße gab – beide Seiten und ihre Anwälte mussten ein Flugzeug nach Boise nehmen und dann ein weiteres, viel kleineres Flugzeug, das sie nach Middle Fork am Snake River brachte.

Das Geschäft wurde am 3. Juni 1986 für nur etwa zwei Prozent des Nettovermögens von Berkshire Hathaway abgeschlossen. Etwa 84 Prozent der Aktien wurden zu einem Preis erworben, der auf einer Bewertung von 55 Millionen Dollar für das gesamte Unternehmen beruhte. Die Umstände des Erwerbs waren ähnlich wie beim Kauf von Nebraska Furniture Mart:

> „… die meisten Anteile befanden sich im Besitz von Personen, die ihre Mittel anderweitig einsetzen wollten; Familienmitglieder, die ihr Unternehmen gern führten, wollten sowohl als Eigentümer als auch als Manager weitermachen; mehrere Generationen der Familie waren im Unternehmen tätig und stellten das Management, so weit das Auge reichte; und die geschäftsführende Familie wollte einen Käufer, der ungeachtet des Preises nicht weiterverkaufen und das Unternehmen in Zukunft so weiterführen würde wie in der Vergangenheit. Sowohl Fechheimer als auch NFM waren das Richtige für uns, und wir waren das Richtige für sie."[146]

Die wichtigsten Manager waren Bob und sein Bruder George Heldman, die zu diesem Zeitpunkt Mitte 60 waren, „für unsere Verhältnisse junge Hühner", fand Buffett. Er lässt gern so viele hochkompetente und vertrauenswürdige 70-Jährige wie möglich seine Unternehmen leiten, wenn sie den von ihm gewünschten Elan und die Liebe zum Geschäft mitbringen; außerdem war Buffett bereits 56 und Munger Anfang 60. Bob und George wurden von drei Mitgliedern der nächsten Generation der Heldmans – Gary, Roger und Fred – unterstützt, was die Kontinuität sicherstellte.

Buffetts einziger Grund zur Klage war die geringe Größe des Unternehmens im Vergleich zu Berkshire:

> „Als Prototyp für Übernahmen hat Fechheimer nur einen Nachteil: die Größe. Wir hoffen, dass unsere nächste Akquisition

> mindestens ein Vielfaches der Größe hat, aber ansonsten in jeglicher Hinsicht eine Kopie ist."[147]

WAS GESCHAH NACH DEM DEAL?

Buffett und Munger sind der festen Überzeugung, dass Unternehmen innerhalb ihres Kompetenzbereichs bleiben und nicht versuchen sollten, sich durch Expansion in andere Produktbereiche zu vergrößern. Sie sollten auch sehr vorsichtig sein, wenn sie versuchen, den Erfolg an einem einzigen geografischen Ort dadurch zu wiederholen, dass sie wertvolles Geld investieren, um Kunden an anderen Orten zu gewinnen.

Außerdem mögen sie einfach zu verstehende Unternehmen, die eine Nische besetzen, die nur geringen technologischen oder sozialen Veränderungen unterworfen ist. Buffett hat es in seinem Brief von 1987 gut ausgedrückt:

> „Einschneidende Veränderungen und außergewöhnliche Erträge passen normalerweise nicht zusammen. Die meisten Anleger verhalten sich natürlich so, als ob genau das Gegenteil der Fall wäre. Das heißt, sie vergeben die höchsten Kurs-Gewinn-Verhältnisse an exotisch klingende Unternehmen, die einen fieberhaften Wandel versprechen. Diese Aussicht lässt die Anleger über die künftige Rentabilität fantasieren, anstatt sich mit den aktuellen geschäftlichen Realitäten auseinanderzusetzen. Solche Investoren-Träumer ziehen jedes Blind Date einem Date mit dem Mädchen von nebenan vor, egal wie begehrenswert sie auch sein mag."

Die Erfahrung zeigte Buffett jedoch, dass die besten Geschäftsergebnisse in der Regel von Unternehmen erzielt werden, die heute so ungefähr das tun, was sie vor fünf oder zehn Jahren getan haben. Das war keine Ausrede für Selbstgefälligkeit in der Unternehmensführung; Unternehmen haben immer die Möglichkeit, ihren Service, ihre Produktlinien, ihre

Herstellungsverfahren und vieles mehr zu verbessern, und diese Möglichkeiten sollten genutzt werden. Unternehmen, die ständig mit großen Veränderungen konfrontiert sind, haben ein höheres Risiko, strategische Fehler zu begehen.

> „Außerdem ist ein wirtschaftliches Terrain, das immer wieder starken Schwankungen unterworfen ist, ein Boden, auf dem es schwierig ist, eine festungsartige Marktstellung aufzubauen. Und eine solche Marktstellung ist in der Regel der Schlüssel zu anhaltend hohen Renditen."

Drei Jahrzehnte später werden Uniformen noch auf fast dieselbe Weise hergestellt und verkauft. Sicherlich haben sich die Stoffe und die Maschinen in den Fabriken verbessert, und das Internet hat sich auf Marketing und Vertrieb ausgewirkt, aber die Grundlagen sind im Wesentlichen diejenigen von damals.

Buffett verweist uns auf Indizien außerhalb von Berkshire, die seine These untermauern, dass Unternehmen, die ein geradliniges Geschäft kontinuierlich verbessern und sich nicht auf schnelllebigen Märkten und Technologien tummeln, im Allgemeinen besser abschneiden. Er sagt, dass laut einer *Fortune*-Studie nur 25 von 1.000 Unternehmen in den zehn Jahren von 1977 bis 1986 eine durchschnittliche Eigenkapitalrendite von über 20 Prozent erzielten, wobei kein Jahr schlechter als 15 Prozent war. In diesem Jahrzehnt übertrafen 24 von ihnen den S&P 500.

Diese Unternehmen ähnelten einander in zweierlei Hinsicht. Erstens setzten die meisten von ihnen im Verhältnis zu ihrer Kapazität, Zinsen zu zahlen, nur sehr wenig Fremdkapital ein. Buffett war der Meinung, dass wirklich gute Unternehmen in der Regel keine Kredite aufnehmen müssen. Zweitens handelte es sich mit Ausnahme eines Hightech-Unternehmens und einiger anderer, die rezeptpflichtige Medikamente herstellten, um Unternehmen, die eher profan erschienen. Die meisten verkauften reizlose Produkte oder Dienstleistungen auf die gleiche Weise wie zehn Jahre zuvor (wenn auch in größeren Mengen, zu höheren Preisen oder beides). Die Bilanz der 25 Unternehmen bestätigte Buffett, dass die optimale Nutzung eines bereits starken Geschäftsmodells oder die Konzentration auf ein einziges erfolgreiches Thema in der Regel zu außergewöhnlichen wirtschaftlichen Ergebnissen führt.

> „Die Erfahrungen von Berkshire sind ähnlich. Unsere Manager haben außergewöhnliche Ergebnisse erzielt, indem sie ganz gewöhnliche Dinge taten – aber sie taten sie außergewöhnlich gut. Unsere Manager schützen ihre Marktstellung, sie kontrollieren die Kosten, sie suchen nach neuen Produkten und Märkten, die auf ihren bestehenden Stärken aufbauen, und sie lassen sich nicht ablenken. Sie arbeiten außergewöhnlich hart an den Details ihrer Geschäfte, und das macht sich bemerkbar."[148]

Er lobte die Heldmans dafür, dass sie sich über drei Generationen hinweg konsequent auf die Steigerung von Umsatz und Gewinn konzentriert hatten:

> „Das Uniformgeschäft hat nichts Magisches an sich; die einzige Magie liegt bei den Heldmans. Bob, George, Gary, Roger und Fred kennen das Unternehmen in- und auswendig, und es macht ihnen Spaß, es zu führen. Wir können uns glücklich schätzen, eine Partnerschaft mit ihnen zu haben."[149]

BERKSHIRES GELD WIEDER HEREINHOLEN … UND MEHR

Wir haben von Fechheimer Brothers Ergebniszahlen für die ersten zehneinhalb Jahre im Besitz von Berkshire – danach wurden die Ergebnisse dieses relativ kleinen Unternehmens in einer Sammelkategorie zusammengefasst. Die Tabelle zeigt, dass Berkshire erst nach sieben Jahren den gesamten Betrag erhalten hatte, den es für seinen Anteil an Fechheimer bezahlt hatte. Das Geld wurde an Berkshire übertragen, damit Buffett es für Investitionen in andere Unternehmen verwenden konnte.

Tabelle 6.1: Die schnelle Investmentrendite, die Fechheimer Berkshire einbrachte

	Berkshires Anteil an Fechheimers Reingewinn (nach Steuern und Minderheitsbeteiligungen) in Millionen USD
1986 (6 Monate)	3,8
1987	6,6
1988	7,7
1989	6,8
1990	6,6
1991	6,8
1992	7,3
1993	6,9
1994	7,1
1995	8,8
1996	9,3

Quelle: Warren Buffett, Briefe an die Aktionäre von BH 1986-1996.

Interessant ist indes das geringe Gewinnwachstum. Dies störte Buffett und Munger nicht allzu sehr, denn sie wussten, dass die Rendite des eingesetzten Kapitals und nicht das schnelle Wachstum von Umsatz und Gewinn wirklich zählte. Und Buffett sagte, dass die Rendite des investierten Kapitals von Fechheimer „nach wie vor hervorragend" sei (Brief von 1989).

Es hat den Anschein, dass die Investitionsausgaben und die Neueinstellungen stark eingeschränkt wurden, sodass Fechheimer nur dort investierte, wo gute Renditen zu erzielen waren. So beschäftigte das Unternehmen in den 1980er-Jahren mehr als 1.000 Mitarbeiter, im Jahr 2010 jedoch weniger als 600. Buffett hatte für dieses Kapital bessere Verwendungsmöglichkeiten.

DIE „GEHEILIGTEN SIEBEN" - EINE LEKTION ÜBER DIE MACHT GUTER UNTERNEHMEN

Im Jahr 1987 nannte Buffett die sieben größten Nicht-Finanzunternehmen von Berkshire die „Geheiligten Sieben". Das waren:

- The Buffalo News
- Fechheimer
- Kirby
- Nebraska Furniture Mart
- Scott Fetzer Manufacturing Group
- See's Candies
- World Book

Sieht man einmal von Berkshires Versicherungstöchtern und seinen Börsenbeteiligungen ab, so erzielten allein diese sieben Unternehmen zusammen ein Betriebsergebnis von 180 Millionen Dollar vor Abzug von Zinsen und Steuern. Aber das war nicht der aufregendste Aspekt – erstaunlicherweise gelang es dieser Gruppe, mit einem Eigenkapital von nur 175 Millionen Dollar ein Betriebsergebnis von 180 Millionen Dollar zu erzielen. Da die Verschuldung gering war, beliefen sich die Zinsen auf insgesamt nur zwei Millionen Dollar, sodass ein operativer Gewinn von 178 Millionen Dollar übrig blieb.

Betrachtet man sie als ein einziges Unternehmen, so hätte der Gewinn *nach Steuern* dieses Unternehmens im Jahr 1987 etwa 100 Millionen Dollar betragen – eine Eigenkapitalrendite von 57 Prozent.

Um eine Vorstellung davon zu vermitteln, wie bemerkenswert dies ist, weist Buffett darauf hin, dass *Fortune* Daten über 1.000 Unternehmen (die 500 größten Industrieunternehmen und die 500 größten Dienstleistungsunternehmen) zusammengestellt und festgestellt hat, dass nur sechs Unternehmen in den zehn Jahren bis 1987 eine durchschnittliche Eigenkapitalrendite von über 30 Prozent erzielen konnten. Keines konnte 57 Prozent erreichen, der beste Wert lag bei 40,2 Prozent.

Tabelle 6.2: Gewinne der Geheiligten Sieben

	Vorsteuergewinn in Millionen USD	**Berkshires Anteil am Reingewinn (nach Steuern und Minderheitsbeteiligungen) plus 2 Millionen USD für die Minderheitsbeteiligungen an den Gewinnen von Fechheimer und NFM in Millionen Dollar**	**Rendite (nach Steuern und Minderheitsbeteiligungen) auf die 175 Millionen USD Kapital, die im Jahr 1987 auf diese sieben Unternehmen verteilt waren**
1987	180	100	57%
1988	191	117	67%
1989	195	119	68%
1990	203	123	70%
1991	191	117	67%
1992	218	133	76%
1993	224	136	78%
1994	240	148	85%

Quelle: Warren Buffett, Briefe an die Aktionäre von BH 1987-1994.

Zwar kann man davon ausgehen, dass sich das von den Geheiligten Sieben eingesetzte Kapital in diesem Zeitraum nicht weit von den 175 Millionen Dollar entfernt hat, die 1987 zugewiesen wurden (weil Buffett im Allgemeinen darauf bestand, dass die Gewinne dieser Unternehmen an Berkshire überwiesen wurden, damit er sie anderweitig verwenden konnte), doch darf man nicht vergessen, dass 175 Millionen Dollar das bilanzielle Nettosachvermögen sind und nicht der Betrag, den Berkshire für den Erwerb der Unternehmen bezahlt hat. Tatsächlich zahlte BH einen kombinierten Aufschlag auf das zugrunde liegende Eigenkapital von 222 Millionen Dollar.

Aber, wie Buffett sagt, die Manager dieser Unternehmen sollten nicht nach der Rendite beurteilt werden, die sie mit dem von Berkshire gezahlten Preis erzielten, sondern nach der Rendite, die sie mit den ihnen unterstellten Vermögenswerten, das heißt den materiellen Nettovermögenswerten, erzielten; „was wir für ein Unternehmen bezahlen, hat keinen Einfluss auf die Höhe des Kapitals, mit dem sein Manager arbeiten muss“ (Brief von 1987). Buffett staunte über die Ertragskraft der Geheiligten Sieben, die so wenig Kapital für den Betrieb ihrer Unternehmen benötigten, dass sie wachsen konnten und gleichzeitig fast ihre gesamten Gewinne für neue Geschäftsmöglichkeiten zur Verfügung hatten. Ein großer Teil dieses Erfolgs war ihren „wirklich außergewöhnlichen Managern“ zu verdanken. Die Blumkins, die Heldmans, Chuck Huggins, Stan Lipsey und Ralph Schey vereinten „ungewöhnliches Talent, Energie und den Charakter, um außergewöhnliche finanzielle Ergebnisse zu erzielen“.

> „Aus guten Gründen hatten wir sehr hohe Erwartungen, als wir uns mit diesen Managern zusammentaten. Unsere Erfahrungen haben diese Erwartungen jedoch in allen Fällen weit übertroffen. Wir haben weit mehr erhalten, als uns zusteht, aber wir sind bereit, solche Ungerechtigkeiten zu akzeptieren. (Wir halten es mit der Ansicht, die Jack Benny bei der Verleihung eines Schauspielpreises

> äußerte: ‚Das habe ich nicht verdient, aber ich habe auch Arthritis und die verdiene ich ebenfalls nicht.')"[150]

Zu seinem Managementstil in Bezug auf die Geheiligten Sieben sagte Buffett, seine und Charlies Hauptaufgabe sei „Beifall". Dieser Beifall ist weder wahllos noch naiv, sondern ein sachkundiger Beifall, der sich aus der jahrzehntelangen Beobachtung des Verhaltens von Managern und der Unternehmensleistung ergibt.

> „Charlie und ich haben in der Unternehmenswelt so viel Gewöhnliches gesehen, dass wir eine virtuose Leistung wirklich zu schätzen wissen. Für die Leistung unserer Betriebsmanager im Jahr 1987 gibt es nur eine angemessene Reaktion: anhaltenden, ohrenbetäubenden Beifall." (Brief von 1987)

Ein Beispiel für eine außergewöhnliche Leistung: Auf der Aktionärsversammlung von Berkshire Hathaway im Jahr 1988 scherzte Buffett, dass die Heldmans die Details ihres Unternehmens so gut beherrschten, dass Bob und George bei der Einlieferung eines Häftlings in San Quentin wahrscheinlich dessen Hemdgröße wüssten. Überall in den USA kannten und verstanden sie ihre Kunden und wussten, was bei der Konkurrenz los war.

WACHABLÖSUNG

Schon zwei Jahre später beschloss George, sich im Alter von 69 Jahren zur Ruhe zu setzen. Buffett wollte ihn nicht gehen lassen, aber er tröstete sich mit der anhaltenden Aufmerksamkeit von Bob, Fred, Gary und Roger Heldman. Buffett sagte, George hinterlasse „uns eine Fülle von Managementtalenten".[151] Doch dann erkrankte Bob und musste das Unternehmen verlassen, sodass Buffett in kurzer Zeit zwei hochkompetente Manager verloren hatte. Bobs Sohn übernahm die Leitung, aber wie Carol Loomis, eine Freundin und Vertraute Buffetts, in *Fortune* schrieb, „konnte er sich nicht durchsetzen und wurde abgesägt".[152] Es folgten ein paar Jahre ohne festen CEO.

Im Jahr 1997 wurde Patrick Byrne zum Chef von Fechheimer ernannt. Er ist der Sohn von Jack Byrne, der durch GEICO berühmt wurde, und hatte – natürlich – Erfahrung im Versicherungswesen und in einer Werkzeugfirma. Byrne wurde einmal gefragt, wie es sei, für Buffett zu arbeiten. „Es ist, als würde man aus einem Feuerwehrschlauch trinken. Einer der Höhepunkte meines Lebens war es, ihn anzurufen und ihn zu verschiedenen geschäftlichen Angelegenheiten zu befragen … Es gab einmal einen Physiker, Richard Feynman, der vor einigen Jahren starb, und ein anderer Physiker sagte über ihn, dass auf der Welt zwei Arten von Genies existierten: die Art, die Sie und ich wären, wenn wir viel klüger wären, und die Art, die wir nie wären, egal um wie viel klüger wir wären. Sie fallen irgendwie aus dem Rahmen. Und so ist Buffett."[153]

Byrne verließ jedoch 1999 die Firma, um den Posten des CEO eines kleinen Online-Unternehmens zu übernehmen, das später in Overstock .com umbenannt wurde und an dem er 60 Prozent der Anteile hielt (die er für sieben Millionen Dollar gekauft hatte). Dieser Anbieter von Restposten hat heute eine Marktkapitalisierung von 420 Millionen Dollar, und Byrne ist immer noch CEO.

Im Jahr 2000 sah sich Buffett veranlasst, einen seiner vertrauten Versicherungshüter, Brad Kinstler, zu holen, Kinstler sollte die Leitung von Fechheimer Brothers übernehmen. Er brachte das Unternehmen schnell wieder auf Kurs und blieb bis 2006, als er die Zügel von Chuck Higgins bei See's Candies übernehmen musste, wo er bis heute tätig ist. Er kommentiert den Ansatz von Buffett so:

> „Warren betrachtet das langfristige Bild. Da er uns nicht in die Lage versetzt, in jedem wirtschaftlichen Umfeld ein konstantes Umsatz- und Gewinnwachstum erzielen zu müssen, können wir

> unser Augenmerk auf die Langfristigkeit richten ... Ihm ist klar, dass der Weg manchmal holprig sein kann. Wenn Probleme auftreten, weiß er, dass es am besten ist, sie zu beheben und weiterzumachen, aber er will, dass sie behoben werden und sich nicht wiederholen. [Die Autonomie, die den Berkshire-Managern gewährt wird] gibt uns das Vertrauen und die Leidenschaft, das Unternehmen so zu führen, als wäre es unser eigenes. Unsere Manager nehmen diese Eigentümerschaft gewissenhaft wahr."[154]

Bob Getto übernahm 2007 das Amt des Präsidenten und CEO, das er immer noch mit Elan ausübt. Er wird dabei von Fred Heldman, der inzwischen über 60 ist und als Senior Vice President fungiert, kompetent unterstützt.

LEKTIONEN

1. **Die Rendite auf das eingesetzte Kapital ist die wichtigste Kennzahl, nicht das Wachstum von Umsatz und Gewinn.** Investoren, die immer auf der Suche nach Wachstumsunternehmen sind, verpassen einige ausgezeichnete Investitionsschnäppchen in Unternehmen, die nicht viel über ihre derzeitige Größe hinaus wachsen (und vielleicht sogar schrumpfen werden). Entscheidend ist, wie gut ein Unternehmen den zusätzlichen Dollar an Investitionen in Anlagen, geistiges Eigentum, Marketing und vieles mehr einsetzen kann. Wie hoch ist die zusätzliche Kapitalrendite?
2. **Die Menschen machen den Unterschied.** Die Wettbewerbsvorteile von Fechheimer Brothers ermöglichten es dem Unternehmen, gute Renditen zu erwirtschaften, aber das entscheidende Element war das hervorragende Talent des Managements. Wie Buffett in seinem Brief von 1987 schrieb: „Es gibt keine Magie im Uniformgeschäft; die einzige Magie liegt in den

Heldmans. Bob, George, Gary, Roger und Fred kennen das Unternehmen in- und auswendig, und es macht ihnen Spaß, es zu führen. Wir können uns glücklich schätzen, mit ihnen eine Partnerschaft zu haben. Und über die Geheiligten Sieben schrieb er (Brief von 1988): „In den meisten Fällen ist die bemerkenswerte Leistung dieser Einheiten zum Teil auf ein außergewöhnliches Geschäftskonzept zurückzuführen; in allen Fällen ist ein außergewöhnliches Management ein entscheidender Faktor. Der Beitrag, den Charlie und ich leisten, besteht darin, diese Manager in Ruhe zu lassen."

Investition 7

SALOMON BROTHERS

Eckpunkte des Geschäfts

Geschäft	**Salomon Brothers**
Zeit	1987: Wandelbare Vorzugsaktien 1993-1994: Stammaktien Gehalten bis 1997 (außer 140 Millionen USD in Vorzugsaktien, die 1995 zurückgezahlt wurden)
Gezahlter Preis	700 Millionen USD für die Vorzugsaktien, 324 Millionen USD für die Stammaktien
Menge	Die maximalen gesamten Stimmrechte betrugen 20 % von Salomon
Verkaufspreis	Verkauf von Vorzugs- und Stammaktien für 1,8 Milliarden USD, zuzüglich 140 Millionen USD aus der Rücknahme von Vorzugsaktien und Dividenden von mehr als 592 Millionen USD
Gewinn	1,508 Milliarden USD
Berkshire Hathaway im Jahr 1987	Aktienkurs: 2.675-4.250 USD Buchwert: 2.840 Millionen USD Buchwert pro Aktie: 2.477 USD

Die Fallstudie Salomon Brothers ist faszinierend, weil es sich dabei wahrscheinlich um den größten Misserfolg in Warren Buffetts Karriere handelt. Das soll nicht heißen, dass er damit kein Geld verdient hat – diesbezüglich war es kein Misserfolg. Es ist ein Versagen bei der Analyse der Kultur, in die er sich einkaufte. Buffett investierte in einen Sektor, den er seit Langem wegen seiner verschwenderischen Methoden und seiner gesellschaftlich nutzlosen und zuweilen nicht integren Spielchen und Anreize kritisiert hatte. Er investierte ein Viertel des Nettovermögens von Berkshire in Salomon, vor allem aufgrund seiner Einschätzung des Charakters eines einzelnen Mannes. Den Berkshire-Aktionären wurde die Beteiligung als risikoarmes Geschäft präsentiert, das einen soliden Einkommensstrom und die Möglichkeit bot, an den Gewinnen zu partizipieren, wenn die Investmentbanker gut performten.

Schließlich verlor er fast alles, was er investiert hatte. Und es stand nicht nur Geld auf dem Spiel. Buffetts Ruf war in den 1980er-Jahren glänzend, aber Anfang der 1990er-Jahre musste er wegen des unethischen Verhaltens von Salomon in die Bresche springen und versuchen, ein Unternehmen zu retten, das er mit seinem Namen unterstützt hatte. Er war in die Falle getappt, sich eng mit Salomon zu verbünden, nur um dann festzustellen, dass es innerhalb der Mauern des Unternehmens moralische Verfehlungen gab. Das Verhalten einiger seiner Wall-Street-Händler war zumindest höchst fragwürdig und im schlimmsten Fall einfach illegal. Nach den öffentlichen Enthüllungen über die Nachlässigkeit der Aufsichtsinstitutionen bei der Kontrolle und die Käuflichkeit der Händler musste Salomon feststellen, dass sein Geschäft zurückging, da die Kunden das Unternehmen aus Angst, es könnte den Skandal nicht überleben, einfach mieden.

Buffetts und Mungers ursprüngliche Absicht war es, Wertpapiere zu kaufen, die es ihnen ermöglichten, in einer Zeit der Marktturbulenzen nachts gut zu schlafen. Wie sich herausstellte, verloren sie beide sehr viel Schlaf, weil sie sich Sorgen machten, ob am nächsten Tag überhaupt noch etwas übrig sein würde.

DAS GELD SPRUDELTE, ABER WOHIN DAMIT?

Mitte der 1980er-Jahre brachten die von Berkshire kontrollierten Tochtergesellschaften und Wertpapieranlagen Buffett und Munger Hunderte von Millionen Dollar ein, die sie investieren konnten (siehe Tabelle 7.1).

Tabelle 7.1: Berkshire Hathaway zuzuschreibende Nachsteuergewinne aus laufender Geschäftstätigkeit

	1985 (Millionen USD)	1986 (Millionen USD)	1987 (Millionen USD)
Versicherungsabschlüsse	-23,6	-29,9	-20,7
Einnahmen aus Versicherungsinvestitionen (Dividenden und Zinsen)	79,7	96,4	136,7
Realisierte Wertpapiergewinne	325,2	150,9	19,8
The Buffalo News	14,6	16,9	21,3
Fechheimer	-	3,8	6,6
Kirby	-	10,5	12,9
Nebraska Furniture Mart	5,2	7,2	7,6
Scott Fetzer Manufacturing Group	0	13,4	17,6
See's Candies	14,6	15,2	17,4
Wesco - ohne Versicherungen	9,7	5,6	5,0
World Book	-	11,7	15,1
Sonstige	19,9	-4,9	4,3
Zinsen auf Schuldendienst	-7,3	-12,2	-5,9
Gemeinnützige Spenden von BH-Aktionären	-2,2	-2,2	-3,0
GESAMTGEWINN	435,8	282,4	234,6

Quelle: Warren Buffett, Briefe an die Aktionäre 1986-1987

Aber alle Value-Investoren hatten zu dieser Zeit ein Problem: Der Aktienmarkt hatte sich explosionsartig entwickelt. Der Dow Jones, der Anfang der 1980er-Jahre gerade einmal bei 800 Punkten gestanden hatte, hatte sich innerhalb von fünf Jahren mehr als verdreifacht und erreichte im August 1987 2.709 Punkte (siehe Abbildung 7.1).

Abbildung 7.1: Dow Jones Industrial Average Januar 1980 bis August 1987

Quelle: www.advfn.com

In den Jahren 1980 und 1981 waren die Anleger so pessimistisch, dass sie die durchschnittliche amerikanische Aktie mit dem 7- bis 9-Fachen des Vorjahresgewinns bewerteten. Als die Rezession überwunden war, gewannen Unternehmen und Aktionäre allmählich an Vertrauen, und das Kurs-Gewinn-Verhältnis (KGV) stieg auf zweistellige Werte (siehe Abbildung 7.2).

Die Dinge begannen 1986 aus dem Ruder zu laufen, und im folgenden Jahr noch mehr. Im August 1987 wiesen US-Aktien ein durchschnittliches Kurs-Gewinn-Verhältnis von über 20 und viele Börsenlieblinge noch weit höhere Multiples auf.

Während Mr. Market damit beschäftigt war, sich auszutoben, hatten Buffett und Munger große Schwierigkeiten, Aktienanlagen zu vernünftigen Preisen zu finden. Buffett ging sogar so weit, zu behaupten, dass „wir [1986] keine neuen Ideen im Bereich der börsenfähigen Wertpapiere hatten".[155] Wehmütig erinnerte er sich an die Zeit, als „wir ohne Weiteres große Summen in hervorragende Unternehmen zu sehr vernünftigen Preisen investieren konnten".[156]

Abbildung 7.2: KGV des S&P 500 1980-1990

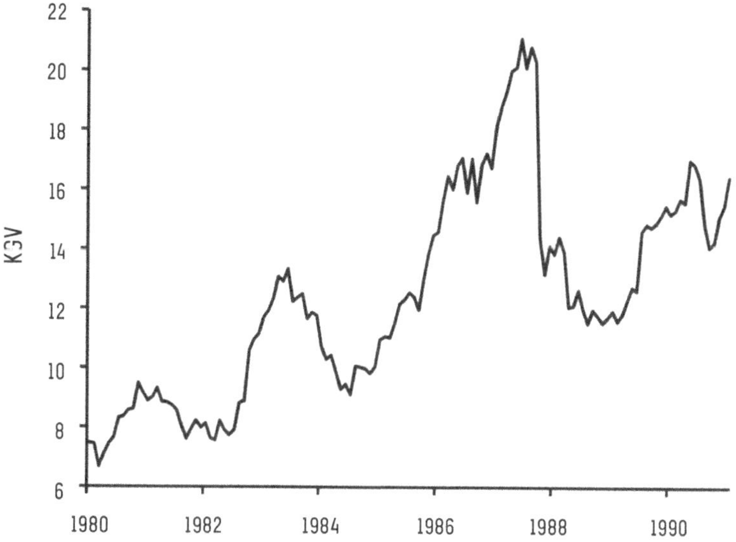

Quelle: www.macrotrends.net/2577/sp-500-pe-ratio-price-to-earnings-chart

Die wichtigste Maßnahme war eine langweilige und frustrierende Angelegenheit: „Schulden tilgen und finanzielle Mittel horten."[157] 1986 kauften die Versicherungsgesellschaften steuerfreie Anleihen im Wert von 700 Millionen Dollar mit Fälligkeitsterminen in acht bis zwölf Jahren. Buffett war mürrisch: „Man könnte meinen, dass dieses Engagement auf eine große Begeisterung für solche Anleihen hindeutet. Leider ist das nicht der Fall: Die Anleihen sind bestenfalls mittelmäßige Investitionen. Sie schienen einfach die am wenigsten verwerfliche Alternative zu sein, als wir sie kauften, und sie scheinen es immer noch zu sein. (Da mir derzeit weder Aktien noch Anleihen gefallen, bin ich das genaue Gegenteil von Mae West, die erklärte: ‚Ich mag nur zwei Arten von Männern – ausländische und inländische')."[158]

Als er dies im Februar 1987 schrieb, sah er keine Besserung der Aussichten, solange die allgemeine Begeisterung für den Aktienmarkt anhielt: „Unter den gegenwärtigen Bedingungen des Aktienmarkts haben wir wenig Hoffnung, Aktien zu finden, die wir für unsere Versicherungsgesellschaften kaufen können."[159]

Buffetts mangelnde Bereitschaft zum Kauf von Aktien in einem irritierenden Bullenmarkt zeigt sich in Tabelle 7.2 – die Zahl der großen Aktienengagements fiel von elf Unternehmen im Jahr 1982 auf nur drei im Jahr 1987. Er war damit beschäftigt, bis auf die drei „beständigen" Unternehmen – GEICO, Capital Cities/ABC und The Washington Post – und einige kleine Arbitragepositionen alles zu verkaufen.

Der Anstieg des Marktwerts der drei Beständigen erweckt den Anschein, dass Buffett im Laufe des Jahres 1987 Käufe tätigte, doch in Wahrheit blieb die Zahl der von Berkshire gehaltenen Aktien gleich (abgesehen von einer sehr geringen Erhöhung der Beteiligung an Capital Cities), während der Marktwert der drei Beteiligungen von 1,746 Milliarden Dollar im Dezember 1986 auf 2,115 Milliarden Dollar im Dezember 1987 anstieg. Der sprunghafte Wertzuwachs im Vorjahr ist größtenteils auf die 517,5 Millionen Dollar zurückzuführen, die für die Beteiligung an Capital Cities gezahlt wurden.

Tabelle 7.2: Berkshire Hathaways Nettopositionen an marktgängigen Aktien

	1982	**1983**	**1984**	**1985**	**1986**	**1987**
Anzahl der separat identifizierten Unternehmen	11	10	10	7	5	3
Marktwert der separat identifizierten Unternehmen in Millionen USD	912	1.288	1.232	1.170	1.838	2.115
Gesamtwert der Stammaktien einschließlich Kleininvestitionen in Millionen USD	946	1.306	1.269	1.198	1.874	Siehe Anmerkung*
Identifiziertes Unternehmen						
Affiliated Publications	✔	✔	✔	✔		
American Broadcasting Companies			✔	✔		
Beatrice				✔		
Capital Cities/ABC					✔	✔
Crum and Forster	✔					
Exxon			✔			
General Foods	✔	✔	✔			
GEICO	✔	✔	✔	✔	✔	✔
Handy / Harman	✔	✔	✔	✔	✔	
Interpublic	✔	✔	✔			
Lear-Siegler					✔	
Media General	✔	✔				
Northwest Ind.			✔			
Ogilvy & Mather	✔	✔				
R.J. Reynolds	✔	✔				
Time	✔	✔	✔	✔		
The Washington Post	✔	✔	✔	✔	✔	✔

**Buffett schrieb: „Zum Jahresende 1987 hatten wir keine großen Aktieninvestitionen (also über 50 Millionen US-Dollar) außer denen, die wir als dauerhafte Positionen oder als Arbitragepositionen betrachten." (Brief an die Aktionäre 1987)*

Quelle: Warren Buffett, Briefe an die Aktionäre von BH 1982-1987.

DURCH DICK UND DÜNN AN GRUNDSÄTZEN FESTHALTEN

Schon als 19-jähriger Student von Benjamin Graham (1950-1951) wusste Buffett, dass er lange Zeiträume würde akzeptieren müssen, in denen es keinen Sinn machte, zu kaufen – Jahre, in denen der Markt voller Elan und Irrationalität war. Er wusste aber auch, dass der Überschwang irgendwann vorbei sein würde und sich wieder Gelegenheiten zum Kauf zu vernünftigen Preisen ergeben würden. In der Zwischenzeit war eiserne Disziplin gefragt, um dem Drang, *irgendetwas zu tun,* nicht nachzugeben. Sir James Mackintosh und Winston Churchill hatten dafür einen Begriff: „meisterhafte Untätigkeit". Das bedeutet nicht, gar nichts zu tun. Charlie Munger rät Anlegern zu vier Handlungsweisen, die sie befolgen müssen:

1. Vorbereitung
2. Disziplin
3. Geduld
4. Entscheidungsfreudigkeit

Der eigentliche Akt des Kaufs oder Verkaufs von Aktien/Unternehmen – das Element der **Entschlossenheit** – macht weniger als ein Viertel dessen aus, was erforderlich ist. Davor liegen Wochen mühevoller **Vorbereitung**, zum Beispiel indem man ein Unternehmen nach dem anderen prüft, um ein oder zwei Perlen pro Jahr zu finden. Peter Lynch bezeichnet dies als die Suche nach Larven unter Steinen: „Wenn man zehn Steine umdreht, findet man wahrscheinlich eine Larve; wenn man 20 Steine umdreht, findet man zwei."[160] In den Jahren 1986 und 1987 suchten Buffett und Munger unter Hunderten von Steinen, fanden aber *keine* Larven. Dennoch musste die Arbeit weitergehen. Der Akt des Suchens ist an sich schon wertvoll: Selbst wenn ein gutes Unternehmen zum Zeitpunkt der Analyse überbewertet und daher keine gute Investition ist, lohnt es sich vielleicht, seine Entwicklung weiter zu verfolgen, in der Hoffnung, dass der Preis eines Tages auf ein vernünftiges Niveau fällt, auf ein Niveau, dessen innerer Wert mit einer komfortablen Sicherheitsmarge über dem Marktpreis liegt.

Es erfordert **Disziplin**, an einer soliden Anlagephilosophie festzuhalten. Das ist besonders schwierig, wenn die Menschen um einen herum scheinbar mühelos Gewinne machen, obwohl es sich um schlecht informierte Spekulanten handelt, die auf den neuesten Hype aufspringen. Man wird unschlüssig: Soll man sich ihnen anschließen und das mitmachen, was gerade in Mode ist?

Es vergehen Monate, ja sogar Jahre, in denen die Befolgung intelligenter Anlagegrundsätze dazu führt, dass man eine unterdurchschnittliche Performance erzielt oder einfach nicht investieren kann. In solchen Zeiten braucht man viel **Geduld** und muss warten, bis sich das Blatt wendet.

Munger rät auch, „mehr Zeit mit Lernen und Denken als mit Handeln zu verbringen", und „der einzige Weg, zu gewinnen, ist zu arbeiten, zu arbeiten, zu arbeiten, zu arbeiten und zu hoffen, dass man ein paar Erkenntnisse gewinnt". Man versteht, warum Buffett Munger als große Hilfe ansieht, um auf dem geraden und schmalen Pfad zu bleiben.

Mit dieser intellektuellen Grundlage war Buffetts Einstellung zu der Situation, in der er sich befand, die, dass er irgendwann wieder zum Zug kommen würde. In jenem Frühjahr konnten Buffett und Munger jedoch wenig Wertvolles an den Märkten erkennen. Buffett erklärte den Aktionären, dass sie keine Ahnung hätten, wann sich die Märkte ändern würden, aber dass dies auf jeden Fall geschehen würde. Die beiden Krankheiten *Angst* und *Gier* wären ständige Begleiter der Anlegergemeinschaft. Der Zeitpunkt dieser Epidemien sei unvorhersehbar, ebenso das Ausmaß der von ihnen verursachten Marktverwerfungen. Deshalb wollten sie auch nicht versuchen, den Zeitpunkt vorherzusagen, an dem sie wohl auftreten würden.

> „Unser Ziel ist bescheidener: Wir versuchen einfach, ängstlich zu sein, wenn andere gierig sind, und nur dann gierig zu sein, wenn andere ängstlich sind."[161]

In was steckte er das Geld?

Ein großer Teil des Berkshire-Cashflows floss in langfristige Anleihen, die zwar oft mehr als zehn Prozent Zinsen pro Jahr einbrachten, aber dennoch Sorgen bereiteten, weil Buffett befürchtete, dass die Inflation in den zweistelligen Bereich steigen könnte – und somit die Anleihekurse sinken würden.

Er war auch an kurzfristigen Arbitragekäufen von Aktien interessiert. Dies geschah in der Regel bei Unternehmensereignissen, zum Beispiel nach einem Übernahme- oder Fusionsangebot. „Wir beschränken uns auf große Transaktionen, die öffentlich angekündigt wurden, und wetten nicht auf das Ergebnis. Daher sind unsere potenziellen Gewinne eher gering, aber mit etwas Glück sind auch unsere Enttäuschungen gering."[162] Die in Tabelle 7.2 gezeigte Investition in Lear-Siegler ist ein Beispiel für eine dieser vorübergehenden Beteiligungen.

> „Arbitragegeschäfte sind eine Alternative zu Schatzanweisungen als kurzfristige Geldanlage – eine Wahl, die potenziell höhere Erträge mit höheren Risiken verbindet. Bislang waren unsere Renditen aus dem für Arbitragegeschäfte eingesetzten Kapital um ein Vielfaches höher, als sie es gewesen wären, wenn wir dieses Kapital in Schatzanweisungen belassen hätten. Dennoch könnte eine schlechte Erfahrung die Wertungsliste deutlich verändern."[163]

Ein Anlageinstrument, das die Aussicht auf ähnliche Renditen wie Schuldverschreibungen bietet, wenn das Unternehmen nicht die erwartete Leistung erbringt, aber auch die Möglichkeit, an seinem Erfolg zu partizipieren, sind Wandelvorzugsaktien. Als sich die Gelegenheit zur Investition in Salomon ergab, bestand Buffett darauf, keine Stammaktien zu kaufen – das sei angesichts der Art des Unternehmens zu riskant –, sondern Vorzugsaktien mit einer außergewöhnlich hohen festen Dividende. Dieses Geschäft war der Beginn einer Reihe von Investitionen in Vorzugsaktien.

SALOMON IM JAHR 1987

Salomon (Brothers oder Inc.) war eine Schöpfung der modernen Wall Street und trug auch zu deren Schöpfung bei. Das Unternehmen war so typisch für die Wall Street und wurde in den 1980er-Jahren so dominant, dass Salomon die richtige Adresse gewesen wäre, wenn Hollywood ein Modell für eine hartgesottene, knallharte Trading-Szene mit Stockwerken voller knallharter Dealmaker gesucht hätte.

Salomon war schon immer ein Dealmaker gewesen, aber in den ersten Jahren ging es mehr um den Aufbau langfristiger Beziehungen und eines guten Rufs für integres Handeln. Vor dem Ersten Weltkrieg betrieb das Unternehmen ein bescheidenes Geschäft mit der Vermittlung von Krediten für Wertpapiermakler an der Wall Street und dem Handel mit Anleihen im Auftrag von Finanzinstituten. Der große Durchbruch kam während des Krieges, als die Regierung Salomon beauftragte, einige ihrer zahlreichen Anleiheverkäufe abzuwickeln.

In den 1960er-Jahren wurde das Geschäft mit der Emission von Unternehmensanleihen aggressiv ausgeweitet, als sich Salomon einen Namen dafür machte, erhebliche Risiken auf sich zu nehmen, um sicherzustellen, dass die Unternehmen das versprochene Geld auch erhielten. Ein Beispiel für ein extremes Risiko war die Zeichnung von wandelbaren Vorzugsaktien in Höhe von 76 Millionen Dollar für eine kleine Versicherungsgesellschaft im Jahr 1976. Bei dieser Gesellschaft handelte es sich um GEICO. Acht Wall-Street-Banken hatten das Unternehmen bereits abgelehnt, weil sie glaubten, es sei zum völligen Scheitern verurteilt (siehe Investition 1). Buffett bewunderte die Art und Weise, in der

John Gutfreund, damals bei Salomon der zweite Mann, bereit war, den Ruf und das Geld des Unternehmens aufs Spiel zu setzen, um zu garantieren, dass GEICO die vollen 76 Millionen Dollar erhielt – obwohl keine andere Bank sich an dem Geschäft beteiligen wollte. Schließlich bot Berkshire an, die gesamte Summe zu übernehmen, aber das war nicht nötig, denn die Rückendeckung durch Buffett und Salomon beruhigte die anderen Investoren, die sich daraufhin beteiligten. Am Ende hielt Berkshire nur 25 Prozent.

Mit wachsender Zuversicht baute Salomon in den 1970er-Jahren seine Abteilung für Fusionen und Übernahmen (M&A) aus und eröffnete Niederlassungen in London und Hongkong. Als John Gutfreund 1978 die Leitung des Unternehmens übernahm, war Salomon bereits der zweitgrößte Underwriter und das größte private Maklerunternehmen in den USA. Das Unternehmen entwickelte sich in neue Richtungen und erwarb sich zum Beispiel einen Ruf als begeisterter Teilnehmer an der Leveraged-Buy-out-Welle (fremdfinanzierte Übernahmen) der 1980er-Jahre. Es war auch ein Pionier im Verkauf von hypothekenbesicherten Anleihen – es kaufte Hypothekendarlehen von Sparkassen[164] und verpackte sie in Anleihen, die an der Wall Street gehandelt werden konnten.

Bis 1987 bot das Unternehmen eine breite Palette von Investmentbanking-Dienstleistungen an, die vom Marketmaking bei Unternehmensanleihen und dem Devisenhandel bis hin zur Beratung bei Fusionen und der Kapitalbeschaffung durch Aktien reichten. An der Spitze dieses Giganten war John Gutfreund zum „König der Wall Street“ geworden, wie es auf der Titelseite von *BusinessWeek* hieß.[165]

DER DEAL

Zwischen Buffett und Gutfreund entwickelte sich während der gemeinsamen Arbeit am GEICO-Deal eine Freundschaft. In den folgenden Jahren besprachen sie regelmäßig drängende Fragen am Telefon und persönlich; selbst der Chef einer Investmentbank braucht jemanden, dem er vertrauen kann, um ein Problem schnell zu erfassen und Ideen zu besprechen. Buffett beobachtete, wie Gutfreund seinen Kunden riet, Maßnahmen zu ergreifen, die in ihrem besten Interesse lagen, anstatt die Gebühren in den Vordergrund zu stellen, die Salomon verdienen konnte, wenn ein anderer Weg eingeschlagen wurde. Gutfreund mochte an der Wall Street den Ruf haben, ein herrschsüchtiger Hardliner zu sein, aber Buffett nahm ein Maß an Ehrlichkeit, Energie und Kompetenz wahr, das ihm gefiel; und vielleicht brauchte man, um eine Investmentbank voller aggressiver Egos zu leiten, die in verschiedene Richtungen drifteten, jemanden, der in der Lage war, gemeinsam mit den Besten an einem Strang zu ziehen, um etwas Ordnung zu schaffen.

Mitte 1987 machte Minorco, der ausländische Investmentzweig von Anglo American und der südafrikanischen De-Beers-Gruppe, John Gutfreund klar, dass Minorco seine 14-prozentige 700-Millionen-Dollar-Beteiligung an Salomon verkaufen wollte.

Minorco verscherbelte die Beteiligung an der Wall Street, bis die aggressive Heuschrecke Ron Perelman ihr Interesse bekundete. Perelman sagte, wenn er die 14 Prozent kaufen würde, werde er zwei Sitze im Verwaltungsrat von Salomon verlangen. Dies versetzte Gutfreund und seine Führungskräfte in Angst und Schrecken, und der König der Wall Street beschloss, seinen alten Vertrauten Warren Buffett zu fragen, ob er als „weißer Knappe“, also als Großaktionär auftreten würde, der den Managern freundlich gesonnen ist. Der Plan sah vor, dass Buffett Geld in Salomon einbringen würde, das dann seine eigenen Aktien von Minorco aufkaufen könnte, um es Perelman zu erschweren, einen großen Anteil zu erwerben.

Buffett erachtete die Stammaktien von Salomon als viel zu riskant für Berkshire, wollte aber dennoch zumindest einen Teil der Vorteile genießen, falls sich die Bank in den folgenden Jahren gut entwickeln sollte. Daher stimmte er dem Kauf von Vorzugsaktien zu, die er drei Jahre nach der Transaktion, im Oktober 1990, in Stammaktien umwandeln konnte (was potenziell zwölf Prozent der Salomon-Stammaktien entsprach). Bis zur Wandlung boten die Vorzugsaktien eine großzügige Rendite von neun Prozent. Bei 700 Millionen Dollar bedeutete dies für Berkshire jährliche Einnahmen von 63 Millionen Dollar.

Insgesamt schätzte er, dass Berkshire eine zufriedenstellende Rendite von 15 Prozent pro Jahr erzielen könnte, wenn die Stammaktien im Laufe der Jahre von den niedrigen 30 Dollar auf etwa 50 bis 60 Dollar steigen würden. Sollte die Stammaktie nicht über den Wandlungspreis von 38 Dollar steigen, könnte Berkshire immer noch die Vorzugsdividende kassieren; das Unternehmen hatte sich bereit erklärt, die Vorzugsaktien im Wert von 700 Millionen Dollar in den fünf Jahren zwischen dem 31. Oktober 1995 und dem 30. Oktober 2000 (140 Millionen Dollar pro Jahr) zurückzukaufen.[166]

In seinem Brief an die Aktionäre aus dem Jahr 1987 brachte Buffett zum Ausdruck, dass er die künftigen Gewinne von Salomon nicht vorhersagen konnte und sich deshalb für die Vorzugsaktien und nicht für die Stammaktien entschieden hatte:

> „Wir haben natürlich keine besonderen Erkenntnisse über die Richtung oder die zukünftige Rentabilität des Investmentbankings. Es liegt in der Natur der Sache, dass die wirtschaftlichen Verhältnisse in dieser Branche weit weniger vorhersehbar sind als in den meisten anderen Branchen, in denen wir uns stark engagieren. Diese Unvorhersehbarkeit ist einer der Gründe, warum unsere Beteiligung in Form einer Wandelvorzugsaktie erfolgt."[167]

Er hielt an der Ansicht fest, die er einige Monate zuvor in einem Artikel in der *Washington Post*[168] geäußert hatte, dass die Wall Street ein Ort sei, an dem man schnell reich werden kann und an dem intelligente Hochschulabsolventen ihre Kunden zu verschwenderischer Hyperaktivität reizen:

„Die Einnahmen der Wall Street hängen davon ab, wie oft das Rezept gewechselt wird, nicht von der Wirksamkeit der Medizin. Aber was für den Croupier gut ist, der von jeder Transaktion profitiert, ist für den Kunden Gift. Er wird vom Investor zum Spekulanten und erleidet die gleichen negativen finanziellen Auswirkungen wie jemand, der von einer einmaligen Wette auf das Kentucky Derby dazu übergeht, jeden Tag bei allen Rennen zu wetten. Die Wall Street stellt die Verbreitung von wilden Finanzspielen gern als eine raffinierte, der Gesellschaft dienende Aktivität dar, die die Feinabstimmung einer komplexen Wirtschaft erleichtert … Ich habe immer davon geträumt, dass eine Schiffsladung von 25 Brokern Schiffbruch erleidet und sich auf eine Insel durchschlägt, von der es keine Rettung gibt. Ich frage mich, ob sie angesichts der Aufgabe, eine Wirtschaft zu entwickeln, die ihren Konsum und ihr Vergnügen maximiert, 20 von ihnen mit der Produktion von Nahrungsmitteln, Kleidung, Unterkünften und Ähnlichem beauftragen würden, während fünf von ihnen endlos mit Optionen auf die künftige Produktion der 20 handeln würden."

Gutfreunds Furcht vor den Heuschrecken der Wall Street war so groß, dass er nicht nur eine außerordentlich großzügige Rendite für die wandelbaren Vorzugsaktien gewährte – und zuließ, dass der Wandlungspreis nur wenige Prozent über dem aktuellen Kurs der Stammaktien lag –, sondern auch zwei Sitze im Verwaltungsrat bewilligte, einen für Buffett und einen für Munger. Bei Salomon und in seinem Aktionärsgremium wurde gemurrt, dass Buffett eine Sonderbehandlung erfahre, aber Gutfreund bestand darauf, dass es sich lohne, Buffetts Schutz vor all den marodierenden, durch Schrottanleihen angeheizten Heuschrecken zu gewinnen.

Bei seiner Entscheidung, sich von einem Viertel des Reinvermögens von Berkshire zu trennen – der bis dahin größten Investition –, legte

Buffett großen Wert auf seine Einschätzung des Charakters von John Gutfreund:

> „Charlie und ich mögen, bewundern und vertrauen John. Wir lernten ihn 1976 kennen, als er eine Schlüsselrolle bei der Rettung von GEICO vor dem Beinahe-Bankrott spielte. Seitdem haben wir mehrmals erlebt, wie John Kunden von Transaktionen abgehalten hat, die unklug gewesen wären, die der Kunde aber unbedingt machen wollte – auch wenn sein Rat Salomon kein Honorar einbrachte und eine Duldung ein hohes Honorar gebracht hätte. Ein solches Verhalten, bei dem der Dienst am Kunden im Vordergrund steht, ist an der Wall Street alles andere als selbstverständlich."[169]

DER CRASH IM OKTOBER 1987

Buffett erlebte den Börsencrash im Oktober 1987 aus der ersten Reihe, nachdem er einen Monat zuvor Vorzugsaktien von Salomon gekauft hatte. Vor dem Zusammenbruch wurde ihm von den seriösen Mathematikern bei Salomon gesagt, dass sie die „Wissenschaft" der Geldanlage durchschaut hätten. Anhand der Analyse von Marktbewegungen und einer Reihe von Volkswirtschafts-, Unternehmens- und Aktiendaten könnten sie erkennen, wo sie ihre Wetten platzieren sollten. Sie hatten Computerprogramme, die Aktien auswählten. Und um sich gegen Kursverluste abzusichern, schrieben sie einen Programmcode, der die Computer anwies, automatisch Aktien und Futures-Kontrakte auf Aktien zu verkaufen, wenn der Markt um mehr als einen bestimmten Prozentsatz fiel. Sie dachten, auf diese Weise seien sie gegen jeden Abschwung abgesichert.

Abbildung 7.3: Dow Jones Industrial Average August 1987 bis Januar 1988

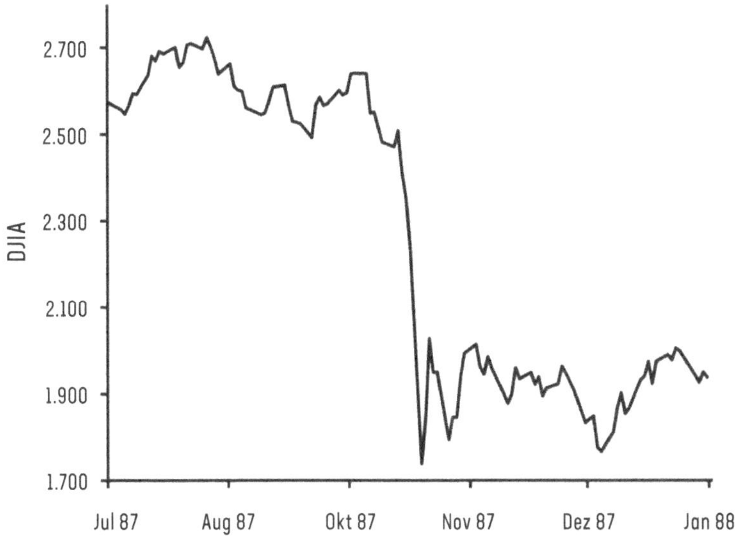

Aber Buffett und Munger hatten diese Art von übermäßigem Selbstvertrauen schon einmal erlebt. Diese Menschen hatten sich überhaupt nicht mit Investitionen im Sinne von Benjamin Graham beschäftigt. Das heißt:

a) ein gründliches Verständnis des Unternehmens
b) eine Sicherheitsmarge
c) die Erwartung einer lediglich angemessenen Rendite

Es handelte sich um das Gegenteil: eine *Spekulation*, die einen erschaudern ließ. Ein Ergebnis dieser Spekulation ist in Abbildung 7.3 zu sehen. In nur wenigen Tagen fiel der Markt gegenüber seinem Höchststand um 36 Prozent.

Buffetts Schelte

Buffett gab den sogenannten „professionellen" Anlegern, die viele Milliarden an Vermögenswerten verwalteten, die Schuld an dem Absturz. Er wetterte gegen deren Kurzsichtigkeit. Anstatt sich auf die Qualität der Unternehmen zu konzentrieren, in die sie investierten, konzentrierten sich viele angesehene Vermögensverwalter nun auf das, was sie von anderen Vermögensverwaltern in den kommenden Tagen erwarteten. Für sie waren Aktien zu Spielsteinen geworden.

Buffett wetterte gegen die *Portfolioversicherung*, eine in den Jahren 1986 und 1987 verbreitete Geldverwaltungsstrategie. Dieser Ansatz sah vor, dass bei fallenden Kursen immer größere Teile eines Aktienportfolios verkauft werden sollten (ähnlich wie bei der Stop-Loss-Strategie eines Kleinspekulanten). Die Preisbewegung war der einzige Faktor, der zählte; ein Abwärtstrend in einer bestimmten Größenordnung löste einen Verkaufsauftrag aus. Dem Brady-Bericht zufolge standen Mitte Oktober 1987 Aktien im Wert von 60 bis 90 Milliarden Dollar auf der Kippe.

Je niedriger also der Kurs eines Unternehmens war, desto intensiver wurde es verkauft. Die logische, aber verrückte Konsequenz daraus sei, so Buffett, dass diese Aktien zurückgekauft werden sollten, sobald sich die Kurse deutlich erholt hätten.

Viele Kommentatoren kamen zu dem Schluss, dass Kleinanleger an derart unberechenbaren Märkten kaum eine Chance auf Erfolg hätten. Nicht so Buffett:

> „Diese Schlussfolgerung ist völlig falsch. Solche Märkte sind für jeden Anleger – ob klein oder groß – ideal, solange er seinem Strickmuster seiner Geldanlage treu bleibt. Die Volatilität, die von Geldverwaltern verursacht wird, die mit riesigen Summen irrational spekulieren, bietet dem wahren Anleger mehr Möglichkeiten, intelligente Investitionsentscheidungen zu treffen. Ihm kann diese Volatilität nur dann schaden, wenn er durch finanzi-

ellen oder psychologischen Druck gezwungen ist, zu einem ungünstigen Zeitpunkt zu verkaufen."[170]

Auf den Einbruch des Aktienmarkts 1929 und viele andere Crashs folgten schwere wirtschaftliche Ereignisse. Der Absturz von 1987 war jedoch insofern etwas Besonderes, ja Ungewöhnliches, als die Realwirtschaft im Wesentlichen weiterlief wie zuvor. Die Süßigkeiten von See's Candies wurden immer noch in großen Mengen verkauft, und die Zahl der gekauften Kirby-Staubsauger blieb unverändert. Dieser Absturz schien fast eine reine Finanzblase zu sein, was sich auch in der Entwicklung des Aktienkurses von Berkshire Hathaway widerspiegelte, der zu Beginn des Jahres knapp unter 3.000 Dollar lag und am Ende des Jahres nur knapp darüber. Aber das war nach der Achterbahnfahrt, bei der die Aktie zeitweise um mehr als 40 Prozent gestiegen war – ein dem Gesamtmarkt bemerkenswert ähnliches Muster.

Abbildung 7.4: Aktienkurs von Berkshire Hathaway 1987

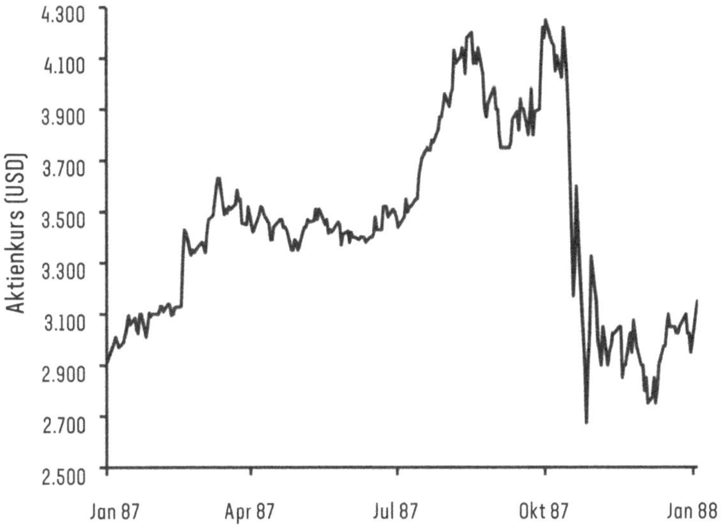

Quelle: www.finance.yahoo.com

Buffett und Munger werden ignoriert

Die Wall-Street-Manipulationen von 1987 hatten zwar nur geringe Auswirkungen auf die Realwirtschaft, aber an der Wall Street brachten sie Gewinner und Verlierer hervor; und Salomon war als aggressiver Akteur in vielen risikoreichen Bereichen stärker betroffen als die meisten anderen. Das Unternehmen verlor im Oktober 75 Millionen Dollar nach Steuern. Für das gesamte Jahr lagen die Gewinne rund 80 Prozent unter dem 1985 verzeichneten Höchststand von 557 Millionen Dollar. Im Januar 1988 kündigte Gutfreund an, dass er für 1987 keinen Bonus annehmen würde. Er wollte jedoch nicht ganz mit leeren Händen dastehen: Stattdessen sollte er 300.000 Optionen auf Salomon-Aktien erhalten, die zu 18,125 Dollar, dem damaligen Marktpreis, veräußert werden konnten – ein ziemlich starker Rückgang von mehr als 30 Dollar nur wenige Wochen zuvor. Wenn der Aktienkurs auf 38,125 Dollar steigen würde, hätten diese Optionen einen inneren Wert von sechs Millionen Dollar.

Trotz der schwerwiegenden Fehler unter seiner Leitung blieb er 1988 am Ruder. „John Gutfreund ist eine imposante Erscheinung. Er ist äußerst selbstbewusst, intellektuell und wettbewerbsorientiert und erinnert an die Tage an der Wall Street, als Partnerschaften herrschten und die Persönlichkeit eines einzigen Mannes ein Unternehmen dominieren konnte. ‚Es gibt hier eine Menge Führungskräfte, die ihren Tag daran messen, ob John sie anlächelt', sagt ein leitender Angestellter."[171]

In seinem Bestreben, wieder Gewinne ausweisen zu können, entließ Gutfreund 800 Mitarbeiter (von insgesamt 6.800) und schloss die Abteilungen, die die staatlichen und städtischen Behörden beim Verkauf von Anleihen unterstützten, sowie die Abteilung, die für den Verkauf von Geldmarktpapieren für Unternehmen zuständig war (Anleihen mit einer Laufzeit von einigen Tagen oder einigen Wochen).

Wie soll das weitergehen?

Die neu eingesetzten Direktoren Buffett und Munger waren erstaunt. Nach einem Jahr, in dem die Gewinne zusammen mit dem Aktienkurs eingebrochen waren, reagierte die Unternehmensleitung mit einer Senkung der Preishürde, die für die Wertsteigerung der Aktienoptionen für die Mitarbeiter festgelegt worden war, was es ihnen erleichterte, in einer Zeit, in der die Aktionäre sehr gelitten hatten, fette Boni zu verdienen. Natürlich sprachen sich Buffett und Munger gegen diese Praxis aus; sie sei moralisch falsch. Aber die Kultur der Wall Street führte nur zu einem Achselzucken als Antwort auf ihre Einwände, und die beiden Auswärtigen wurden ignoriert.

Ohne konkret zu werden, sagt Buffett, dass es viele andere Dinge bei Salomon gab, die ihn beunruhigten: „Eine Sache nach der anderen kam auf, die ich für verrückt hielt, aber sie wollten, dass ich schweige."[172] Der Rücktritt aus dem Verwaltungsrat war schwierig, weil er ein negatives Signal an den Markt senden und die Aktien wahrscheinlich nach unten treiben würde, was die Berkshire-Aktionäre teuer zu stehen kommen würde. Außerdem bewunderte er Gutfreund immer noch und vertraute ihm.

In den späten 1980er-Jahren, als Gutfreund noch mächtig *erschien*, zersplitterte Salomon immer mehr in Machtbereiche, die von herrschsüchtigen, oft auch skrupellosen Personen dominiert wurden. Gutfreund verlor die Kontrolle an seine Grafen und Barone. Er versuchte, leistungsschwache Bereiche abzubauen, aber wenn er dies tat, wechselten die Talente, die er behalten wollte, oft zur Konkurrenz. Kriegsherren innerhalb des Unternehmens drohten damit, das Unternehmen zu verlassen, um von Gutfreund höhere Boni für ihr Team und noch mehr Autonomie zu erhalten. Gutfreund fügte sich dem zunehmend.

Verschiedene Anführer tätigten zahlreiche undurchsichtige Derivategeschäfte. Es war sehr schwierig, realistische Werte für diese Positionen zu ermitteln, da die meisten nicht an Börsen gehandelt wurden. Daher mussten mathematische Modelle entwickelt werden, um den Wert auf der Grundlage von Variablen wie der Standardabweichung der Bewegungen des Basiswerts in den letzten zwei Jahren zu schätzen. Bemerkenswerterweise waren genau die Personen, die diese Berechnungen anhand recht unflexibler Modelle durchführten, diejenigen, die die Derivategeschäfte überhaupt erst eingefädelt hatten und die sich auf einen hohen Bonus freuen konnten, wenn das Modell eine Wertsteigerung von einem Zeitraum zum nächsten zeigte. Charlie Munger protestierte als Mitglied des Prüfungsausschusses, konnte aber nur wenig ändern. Der Aktienkurs von Salomon fiel jahrelang ins Bodenlose, während die Boni sprunghaft anstiegen. Einige Spitzenmanager erhielten in einem einzigen Jahr mehr als 20 Millionen Dollar; mehr als 100 Händler bekamen mehr als eine Million Dollar Jahresbonus.

Ständiger Kreditbedarf

Die kleinen Könige von Salomon, die sich auf ihre Boni konzentrierten und daher darauf bedacht waren, das Geschäftsvolumen zu erhöhen, schufen eine beängstigende Schwachstelle für das Unternehmen. Es gab eine zunehmende Tendenz, den Kauf von Finanzanlagen (Anleihen, Aktien, Zinsderivate und vieles mehr) durch den Verkauf von Papieren zu finanzieren, auf denen stand: „In sieben Tagen nach dem Ausgabedatum wird dieses Papier von Salomon gegen Zahlung von einer Milliarde Dollar zurückgekauft." Der Betrag, den der Kreditgeber Salomon zu Beginn übergab, lag etwas unter einer Milliarde Dollar, sodass der Käufer dieser Geldmarktpapiere einen effektiven Zinssatz erhielt.

Diese Gepflogenheit war in folgenden Fällen schön und gut:

1. Wenn die betreffenden Beträge im Verhältnis zum Vermögen des Unternehmens gering waren, Salomon aber ein Nettovermögen

von etwa drei bis vier Milliarden Dollar hatte, dem Verbindlichkeiten von über 100 Milliarden Dollar gegenüberstanden.

2. Wenn Salomon das Geld verwendete, um mit den aufgenommenen Mitteln relativ illiquide Vermögenswerte zu kaufen, blieb das Vertrauen in den Geldmarkt erhalten, sodass das Unternehmen seine kurzfristigen Verbindlichkeiten regelmäßig verlängern konnte. Wenn jedoch in sieben Tagen niemand die über Geldmarktpapiere verliehene Milliarde Dollar ersetzen wollte, konnte Salomon gezwungen sein, langfristige Vermögenswerte zu verkaufen, um die Milliarde Dollar zurückzuzahlen; dies in aller Eile tun zu müssen konnte zu niedrigen Preisen führen.

Der Beinahe-Tod von Salomon

Im Sommer 1991 erreichte der Kurs der Stammaktien fast die Marke von 38 Dollar, bei der es sinnvoll war, die Vorzugsaktien in Stammaktien umzuwandeln. Es sah so aus, als ob Buffett endlich eine Rendite erzielen würde, die über das bloße Sicherheitsnetz von neun Prozent hinausging, da er den steigenden Wert der Wandlungsoption genießen könnte.

Doch dann geschah ein Unglück: Am Donnerstag, dem 8. August, befand sich Buffett am Lake Tahoe in Nevada, als er die Nachricht erhielt, dass Gutfreund ihn dringend sprechen müsse. Das Gespräch war für denselben Abend angesetzt, an dem Gutfreund, der aus London eingeflogen war, im Büro von Salomons Anwalt erwartet wurde. Vielleicht waren es gute Nachrichten, dachte Buffett. Vielleicht sollte Salomon verkauft werden und Berkshire könnte mit einem schönen Gewinn davonkommen?

Doch die Nachricht war erschreckend. Paul Mozer, der bei Salomon für den Ankauf von Staatsanleihen zuständige Geschäftsführer, hatte wiederholt gegen die Vorschriften verstoßen. **Primärhändler** für Staatsanleihen zu sein, war ein großes Privileg; es bedeutete, dass Salomon zu den wenigen Auserwählten gehörte, die solche Wertpapiere im eigenen Namen oder im Namen anderer Investoren in großem Umfang kaufen konnten. Diese Wertpapiere konnten dann an die Endanleger weiterverkauft werden, nachdem Salomon einen Anteil erhalten hatte. Es handelte sich um eine Vertrauensposition.

Da es so wenige Primärhändler gab, war es einem oder einer Gruppe von ihnen möglich, den Markt zu beherrschen, indem sie eine Emission ganz oder größtenteils aufkauften und dann beispielsweise die Preise auf dem Sekundärmarkt dadurch in die Höhe trieben, dass sie das Angebot auf dem freien Markt verdrängten. Um diesem Anreiz entgegenzuwirken, führte das US-Finanzministerium eine Vorschrift ein, wonach kein Primärhändler mehr als 35 Prozent einer Auktion kaufen durfte. Auf diese Weise würde es eine Streuung der Käufer und einen gesunden Sekundärmarkt geben.

Paul Mozer umging die Regel, indem er im Namen von Salomon offen für die maximalen 35 Prozent bot und dann, ohne sie zu fragen, im Namen einiger Salomon-Kunden weitere Anleihen ersteigerte. Diese Wertpapiere wurden dann rasch vom Konto des Kunden auf das Konto von Salomon übertragen, ohne dass die Kunden wussten, dass ihre Konten auf diese Weise benutzt worden waren. Da Mozer über einen sehr großen Anteil der Anleihen verfügte, konnte er den Markt manipulieren, um höhere Preise von interessierten Käufern zu erzielen, die ihre gewünschten Anleihen nicht bei konkurrierenden Händlern kaufen konnten.

Die Vertuschung war noch schlimmer

Buffett, der an einem Münzfernsprecher in Nevada stand, wurde darüber informiert, dass Mozer suspendiert worden war und in Kürze eine Pressemitteilung veröffentlicht werden sollte. Wie so oft in Fällen von Untreue und Skandalen ist nicht die ursprüngliche Handlung der größte Schaden. Salomon hätte sich damit begnügen können, die illegale Handlung einem unseriösen Händler in die Schuhe zu schieben, eine Geldstrafe zu zahlen, einige Geschäfte zu verlieren, aber ansonsten zu überleben. Doch das Unternehmen verschlimmerte das Verbrechen noch, indem es der Regierung und den Aufsichtsbehörden gegenüber nicht offen darlegte, was die Chefs gewusst hatten und wann sie es gewusst hatten.

Vier Monate vor diesem Anruf im August hatte Mozer seinem unmittelbaren Vorgesetzten erzählt, was er getan hatte (erst nachdem er einen wütenden Brief vom Finanzministerium erhalten hatte). Sein Chef trug es die Befehlskette hinauf zu Gutfreund und anderen leitenden Mitarbeitern. Sie kamen zu dem Schluss, dass sie das New Yorker Federal Reserve Board informieren müssten, um das Vertrauen des Finanzministeriums und der Finanzaufsichtsbehörden zu behalten. Aber dann taten sie nichts. Sie zögerten vier Monate lang. Und natürlich hatten sie den meisten Vorstandsmitgliedern von Salomon jegliche Kenntnis von dem Verstoß vorenthalten. Und im Mai hatte Mozer es wieder getan und den größten Teil der Auktion gekauft.

Anstatt zuzugeben, dass sie vier Monate lang die Wahrheit verheimlicht hatten, zogen es Gutfreund und sein Führungsteam in der Pressemitteilung vom 9. August vor, diesen Punkt zu übergehen. Der Rechtsanwalt Munger war wütend. Ihm wurde erklärt, dass das Unternehmen sowohl das Vertrauen der Behörden als auch das Vertrauen derjenigen hätte verlieren können, von denen es sich Geld lieh, insbesondere der Käufer kurzfristiger Geldmarktpapiere, wenn sie es gewagt hätten, eine vollständige Offenlegung ihrer früheren Verschleierungstaktik zu fordern. Milliarden von Dollar konnten innerhalb von Tagen aus Salomon abfließen, ohne dass es eine Möglichkeit gab, sie zu ersetzen, da die Kreditgeber Angst hätten, dass Salomon von den Aufsichtsbehörden mit lähmenden Sanktionen belegt würde – einschließlich des Verlusts des Rechts, bei den wichtigen Auktionen des Schatzamts mitzubieten, die Salomon das Kennzeichen der Seriosität und eine Gewinnquelle verschafften. Sie dachten, sie könnten damit davonkommen, wenn sie den Behörden unter vier Augen sagten, dass sie es vermasselt hatten, indem sie es ihnen nicht früher gestanden hatten; und sie könnten es vermeiden, nervöse Kreditgeber und Gegenparteien von Derivaten zu alarmieren, indem sie diesen Punkt in der Pressemitteilung ausließen.

Am 14. August traf sich der Verwaltungsrat von Salomon per Telefonkonferenz und bestand darauf, dass das Unternehmen die Vertuschung öffentlich eingestand. Dies geschah auch, aber inzwischen hatte Gutfreund schon wieder einen Irrweg eingeschlagen. Am Tag vor der Sitzung hatte er ein Schreiben der Federal Reserve Bank of New York erhalten, in dem es hieß, dass Salomons „fortlaufende Geschäftsbeziehung" mit der Federal Reserve nun infrage gestellt sei, weil das Verhalten von Mozer und das Wissen der Geschäftsführer darum Anfang des Jahres nicht offengelegt worden war. Sie gab Salomon zehn Tage Zeit, um einen umfassenden Bericht zu verfassen, in dem alles, was sie wussten, dargelegt wurde. Die Aufsichtsbehörde erwartete zu Recht, dass das Schreiben an alle Direktoren weitergeleitet wurde, damit sie darauf reagieren konnten; eine Maßnahme konnte die Entlassung der leitenden Angestellten sein. Doch Gutfreund entschied sich, das Schreiben der Fed vor den anderen Verwaltungsratsmitgliedern geheim zu halten.

Die Direktoren, die im Dunkeln gelassen wurden, verhielten sich nicht so, wie es der Regulierungsbeamte Gerald Corrigan erwartet hatte. Er betrachtete ihr Verhalten als einen Akt der Arroganz und des Trotzes. Buffett sagte später: „Verständlicherweise hatte die Fed zu diesem Zeitpunkt das Gefühl, dass ihr die Direktoren zusammen mit der Geschäftsleitung ins Gesicht gespuckt hatten."[173] Jetzt würden die wütenden Beamten wie eine Tonne Ziegelsteine über Salomon hereinbrechen.

Die Salomon-Aktien fielen unter 27 Dollar, nachdem die ausführlichere Pressemitteilung vom 14. August verschickt worden war. Doch das war erst der Anfang. Das Vertrauen der Gläubiger wurde sowohl durch die offiziellen Ankündigungen als auch durch die Gerüchte stark erschüttert. In jenem Sommer hatte Salomon etwa 150 Milliarden

Dollar an Verbindlichkeiten – hauptsächlich kurzfristige Kredite in Form von Geldmarktpapieren und mittelfristigen Schuldverschreibungen. Beim geringsten Anzeichen von Schwierigkeiten gingen die Kreditgeber nicht mehr ans Telefon und legten ihr Geld stattdessen woanders an. Sie begannen einen Ansturm auf die Bank.

Salomon fungierte als Marketmaker für die Anleihen zahlreicher Unternehmen, darunter auch seiner eigenen. Normalerweise wurden die Anleihen von Salomon nur in geringem Umfang gehandelt, doch am 15. August kam es zu einer Lawine von Verkaufsaufträgen. Zunächst meisterten die Marketmaker die Lage mit niedrigeren Ankaufspreisen, doch schließlich sahen sie sich gezwungen, etwas zu tun, das ein sehr beunruhigendes Signal aussandte: Sie verweigerten den Handel. Die Käufer der Salomon-Schuldpapiere waren nun sehr nervös, denn es gab niemanden mehr, der ihre vermeintlich „handelbaren" Vermögenswerte kaufen wollte (alle anderen Marketmaker hatten ebenfalls den Handel eingestellt).

BUFFETT UND MUNGER ALS RETTER

Um 6:45 Uhr am nächsten Tag rief Gutfreund Buffett zu Hause in Omaha an und teilte ihm mit, dass er zurücktreten werde. Etwa eine Stunde später, nachdem Buffett sein Büro im Kiewit Plaza erreicht hatte, führten sie ein weiteres Gespräch, in dem sie vereinbarten, dass Buffett in die Bresche springen und versuchen würde, die Situation zu klären.

Laut seiner engen Freundin Carol Loomis, *Fortune*-Autorin und seit 40 Jahren ehrenamtliche Redakteurin von Buffetts Aktionärsbriefen, waren seine Beweggründe für die Annahme der außerordentlich schwierigen Aufgabe, Salomon zu retten, folgende: Zum einen wollte er die 700 Millionen Dollar retten, die Berkshire in das Unternehmen gesteckt hatte, und zum anderen fühlte er sich als Direktor eines Unternehmens in Schwierigkeiten auch verpflichtet, den Aktionären so gut wie möglich zu helfen. Er schaute sich zwar nach einem anderen Kandidaten für diese Aufgabe um, aber ganz offensichtlich und folgerichtig kam nur er dafür infrage. Buffett teilte den Berkshire-Aktionären in seinem Brief in jenem Jahr halb im Scherz mit, dass sein Job bei Berkshire nicht so belastend sei und er sich deshalb nach New York absetzen könne:

> „Berkshires operative Manager sind so hervorragend, dass ich wusste, dass ich die Zeit, die ich im Unternehmen verbrächte, erheblich reduzieren und dennoch zuversichtlich sein könnte, dass der wirtschaftliche Fortschritt des Unternehmens nicht ins Stocken geraten würde … Meine Aufgabe besteht lediglich darin, sie gut zu behandeln und das von ihnen erwirtschaftete Kapital zu verteilen. Beide Funktionen werden durch meine Arbeit bei Salomon nicht beeinträchtigt. Sie sollten jedoch das ‚Interims-‘ in meiner Jobbezeichnung bei Salomon beachten. Berkshire ist meine erste große Liebe, die nie vergehen wird: Letztes Jahr fragte mich ein Student an der Harvard Business School, wann ich mich zur Ruhe zu setzen gedächte, und ich antwortete: ‚Etwa fünf bis zehn Jahre nach meinem Tod.‘“[174]

Wie man einen Manager auswählt

An jenem schicksalhaften Freitag im August bestand die wichtigste Aufgabe für Buffett darin, das Vertrauen der Aufsichtsbehörden wiederzugewinnen. Das bedeutete zunächst einmal, dass er in Omaha auf einen Anruf von Gerald Corrigan, dem Präsidenten der Federal Reserve Bank of New York, warten sollte. Als dieser endlich kam, erwähnte Corrigan – in der Annahme, dass Buffett und die anderen Direktoren davon wussten –, dass er einen ehrlichen Bericht über die Geschehnisse verlangt hatte. Buffett war verblüfft und erkundigte sich, welches Ersuchen denn gestellt worden sei. Als sie sich an diesem Abend in New York trafen, war Corrigan nicht in der Stimmung, freundlich zu sein, und warnte Buffett, er solle auf „jede Eventualität" vorbereitet sein, was für eine Aufsichtsbehörde eine sehr bedrohliche Formulierung ist, da dies den Entzug der Geschäftserlaubnis bedeuten könnte.

Am Tag darauf, dem Samstag, hatte Buffett die Aufgabe, einen neuen Chef zu finden. Dazu entwickelte er einen einfachen, aber cleveren Plan. Die zwölf Top-Führungskräfte des Unternehmens wurden eingeladen, jeweils 10 bis 15 Minuten mit Buffett zu sprechen. Die Schlüsselfrage, die Buffett stellte, war, wer ihrer Meinung nach ihr Chef werden sollte. Sie stimmten mit überwältigender Mehrheit für den Briten Deryck Maughan, der das Büro in Tokio leitete – weit weg vom Wall-Street-Durcheinander. Er galt als Mann von hoher Integrität und Kompetenz und hatte den Vorteil, dass er nichts mit den schmutzigen Handelsgeschäften von Salomon zu tun hatte, sondern ein Unternehmensfinanzierer war, der es gewohnt war, langfristige, auf Vertrauen basierende Geschäftsbeziehungen aufzubauen.

Später erzählte Buffett in einem Vortrag vor Wirtschaftsstudenten der Columbia University von seinen Überlegungen:

> „Wer auch immer mit mir im Schützengraben war, konnte mir eine Waffe an den Kopf halten. Manche Leute kamen vorbei und sagten, sie hätten ein Angebot von Goldman Sachs oder einem vergleichbaren Unternehmen, für doppelt so viel Geld, wie sie hier verdienten, oder sie wollten eine besondere persönliche Entschädigung wegen gewisser Rechtsstreitigkeiten – mit solchen Leuten konnte einem einfach alles Mögliche passieren."[175]

Er stellte ihnen eine Frage: Angenommen, sie gewännen in einer Lotterie und der Gewinn bestünde darin, dass Sie sich einen Klassenkameraden aussuchen dürften, von dessen Einkommen sie lebenslang zehn Prozent bekämen. Wen würden sie wählen? Er wagte zu behaupten, dass sie sich für jemanden entscheiden würden, auf den sie sich verlassen könnten, dessen Ego ihren Karriereaussichten nicht im Wege stünde, der gute Ideen anderer Menschen gern anerkennen würde und der konstant gut und nicht unregelmäßig brillant sei. Er sagte dann, dass jeder Student, der vor ihm stehe, sich diese Charaktereigenschaften aneignen könne – das meiste sei Gewohnheit. Und er fuhr fort:

> „Deryck Maughan verhält sich einfach gut … Er gibt weder seine Unabhängigkeit noch seine Fähigkeit, selbstständig zu denken, oder irgendeine andere dieser Eigenschaften auf … Deryck hatte mich in den zwei oder drei Monaten, nachdem er den Job übernommen hatte, noch nie gefragt, wie viel er bezahlt bekam, geschweige denn, dass er einen Anwalt dabei gehabt hätte, der für ihn verhandelte … [er] hatte nur einen Gedanken im Kopf, nämlich den Laden zunächst zusammenzuhalten und dann ein Geschäft aufzubauen, das seiner Vorstellung von dem entsprach, was er haben wollte … Er arbeitete 18 Stunden am Tag. Er hätte woanders mehr Geld verdienen können … Suchen Sie sich eine Person aus, die für Sie arbeitet und die Sie mit Ihrem Sohn oder Ihrer Tochter verheiraten wollen. Dann machen Sie nichts falsch."[176]

Die *New York Times* berichtete am Samstag über Buffetts Ernennung zum Vorsitzenden von Salomon und verwies auf seinen Ruf als „brillanter Investor und scharfer Gegner der Marotten der Wall Street … Indem sich Salomon an Herrn Buffett gewandt hat, dessen jahrelange Investitionstätigkeit ihm an der Wall Street den Ruf eines ‚Saubermanns' eingebracht hat, signalisiert das Unternehmen die Schwere des sich ausbreitenden Skandals und die Bedrohung seines Rufs."

Buffett sagte den Direktoren, er werde sehr aufgeschlossen sein, während er daran arbeite, den Status des Unternehmens und seinen Ruf, sich nur innerhalb der Vorschriften zu bewegen, in Ordnung zu bringen. Der Eindruck, dass eine treibende Kraft auf diesem Markt nicht ehrlich sei, könnte die Glaubwürdigkeit der amerikanischen Märkte weltweit beschädigen. „„Die Art und Weise, wie unser Geschäft funktioniert, besteht darin, dass jeder absolut ehrlich ist', sagte ein leitender Angestellter der Wall Street mit Erfahrung auf den Märkten für Staatsanleihen. ‚Man überweist per Telefonanruf Milliarden von Dollar, mein Wort gegen Ihr Wort. Und diese Leute haben dabei gelogen.'"[177]

Keine Sonntagsruhe

Am Sonntag rief um 10 Uhr morgens das Finanzministerium an, um mitzuteilen, es werde in wenigen Minuten bekannt geben, dass Salomon nicht mehr bei Auktionen des Finanzministeriums mitbieten dürfe, weder auf eigene Rechnung noch für Kunden. Das würde das Ende des gesamten Unternehmens bedeuten. Die unmittelbare Auswirkung war gering, da Salomon zu diesem Zeitpunkt in vielen Bereichen des Finanzwesens über den Handel mit Staatsanleihen hinaus Geld verdiente. Was wirklich zählte, war die Wahrnehmung in der übrigen Finanzwelt: Salomon wurde nun vom Finanzministerium als *Persona non grata* betrachtet. Wenn das Finanzministerium nicht mit Salomon verhandeln wollte, warum sollte es dann jemand anders tun? Wenn der japanische Markt am späten Nachmittag New Yorker Zeit öffnete, würden die Wertpapiere von Salomon abgestoßen werden, da die Kreditgeber und Investoren davonliefen.

An diesem Sonntagmorgen gab es keine Zeit zu verlieren. Der Verwaltungsrat musste entscheiden, ob er sich für die Liquidation der Aktiva und den anschließenden Konkurs entscheiden sollte, um die Auswirkungen des Scheiterns auf die Gläubiger zu verteilen, nachdem die Stamm- und Vorzugsaktionäre alles verloren hatten.

Aber es gab noch eine schwache Hoffnung, bevor man sich ganz der Liquidation fügte – nämlich den Versuch, das Finanzministerium davon zu überzeugen, das Verbot aufzuheben oder zu ändern. Während an einem Konkursplan gearbeitet wurde, telefonierte Buffett mit dem Finanzministerium und dem Vorsitzenden der Federal Reserve, Alan Greenspan. Schließlich rief der Finanzminister Buffett (vom Pferderennen aus) zurück. Zum Glück für Buffett kannten sich die beiden Männer. Nicholas Brady war der Neffe von Malcolm Chace, einem Mitglied der Familie, die Berkshire Fine Spinning an Hathaway Manufacturing verkauft hatte. Bradys MBA-Abschlussarbeit an der Harvard Business School über Berkshire (1954) zog eine solch negative Schlussfolgerung, dass er seine Aktien verkaufte. Buffett und Brady waren sich im Laufe der Jahre begegnet und hatten Freundschaft geschlossen.

Zu diesem Zeitpunkt machte sich die emotionale Belastung bemerkbar, und Buffetts Stimme überschlug sich, als er Brady anflehte, das Verbot zurückzunehmen. Er fügte hinzu, dass sich das Unternehmen bereits auf den Konkurs vorbereite und dass der Konkurs von Salomon aufgrund seiner enormen Größe und der Verflechtung der finanziellen Verpflichtungen der Wall Street viele andere Finanzinstitute in Mitleidenschaft ziehen werde. Dies werde nicht nur der Wall Street, sondern der gesamten Finanzwelt enormen Schaden zufügen, da Salomon Verpflichtungen in allen großen Finanzzentren hätte.

Bei Brady war einige Überzeugungsarbeit nötig – viele Telefongespräche mit Buffett und viele Konsultationen mit anderen Regierungs- und Aufsichtsbehörden –, aber schließlich rief Jerome Powell, damals stellvertretender Finanzminister (jetzt Vorsitzender der Federal Reserve), um 14:30 Uhr bei Buffett an und teilte ihm mit, dass Salomon die Erlaubnis erhalten würde, auf eigene Rechnung, nicht aber mit Kundenkonten, an Auktionen teilzunehmen. Dies war ein Zeichen dafür, dass das Finanzministerium Salomon für solide hielt, auch wenn es dort Personen gab, die sich mies verhalten hatten. Die Aufsichtsbehörden hatten der Persönlichkeit von Warren Buffett und seinem Engagement bei der Sanierung des Unternehmens ein hohes Gewicht beigemessen.

Der Verwaltungsrat stimmte rasch für die Ernennung von Buffett zum Chairman und von Deryck Maughan zum Direktor und Leiter des operativen Geschäfts. Wenige Minuten später traten die beiden in einer voll besetzten Pressekonferenz auf und beantworteten mehr als zwei Stunden lang Fragen. „Wie werden Sie damit umgehen, dass Sie sowohl hier als auch in Omaha sein müssen?", fragte ein Reporter. „Meine Mutter hat meinen Namen in meine Unterwäsche eingenäht, also wird es schon gehen." Auf die Frage nach der Salomon-Kultur antwortete er, dass manche Menschen sie als machohaft oder nonchalant bezeichnen würden, und „ich glaube nicht, dass so etwas in einem Kloster passiert wäre".

Es funktionierte. Der montägliche Handel mit Salomons Wertpapieren verlief einigermaßen geordnet. Die folgenden Monate waren hart, aber Maughans Führung führte zu einer erheblichen Verringerung der Zahl der Engagements in Finanzinstrumenten und damit auch der Summe, die das Unternehmen aufnehmen musste.

Ein langsamer Wiederaufbau

Die Geldbuße, die schließlich von der Aufsichtsbehörde verhängt wurde, belief sich auf relativ geringe 190 Millionen Dollar zuzüglich eines Rückerstattungsfonds von 100 Millionen Dollar. Wichtig war, dass es keine strafrechtliche Anklage gab. Die Geldbuße wurde aufgrund der außergewöhnlichen Kooperationsbereitschaft von Buffett und der Glaubwürdigkeit seines Versprechens, sich in Zukunft besser zu verhalten, herabgesetzt.

Zunächst verbrachte Buffett mehrere Tage pro Woche in New York (mit einem Gehalt von insgesamt einem Dollar pro Jahr) und machte sich Sorgen darüber, was als Nächstes auftauchen und die Existenz der Bank bedrohen würde – noch eine weitere behördliche Untersuchung, noch ein weiterer abgesprungener Kunde, noch ein weiterer Presserummel, weil die Reporter mehr über das Fehlverhalten herausfanden? In dieser Zeit opferte er eine Menge Schlaf, und die Aktien fielen auf knapp über 20 Dollar. Er musste etwas gegen die Haltung der Mitarbeiter gegenüber der Gewinnausschüttung an die Aktionäre unternehmen. In einer Zeit, in der die Kapitalrenditen schlecht waren, dachten die Banker immer noch, sie könnten drei Viertel der Gewinne in Form von Boni mitnehmen und den Aktionären die Reste überlassen. Abgesehen von seinen täglichen Versuchen, die Unternehmenskultur neu zu gestalten, sprach er eine öffentliche Ermahnung aus, verbunden mit einer Erklärung, wie ein gutes Vergütungssystem funktioniert, indem er den Bericht von Salomon für das dritte Quartal in zweiseitigen Anzeigen in der *Financial Times*, der *New York Times*, dem *Wall Street Journal* und der *Washington Post* abdruckte. Das Kernelement war sein Brief – man beachte seine Bereitschaft, Mitarbeiter zu verlieren, die nicht mit seinen Werten übereinstimmten (später verlor er reihenweise Banker, da ihnen Hunderttausende von Dollar von ihren Boni abgezogen wurden und die Konkurrenz auf den Plan trat):

> „Die meisten von Ihnen haben Artikel über die hohen Vergütungen bei Salomon Brothers gelesen. Einige von Ihnen haben auch die Diskussionen über die leistungsorientierte Vergütung gelesen, über die ich im Jahresbericht von Berkshire Hathaway geschrieben habe. Darin habe ich gesagt, dass ich einen vernünftigen Vergütungsplan mit Leistungsanreizen für ein hervorragendes Mittel zur Entlohnung von Managern halte, und ich habe auch das Konzept einer wirklich außergewöhnlichen Vergütung für außergewöhnliche Leistungen von Managern befürwortet. An diesen Ansichten halte ich auch weiterhin fest.
>
> Das Problem bei Salomon Brothers war jedoch ein Vergütungsplan, der in einigen entscheidenden Punkten irrational war. Eine Irrationalität war das Ausmaß der Vergütungen, die im Verhältnis zu den Gesamtergebnissen insgesamt zu hoch waren. Zum Beispiel erwirtschaftete die Wertpapierabteilung im letzten Jahr etwa zehn Prozent des Eigenkapitals, aber 106 Personen, die für diese Abteilung arbeiteten, verdienten eine Million Dollar oder mehr. Viele dieser Mitarbeiter hatten außerordentlich gute Leistungen erbracht und ihr Gehalt eindeutig verdient. Aber das Gesamtergebnis machte keinen Sinn: Obwohl der Betriebsgewinn

1990 vor Abfindungen gegenüber 1989 unverändert blieb, stiegen die Gehälter um mehr als 120 Millionen Dollar. Und das bedeutete natürlich, dass die Gewinne für die Aktionäre um den gleichen Betrag sanken ... In der Tat subventionierten die guten Leistungen einiger Menschen die wirklich überdimensionalen Belohnungen für andere.

... Salomon ist ein börsennotiertes Unternehmen, das von großen Mengen an Aktionärskapital abhängig ist. In einem solchen Unternehmen ist es angemessen, dass die überschüssigen Gewinne der herausragenden Leistungsträger – das heißt das, was sie über das hinaus erwirtschaften, was ihnen zu Recht gezahlt wird – an die Aktionäre gehen ... Mitarbeiter, die mittelmäßige Erträge für die Eigentümer erwirtschaften, sollten erwarten können, dass ihr Gehalt dieses Defizit widerspiegelt. In der Vergangenheit war dies bei Salomon weder die Erwartung noch die Praxis. Die Direktoren von Salomon Inc. haben beschlossen, dass die Gesamtvergütung bei Salomon Brothers 1991 leicht unter dem Niveau von 1990 liegen wird. Bis zum 30. Juni 1991 wurden jedoch Vergütungsrückstellungen in einem Umfang gebildet, der das Niveau von 1990 erheblich überstieg. Daher wurde die Rückstellung im dritten Quartal um 110 Millionen Dollar nach unten korrigiert.

1991 und in Zukunft werden die Spitzenkräfte von Salomon Brothers einen Großteil ihrer Vergütung in Form von Aktien erhalten ... [was] die Manager dazu motiviert, wie Eigentümer zu denken, da sie verpflichtet sind, die von ihnen gekauften Aktien mindestens fünf Jahre lang zu halten, und sie somit sowohl den Risiken des Unternehmens als auch den Chancen ausgesetzt sind.

Diese Regelung steht im Gegensatz zu Aktienoptionsplänen, bei denen die Manager nur dann Geld einsetzen, wenn das Spiel bereits gewonnen ist, und dann oft schnell ihre Aktien verkaufen.

Wir möchten, dass die Manager der einzelnen Abteilungen durch Eigentum reich werden, nicht indem sie einfach auf dem Eigentum anderer herumtrampeln. Ich denke, dass das Eigentum unseren besten Managern mit der Zeit ein beträchtliches Vermögen bescheren kann, vielleicht in einer Größenordnung, die weit über das hinausgeht, was sie heute für möglich halten … Innerhalb weniger Jahre könnten die wichtigsten Mitarbeiter von Salomon Inc. 25 Prozent oder mehr des Unternehmens besitzen und dies durch ihre eigene Vergütung erworben haben.

Je besser die Arbeit eines jeden Mitarbeiters für das Unternehmen ist, desto mehr Aktien wird er besitzen. Unsere Philosophie der leistungsgerechten Bezahlung wird zweifellos dazu führen, dass einige Manager das Unternehmen verlassen.

Aber, was sehr wichtig ist: Dieselbe Philosophie kann die Spitzenkräfte zum Bleiben bewegen, da diese sich als ‚Torschützenkönige' identifizieren können, die angemessen bezahlt werden, anstatt erkennen zu müssen, dass ihre gerechte Belohnung teilweise an weniger gute Leistungsträger vergeben wird.

Wenn eine ungewöhnlich hohe Zahl von Mitarbeitern das Unternehmen verlassen würde, wären die Folgen nicht notwendigerweise schlecht. Andere Männer und Frauen, die unsere Denkweise und Werte teilen, würden dann zusätzliche Aufgaben und Möglichkeiten erhalten. Letztendlich müssen wir Menschen haben, die zu unseren Prinzipien passen, nicht umgekehrt."

Einige Wochen später, als die wichtigsten Manager eingesetzt (insbesondere Robert Denham aus Charlie Mungers Anwaltskanzlei als Vorsitzender) und die Stabilität und das Vertrauen des Marktes hergestellt waren, wurde Buffetts Zeit in New York reduziert, sodass er nur noch ein oder zwei Tage pro Woche fern seines geliebten Omahas war.

Im Frühjahr 1992 erhielt Salomon die Erlaubnis, den Ankauf von Banknoten und Anleihen bei den Auktionen des Schatzamts für Kunden wieder aufzunehmen. Kurz darauf kehrte Buffett nach Omaha zurück. Ein paar Jahre später bemerkte er ironisch: „Mozer zahlt 30.000 Dollar und wird für vier Monate ins Gefängnis gesteckt. Die Salomon-Aktionäre – mich eingeschlossen – haben 290 Millionen Dollar gezahlt, und ich wurde zu zehn Monaten als CEO verurteilt."[178]

Die beste Rede von Warren Buffett

In der Eröffnungsrede, die er am 4. September 1991 vor einem Unterausschuss des Kongresses hielt, der die Verstöße von Salomon untersuchte, sprach Buffett ganz offen über das Versagen von Salomon und, was noch wichtiger ist, über das Geschäftsethos, das ihm am Herzen lag und das er der Bank einzuflößen versuchte. Jedes Jahr im Mai wird ein Videoclip dieser 2-minütigen Rede (www.c-span.org/video/?21029-1/securities-trading-investigation) auf der Jahreshauptversammlung von Berkshire Hathaway abgespielt, um sowohl die Berkshire-Manager als auch die Aktionäre an die Integrität und den Anstand zu erinnern, die von jedem erwartet werden, der für das Unternehmen oder seine Tochtergesellschaften und Partner arbeitet. Wenn alle hochrangigen Führungskräfte in sämtlichen Unternehmen diese Grundsätze befolgen würden, wäre die Welt ein deutlich besserer Ort.

> „Ich möchte mich zunächst für die Taten entschuldigen, die uns hierhergebracht haben. Die Nation hat das Recht, zu erwarten, dass ihre Regeln und Gesetze befolgt werden, und bei Salomon wurden einige davon gebrochen.
>
> Fast alle 8.000 Mitarbeiter von Salomon bedauern dies ebenso sehr wie ich, und ich entschuldige mich in ihrem und meinem Namen.
>
> Meine Aufgabe ist es, mich sowohl mit der Vergangenheit als auch mit der Zukunft zu befassen. Die Handlungen von Salomon

in der Vergangenheit belasten gegenwärtig unsere 8.000 Mitarbeiter und ihre Familien. Praktisch alle diese Mitarbeiter sind fleißig, kompetent und ehrlich.

Ich möchte genau herausfinden, was in der Vergangenheit geschehen ist, damit dieser Makel von den wenigen Schuldigen getragen und von den Unschuldigen entfernt wird.

Um dies zu erreichen, verspreche ich Ihnen, Herr Vorsitzender, und dem amerikanischen Volk die uneingeschränkte Zusammenarbeit von Salomon mit allen Behörden. Diese Behörden haben die Befugnis, Zeugen vorzuladen, zu immunisieren und wegen Meineids zu belangen.

Unsere interne Untersuchung verfügte nicht über diese Instrumente – wir begrüßen daher ihren Einsatz.

Was die Zukunft anbelangt, so sind in der Vorlage an diesen Unterausschuss Maßnahmen aufgeführt, die Salomon meiner Meinung nach in der Finanzdienstleistungsbranche zum Vorreiter bei Kontrollen und Compliance-Verfahren machen werden.

Aber letztendlich ist der Geist der Einhaltung der Vorschriften genauso wichtig oder sogar wichtiger als die Worte über die Einhaltung. Ich will die richtigen Worte und ich will das gesamte Spektrum der internen Kontrollen.

Aber ich habe auch jeden Salomon-Mitarbeiter gebeten, sein eigener Compliance-Beauftragter zu sein. Nachdem sie sich als Erstes an alle Regeln gehalten haben, möchte ich, dass sich alle Mitarbeiter fragen, ob sie bereit sind, dass eine beabsichtigte Handlung am nächsten Tag auf der Titelseite ihrer Lokalzeitung erscheint, sodass dies von ihren Ehepartnern, Kindern und Freunden gelesen werden kann, wobei die Berichterstattung von einem informierten und kritischen Reporter übernommen wird.

Wenn die Salomon-Mitarbeiter diesen Test befolgen, brauchen sie meine weitere Botschaft an sie nicht zu fürchten: Wenn sie dem Unternehmen Verlust bescheren, werde ich verständnisvoll sein; lassen sie aber das Unternehmen auch nur ein Fünkchen Ansehen verlieren, werde ich unbarmherzig sein."

Jedes Jahr gibt es in Omaha am Ende der Videoaufzeichnung dieser Rede lauten Beifall von 40.000 Berkshire-Aktionären, die damit zeigen wollen, dass sie mit der Art und Weise, wie Unternehmen geführt werden sollten, einverstanden sind.

EIN NOCH STÄRKERES ENGAGEMENT FÜR SALOMON UND EIN VERKAUF

Als Salomon Mitte der 1990er-Jahre an Stärke gewann, gab Berkshire 324 Millionen Dollar für seine Stammaktien aus. Diese 6,6 Millionen Aktien sowie die mit den Vorzugsaktien verbundenen Rechte verschafften Buffett die effektive Kontrolle über 20 Prozent der Stimmrechte. Dieser Anteil wurde durch die Rücknahme eines Fünftels der Vorzugsaktien im Jahr 1995 auf 18 Prozent reduziert (Berkshire erhielt einen Scheck über 140 Millionen Dollar). Im Oktober 1996 wurde ein Fünftel der Vorzugsaktien in 3,7 Millionen Stammaktien umgewandelt.

Die Travelers Group, ein Versicherungs- und Maklerunternehmen, wollte durch Übernahmen wachsen und gab 1997 ein Kaufgebot für Salomon ab, wodurch eines von wenigen großen Finanzunternehmen in den USA, Europa und Japan entstand. Berkshire erhielt Stamm- und Vorzugsaktien der Travelers Group im Wert von etwa 1,8 Milliarden Dollar.

Somit investierte Berkshire über einen Zeitraum von zehn Jahren 700 Millionen Dollar in Salomons Vorzugsaktien sowie 324 Millionen Dollar in Stammaktien und erhielt 592 Millionen Dollar in Form von Vorzugsdividenden, 140 Millionen Dollar als Rückzahlung und 1,8 Milliarden Dollar in Form von Travelers-Aktien sowie einige Millionen Dollar in Form von Stammdividenden zurück. Insgesamt flossen 1,024

Milliarden Dollar hinein und etwas mehr als 2,532 Milliarden Dollar kamen zurück, was einer jährlichen Rendite von 14,5 Prozent entspricht (unter Berücksichtigung des Zeitpunkts der Ein- und Auszahlungen) – nicht weit entfernt von Buffetts ursprünglichem Ziel.

> „Rückblickend finde ich, dass meine Erfahrung mit Salomon sowohl faszinierend als auch lehrreich war, obwohl ich mich in den Jahren 1991 und 1992 eine Zeit lang wie der Theaterkritiker fühlte, der schrieb: ‚Ich hätte das Stück genossen, hätte ich nicht einen unglücklichen Sitzplatz gehabt. Er befand sich gegenüber der Bühne.'"[179]

Ich schließe diese moralische Geschichte von verlorenem und wiedergefundenem ethischem Verhalten mit Buffetts Ermahnung an alle seine Manager, die Haltung einzunehmen, die er von ihnen erwartet, wie er in seinem Brief an seine Spitzenmanager vom 26. Juli 2010 darlegte:

> „Dies ist mein alle zwei Jahre erscheinender Brief, in dem ich die oberste Priorität von Berkshire nochmals betone und Sie um Ihre Hilfe bei der Nachfolgeplanung bitte (Ihre, nicht meine!). Priorität hat, dass wir alle weiterhin eifrig den Ruf von Berkshire schützen. Wir können nicht perfekt sein, aber wir können versuchen, es zu sein. Wie ich in diesen Memos schon seit mehr als 25 Jahren schreibe: Wir können es uns leisten, Geld zu verlieren – sogar sehr viel Geld. Aber wir können es uns nicht leisten, unseren Ruf zu verlieren – nicht einmal ein Fitzelchen davon."

Er forderte die Manager auf, nicht nur die Rechtmäßigkeit jeder Handlung zu prüfen, sondern auch die Moral. Wäre es für sie in Ordnung, wenn dies auf der Titelseite einer landesweiten Zeitung veröffentlicht würde? Die Begründung „Alle anderen tun es auch" sei inakzeptabel und würde bei einem Richter oder Reporter sicher nicht viel Eindruck machen.

Er sagte ihnen, dass sie sich mit ihm in Verbindung setzen sollten, wenn ihnen eine Entscheidung Kopfzerbrechen bereite, aber schon das Zögern sei wahrscheinlich ein guter Grund, die Idee zu verwerfen.

> „Lassen Sie mich daher umgehend wissen, wenn es wichtige schlechte Nachrichten gibt. Ich kann mit schlechten Nachrichten umgehen, aber ich mag es nicht, mich damit zu befassen, wenn sie sich schon eine Weile verfestigt haben. Die mangelnde Bereitschaft, schlechte Nachrichten sofort zur Kenntnis zu nehmen, hat dazu geführt, dass sich ein Problem bei Salomon von einem Problem, das leicht hätte beseitigt werden können, in ein Problem verwandelt hat, das beinahe den Untergang eines Unternehmens mit 8.000 Mitarbeitern verursacht hätte."

In einem Unternehmen mit mehr als 250.000 Mitarbeitern sei es wahrscheinlich, dass jemand etwas tue, was dem Unternehmen und ihm nicht gefalle; das sei unvermeidlich.

> „Ihre Einstellung zu diesen Fragen, die Sie nicht nur mit Worten, sondern auch mit Ihrem Verhalten zum Ausdruck bringen, ist der wichtigste Faktor für die Entwicklung der Kultur Ihres Unternehmens. Die Kultur bestimmt mehr als die Regeln, wie sich eine Organisation verhält."[180]

LEKTIONEN

1. **Wenn es darum geht, Stammaktien, Vorzugsaktien oder Anleihen von Unternehmen zu halten, gibt es keine Garantie, damit Geld zu verdienen.** Stellen Sie sicher, dass Sie Ihr Portfolio diversifizieren.

2. **Achten Sie bei Managern auf drei Eigenschaften: Integrität, Intelligenz und Energie.** „Wenn du die erste Eigenschaft nicht hast, werden dich die anderen beiden umbringen."[181]
3. **Ein rationales Vergütungssystem bringt die Interessen der Führungskräfte mit denen der Aktionäre in Einklang.**
4. **Ein guter Ruf kann ein Unternehmen retten.** Es war Warren Buffetts Ruf für Redlichkeit und Geschäftskompetenz, der Salomon rettete – die Aufsichtsbehörden und die Märkte konnten ihm vertrauen. „Reputation und Integrität sind die wertvollsten Güter, die man im Handumdrehen verlieren kann." (Charlie Munger)

Investition 8

COCA-COLA

Eckpunkte des Geschäfts

Geschäft	**Coca-Cola**
Zeit	1987 bis heute
Gezahlter Preis	1,299 Milliarden USD (1988-1994)
Menge	7,8 % des Aktienkapitals (durch Aktienrückkäufe auf 9,4 % gestiegen)
Verkaufspreis	Heute Teil von Berkshire Hathaway
Gewinn	Bislang 20-fach
Berkshire Hathaway im Jahr 1988	Aktienkurs: 3.025-4.900 USD Buchwert: 3.412 Millionen USD Buchwert pro Aktie: 2.975 USD

Warren Buffett bewunderte die Coca-Cola Company, seit er als Sechsjähriger sechs Coca-Cola-Flaschen für 25 Cent kaufte und dann die einzelnen Flaschen für je fünf Cent verkaufte (in seiner Nachbarschaft in Omaha und im Urlaub am Lake Okoboji in Iowa). „Ich erkannte die außerordentliche Attraktivität des Produkts für die Verbraucher und seine kommerziellen Möglichkeiten."[182]

In den folgenden 52 Jahren entschied er sich jedoch, keine einzige Aktie des Unternehmens zu kaufen, obwohl er sich der Stärke der Marke und des jahrzehntelangen Wachstums des Unternehmens voll bewusst war. Sowohl die ausgezeichneten wirtschaftlichen Merkmale als auch das Potenzial für steigende Eigentümergewinne sind starke Gründe, sich zu einem Unternehmen hingezogen zu fühlen, aber sie reichen nicht aus, um eine Entscheidung für den Kauf von Aktien zu treffen – man muss immer auch den Preis in Betracht ziehen. Wenn der Preis keine nennenswerte Sicherheitsmarge zulässt, dann gebietet es der Kodex des disziplinierten Value-Investors, die Finger davon zu lassen. Bewundern Sie das Unternehmen aus der Ferne, verfolgen Sie seine Entwicklung, aber wenn der Kurs weiterhin über das sichere Niveau hinausgeht, entscheiden Sie sich für die „meisterhafte Untätigkeit".

In den 1980er-Jahren änderte sich etwas, das Buffett und Munger zu der Überzeugung brachte, dass der innere Wert endlich sprunghaft anstieg, während der Aktienkurs nur langsam reagierte und so die Sicherheitsmarge vergrößerte.

Die große Veränderung waren die beiden Schlüsselfiguren an der Spitze von Coca-Cola, Don Keough und Roberto Goizueta. Sie zeigten mit ihren Zahlen und der strategischen Positionierung des Unternehmens, dass sie ein sehr starkes wirtschaftliches Geschäftsfeld kultiviert und den Graben, der dieses Geschäftsfeld schützte, vertieft und vergrößert hatten. Die Marktstellung war sogar so stark, dass Buffett Coca-Cola als etwas sehr Seltenes einstufte, nämlich als „Inevitable", als unumgängliches Unternehmen.

INEVITABLES – UNUMGÄNGLICHE UNTERNEHMEN

Unumgängliche Unternehmen sind die beste Art von Unternehmen, die man besitzen sollte. Es handelt sich um Unternehmen, die aufgrund ihrer enormen Wettbewerbsstärke ihre Bereiche während der gesamten Lebensdauer der Investition dominieren werden. Sie sind in Sektoren zu finden, in denen keine großen Veränderungen zu erwarten sind – eine sich schnell verändernde Branche schließt die Möglichkeit einer Dominanz über einen Zeitraum von bis zu drei Jahrzehnten aus.

Um sich auf den Rahmen für die Erkennung von Inevitables einzustellen, stellen Sie sich vor, dass Sie in Kürze zu einer 10-jährigen Mission zum Mars aufbrechen und die Bestandteile Ihres Portfolios während Ihrer Abwesenheit nicht ändern können. Wenn Sie jetzt nur eine einzige Investition tätigen könnten, wonach würden Sie suchen? Die Antwort: nach Sicherheit. Das von Ihnen gewählte Unternehmen müsste in einer einfach zu verstehenden Branche tätig sein, sich auf einem stabilen Wachstumspfad befinden, es müsste ein dominierendes Unternehmen sein und die Führungskräfte müssten dem Unternehmen wohl mindestens ein Jahrzehnt lang treu sein.

Buffett war der Ansicht, dass Coca-Cola und Gillette als unumgänglich angesehen werden könnten. Die Prognosen für die Entwicklung der beiden Unternehmen in zehn Jahren mochten unterschiedlich ausfallen, aber kein vernünftiger Beobachter konnte bezweifeln, dass Coca-Cola und Gillette ihre Geschäftsfelder für die gesamte Laufzeit eines Investments weltweit dominieren würden. Beide Unternehmen hatten ihre ohnehin schon riesigen Marktanteile in den letzten zehn Jahren erheblich ausgebaut, und alles deutete darauf hin, dass sie diese Leistung im nächsten Jahrzehnt wiederholen würden.

> „Natürlich werden viele Unternehmen in Hightech-Bereichen oder embryonalen Branchen prozentual viel schneller wachsen als die Inevitables. Aber ich bin mir lieber eines guten Ergebnisses sicher, als auf ein großartiges zu hoffen … Wenn man bedenkt, was es braucht, um ein Inevitable zu sein, erkennen Charlie und ich, dass wir niemals in der Lage sein werden, die Nifty Fifty oder auch nur die Twinkling Twenty zu finden. Zu den Unumgänglichen in unserem Portfolio fügen wir daher ein paar Hochwahrscheinliche hinzu.“[183]

Marktführerschaft ist nicht gleichbedeutend mit dem Status als Inevitable. Polaroid, General Electric und Kodak hatten Zeiten, in denen sie unaufhaltsam zu sein schienen, aber neue Technologien, die von agileren Konkurrenten außerhalb ihrer Branche eingeführt wurden (zum Beispiel digitale Technologien), oder einfach das Fehlen einer echten Kundenbindung („Share of Mind" – der Prozentsatz der Personen, die eine Werbung gesehen haben) in einer Branche, in der die Käufer zwischen einer Reihe von Alternativen wählen können, bedeutet, dass die Preissetzungsmacht vorübergehend sein kann. So kommen auf jedes unumgängliche Unternehmen Dutzende von Hochstaplern: Unternehmen, die sich auf einem hohen Niveau befinden, aber anfällig für Angriffe der Konkurrenz sind.

> „Natürlich kann man auch für die besten Unternehmen zu viel bezahlen. Das Risiko, zu viel zu bezahlen, tritt in regelmäßigen Abständen auf und könnte unserer Meinung nach jetzt für die Käufer praktisch aller Aktien, einschließlich der Inevitables, ziemlich hoch sein. Anleger, die in einem überhitzten Markt Käufe tätigen, müssen sich darüber im Klaren sein, dass es oft einen längeren Zeitraum brauchen kann, bis der Wert selbst eines hervorragenden Unternehmens den gezahlten Preis einholt."[184]

Auf die Merkmale von Coca-Cola, die das Unternehmen zu einem Inevitable machen, werden wir später im Kapitel noch genauer eingehen.

COCA-COLA – FÜR EINEN VALUE-INVESTOR GEEIGNET?

Für einfach gestrickte Value-Investoren machte der Gedanke, ein über dem Marktdurchschnitt liegendes Vielfaches des 15-fachen Vorjahresgewinns zu bezahlen (was Berkshire Hathaway 1988 für Coke zahlte), keinen Sinn – Value-Investoren zahlen doch keine hohen KGVs, oder?

Coca-Cola ist jedoch ein Beispiel für eine hervorragende Wertanlage, die auch dann, wenn sie im Moment teuer erscheint, leicht zu rechtfertigen ist, wenn man nicht den ausgewiesenen Gewinn des letzten Jahres, sondern den abgezinsten Wert der *zukünftigen* Eigentümergewinne betrachtet.

Buffett und Munger erkannten, dass die Preissetzungsmacht gegenüber den Verbrauchern bei Coca-Cola so stark war, dass die Eigentümergewinne mit der Ausweitung seiner internationalen Präsenz dramatisch steigen würden, während die Kontrolle über das Vertriebssystem in den USA und anderswo erhalten bliebe. Und die Kapitalrendite von 20 bis 30 Prozent würde zumindest beibehalten werden können, während sich das Volumen verdoppelte, verdreifachte oder vervierfachte.

Dass sie mit ihrem Optimismus richtiglagen, zeigen Tabelle 8.1 und Abbildung 8.1. Die Tabelle zeigt zwar nicht direkt die Eigentümergewinne des Eigentümers, aber über einen Zeitraum von mehreren Jahren sind die Dividenden auf diese ständige Position Ausdruck der Eigentümergewinne.

Als Berkshire Hathaway 1994 den Kauf von Coca-Cola abschloss, hatte das Unternehmen Coca-Cola-Aktien im Wert von 1,3 Milliarden Dollar erworben. Sobald die Millionen von Aktien zusammengekommen waren, flossen nach dem Erhalt von 88 Millionen Dollar im Jahr 1995 über einen langen Zeitraum ununterbrochene und wachsende Dividenden an Berkshire. Die durchschnittliche jährliche Wachstumsrate von 1995 bis 2018 betrug 8,9 Prozent. Im Jahr 2018 belief sich die Ausschüttung auf 624 Millionen Dollar.

Der abgezinste Wert einer Reihe von Cashflows, die bei 88 Millionen Dollar beginnen und in allen künftigen Jahren mit 8,9 Prozent wachsen, beträgt 2,8 Milliarden Dollar.[185] Die Zahlung von 1,3 Milliarden Dollar für eine Beteiligung mit einem erwarteten Gegenwartswert von 2,8 Milliarden Dollar ist eine Wertanlage mit einer ausreichenden Sicherheitsmarge.

Natürlich hatten Buffett und Munger keine Kristallkugel, mit der sie die Zukunft so genau vorhersagen konnten, aber sie konnten Schätzungen über mögliche Ergebnisse anstellen, und in Anbetracht der Stärke des Managements und der Qualität des Geschäftsbereichs konnten sie sich leicht so etwas wie das eingetretene Ergebnis vorstellen.

Tabelle 8.1: Berkshire Hathaway zuzuschreibende Nachsteuergewinne aus laufender Geschäftstätigkeit

	Anzahl der im Dezember gehaltenen Aktien	**Kosten der akkumulierten Aktien in Millionen USD**	**Berkshires ungefährer Anteil an Coca-Cola**	**Im betreffenden Jahr erhaltene Dividenden in Millionen USD**
1988	14.172.500	592,5	4,2%	9 (geschätzt)
1989	23.350.00 (9.177.500 Aktien 1989 gekauft)	1.023,9	7,0%	26 (geschätzt)
1990	46.700.000 (2:1-Split 1990)	1.023,9	7,0%	37
1991	46.700.000	1.023,9	7,0%	45
1992	93.400.000 (2:1-Split 1992)	1.023,9	7,1%	52
1993	93.400.000	1.023,9	7,2%	64
1994	100.000.000 (6.600.000 Aktien 1994 gekauft)	1.299	7,8%	75 (geschätzt)
1995	100.000.000	1.299	7,8%	88
1996	200.000.000 (2:1-Split 1996)	1.299	8,1%	100
1997	200.000.000	1.299	8,1%	112
1998	200.000.000	1.299	8,1%	120
1999	200.000.000	1.299	8,1%	128
2000	200.000.000	1.299	8,1%	136
2001	200.000.000	1.299	8,1%	144

	Anzahl der im Dezember gehaltenen Aktien	Kosten der akkumulierten Aktien in Millionen USD	Berkshires ungefährer Anteil an Coca-Cola	Im betreffenden Jahr erhaltene Dividenden in Millionen USD
2002	200.000.000	1.299	8,1%	160
2003	200.000.000	1.299	8,1%	176
2004	200.000.000	1.299	8,1%	200
2005	200.000.000	1.299	8,1%	224
2006	200.000.000	1.299	8,8%	248
2007	200.000.000	1.299	8,8%	272
2008	200.000.000	1.299	8,8%	304
2009	200.000.000	1.299	8,8%	328
2010	200.000.000	1.299	8,8%	352
2011	200.000.000	1.299	8,8%	376
2012	400.000.000 (2:1-Split 2012)	1.299	8,9%	408
2013	400.000.000	1.299	9,1%	448
2014	400.000.000	1.299	9,2%	488
2015	400.000.000	1.299	9,3%	528
2016	400.000.000	1.299	9,3%	560
2017	400.000.000	1.299	9,4%	592
2018	400.000.000	1.299	9,4%	624

Quelle: Warren Buffett, Briefe an die Aktionäre von BH 1997-2018.

Abbildung 8.1 zeigt ein erneutes Interesse der Anleger an Coca-Cola-Aktien nach der anfänglichen Phase der Käufe von Buffett (er kaufte im zweiten Halbjahr 1988 und im ersten Halbjahr 1989). Von Mitte 1988 bis Ende 1989 verdoppelte sich der Aktienkurs von Coca-Cola nahezu.

Dies ist eine bemerkenswerte 18-monatige Erfolgsbilanz, aber sie sollte noch besser werden. Als es Tausenden von Anlegern dämmerte, dass Coca-Cola wahrscheinlich eine gute Gewinnwachstumsrate haben würde, stiegen sie ein. Obwohl Buffett 1989 Aktien zu einem höheren Preis von 47,01 Dollar kaufte – verglichen mit einem Durchschnittspreis von 41,81 Dollar im Jahr 1988 (ohne Berücksichtigung späterer Splits) –, war es das wert, denn das Unternehmen war immer noch unterbewertet. Dies wurde durch den zehnfachen Anstieg in den folgenden zehn Jahren bestätigt.

Vielleicht liefen die Dinge Ende der 1990er-Jahre, als die Coca-Cola-Aktie ein Kurs-Gewinn-Verhältnis von 60 aufwies, ein wenig aus dem Ruder, wie es bei den meisten anderen Unternehmen auch der Fall war. Das Platzen dieser Blase und einige Probleme zu Beginn des 21. Jahrhunderts (auf die später eingegangen wird) führten zu einem Jahrzehnt mit fallenden Aktienkursen. Während des gesamten Abschwungs kam Berkshire jedoch in den Genuss von Dividendenzahlungen, und bis 2019 stiegen die Aktien auf das 15-Fache des von Berkshire gezahlten Preises.

Abbildung 8.1: Marktwert der Coca-Cola-Beteiligungen von Berkshire Hathaway 1988 bis 2018

Quelle: Jahresberichte von Berkshire Hathaway.

DIE COKE-CONNECTION

Das erste unternehmerische Wagnis des 6-jährigen Buffett dürfte Coca-Cola gewesen sein, aber als er zehn Jahre alt war, stellte er fest, dass Pepsi der Bestseller war, weil ein Kunde für den gleichen Preis wie sechs Flüssigunzen Coca-Cola die doppelte Menge Pepsi-Cola trinken konnte. In den nächsten 45 Jahren war Buffett daher Pepsi-Trinker – schockierend, ich weiß!

Wie kam es also, dass Buffett die Gewohnheit von fast einem halben Jahrhundert änderte? Diese Geschichte geht auf die Zeit zurück, als er und seine Frau Susie gerade in das 5-Zimmer-Haus eingezogen waren, das er 1958 für 31.000 Dollar in einer ruhigen Gegend in Omaha gekauft hatte (er wohnt immer noch dort – auf YouTube-Videos kann man sehen, wie bescheiden es für einen Milliardär ist).

Auf der anderen Straßenseite wohnte Don Keough, der damals Kaffee der Marke Butter-Nut verkaufte und vier Kinder hatte. Keough erinnert sich reumütig an die Zeit, als er das Angebot seines Freundes, der nur wenige Meter entfernt wohnte, ablehnte (in einem Fernsehinterview, das der ehemalige Disney-Chef Michael Eisner mit ihm führte): „Ich wohnte gegenüber von einem Kerl, der zu dieser Zeit noch nicht berühmt war. Er ging nicht zur Arbeit. Er machte irgendwelche komischen Sachen am Telefon. Sein Name war Warren Buffett. Er kam 1960 bei mir vorbei und sagte: ‚Don, ich habe gerade an dich gedacht … Du weißt ja, dass du über das College [für deine Kinder] nachdenken musst.‘“

Der 30-jährige Keough war verblüfft und antwortete: „Warren, ich arbeite gerade an der Grundschule, zum Thema College komme ich etwas später.“ Buffett ließ sich nicht so leicht abwimmeln und fing an: „Ich gründe eine kleine Gesellschaft. Ein paar von uns haben 10.000 Dollar hineingesteckt. Vielleicht kann ich daraus etwas machen.“

Keough konnte nicht wirklich verstehen, wie jemand, der keinen konventionellen Job ausübte und kein Gehalt bezog, um Investitionsgelder bitten konnte. „Vergessen Sie nicht, er ging nicht arbeiten. Ich ging arbeiten. Wenn ich nach einem langen Arbeitstag nach Hause kam, sagte eines meiner Kinder: ‚Wir hatten heute eine wunderbare Zeit mit Mr. Buffett. Er ist mit uns in den Park gegangen.' Oder: ‚Er hat im zweiten Stock seines Hauses eine Eisenbahn aufgebaut.' Und er sagte: ‚Wenn du mir 10.000 Dollar gibst, kann ich da vielleicht etwas machen.' Nun, ich hatte das Geld nicht, aber ich hätte es mir von meinem Vater leihen können. Aber können Sie sich vorstellen, einem Mann 10.000 Dollar zu geben, der nicht morgens aufsteht und zur Arbeit geht?"[186]

Man kann Keoughs Standpunkt im Jahr 1960 verstehen – 10.000 Dollar waren ein Drittel des Preises für ein Haus in einem schönen Vorort von Omaha. Bei einer durchschnittlichen Rendite von 25 Prozent über zehn Jahre – dem Durchschnittswert bei Buffetts Investmentgesellschaft nach Abzug von Buffetts Honorar – und anschließend 20 Prozent pro Jahr hätte die durchschnittliche Rendite von Berkshire Hathaway im Zeitraum 1970 bis 2018 mit Zinseszins jedoch einen Ertrag von 93 Millionen Dollar ergeben. Genug für ganze Häuserblocks.

Da Keough Buffett seit Langem als normalen, wenn auch leicht exzentrischen Nachbarn und Freund kannte, hallt diese Bemerkung von Keough zu Buffetts Charakter besonders nach:

> „Er war damals genau derselbe wie heute … Man bekommt das, was man sieht. Er hatte damals dieselben Werte. In seiner Geschichte geht es nicht um Geld. Es geht um Werte. Die Menschen sollten seine Werte kennen."[187]

Ein verärgerter Keough

Don Keough war ein brillanter Manager und als sein Unternehmen von der Familie Swanson aus Omaha und dann von der Duncan Foods Company übernommen wurde, stieg er in der Hierarchie auf. Coca-Cola kaufte Duncan 1964 und 1981 stieg Keough an die Spitze auf, wurde Präsident und Chief Operating Officer und stand damit an der Seite von Roberto Goizueta, dem Vorsitzenden und CEO von Coca-Cola.

1985 las Keough einen schockierenden Artikel in dem Magazin *New York*, der die Frechheit besaß, zu erwähnen, dass Buffett Cherry Coke von Pepsi-Cola trank.

Keough konnte das nicht auf sich beruhen lassen, schrieb an Buffett und bot ihm an, ihm noch in der Entwicklung befindliche Proben von Coca-Colas „Nektar der Götter" zu schicken, der bald auf den Markt kommenden Cherry Coke von Coca-Cola. Es funktionierte. Im Februar 1986 schrieb Buffett an die Berkshire-Aktionäre, es habe eine Revolution gegeben:

> „Ich hoffe, Sie kommen zur diesjährigen Versammlung, die am 20. Mai in Omaha stattfinden wird. Es wird nur eine Änderung geben: Nach 48 Jahren der Treue zu einem anderen Erfrischungsgetränk hat sich Ihr Vorsitzender in einer beispiellosen Demonstration von flexiblem Verhalten für die neue Cherry Coke entschieden. Von nun an wird sie das offizielle Getränk der Jahreshauptversammlung von Berkshire Hathaway sein."[188]

Er hat sich inzwischen angewöhnt, mindestens fünf Flaschen/Dosen Cherry Coke pro Tag zu trinken. Seine Büros sind voll mit dem Getränk, und die Teilnehmer der Berkshire-Hauptversammlung werden Zeuge, wie Buffett und Munger sechs Stunden lang eine Dose nach der anderen trinken – offensichtlich ein guter Treibstoff für das Gehirn, wenn man es mit Süßigkeiten von See's Candies ausgleicht, versteht sich.

Doch trotz dieser bemerkenswerten Getränkeumstellung im Jahr 1985 war Buffett immer noch nicht davon überzeugt, dass er die Aktien von Coca-Cola kaufen sollte. Bis dahin sollten noch über zwei Jahre vergehen.

DIE WIRTSCHAFTLICHE MARKTMACHT VON COCA-COLA[189]

Die erste Coca-Cola wurde im Jahr 1886 getrunken. Der Apotheker John Pemberton mischte eine karamellfarbene Flüssigkeit und ging dann durch seine Straße in Atlanta zu Jacob's Pharmacy, wo er sie mit kohlensäurehaltigem Wasser mischte und von den Kunden probieren ließ. Aufgrund des positiven Feedbacks der Kunden der Apotheke wurde das Getränk zum Preis von fünf Cent pro Glas auf den Markt gebracht. Im ersten Jahr wurden durchschnittlich neun Gläser pro Tag verkauft. John Pembertons Partner und Buchhalter Frank Robinson taufte das Getränk auf den Namen Coca-Cola und schrieb ihn handschriftlich nieder – das Logo, das Sie heute sehen.

Im Laufe des nächsten Jahrhunderts gelang es dem Unternehmen, eine wirtschaftliche Marktmacht zu erreichen, indem es zum einen ein Produkt herstellte, das den Menschen gefiel, und zum anderen die Macht der Psychologie erkannte, die zum wiederholten Konsum anregt.

Es war auch die Entschlossenheit vorhanden, ein Vertriebssystem zu kontrollieren, das dafür sorgte, dass konkurrierende Produkte benachteiligt wurden. Und es ging um die Ausnutzung von Größenvorteilen, zunächst in den Vereinigten Staaten und dann in über 200 Ländern.

In vielen Ländern ist Coca-Cola in einem solchen Umfang tätig, dass 50 Prozent oder mehr der verkauften kohlensäurehaltigen Erfrischungsgetränke auf das Unternehmen entfallen; dennoch greifen die Wettbewerbsbehörden nur selten in den Markt ein, was auf eine gewisse Cleverness hindeutet, die Kartellwächter nicht zu verärgern oder aufzuscheuchen – eine weitere außergewöhnliche Ressource, über die das Unternehmen verfügt. Einige statistische Angaben zu den Marktanteilen: USA 43 Prozent, Mexiko 48 Prozent, Indien 69 Prozent, Deutschland 79 Prozent (einschließlich aller kohlensäurehaltigen Marken, zum Beispiel Thums Up in Indien).

Die Psychologie der Getränkewahl

Die Schaffung und Aufrechterhaltung von konditionierten Reflexen ist ein wesentlicher Bestandteil des Erfolgs von Coca-Cola. Im Laufe der Jahre wurde viel investiert, um sicherzustellen, dass der Markenname und die Aufmachung als Reize wirken, die die Menschen zum Kauf und zum Konsum von Coca-Cola bewegen. Der konditionierte Reflex wird durch zwei Arten der Gewohnheitsbildung unterstützt.

Operante Konditionierung

Dies bedeutet, dass menschliches Lernen durch häufige Belohnungen für „gutes" Verhalten oder Bestrafung für „schlechtes" Verhalten gefördert wird. Coca-Cola setzt auf positive Verstärkung bei regelmäßigem Verhalten, das heißt, das Trinken von Cola bringt die Belohnung durch Flüssigkeitszufuhr, Kalorien, angenehmen Geschmack, Kühlung, Koffein und Zuckerstimulierung (was zu einer Verstärkung der gewünschten Reaktion führt, also zum Kauf einer weiteren Dose).

Damit Coca-Cola die operante Konditionierung sinnvoll einsetzen kann, muss es:

- **(a)** die Belohnungen beim Trinken maximieren – Geschmack, Kalorien und vieles mehr.
- **(b)** das Risiko eines nachlassenden Reflexes, Cola zu trinken, minimieren. Diese Bedrohung ergibt sich aus den Aktionen der Konkurrenten, die Kunden anlocken und dann eine neue operante Konditionierung einführen, das heißt, die Kunden probieren ein konkurrierendes Getränk und mögen es, was dazu führt, dass sie wieder mehr von dieser Belohnung wollen.

Das bedeutet, dass Coca-Cola immer und überall verfügbar sein muss (soweit dies vernünftigerweise möglich ist), sodass es für die Wettbewerber schwierig ist, die Verbraucher zu überzeugen, ihr Getränk zu probieren. Auf diese Weise wird eine Gewohnheit, die mit der Gewohnheit, Coca-Cola zu trinken, in Konflikt steht, selten entstehen.

Ein wichtiger Größenvorteil entsteht dadurch, dass die Menschen Ihr Produkt besser kennen als konkurrierende Produkte, weil sie es in der Vergangenheit getestet/geschmeckt haben und weil es schon immer da war. Dies führt zu einem Informationsvorsprung und damit zu Größenvorteilen. Munger drückt es so aus, wenn er über Wrigley's schreibt, aber wir könnten auch Kaugummi durch Cola ersetzen:

> „Wenn ich an irgendeinem fernen Ort bin, sehe ich vielleicht zufällig Wrigley's-Kaugummi neben Glotz's-Kaugummi. Nun, ich weiß, dass Wrigley's ein zufriedenstellendes Produkt ist, während ich über Glotz's nichts weiß. Wenn also das eine 40 Cent und das andere 30 Cent kostet, nehme ich dann etwas, das ich nicht kenne, und stecke es mir wegen lausigen zehn Cent in den Mund – was am Ende doch eine ziemlich persönliche Körperstelle ist?“[190]

Auf diese Weise erzeugt Coca-Cola bei den Menschen die Bereitschaft, einen Aufpreis zu zahlen, um „das Richtige“ zu trinken, obwohl weniger bekannte ähnliche Getränke zu wesentlich niedrigeren Kosten angeboten werden.

Operantes Verhalten ist freiwillig, im Gegensatz zu der anderen Art der Gewohnheitsbildung, der Pawlow'schen Konditionierung.

Pawlow'sche Konditionierung

Oft als *klassische Konditionierung* bezeichnet und durch bloße Assoziation verursacht, stützt sie sich auf die Experimente von Iwan Pawlow mit Hunden. Nach wiederholten Handlungen speicheln Hunde als Reaktion auf Reize, wie etwa das Läuten einer Glocke, auch wenn kein Futter vorhanden oder zu erkennen ist. Dies ist unfreiwillig.

Der Mensch reagiert zwar nicht positiv auf Glocken, aber er assoziiert im Unterbewusstsein bestimmte Lebensmittel oder Getränke mit Objekten oder Ereignissen, zum Beispiel wird in ausgeprägtem Maße mit dem Coca-Cola-Logo Geschmack und Durstlöschung assoziiert. Oder ein Ereignis wie der Beginn eines Baseballspiels könnte im Unterbewusstsein des Einzelnen eine langjährige Verbundenheit mit dem Getränk hervorrufen; ebenso könnte ein Familientreffen das Bedürfnis wecken, Coca-Cola dabei zu haben. Coca-Cola wirbt oft mit der Botschaft, dass Arbeitspausen dazu da sind, sein Produkt zu trinken – die Menschen assoziieren dann das angenehme Ereignis einer Pause mit einem Getränk wie Coca-Cola light (vor allem, wenn in der Werbung halbnackte Männer verwendet werden, die gerade aus dem Fitnessstudio kommen).

Das Logo und die Werbung müssen in den Köpfen der Verbraucher ständig eine Assoziation mit etwas hervorrufen, das sie mögen oder bewundern, zum Beispiel attraktive Menschen, Sport, Gesundheit oder Partys. Der Werbeaufwand, der erforderlich ist, um diesen Zustand herzustellen, ist sehr teuer, aber er lohnt sich. Bei einem Umsatz von 31,9 Milliarden US-Dollar im Jahr 2018 betrug der „Gesamtbetrag, den unser Unternehmen Abfüllern, Wiederverkäufern oder anderen Kunden der Produkte unseres Unternehmens hauptsächlich für die Teilnahme an Werbe- und Marketingprogrammen zur Verfügung gestellt hat, 4,3 Milliarden US-Dollar."[191]

Wenn Coca-Cola in vielen Märkten der größte Werbeträger für Erfrischungsgetränke ist, kann das Unternehmen die Konkurrenz weitgehend ausschalten, weil die Werbeausgaben der Wettbewerber auf zu wenige Liter eines Getränks verteilt werden.

Sozialer Beweis gibt Auftrieb

Unter *Sozialem Beweis (Social Proof)* ist das psychologische Phänomen zu verstehen, dass wir von dem beeinflusst werden, was wir andere tun sehen und gutheißen sehen. Dies kann bewusst oder unbewusst geschehen. Wenn also alle anderen ein Produkt wie Cola kaufen, neigen wir dazu, es für ein besseres Getränk zu halten. Der Mensch neigt von Natur aus dazu, mit anderen im Gleichschritt sein zu wollen.

Wir nähern uns der Schwierigkeit der Wahl oft auf einer bewussten Ebene, zum Beispiel „Ich weiß nicht viel über die verschiedenen Produkte in diesem Bereich. Es sieht so aus, als ob andere wüssten, was sie tun. Es ist sinnvoll, sich an sie zu halten."

Die Allgegenwärtigkeit von Coca-Cola liefert reichlich Vorteile an Sozialem Beweis – potenzielle Verbraucher sehen Menschen, die in Cafés, beim Spazierengehen auf der Straße, bei einem Fußballspiel, auf Plakatwänden und in der Fernsehwerbung offensichtlich gern Cola trinken.

Wie kann ein kleinerer oder neuerer Konkurrent mit dieser Kraft konkurrieren, selbst wenn er Milliarden für Werbung zur Verfügung hat? Es ist außerordentlich schwierig, einen etablierten Marktteilnehmer zu verdrängen, der über einen enormen Informationsvorsprung und eine hohe gesellschaftliche Akzeptanz verfügt.

Signalwirkung

In einigen Ländern ist die *Signalwirkung* ein wichtiges Motiv für den Kauf der Marke Coca-Cola, und die kulturellen Vorstellungen der Amerikaner führen dazu, dass vor allem junge Menschen einen Aufpreis zahlen.

Andere Größenvorteile

Wenn ein Unternehmen an seinem Rezept festhält und sich als dasjenige mit dem größten Umfang etabliert, dann kann es von einer größeren *Spezialisierung der Aufgaben* profitieren. Coca-Cola kann eine Vielzahl spezialisierter Arbeitskräfte einsetzen, um beispielsweise neue Märkte zu erschließen – wie nach dem Kalten Krieg in den Ostblockländern –, oder es kann sein Marketing in den USA kontinuierlich verbessern, indem es beispielsweise Spezialisten für Facebook-Werbung beschäftigt. Außerdem führt ein größeres Geschäftsvolumen zu Einsparungen in den Bereichen Vertrieb, Finanzen, Herstellung und Beschaffung.

Die Coca-Cola Company ist in der Lage, den Eigentümergewinn und die Rendite des eingesetzten Kapitals zu steigern, indem sie den Großteil der Abfüllung und des Vertriebs an andere Unternehmen vergibt. Diese anderen Unternehmen müssen beträchtliche Summen für Gebäude, Anlagen und Maschinen ausgeben, sodass Coca-Cola die weniger kapitalintensive Aufgabe der Herstellung von Konzentrat für den Versand an die Abfüller übernehmen kann, woraus sich die hohen Eigenkapitalrenditen (in der Regel über 25 Prozent) ergeben.

Coca-Cola stellt sicher, dass seine Abfüller nicht als Kunden behandelt werden – das hieße, ihnen zu viel Macht zu übertragen. Sie müssen den Wünschen von Coca-Cola nachkommen, wenn es darum geht, wie sie die Einzelhändler bedienen, sei es in Geschäften, Kiosken, Restaurants oder Sportstadien. Das bedeutet, dass den Einzelhändlern das ganze Coca-Cola-Paket angeboten werden kann, einschließlich Werbematerialien, Beschilderung und Kühlschränken mit dem Coca-Cola-Logo. Indem das Logo überall angebracht wird, erfolgt eine Verstärkung der Pawlow'schen Konditionierung. Das Ganze benachteiligt konkurrierende Erfrischungsgetränkehersteller, indem es die Einzelhändler davon abhält, sich anderweitig zu versorgen – ein „kostenloses" Kühlschrankangebot kann mit der Bedingung verbunden sein, dass Coca-Cola einen prominenten oder exklusiven Platz erhält und/oder der Kühlschrank an einer prominenten Stelle stehen muss und/oder die Erlaubnis erteilt wird, an der Seite des Gebäudes für Coca-Cola zu werben.

Lollapalooza bei Coca-Cola

Der *Lollapalooza-Effekt*, ein Begriff, den Charlie Munger verwendet, entsteht, wenn viele Faktoren zusammenkommen und zu außergewöhnlichen Ergebnissen führen. Es handelt sich nicht einfach um eine Addition von Vorteilen, sondern um eine enorme Vervielfachung des Wertes, wenn die Faktoren in ausreichender Menge vorhanden sind.

Es ist ein bisschen wie in der Physik, wo eine Kombination von Faktoren ganz alltägliche Wirkungen hervorruft, bis der Punkt der kritischen Masse erreicht ist – und eine nukleare Explosion erfolgt. Oder in der Medizin, wenn die Heilung von Krebs durch eine Kombination von Immuntherapie, herkömmlichen Medikamenten und Strahlentherapie erreicht wird.

Coca-Cola hat diese autokatalytische Eigenschaft, weil es (a) einen Geschmack hat, den die Menschen mögen und den sie oft erleben, zudem für Zucker- und Koffeinzufuhr sorgt und einen kühlenden Effekt hat, somit eine operante Konditionierung erfolgt, (b) zu einer Pawlow'schen Konditionierung führt und (c) starke Social-Proof-Effekte bewirkt.

Die fünf Kräfte nach Porter

Wir können die fünf Kräfte des Modells von Michael Porter[192] verwenden, um die Wettbewerbsposition der Branche von Coca-Cola zu betrachten:

1. **Verhandlungsstärke der Lieferanten?** Coca-Cola und andere Hersteller von Erfrischungsgetränken kaufen Grunderzeugnisse (zum Beispiel Zucker), die auf wettbewerbsintensiven Märkten mit vielen alternativen Anbietern verkauft werden. Daher haben die Lieferanten keinen großen Einfluss auf die Preise, die sie verlangen können.
2. **Verhandlungsstärke der Abnehmer?** Coca-Cola ist der führende Hersteller, aber es gibt viele andere, die den Einzelhandel beliefern. Die Nachfrage des Endverbrauchers nach Coca-Cola-Getränken – hervorgerufen durch die oben genannten psycho-

logischen Faktoren – bedeutet jedoch, dass die Einzelhändler nur eine begrenzte Macht haben, selbst große Einzelhändler wie die großen Fast-Food-Restaurants und Supermärkte.

3. **Bedrohung durch Ersatzprodukte?** Es gibt viele Ersatzprodukte für kohlensäurehaltige, zuckerhaltige Getränke, und diese haben Auswirkungen. Coca-Cola hat darauf reagiert, indem es viele Unternehmen aufgekauft hat, die diese Alternativen anbieten, um sein Angebot zu erweitern – von Kaffee und Saft bis hin zu Wasser und Energydrinks. Verbundvorteile – der Vertrieb verschiedener Produkte über die gleichen Wege – helfen Coca-Cola, der Konkurrenz voraus zu sein. Auch wenn es diese alternativen Getränke gibt, müssen viele Menschen bei vielen Gelegenheiten einfach eine Cola, eine Fanta, eine Sprite oder ein anderes bekanntes Produkt der Coca-Cola Company trinken.
4. **Rivalität innerhalb der Branche?** Es gibt viele Anbieter, aber Coca-Cola ist in der Regel das marktbeherrschende Unternehmen und in gewissem Maße durch seine psychologischen Vorteile vor Konkurrenten geschützt.
5. **Bedrohung durch neue Marktteilnehmer?** Warren Buffett merkte an, dass es nicht ratsam sei, in das Gebiet von Coca-Cola einzudringen: „Wenn Sie mir 100 Milliarden Dollar geben und sagen würden, ich solle Coca-Cola die weltweite Marktführerschaft bei Erfrischungsgetränken wegnehmen, würde ich sie Ihnen zurückgeben und sagen, dass das nicht möglich ist."[193]

Diese Branchenstruktur (Machtverhältnisse) wird wahrscheinlich auch in Zukunft stabil bleiben. Der technologische Wandel kann die Herstellungsverfahren von Coca-Cola und seinen Konkurrenten unterstützen, wird aber den Getränkekonsum oder die Wettbewerbsdynamik innerhalb der Branche nicht wesentlich verändern.

Was sich ändern könnte, ist die gesellschaftliche Akzeptanz von Zucker und Koffein. Aber Coca-Cola hat sich so positioniert, dass es vom Wachstum bei anderen Getränkearten und gesünderen Cola-Varianten (zum Beispiel zuckerfrei) profitieren kann.

Ein Preiskrieg mit Pepsi ist eine Möglichkeit. Dies wurde jedoch schon einmal zum Nachteil beider Unternehmen versucht, sodass die Wahrscheinlichkeit dafür nicht sehr hoch ist.

Es ist allerdings möglich, dass die Regierungen/Regulierungsbehörden angesichts der Dominanz von Coca-Cola auf den Märkten gegen das Unternehmen vorgehen.

Eine beeindruckende Festung mit einem tiefen und gefährlichen Burggraben

Da Buffett und Munger alle diese Vorteile erkannten, waren sie der Meinung, dass Coca-Cola eine beträchtliche ungenutzte Preissetzungsmacht besaß – die Preise könnten erheblich angehoben werden, ohne dass es zu großen Kundenverlusten käme.

> „Es gibt tatsächlich Menschen, die nicht alles so hoch bepreisen, wie es der Markt zulässt. Und wenn man das erst einmal herausgefunden hat, ist es, als würde man Geld auf der Straße finden – wenn man den Mut hat, zuzugreifen."[194]

Weltweit verkaufte Coke etwa 44 Prozent aller Erfrischungsgetränke, und Gillette hatte einen Anteil von mehr als 60 Prozent (wertmäßig) am Rasierklingenmarkt. Außerdem hatten sowohl Coca-Cola als auch Gillette ihre weltweiten Marktanteile in den letzten Jahren sogar noch erhöht. In seinem Brief an die Berkshire-Aktionäre aus dem Jahr 1993 erläuterte Buffett, wie er die strategischen Stärken von Coca-Cola und dem ebenfalls unumgänglichen Unternehmen Gillette sah:

> „Abgesehen von Kaugummi, wo Wrigley eine dominante Stellung einnimmt, kenne ich keine anderen bedeutenden Branchen, in

denen das führende Unternehmen seit Langem eine solche globale Macht genießt … Die Macht ihrer Markennamen, die Eigenschaften ihrer Produkte und die Stärke ihrer Vertriebssysteme verschaffen ihnen einen enormen Wettbewerbsvorteil, mit dem sie einen schützenden Graben um ihre wirtschaftlichen Burgen errichten."

Im Gegensatz dazu kämpfe das durchschnittliche Unternehmen täglich ohne solche Schutzmechanismen.

„Wie Peter Lynch sagt, sollten Aktien von Unternehmen, die Massenprodukte verkaufen, mit einem Warnhinweis versehen sein: Wettbewerb kann menschlichen Wohlstand gefährden."

WARUM 1988?

Buffett und Munger wussten seit vielen Jahren um die Vorzüge von Coca-Cola und entschieden sich dennoch gegen einen Kauf. Der folgende Abschnitt gibt einen kurzen Überblick über die Geschichte, die zu den Veränderungen in den 1980er-Jahren führte.

Die Schaffung des Kraftpakets

Der Erfinder von Coca-Cola konnte sein inzwischen weltberühmtes Getränk nur zwei Jahre lang (in sehr geringem Umfang) verkaufen, bevor er starb. Vor seinem Tod verkaufte er Anteile an verschiedene Personen, wobei die Mehrheitsbeteiligung von Asa G. Candler erworben wurde – die wertvollsten Posten waren die Formel für den Sirup und das beim US-Patentamt eingetragene Urheberrecht auf das Etikett „Coca-Cola Syrup and Extract". Candler erwarb 1891 das vollständige Eigentum und bezahlte dafür 2.300 Dollar. Er baute das Geschäft mit Getränkespendern über Atlanta hinaus aus, aber erst als ein Kunde 1894 seine eigene Abfüllanlage installierte, war die transportable Version des Getränks da. Etwa zur gleichen Zeit wurde die Marke Coca-Cola beim US-Patentamt eingetragen, aber das Unternehmen war noch klein und verfügte über ein Werbebudget von nur 11.000 Dollar pro Jahr.

Warren Buffett reflektierte in seinem Brief an die Aktionäre von 1996 über die Richtigkeit der im 19. Jahrhundert etablierten Strategie – ein Qualitätsgetränk, das sich durch eine starke Marke auszeichnet:

> „Kürzlich habe ich den Geschäftsbericht von Coca-Cola aus dem Jahr 1896 studiert (und Sie denken, *Sie* seien mit Ihrer Lektüre im Rückstand!). Damals gab es Coca-Cola … erst seit einem Jahrzehnt. Aber der Plan für die nächsten 100 Jahre war bereits gezeichnet … Asa Candler, der Präsident des Unternehmens, schrieb: ‚Wir haben in unseren Bemühungen nicht nachgelassen, in die ganze Welt zu gehen und zu lehren, dass Coca-Cola der Artikel schlechthin für die Gesundheit und das Wohlbefinden aller Menschen ist.' Auch wenn ‚Gesundheit' vielleicht etwas weit hergeholt war, finde ich es toll, dass sich Coca-Cola noch heute – ein Jahrhundert später – auf Candlers Grundmotiv stützt."

Candler fuhr fort – mit einem Satz, den heutzutage auch Roberto Goizueta hätte sagen können: „Kein gleichartiger Artikel hat sich jemals so stark in der Gunst der Öffentlichkeit festgesetzt."

In den nächsten 20 Jahren wuchs die Zahl der Abfüller auf über 1.000 an, und das Getränk wurde in alle Bundesstaaten der USA sowie nach Kanada, Kuba, Panama und auf die Philippinen geliefert. Irritierenderweise konnten Konkurrenten aufgrund der fehlenden Einheitlichkeit des Flaschendesigns ihre Imitationen mit leicht abweichendem Namen, aber ähnlicher Schrift leicht unter die Leute bringen. So einigten sich die Abfüller 1916 auf die unverwechselbare konturenreiche Flasche, die durch ihren Wiedererkennungswert dazu beitrug, die Kraft der Marke zu stärken.

Wachstum als börsennotiertes Unternehmen

1919 wurde The Coca-Cola Company von Ernest Woodruff und seiner Investorengruppe für 25 Millionen Dollar gekauft und noch im selben Jahr zu einem Preis von 40 Dollar pro Aktie an die New Yorker Börse gebracht (500.000 verkaufte Aktien).

Es folgten einige turbulente Jahre, in denen das Unternehmen durch hohe Zuckerpreise in Bedrängnis war und Zeit mit Rechtsstreitigkeiten über Markenschutz und Abfüllvereinbarungen vergeudete. Die Aktien fielen bis Ende 1920 auf 19,50 Dollar.

1923 überredete Ernest seinen Sohn Robert, seine erfolgreiche Karriere als Führungskraft in der Automobilbranche aufzugeben und das Unternehmen Coca-Cola zu leiten, wobei er eine Gehaltseinbuße von 50.000 Dollar in Kauf nahm. So begannen seine sechs Jahrzehnte als Präsident, Vorstandsvorsitzender und später als zeitweise im Ruhestand befindlicher Senior Director von Coca-Cola.

Robert Woodruff bestand darauf, dass das Getränk gleichbleibend exzellent und „in Reichweite der Begierde" sein musste. Er stellte ein Team hoch qualifizierter Mitarbeiter ein, die den Einzelhändlern dabei helfen sollten, Coca-Cola perfekt zu servieren und das Getränk aggressiv zu verkaufen. Er erhöhte auch die konstante Qualität der Flaschenversion und investierte viel Geld in die Werbung. Im Jahr 1929 übertrafen die Flaschenverkäufe die Verkäufe der Getränkespender.

Woodruff internationalisierte das Unternehmen. War das Unternehmen 1923 zunächst nur in fünf Ländern vertreten, waren es 1930 bereits 30. Er baute das Markenimage sorgfältig auf und gab Geld für die Verbindung mit Großveranstaltungen wie den Olympischen Spielen (erstmals 1928) aus.

Im Jahr 1938 erkannte *Fortune* zwar die Qualität des Unternehmens an, war aber dennoch besorgt, dass die Anleger ein unzureichend honoriertes Risiko eingingen, indem sie zu einem ihrer Meinung nach zu hohen Preis in die Aktien investierten. 1993 wurde Buffett ebenfalls kritisiert, weil er einen zu hohen Preis gezahlt habe. In seinem Brief an die Berkshire-Aktionäre aus dem Jahr 1993 reflektierte er daher, was mit der Aktie in den vergangenen 74 Jahren geschehen war.

Coca-Cola war 1919 zu 40 Dollar pro Aktie an die Börse gegangen. Ende 1920 sank der Kurs der Aktie aufgrund der negativen Marktstimmung um mehr als 50 Prozent auf 19,50 Dollar. Zum Jahresende 1993 war eine dieser Aktien mit reinvestierten Dividenden jedoch mehr als 2,1 Millionen Dollar wert. Buffett zitierte Benjamin Graham: „Kurzfristig betrachtet ist der Markt lediglich eine Wahlmaschine – die einen Test zur Wählerregistrierung widerspiegelt, der nur Geld, aber keine Intelligenz oder emotionale Stabilität erfordert –, langfristig ist der Markt aber eine Waage zur Messung des Werts von Unternehmen."

Im Jahr 1938 berichtete *Fortune*, dass ernsthafte Investoren das Unternehmen mit großem Respekt betrachteten, aber nur zu dem Schluss kommen konnten, dass sie den Anschluss verpasst hatten. Marktsättigung oder Wettbewerb würden den weiteren Fortschritt sicherlich begrenzen.

> „Ja, Wettbewerb gab es 1938 und auch 1993. Aber es ist erwähnenswert, dass die Coca-Cola Co. 1938 207 Millionen Kisten mit Erfrischungsgetränken verkaufte … und 1993 etwa 10,7 Milliarden Kisten, eine 50-fache Steigerung des physischen Volumens bei einem Unternehmen, das 1938 bereits eine dominierende Stellung in seinem wichtigsten Wirtschaftszweig einnahm. Auch für einen Investor war die Party 1938 noch nicht zu Ende: Während sich die 40 Dollar, die 1919 in eine Aktie investiert wurden, (mit reinvestierten Dividenden) bis Ende 1938 in 3.277 Dollar verwandelt hatten, wären weitere, damals in Coca-Cola-Aktien investierte 40 Dollar bis zum Jahresende 1993 auf 25.000 Dollar angewachsen."

Seit 1993 hat sich der Wert der Aktie verfünffacht. Eine einzige 40-Dollar-Aktie aus dem Jahr 1919 wäre heute über zehn Millionen Dollar wert. Der Anstieg seit der Veröffentlichung des Artikels von 1938 beträgt mehr als das 3.000-Fache.

Der große Durchbruch für die Internationalisierung des Getränks kam 1943, als die US-Regierung verlangte, dass Coca-Cola für Truppen in der ganzen Welt erhältlich sein sollte. Das Unternehmen reagierte darauf, indem es einen niedrigen Preis von nur fünf Cent für das Militär festlegte, unabhängig davon, wo es sich befand oder wie viel es das Unternehmen kostete, das Getränk herzustellen und zu liefern. Natürlich trug die Präsenz von Coca-Cola in jedem Land, in das die US-amerikanischen Soldaten, Flieger und Seeleute zogen, zur Erschließung neuer Märkte bei, zum Beispiel im Nachkriegsdeutschland und in Japan, da die Einheimischen von dem Produkt und seinem Image angezogen wurden. Im Jahr 1959 wurde Coca-Cola in über 100 Ländern getrunken.

Die turbulenten 1970er-Jahre

Die 1970er-Jahre waren ein Jahrzehnt, in dem die Gesamtrendite für die Aktionäre im Durchschnitt weniger als ein Prozent pro Jahr betrug. „Sein Imperium bestand aus einer losen Kette besonders extravaganter Machtbereiche, sodass Atlanta praktisch keine Kontrolle darüber hatte, wie seine Abfüller ihr Coca-Cola-Geschäft ausbauen oder eben nicht ausbauen wollten."[195] Das Unternehmen wusste nicht, dass der Vorsitzende an Alzheimer und Parkinson litt. Außerdem hatte Coca-Cola mit zahlreichen Streitigkeiten mit Abfüllern zu kämpfen. „Das Unternehmen hatte keinerlei Orientierung … ‚Unprofessionell' wäre noch eine Untertreibung. Wir waren dazu da, den Abfüllern die Koffer zu tragen."[196]

In einer Reihe von Ländern, die von Antiamerikanismus geprägt waren, machten die Regierungen Coca-Cola Schwierigkeiten und der Geschmack der Verbraucher verlagerte sich auf Wasser, Säfte, Tees und vieles andere mehr. Coca-Cola leistete sich auch einige Produktfehler und hatte sich in völlig fremde Bereiche diversifiziert. Dann wurde Coca-Cola von der Pepsi Challenge heimgesucht, bei der sehr kleine Mengen Cola blind verkostet wurden (Pepsi ist süßer und wird daher oft in *kleinen* Mengen bevorzugt), was zu einem gewissen Verlust von Marktanteilen führte.

Abbildung 8.2: Splitbereinigter Aktienkurs von Coca-Cola 1970-1980

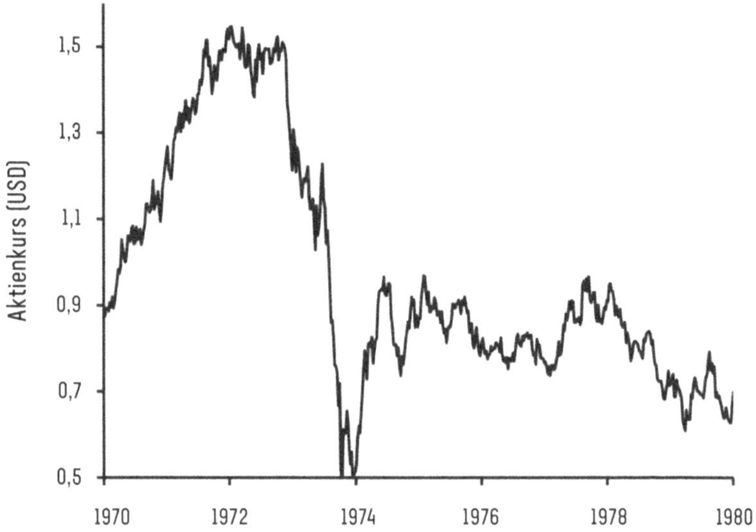

Quelle: advfn.com

Zeit für einen Wechsel

1981 verließ der für die Fehler der 1970er-Jahre verantwortliche Mann das Unternehmen, aber der über 90-jährige Robert Woodruff war nicht gewillt, den gewählten Nachfolger zu akzeptieren. Stattdessen bat er Roberto Goizueta, Vorsitzender und CEO zu werden. Der Yale-Absolvent Goizueta hatte in seiner Heimat Kuba für Coca-Cola gearbeitet, war aber 1960 zur Flucht gezwungen gewesen. Er hielt an seinen Coca-Cola-Aktien und an seiner Stelle im Unternehmen fest und arbeitete sich in den nächsten 20 Jahren in der Firma nach oben.

In dem Moment, als er gebeten wurde, das Unternehmen zu leiten, fragte Goizueta, ob er Don Keough an seiner Seite haben könne, einen Mann, von dem viele annahmen, er sei der Spitzenkandidat für den Vorsitz. Keough wurde zum Präsidenten und Chief Operating Officer ernannt und erhielt weitgehende Freiheiten. Die beiden arbeiteten eher wie Partner als wie Boss und Angestellter zusammen. Grob gesagt war Goizueta der Stratege aus Atlanta, der harte Entscheidungen über Schließungen und Ähnliches traf, während Keough der charismatische und energiegeladene weltreisende Teambuilder war und es im Wesentlichen in seiner Verantwortung lag, für Begeisterung zu sorgen.

Keough beschreibt die Einstellung von Goizueta: „Wir waren nicht da, um ein nettes Unternehmen zu sein, sondern um ein Wachstumsunternehmen zu sein. Wir wollten unsere Bilanz in Ordnung bringen. Und wir waren wild entschlossen, Leistung zu belohnen, aber nicht mehr nur für bloße ständige Anwesenheit zu bezahlen."[197]

Die Mitarbeiter wurden durch Bonusanreize, Aktienoptionen und hohe Aktienzuteilungen bei ihrer Pensionierung motiviert, hohe Renditen für die Aktionäre zu erwirtschaften. Dies machte Dutzende, wenn nicht Hunderte von Managern zu Millionären, aber sie wurden nur reich, wenn es den Aktionären gut ging. Buffett kommentierte dies in seinem Brief von 1993:

> „Don ist einer der außergewöhnlichsten Menschen, die ich je kennengelernt habe – ein Mann mit enormem Geschäftstalent, aber, was noch wichtiger ist, ein Mann, der aus jedem, der das Glück hat, mit ihm zusammenzuarbeiten, das absolut Beste herausholt. Coca-Cola möchte, dass sein Produkt in den glücklichen Momenten im Leben eines Menschen präsent ist. Don Keough steigert als Individuum unweigerlich das Glück der Menschen in seinem Umfeld. Es ist unmöglich, an Don zu denken, ohne sich dabei gut zu fühlen."

Er erinnerte sich an den starken Eindruck, den Keough auf ihn machte, als dieser als „Kaffeeverkäufer mit einer großen Familie und einem kleinen Einkommen" auf der anderen Straßenseite in Omaha wohnte.

> „Die Eindrücke, die ich damals von Don gewann, waren ein Faktor bei meiner Entscheidung, Berkshire in den Jahren 1988 und 1989 eine Rekordinvestition in Höhe von einer Milliarde Dollar in Coca-Cola tätigen zu lassen. Roberto Goizueta war 1981 CEO von Coca-Cola geworden, mit Don als Partner an seiner Seite. Die beiden übernahmen ein Unternehmen, das im vorangegangenen Jahrzehnt stagniert hatte, und brachten es in weniger als 13 Jahren von einem Marktwert von 4,4 Milliarden Dollar auf 58 Milliarden Dollar. Dies zeigt, was ein solches Managerduo bewirken kann, selbst wenn das Produkt schon seit 100 Jahren existiert!"

Einige von Goizuetas und Keoughs Triumphen

Diese Erfolge waren für den Markt offensichtlich und natürlich auch für Buffett im Sommer 1988, als er mit dem Kauf begann.

Übernahme der Kontrolle über die Abfüllung, den Vertrieb und das Marketing

Goizueta und Keough taten dies, während sie immer noch auf Abfüller und andere Angestellte zurückgriffen, aber jetzt mehr als Subunternehmer denn als Kunden – und oft mit einflussreichen Kapitalbeteiligungen von Coca-Cola. Goizueta sagte 1993: „Der Unterschied heute? Früher waren wir entweder Fans oder Kritiker der Abfüller. Jetzt sind wir Akteure."[198]

Cola light

Ein sehr erfolgreiches Getränk, das 1982 eingeführt wurde, Cherry Coke 1985.

Mit Elan in zahlreiche neue Märkte vorstoßen

Der Fall der Berliner Mauer war eine Chance, die genutzt wurde. Coca-Cola investierte eine Milliarde Dollar in Osteuropa. „Je weiter die Kultur eines Landes von der amerikanischen entfernt ist, desto stärker gilt anscheinend Coca-Cola als Ikone der amerikanischen Kultur und – insbesondere in der ehemals kommunistischen Welt – als Symbol der Marktwirtschaft."[199]

Und es gab auch viel ungenutztes Potenzial in den älteren Märkten, wo der Pro-Kopf-Verbrauch deutlich unter den 274 8-Unzen-Portionen in den USA lag (Stand 1987). Australien lag bei 177, Deutschland bei 155 und Japan bei 89, aber Großbritannien lag bei nur 63 und Thailand bei nur 26. „Den Führungskräften von Coke wird fast schwindelig, wenn sie daran denken, wie es wäre, wenn die Thailänder so viel kohlensäurehaltige Getränke trinken würden wie die Texaner. Don Keough strahlt, wenn er von Indonesien spricht, wo eine Bevölkerung von 180 Millionen Menschen in einem heißen, feuchten Klima nur 3,2 Portionen Coca-Cola-Produkte im Jahr trinkt."[200] Japan setzte die Zielmarke, die es anzusteuern galt; 1988 verdiente Coca-Cola dort mehr als in den USA.

Weg mit den seltsamen Anhängseln

Coca-Cola hatte einige schlecht zu seinem Kerngeschäftsfeld passende Unternehmen erworben – von einer Fischzucht über industrielle Wasseraufbereitungsanlagen bis hin zu einer Weinkellerei.

„Es ist ganz einfach", sagt Goizueta. „Sie erstellen ein Diagramm. Auf der oberen Achse stellen Sie Ihre Geschäftsbereiche dar: Konzentrat, Abfüllung, Wein, Lebensmittel, was auch immer. Auf der anderen Achse werden die finanziellen Merkmale eingetragen: Gewinnspannen, Erträge, Zuverlässigkeit des Cashflows, Kapitalbedarf. Einige, wie das Konzentratgeschäft, werden sich als überlegene Unternehmen herausstellen. Andere, wie der Weinhandel, sehen hingegen lausig aus." Er verkaufte die lausigen Geschäfte schnell. Alle anderen im Unternehmen lernten ebenso schnell, wie man Finanzdiagramme erstellt, die unter anderem die Kapitalkosten berechnen."[201]

Buffett war erstaunt über die Menagerie von Unternehmen, die Coca-Cola (und Gillette) in den 1970er-Jahren angesammelt hatten. Coca-Cola hatte versucht, Shrimps zu züchten, während Gillette sich an der Ölexploration beteiligte.

> „Der Verlust des Fokus ist das, was Charlie und mich am meisten beunruhigt, wenn wir in Unternehmen investieren wollen, die im Allgemeinen hervorragend aussehen. Allzu oft haben wir erlebt, dass der Wert stagnierte, weil die Aufmerksamkeit der Manager aufgrund von Hybris oder Langeweile abschweifte. Das wird sich bei Coca-Cola und Gillette nicht wiederholen – weder mit dem derzeitigen noch mit dem zukünftigen Management."[202]

Veränderung der Unternehmenskultur, die nun den Schwerpunkt auf den wirtschaftlichen Gewinn legt

Coca-Cola begann, alle Unternehmensaktivitäten auf der Grundlage des wirtschaftlichen Gewinns zu beurteilen, also des Betriebsgewinns nach Steuern, der über die Kapitalkosten hinausgeht.

> „Goizueta sagt: ‚Wenn man es genau nimmt, ist das, was ich wirklich tue, die Zuteilung von Ressourcen – Kapital, Arbeitskraft. Und ich habe gelernt, dass alles Mögliche passiert, wenn man anfängt, den Leuten ihr Kapital in Rechnung zu stellen. Plötzlich hat man die Lagerbestände unter Kontrolle. Man hat nicht mehr drei Monate lang Konzentrat für den Notfall herumliegen. Oder man findet heraus, dass man eine Menge Geld sparen kann, wenn man die Sirupbehälter aus Edelstahl durch Pappe und Plastik ersetzt.'"[203]

Einige der zweifelhafteren Maßnahmen (die jedoch zu funktionieren schienen)

Columbia Pictures wurde 1982 für 750 Millionen Dollar gekauft

Das Unternehmen gehörte nie wirklich in einen Getränkekonzern. Aber immerhin wurde es mit einem Gewinn von 500 Millionen Dollar verkauft (1989), und in diesen sieben Jahren gab es jede Menge Coca-Cola-Produktplatzierungen – man achte darauf in *Ghostbusters* und *Karate Kid*.

Die Coca-Cola-Formel wurde 1985 geändert

Dies löste das weitverbreitete Syndrom einer Überreaktion auf Entzug oder Entbehrung aus – die Tendenz, sich von geringfügigen Verschlechterungen stärker beeinflussen zu lassen als von Bewegungen in die entgegengesetzte Richtung. Die Menschen reagieren extrem, wenn man ihnen etwas wegnimmt, an das sie gewöhnt sind, selbst wenn es sich nur um eine Kleinigkeit handelt.

„New Coke" führte zu landesweiten Protesten, und nach 79 Tagen wurde „Coca-Cola Classic" wieder auf den Markt gebracht. Der Fehler wurde zum Vorteil des Unternehmens genutzt, da sich die Menschen ihrer Zuneigung zur Original-Coca-Cola bewusst wurden und die Medien sich die meiste Zeit auf die enthusiastischen Rufe nach der Rückkehr der Original-Coca-Cola fokussierten. Infolgedessen stieg der Marktanteil gegenüber 1984 sprunghaft an.

DER DEAL

Der Aktienkurs von Coca-Cola reagierte positiv auf die von Goizueta und Keough nach 1981 eingeführten Änderungen und stieg in den sechs Jahren bis September 1987 um das Vierfache. Der Börsencrash im Oktober 1987 ließ den Kurs dann allerdings um ein Viertel fallen (siehe Abbildung 8.3). Dennoch zeigte der Jahresbericht für 1987, dass sich das zugrunde liegende Geschäft gut entwickelte. Der Umsatz stieg um 9,8 Prozent auf 7,7 Milliarden Dollar; der Gewinn nach Steuern betrug 1986 und 1987 jeweils über 900 Millionen Dollar und war damit fast doppelt so hoch wie 1981; die Eigenkapitalrendite lag bei 27 Prozent; der Absatz von Erfrischungsgetränken stieg um 6,0 Prozent, und sie waren nun in mehr als 155 Ländern erhältlich, was mehr als 44 Prozent aller weltweit verkauften Erfrischungsgetränke ausmachte[204] und 524 Millionen Portionen pro Tag entsprach.

Abbildung 8.3: Splitbereinigter Aktienkurs von Coca-Cola 1980-1990

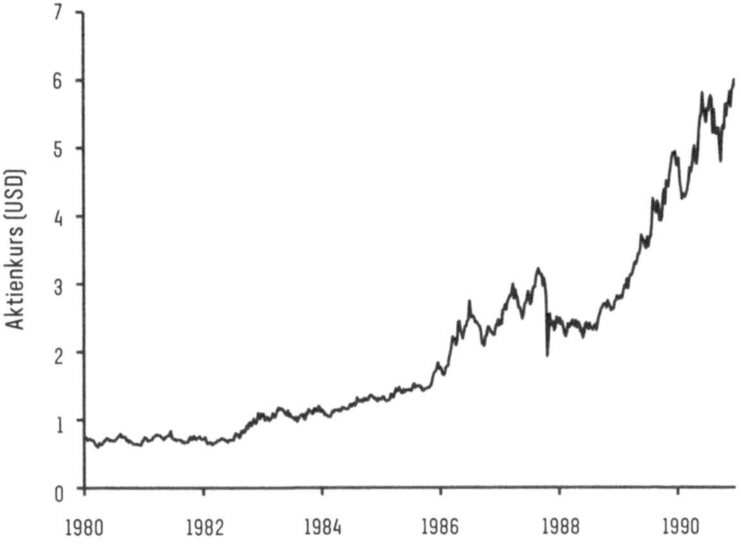

Quelle: www.advfn.com

Das Unternehmen zeigte sich in seinem Jahresbericht von 1987 zuversichtlich für das künftige Wachstum:

> „Coca-Cola, so scheint es manchmal, ist überall. Und doch ist es angesichts unseres jüngsten Wachstums und unserer weltweiten

> Möglichkeiten offensichtlich, dass die Größe und Reichweite unseres Systems, die Verbreitung unserer Produkte und Marken, nur noch zunehmen kann."[205]

Buffett stimmte zu und begann im Herbst 1988, Aktien in beachtlichem Umfang zu erwerben. In Atlanta waren die leitenden Angestellten natürlich neugierig (vielleicht auch besorgt) über all diese Aktivitäten im Aktienregister. Bei einer Untersuchung stellten sie fest, dass die meisten Käufe von einem Maklerunternehmen aus dem Mittleren Westen getätigt wurden. Es dauerte nicht lange, bis Keough seinen alten Freund als möglichen Käufer in Verdacht hatte, und rief ihn an. „Warren, der Handel mit Cola-Aktien deutet darauf hin, dass jemand eine Menge davon kauft. Könntest du das vielleicht sein?" Buffetts Antwort erfreute Keough: „Nun ja, das bleibt unter uns – dir, Roberto und mir. Aber ich bin es in der Tat."[206]

Und Buffett kaufte weiter. Es handelte sich also nicht um ein Geschäft im eigentlichen Sinne, sondern er kaufte 1988 einen großen Anteil (4,2 Prozent der Coca-Cola-Aktien) und stockte diesen in der ersten Hälfte des Jahres 1989 weiter auf, sodass Berkshires Anteil auf sieben Prozent anwuchs. Kurz darauf wurde er in den Verwaltungsrat von Coca-Cola berufen.

Buffett machte sich 1989 in seinem Brief an die Aktionäre darüber lustig, dass er den Wert der Coca-Cola-Aktien nicht schon viel früher erkannt hatte:

> „Diese Coca-Cola-Investition ist ein weiteres Beispiel für die unglaubliche Geschwindigkeit, mit der Ihr Vorsitzender auf Investitionsmöglichkeiten reagiert … Ich habe meine Lektion gelernt: Meine Reaktionszeit auf die nächste äußerst attraktive Idee wird auf deutlich unter 50 Jahre verkürzt."[207]

In den Jahren 1990 bis 1993 wurde eine Kaufpause eingelegt, während sich der Aktienkurs verdreifachte (siehe Abbildung 8.4). Als das Unternehmen Anfang der 1990er-Jahre hervorragende Zahlen vorlegte (die Gewinne verdoppelten sich von 1990 bis 1994 fast), hielten Buffett und Munger das Unternehmen immer noch für ein Schnäppchen. Nachdem sie einige Monate lang beobachtet hatten, wie der Aktienkurs 1993 und Anfang 1994 stagnierte, kaufte Berkshire noch mehr und erhöhte seinen Anteil auf ein Zwölftel aller Coca-Cola-Aktien, womit es zum größten Aktionär wurde.

Abbildung 8.4: Splitbereinigter Aktienkurs von Coca-Cola 1987-1994

Quelle: www.advfn.com

Die Käufe von 1994 haben sich selbst zu einem Vielfachen dessen, was in den Jahren 1988 und 1989 gezahlt wurde, durchaus gelohnt. Abbildung 8.5 zeigt, dass sich die Coca-Cola-Aktie im weiteren Verlauf der 1990er-Jahre erneut verdreifachte.

Abbildung 8.5: Splitbereinigter Aktienkurs von Coca-Cola 1994-1999

Quelle: www.advfn.com

Aber es scheint, dass die Aktie die zugrunde liegende Leistung des Unternehmens vorweggenommen hatte (1998 stieg das Kurs-Gewinn-Verhältnis auf 60) – wie so viele in den späten 1990er-Jahren. Sie fiel, und erst 2014 erreichte sie wieder das Niveau von 1998 (Abbildung 8.6). Es waren nicht nur die überhöhten Preise der späten 1990er-Jahre, die den Aktienmarkt zögern ließen, es gab auch einige echte Probleme. Nicht zuletzt hatte Coca-Cola Goizueta verloren, der 1997 nach kurzer Krankheit verstarb, und es folgte eine Reihe von CEOs, die nicht in seine Fußstapfen treten konnten. Keough war 1993 in den Ruhestand getreten und wurde erst im Jahr 2000 als Berater in den Verwaltungsrat zurückgelockt. Im Jahr 2004 kehrte er im Alter von 77 Jahren für weitere 13 Jahre in den Verwaltungsrat zurück, da er den Ruhestand nicht mochte. „Meine Vorstellung von der Hölle wäre es, in eine Kneipe zu gehen, zwei Pink-Panther-Cocktails zu bestellen und auf die Happy Hour zu warten."[208]

WARUM HAT BUFFETT NICHT AUF DEM HÖCHSTSTAND DES MARKTES VERKAUFT?

Nun, er sagt, er sei nicht in der Lage, das Rein-Raus-Spiel des Investierens zu spielen, um kurz- oder mittelfristige Marktbewegungen auszunutzen. Zweitens hatte er sich gegenüber Coca-Cola verpflichtet, das Unternehmen als eine der wenigen dauerhaften Beteiligungen von Berkshire zu betrachten; wenn sein Wort den Hunderten von Führungskräften, die ihn als Chef bezeichneten (und den Führungskräften, die noch an Bord kommen würden), etwas bedeuten solle, müsse er sich daran halten. Drittens schüttete Coca-Cola immer mehr Geld in Form von Dividenden aus, die Buffett anderweitig investieren konnte – die Dividenden an Berkshire beliefen sich 1998 auf 120 Millionen Dollar, vervierfachten sich aber 2014 auf 488 Millionen Dollar – das

Abbildung 8.6: Splitbereinigter Aktienkurs von Coca-Cola 2000-2019

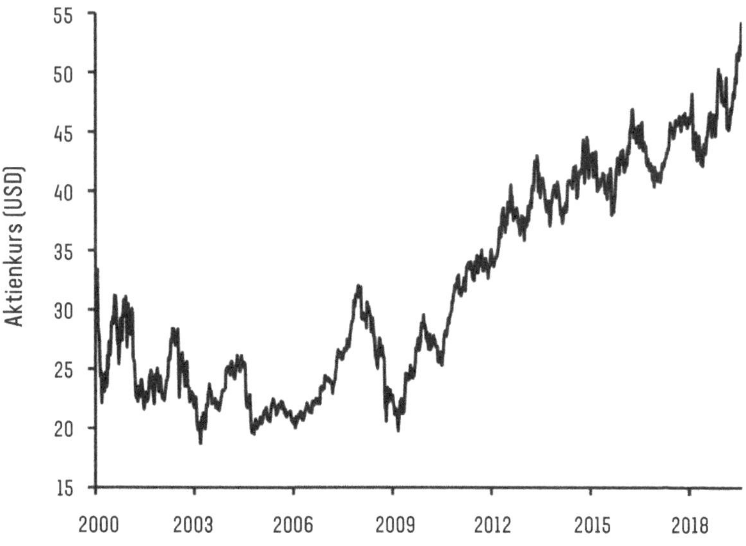

Quelle: www.advfn.com

zugrunde liegende Geschäft lief also gut, auch wenn Mr. Market den Aktienkurs niedrig hielt. Und viertens gab es gute Gründe für die Erwartung, dass die Stärken des Unternehmens wieder anerkannt würden – 2018 erwirtschaftete es 6,45 Milliarden Dollar nach Steuern, mit 624 Millionen Dollar an Dividenden für Berkshire.

Heute liebt es Buffett, Menschen zu beobachten, die Cola oder eine der anderen 500 von Coca-Cola verkauften Marken trinken, denn dann kann er in aller Ruhe über die anderen 1,9 Milliarden Portionen sinnieren, die an diesem Tag konsumiert werden. Mit einem Anteil von 9,4 Prozent profitiert Berkshire von 179 Millionen Getränken, die jeden Tag gekauft werden. Und international ist noch viel Wachstum möglich, denn in den meisten Ländern konsumiert der Durchschnittsbürger nicht annähernd so viel wie der Amerikaner. Die Aktionäre von Berkshire Hathaway können sich darauf freuen, dass die Dividenden von Coca-Cola weiter steigen – es wird nicht mehr lange dauern, bis die Marke von einer Milliarde Dollar pro Jahr überschritten und damit fast die Summe erreicht wird, die für Berkshire-Aktien gezahlt wurde.

LEKTIONEN

1. **Suchen Sie nach einem Unternehmen mit einer Marktstellung, die stark genug ist, um jahrelanges schlechtes Management zu überstehen.** Trotz mancher Fehlentscheidungen und Versäumnisse war das Produkt bei den Verbrauchern weiterhin beliebt und ließ sich nicht unterkriegen.
2. **Unumgängliche Unternehmen sind großartig, um in sie zu investieren, aber nur zu einem Preis, der eine gute Sicherheitsmarge bietet.** Buffett und Munger haben ein halbes Jahrhundert gewartet, bis die Bedingungen zum Kauf günstig waren.
3. **Die Analyse ist einfacher und die Erfolgsaussichten sind größer, wenn ein Unternehmen untersucht wird, das seit Jahrzehnten dasselbe tut und dies wahrscheinlich auch noch**

viele Jahrzehnte lang tun wird. Viele Branchen sind einfach zu komplex und zu sehr im Wandel begriffen, um den Wert eines Unternehmens beurteilen zu können.

4. **Die Psychologie ist in der Regel eine weitaus wichtigere Disziplin als die Mathematik, wenn es darum geht, die wirtschaftlichen Marktstellungen von Unternehmen zu verstehen.** Für die Entscheidung, eine Cola zu kaufen, gibt es eine Reihe von psychologischen und physiologischen Gründen, die von der Pawlow'schen Reaktion über die Signalwirkung bis zur operanten Konditionierung reichen. Das Verständnis psychologischer Ideen ist für Investoren sehr nützlich.
5. **Die Kompetenz und die Integrität der Führungskräfte ist von entscheidender Bedeutung.**

Investition 9

BORSHEIMS

Eckpunkte des Geschäfts

Geschäft	**Borsheims**
Zeit	1989 bis heute
Gezahlter Preis	Nicht bekannt gegeben
Menge	Ursprünglich 80% der Aktien, später nachgekauft
Verkaufspreis	Heute Teil von Berkshire Hathaway
Gewinn	Nicht bekannt gegeben
Berkshire Hathaway im Jahr 1989	Aktienkurs: 4.800-8.810 USD Buchwert: 4.927 Millionen USD Buchwert pro Aktie: 4.296 USD

Zu den großen Freuden eines Berkshire-Hathaway-Aktionärs gehört es, ein ganzes Wochenende voller Veranstaltungen rund um die Jahreshauptversammlung Anfang Mai zu erleben. Ein fester Bestandteil des Terminkalenders von mehr als 20.000 Aktionären ist der Besuch der Borsheims-Geschäftszentrale beim Cocktailempfang am Freitagabend – es wird dort wirklich voll. Menschen aus aller Welt kommen zusammen, staunen über das Phänomen Berkshire und bewundern die ausgestellten Schmuckstücke und Uhren. Hunderttausende, wenn nicht gar Millionen von Dollar werden von Borsheims allein an diesem Abend eingenommen – aufgrund der Vorfreude und der Partystimmung scheint bei vielen das Geld locker zu sitzen. Aber was soll's? Bei Borsheims Geld auszugeben gehört zu dem Gefühl, ein Mitglied der Berkshire-Familie zu sein, genauso wie das Nachdenken über die Gründe für die letzte Übernahme oder das Essen von See's Candies und das Trinken von Coca-Cola während der 6-stündigen Fragerunde von Buffett und Munger.

Die Verbindung zu Berkshire ist für Borsheims seit über drei Jahrzehnten ein Segen. Obwohl das Unternehmen nur eine Filiale betreibt, verkauft es an Menschen – ob Aktionäre oder nicht – aus allen Teilen der Welt. Buffett und Munger sind großartige Verkäufer, die kaum eine Gelegenheit auslassen, jedem, der es hören will, von dem großartigen Angebot, den niedrigen Preisen und der Vertrauenswürdigkeit der Mitarbeiter zu erzählen.

Als Berkshire im Frühjahr 1989 vier Fünftel der Anteile an einem Unternehmen mit einer Verkaufsfläche von nicht einmal 2.000 Quadratmetern erwarb, war es bereits ein Wahrzeichen von Omaha, mit einem dominierenden Marktanteil und einem beneidenswerten Ruf. Unmittelbar nach dem Kauf machte sich die Marketingmaschinerie von Buffett an die Arbeit. Er half dabei, Busse für die Aktionäre zu organisieren, die am Abend nach der Hauptversammlung die etwa eine Meile entfernte Borsheims-Zentrale besichtigen wollten. Diese Samstagabend-Tradition wird bis heute beibehalten, doch aufgrund der wachsenden Nachfrage wurde 1990 eine Sonderöffnungszeit für Aktionäre am Sonntag hinzugefügt. Auch das reichte nicht aus, und so kam im Jahr 2000 das Treffen am Freitagabend hinzu, das dazu beitrug, die Last des Caterings für die 40.000 Aktionäre, die am Wochenende in Omaha waren, zu verteilen.

Buffett und Munger sind so erpicht darauf, mit anderen Aktionären zu plaudern (und an sie zu verkaufen), dass sie selbst an den Sonntagnachmittagen erscheinen, zusammen mit vielen Berkshire-Managern. Munger begann, die Borsheims-Kassenzettel zu signieren, und trug so dazu bei, dass es der größte Verkaufstag des Jahres wurde. „,Charlie wird für Autogramme zur Verfügung stehen. Er lächelt: ‚Aber nur, wenn das Papier, das er unterschreibt, ein Borsheims-Kaufbeleg ist.'"[209] Buffett hat es sich angewöhnt, als Verkäufer im Laden zu arbeiten: „Also kommen Sie und nutzen Sie mich aus. Fragen Sie mich nach meinem ‚Crazy Warren'-Preis."[210]

Und dann ist da noch der Spaß, wenn Aktionäre gegen die Tischtennismeisterin Ariel Hsing antreten. Einige Jahre lang ließ Buffett Bill Gates „versuchen, sie zu besiegen", bevor andere Aktionäre es überhaupt versuchten. Noch mehr Spaß kann man mit den Schach- und Scrabble-Meistern und – Buffetts Favoriten – den Bridge-Champions haben, die gegen alle antreten, einschließlich Munger, Ajit Jain (Berkshires oberster Versicherungsboss) und Buffett selbst. „Spielen Sie bloß nicht um Geld", warnt er.[211]

Borsheims ist so wichtig für das Berkshire-Hathaway-Wochenende, dass die Jahreshauptversammlung 2004 auf ein Wochenende im April 2005 verlegt wurde: „Wir haben die Versammlung auf den letzten Samstag im April (den 30.) statt wie üblich auf den ersten Samstag im Mai angesetzt. In diesem Jahr fällt der Muttertag auf den 8. Mai, und es wäre unfair, von den Angestellten von Borsheims und Gorat's [Buffetts Lieblings-Steakhaus] zu verlangen, sich an diesem besonderen Termin um uns zu kümmern – also haben wir das Ganze um eine Woche vorverlegt. Nächstes Jahr werden wir zu unserem regulären Zeitplan zurückkehren und die Versammlung am 6. Mai 2006 abhalten."[212]

Es besteht kaum ein Zweifel daran, dass Borsheims für Berkshire ein großartiger Kauf war, aber wir können das Ausmaß des Erfolgs nicht beziffern, weil die verkaufende Familie Friedman darum bat, den Preis nicht zu veröffentlichen. Die anschließenden Gewinne, die Berkshire zuflossen, sind im Kontext des riesigen Unternehmens, das

Berkshire jetzt ist, zu gering, um gesondert diskutiert zu werden. Wir wissen jedoch, dass die Kosten durch ein hervorragendes Management und durch die Strategie, nur ein einziges Geschäft zu betreiben, große Mengen einzukaufen und einen Großteil der daraus resultierenden Effizienzgewinne an die Kunden weiterzugeben, niedrig gehalten wurden.

Der Umsatz hatte sich in den drei Jahren nach dem Umzug des Unternehmens an seinen jetzigen Standort im Jahr 1986 bis zum Zeitpunkt der Übernahme durch Berkshire verdoppelt. Tatsächlich erzielte Borsheims nach Tiffany's in New York das größte Umsatzvolumen eines Juweliers mit einem einzigen Geschäft in den gesamten USA. Seitdem gab es viele Jahre mit zweistelligen prozentualen Zuwachsraten, während die Geschäftsräume von etwa 2.000 auf über 6.000 Quadratmeter am selben Standort wuchsen. Die Geschäftsaktivität hat sich auf den Verkauf über das Internet verlagert und es werden Schmuckstücke im Wert von Tausenden von Dollar versandt, die sich die Kunden zu Hause in aller Welt ansehen können und die sie bei Nichtgefallen ohne Kaufverpflichtung zurückschicken können. Erstaunlicherweise hat es nur sehr wenige Betrugsfälle gegeben – man kennt offenbar die eigenen Stammkunden genau.

Die Zugehörigkeit zu Berkshire ist mit zahlreichen wertvollen Empfehlungen und bemerkenswerten Geschäftsbeziehungen verbunden. So reiste beispielsweise Bill Gates, ein Freund von Buffett und Munger und Direktor von Berkshire Hathaway, im April 1993 nach Omaha, um seinen Verlobungsring für Melinda French auszusuchen. Buffett holte das Paar am Flughafen von Omaha ab und begleitete es zum Geschäft. Sein Verkaufsargument: Als er 1951 einen Verlobungsring kaufte, gab er sechs Prozent seines Vermögens dafür aus, und Bill Gates, der reichste Mann der Welt mit einem Vermögen von zig Milliarden, sollte dasselbe tun. Es hat nicht funktioniert: „Wir hatten an diesem Sonntag nicht ganz so viel Spaß, wie ich gehofft hatte", scherzte Buffett.[213]

BERKSHIRE IM JAHR 1989

Bevor wir uns näher mit dem Fall Borsheims befassen, ist es vielleicht nützlich zu wissen, in welcher Lage sich Berkshire im Frühjahr 1989 befand. In den Jahren 1987 bis 1989 floss das Geld nur so in Strömen, wobei das Versicherungsgeschäft sowohl 1988 als auch 1989 mehr als 200 Millionen Dollar einbrachte und die Tochterunternehmen in jedem Jahr weit über 100 Millionen Dollar erwirtschafteten, die Buffett und Munger anderweitig investieren konnten. Insgesamt wurden in diesen 24 Monaten mehr als 800 Millionen Dollar in neue, vielversprechende Unternehmen investiert, darunter auch in Borsheims.

Tabelle 9.1: Berkshire Hathaway zuzuschreibender Nachsteuergewinn aus laufender Geschäftstätigkeit

	1987 (Millionen USD)	**1988 (Millionen USD)**	**1989 (Millionen USD)**
Versicherungsabschlüsse	-20,7	-1,0	-12,3
Einnahmen aus Versicherungsinvestitionen (Dividenden und Zinsen)	136,7	197,8	213,6
Realisierte Wertpapiergewinne	19,8	85,8	147,6
The Buffalo News	21,3	25,5	27,8
Fechheimer	6,6	7,7	6,8
Kirby	12,9	17,8	16,8
Nebraska Furniture Mart	7,6	9,1	8,4
Scott Fetzer Manufacturing Group	17,6	17,6	20,0
See's Candies	17,4	19,7	20,6
Wesco - ohne Versicherungen	5,0	10,7	9,8
World Book	15,1	18,0	16,4

	1987 (Millionen USD)	1988 (Millionen USD)	1989 (Millionen USD)
Sonstige	4,3	17,0	2,8
Zinsen auf Schuldendienst	-5,9	-23,3	-27,1
Gemeinnützige Spenden von BH-Aktionären	3,0	3,2	3,8
GESAMTGEWINN	234,6	399,3	447,5

Quelle: Warren Buffett, Briefe an die Aktionäre von BH 1988-1989.

Bei monatlichen Einnahmen von durchschnittlich 37 Millionen Dollar ist es nicht verwunderlich, dass die Berkshire-Aktien im Jahr 1989 an der Börse von unter 5.000 Dollar pro Aktie auf über 8.500 Dollar stiegen (siehe Abbildung 9.1).

Abbildung 9.1: Aktienkurs von Berkshire Hathaway 1989

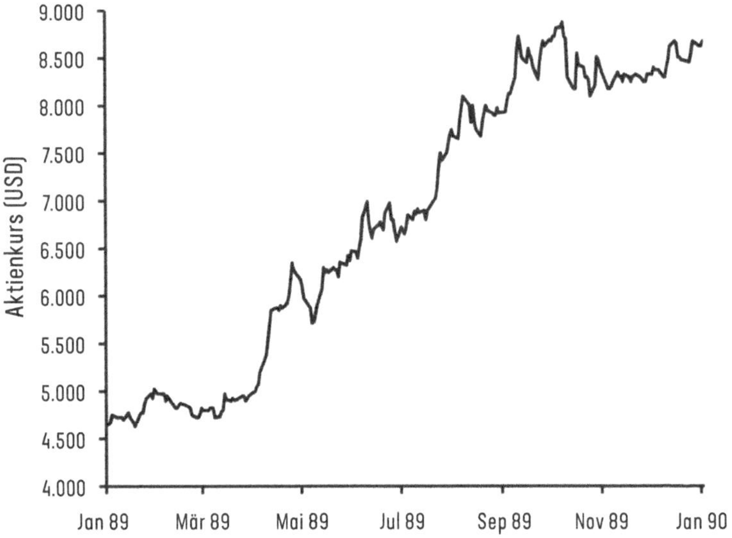

Quelle: www.finance.yahoo.com

Buffett äußerte sich zu den erzielten Fortschritten: „Unsere bisherige Performance hat von einem doppelten Erfolg profitiert: (1) den außergewöhnlichen Gewinnen an innerem Wert, die unsere Portfoliounternehmen erzielt haben; (2) dem zusätzlichen Bonus, den wir realisiert haben, als der Markt die Preise dieser Unternehmen angemessen ‚korrigierte' und ihre Bewertungen im Verhältnis zu denen des Durchschnittsunternehmens anhob. Wir werden auch weiterhin von den guten Wertsteigerungen profitieren, die unsere Portfoliounternehmen nach unserer Überzeugung erzielen werden. Aber unsere ‚Aufholjagd' ist abgeschlossen, was bedeutet, dass wir uns in Zukunft mit einer Kursdelle begnügen müssen."[214]

WARREN BUFFETT IST BESORGT ÜBER DIE WEITVERBREITETE VORSTELLUNG VON DER EFFIZIENZ DER AKTIENMÄRKTE

Schon seit einiger Zeit störte sich Buffett an der zunehmenden Überzeugung der akademischen Gemeinschaft und ihrer Anhänger an der Wall Street, dass der Aktienmarkt durch die Kauf- und Verkaufsaktionen Tausender „informierter" Anleger die Aktien „richtig" bewerte. Dies bedeute, dass die Anleger nicht in der Lage seien, systematisch unterbewertete Aktien auszuwählen und damit den Aktienmarkt zu übertreffen. Mit etwas Glück gelinge es ihnen, gelegentlich außergewöhnliche Renditen zu erzielen, doch fielen sie schließlich (nach Berücksichtigung des Risikos) auf den Durchschnitt zurück.

Diese Vorstellung, dass eine systematische Outperformance unmöglich sei, stand in direktem Gegensatz zu den Lehren von Benjamin Graham: dass der Markt häufig übertreibt, dass Mr. Market sowohl irrational pessimistisch als auch irrational optimistisch sein kann und dass die Menschen Kaufentscheidungen zumindest zeitweise aus Emotionen und aufgrund des Herdentriebs treffen.

Graham sagte in seinen Vorlesungen an der Columbia University, auch in denen von Buffett, dass „der Markt kurzfristig eine Wahlmaschine ist, langfristig aber eine Waage zur Messung des Werts von Unternehmen“. Der Markt holt den Wert irgendwann ein, aber es kann lange Zeiträume geben, in denen die Möglichkeit besteht, einen Preis zu zahlen, der deutlich unter dem inneren Wert liegt.

Die Akademiker bezeichneten ihre Idee als Effizienzmarkthypothese (EMH) oder Effizienzmarkttheorie (EMT). Diese Denkweise stand in direktem Widerspruch zu Buffetts fünf Jahrzehnten Anlageerfahrung und erklärte auch nicht die Performance der erfolgreichen Value-Investoren, die vor ihm aktiv waren. In seinem Brief an die Aktionäre aus dem Jahr 1988 ging Buffett in die Offensive: Es war ihm wichtig, dass die Leser die Lehren, die er von Graham erhalten hatte, und das Wissen, das er durch den Einsatz seines Geldes gewonnen hatte, verstanden.

Buffett kritisierte die Verfechter der EMT. Sie hätten zwar richtig festgestellt, dass der Markt *häufig* effizient sei, seien aber zu dem falschen Schluss gekommen, dass er *immer* effizient sei. Der Unterschied zwischen diesen Behauptungen sei wie Tag und Nacht.

> „Meiner Meinung nach zeigt die kontinuierliche 63-jährige Arbitrage-Erfahrung von Graham-Newman Corp., Buffett Partnership und Berkshire, wie töricht die EMT ist (es gibt noch viele andere Belege). Als ich bei Graham-Newman war, habe ich eine Studie durchgeführt, in der es um die Arbitrage-Erträge während der gesamten Lebensdauer des Unternehmens von 1926 bis 1956 ging. Die ungehebelten Erträge betrugen im Durchschnitt 20 Prozent pro Jahr. Ab 1956 wandte ich die Arbitrageprinzipien von Benjamin Graham an, zunächst bei Buffett Partnership und dann bei Berkshire. Ich habe zwar keine genauen Berechnungen angestellt, aber genug Arbeit geleistet, um zu wissen, dass die Renditen von 1956 bis 1988 im Durchschnitt deutlich über 20

> Prozent lagen (natürlich agierte ich in einem weitaus günstigeren Umfeld als Ben; er musste sich mit den Jahren 1929 bis 1932 auseinandersetzen)."

Im gleichen Zeitraum von 63 Jahren erzielte der Gesamtmarkt eine jährliche Rendite von knapp zehn Prozent, einschließlich Dividenden. Das bedeutet, dass aus 1.000 Dollar 405.000 Dollar geworden wären, wenn alle Erträge reinvestiert worden wären. Bei einer Rendite von 20 Prozent wären daraus hingegen 97 Millionen Dollar geworden. „Das scheint uns ein statistisch signifikanter Unterschied zu sein, der durchaus neugierig machen könnte." Er fuhr fort:

> „Der Schaden, der Studenten und leichtgläubigen Anlageexperten, die die EMT verinnerlicht hatten, zugefügt wurde, erwies uns und anderen Graham-Anhängern natürlich einen außerordentlichen Dienst. Bei jeder Art von Wettbewerb – finanziell, geistig oder körperlich – ist es ein enormer Vorteil, Gegner zu haben, denen beigebracht wurde, es sei sinnlos, es überhaupt zu versuchen. Aus egoistischer Sicht sollten Grahamiten wahrscheinlich Lehrstühle stiften, um die fortwährende Lehre der EMT sicherzustellen."

Am 50. Jahrestag der Veröffentlichung des Buches „Die Geheimnisse der Wertpapieranalyse" von Benjamin Graham und David Dodd hielt Buffett eine Rede an der Columbia University. In „The Superinvestors of Graham-and-Doddsville" widerlegte er auf elegante Weise die Vorstellung, dass der Aktienmarkt immer effizient und daher langfristig unschlagbar sei, indem er einen Ort – ein geistiges Zuhause – namens Graham-and-Doddsville beschrieb. Diejenigen, die dort wohnten, schnitten besser ab als würfelnde Orang-Utans. Sie können den Text dieser Rede und einen nachfolgenden Artikel gleichen Namens leicht mittels einer Google-Suche finden.

BUFFETT ÜBER DEN VORTEIL DER UMSCHLAGSVERMEIDUNG

In den späten 1980er-Jahren war Buffett voll im Aufklärungsmodus: Er versuchte, anderen Anlegern zu helfen, häufige Fehler zu vermeiden, brachte auf den Hauptversammlungen von Berkshire mahnende Beispiele, sprach mit MBA-Studenten, trat im Fernsehen auf und schrieb seine jährlichen Briefe an die Aktionäre. Eines der Themen, das ihn 1989 beschäftigte, war der Fehler, die Zusammensetzung eines Portfolios schnell zu ändern – viele sogenannte professionelle Fondsmanager wiesen eine jährliche Umschlagsrate (Anteil der Positionsänderungen) von über 100 Prozent auf.

Wenn man von Beginn an die Absicht hat, Aktien über viele Jahre im Portfolio zu halten, kann man wesentlich höhere Renditen erzielen. Dies liegt nicht nur an einer vernünftigeren Einstellung, die sich auf die langfristigen Aussichten des zugrunde liegenden Unternehmens und nicht auf die kurzfristigen Auswüchse des Marktes konzentriert, sondern auch an den Einsparungen bei den Transaktionskosten und den Steuern auf erzielte Kapitalerträge. Und dann sind da noch die zwischenmenschlichen Aspekte des Aufbaus langfristiger Freundschaften und der Verständigung mit den jeweiligen Unternehmenschefs.

Zur Veranschaulichung: In seinem Brief aus dem Jahr 1989 forderte Buffett uns auf, den Extremfall zu betrachten, dass man mit einem Dollar anfängt, für diesen Betrag Aktien kauft und diese dann während eines Jahres hält, in dem eine Rendite von 100 Prozent erzielt wird.

Wenn der Verkaufserlös nach Steuern dazu verwendet würde, diesen Vorgang in den nächsten 19 Jahren zu wiederholen – und jedes Mal eine Rendite von 100 Prozent erzielt würde –, würden bei einer Kapitalertragsteuer von 34 Prozent 13.000 Dollar an den Staat abgeführt werden, sodass etwa 25.250 Dollar für den Anleger übrig blieben. Nicht schlecht.

Wäre jedoch nur eine einzige Investition getätigt worden, die sich im Laufe der 20 Jahre 20-mal verdoppeln würde, wäre unser Dollar auf 1.048.576 Dollar angewachsen. Bei einer Auszahlung bliebe ein Gewinn von etwa 692.000 Dollar nach einem Steuerabzug von etwa 356.500 Dollar.

Der einzige Grund für diesen atemberaubenden Unterschied zwischen den Ergebnissen wäre der Zeitpunkt der Steuerzahlungen. Auch vom zweiten Szenario profitiert der Staat erheblich, auch wenn er auf sein Geld warten müsste.

Buffett war sich jedoch darüber im Klaren, dass diese Rechnung nicht der Grund dafür war, dass man ihre Strategie der langfristigen Investitionen gewählt hatte. Es sei möglich, dass man noch höhere Nachsteuerrenditen hätte erzielen können, wenn man häufiger von einer Anlage zur anderen gewechselt hätte. Vor vielen Jahren hätten er und Munger genau das getan.

> „Jetzt halten wir lieber die Füße still, auch wenn das etwas weniger Rendite bedeutet. Der Grund ist einfach: Wir haben festgestellt, dass großartige Geschäftsbeziehungen so selten sind und so viel Spaß machen, dass wir an allen, die wir aufbauen, festhalten wollen. Diese Entscheidung fällt uns besonders leicht, weil wir das Gefühl haben, dass diese Beziehungen gute – wenn auch vielleicht nicht optimale – finanzielle Ergebnisse bringen werden."

Die Beendigung von Beziehungen mit „Menschen, von denen wir wissen, dass sie interessant und bewundernswert sind, um Zeit mit anderen zu verbringen, die wir nicht kennen und deren menschliche Qualitäten wahrscheinlich eher dem Durchschnitt entsprechen", erschien Buffett nicht sehr sinnvoll. Das wäre so, als würde man „nur des Geldes wegen heiraten – unter den meisten Umständen ein Fehler, und wenn man bereits reich ist, Wahnsinn".

EINE KURZE GESCHICHTE VON BORSHEIMS

Das erste Geschäft in Omaha wurde 1870 in den Gründungstagen der Union-Pacific-Eisenbahnstadt von Louis Borsheim eröffnet. Es befand sich bis 1947 im Besitz seiner Familie, dann wurde das kleine Juweliergeschäft von Louis und Rebecca Friedman und ihrem Sohn Ike gekauft.

Rebecca steht auch mit einer anderen Geschichte in diesem Buch in Verbindung. Sie ist eine der jüngeren Schwestern von Rose Blumkin, die durch den Nebraska Furniture Mart berühmt wurde (Investition 3 – 1983 von Berkshire aufgekauft). Mrs. B. hatte jahrelang hart gearbeitet und genug Geld gespart, um ihren Geschwistern bei der Flucht aus dem unterdrückten sowjetischen Weißrussland zu helfen. Rebecca und Louis nutzten das aus Omaha gesendete Geld, um 1922 über Lettland nach Amerika zu gelangen, eine Reise, die voller Gefahren war. Bei ihrer Ankunft in den USA hatten sie kein nennenswertes Vermögen, doch durch harte Arbeit, Intelligenz und Anstand sammelten sie im Laufe eines Vierteljahrhunderts genug Kapital an, um Borsheims zu kaufen.

Friedmans Geschäft wurde mit der gleichen Philosophie wie der Nebraska Furniture Mart geführt: ein einziger Standort, der den Kunden ein breites Sortiment bietet; billig verkaufen und die Wahrheit sagen; die niedrigen Preise, die man von den Lieferanten (aufgrund des großen Volumens) erhält, und die Vorteile einer niedrigen Kostenquote werden an die Kunden weitergegeben, was zu einem schnellen Warenumschlag führt; und eine Familie, die sich dafür einsetzt, dass jedes Detail stimmt.

Warren Buffett sagte, es sei ein Versäumnis gewesen, dass er das Unternehmen nicht schon kurz nach dem Kauf von NFM im Jahr 1983 als potenziellen Übernahmekandidaten erkannt hatte. „Ihr Vorsitzender hat es versäumt, Mrs. B. eine Frage zu stellen, an die jeder Schuljunge gedacht hätte: ‚Gibt es bei dir zu Hause noch mehr von deiner Sorte?'"[215]

1986 zog Borsheims von dem rund 700 Quadratmeter großen Geschäft mit 35 Mitarbeitern in der Innenstadt an den heutigen Standort 120 Regency Pkwy an der Dodge Street in Omaha um, acht Meilen vom Stadtzentrum entfernt. Dieser Standort bot deutlich mehr (und billigeren) Platz für Wachstum und reichlich Parkplätze; mit dem Umzug wurde die Fläche mehr als verdreifacht (und hat sich seitdem noch einmal verdoppelt).

Zu diesem Zeitpunkt waren Rebecca und Louis bereits in den Achtzigern und traten mehr in den Hintergrund, halfen aber immer noch an den meisten Tagen im Geschäft mit. Ike wurde von einer neuen Generation tatkräftig unterstützt. Sein Sohn Alan, der mit fünf Jahren als Fußbodenkehrer anfing und bereits mit zehn Jahren die Kunden bediente, war 1986 (im Alter von 31 Jahren) ein voll qualifizierter und begeisterter Edelstein-Experte mit einer besonderen Vorliebe für Farbsteine. Die Schwiegersöhne Donald Yale (verheiratet mit Janis Friedman) und Marvin Kohn (verheiratet mit Susie Friedman) arbeiteten hauptberuflich für das Geschäft – die Töchter von Ike und Roz Friedman halfen in arbeitsreichen Zeiten mit.

Ike wurde von Mitarbeitern und Kunden gleichermaßen als freundliche, sachkundige Führungskraft und als unübertrefflicher Einzelhändler bewundert. Einer kommentierte: „Ike Friedman war eine bemerkenswerte Persönlichkeit. Er hatte den Sachverstand eines Computers, der die Menschen an ihrem Schmuck und an ihren früheren Käufen erkannte … Ein unglaublicher Verhandlungsführer, ein unglaublicher Einkäufer, ein unglaublicher Verkäufer.“[216]

DER DEAL

Die Legende besagt, dass Donald Yale Buffett dazu brachte, über den Kauf von Borsheims nachzudenken. Buffett hatte dort schon seit Jahren eingekauft, und als Weihnachten 1988 nahte, suchte er nach einem Ring. Da die Angestellten ihn gut kannten, kam man mit ihm ins Plaudern.

Während Buffett suchte, rief Yale: „Verkaufen Sie Warren keinen Ring, verkaufen Sie ihm den ganzen Laden!“[217] Nach den Feiertagen rief Buffett an und fragte, ob ein Verkauf möglich sei. Im Februar wurde ein kurzes Treffen mit Ike Friedman und Donald Yale in Friedmans Haus vereinbart.

Das Geschäft wurde in nur zehn Minuten abgeschlossen, in denen Buffett fünf Fragen stellte[218] (er wusste bereits, dass das Unternehmen keine Schulden hatte, und er kannte den hervorragenden Ruf, den es genoss):

1. Wie hoch ist der Umsatz?
2. Wie hoch ist der Bruttogewinn?
3. Wie hoch sind die Ausgaben?
4. Wie groß sind die Vorräte?
5. Sind Sie bereit, weiterzumachen?

Die ersten vier – die ohne Bezugnahme auf Notizen beantwortet wurden – bestätigten, dass das Unternehmen in ausgezeichneter Verfassung war. Die fünfte Frage wurde bejaht, sodass Buffett die wichtigsten Mitarbeiter – insbesondere Ike – für die Weiterentwicklung des Unternehmens zur Verfügung standen.

Für 80 Prozent der Anteile wurde eine Barzahlung geleistet, und zwar mit einem Rechtsdokument, das nur etwa eine Seite umfasste und 1.100 Dollar an Anwaltskosten kostete. Über den Preis wurde Stillschweigen vereinbart – Gerüchten zufolge lag er in der Größenordnung von 60 Millionen Dollar, aber ich habe keine Belege dafür. Ike wurde dadurch jedenfalls sehr kapitalkräftig, und die verbleibenden 20 Prozent der Anteile wurden zwischen Alan Friedman, Donald Yale und Ehefrau Janis sowie Marvin Kohn und Ehefrau Susie aufgeteilt.

Im Frühjahr 1989 schrieb Buffett:

> „Dieser Kauf … bietet genau das, wonach wir suchen: ein hervorragendes Unternehmen, das von Menschen geführt wird, die wir mögen, bewundern und denen wir vertrauen. Für uns ist es großartig, das Jahr so beginnen zu können … Die meisten Menschen fühlen sich, egal wie erfahren sie auf anderen Gebieten sind, beim Kauf von Schmuck wie ein Kind im Wald. Sie können weder die Qualität noch den Preis beurteilen. Für sie macht nur eine Regel Sinn: Wenn du dich nicht mit Schmuck auskennst, dann solltest du über den Juwelier Bescheid wissen … Borsheims hatte keine geprüften Jahresabschlüsse; trotzdem haben wir weder Inventur gemacht, noch Forderungen überprüft oder den Betrieb in irgendeiner Weise kontrolliert. Ike hat uns einfach gesagt, was Sache ist – auf dieser Grundlage haben wir einen einseitigen Vertrag aufgesetzt und einen hohen Scheck ausgestellt."[219]

BORSHEIMS BLÜHT AUF

Unmittelbar nach der Transaktion gab Buffett die Anweisung: „Vergessen Sie, dass das passiert ist, und machen Sie einfach weiter."[220] Das war's, laut Donald Yale gab es keine weiteren Anweisungen – keine Diskussion über wichtige Fragen wie Wachstumspläne, Managementhierarchie, Entscheidungsfindung oder wie man die Gewinne steigern könnte. Stattdessen: Machen Sie einfach weiter mit dem, was Sie tun, nutzen Sie Ihre Entschlusskraft, und Berkshire wird Sie auf lange Sicht unterstützen.

> „Alle Mitglieder der Friedman-Familie werden weiterhin so arbeiten wie bisher; Charlie und ich werden am Rande bleiben, wo wir hingehören. Und wenn wir sagen ‚alle Mitglieder', dann haben diese Worte eine echte Bedeutung. Herr und Frau Friedman, 88 beziehungsweise 87 Jahre alt, sind täglich im Geschäft. Die Ehefrauen von Ike, Alan, Marvin und Donald helfen alle mit, wenn viel zu tun ist, und eine vierte Generation beginnt, sich einzuarbeiten."[221]

Die Unterstützung durch Berkshire ist ein großer Segen gewesen. Neben der zusätzlichen Publicity hat Borsheims von der Liquidität und der Kreditwürdigkeit von Berkshire profitiert (einem von nur wenigen Unternehmen mit AAA-Rating), was dem Unternehmen eine enorme Kaufkraft verleiht. Es kann Großeinkäufe im Voraus bezahlen und so die niedrigsten Preise erzielen (es ist sehr selten, dass Juweliere im Voraus bezahlen).

Buffett stellte Borsheims auf die gleiche Stufe wie „The Sainted Seven" („Die Geheiligten Sieben") – jene von Berkshire kontrollierten Unternehmen mit guten bis hervorragenden wirtschaftlichen Eigenschaften und den besten Managern:

> „In der Vergangenheit bezeichneten wir unsere großen Produktions-, Verlags- und Einzelhandelsunternehmen als ‚The Sainted Seven'. Als wir Anfang 1989 Borsheims übernahmen, bestand die Herausforderung darin, einen neuen Titel zu finden, der sowohl alliterativ als auch angemessen war. Wir sind gescheitert: Nennen wir die Gruppe ‚The Sainted Seven Plus One' … Die meisten dieser Manager müssen nicht für ihren Lebensunterhalt arbeiten; sie kommen ins Stadion, weil sie gern einen Homerun erzielen. Und genau das tun sie dann auch."[222]

Kurz nach dem Kauf wurde Ike zu einem ganz besonderen Treffen von Buffetts Investorenfreunden eingeladen – mit jenen, die Value-Fonds auf der Grundlage der Prinzipien von Benjamin Graham verwalteten:

> „Ike beschloss, die Gruppe einzuschüchtern, und brachte aus Omaha besonders ausgefallene Ware im Wert von etwa 20 Millionen Dollar mit. Ich war etwas beunruhigt – Bishop's Lodge ist nicht Fort Knox – und erwähnte meine Bedenken gegenüber Ike auf unserer Eröffnungsparty am Abend vor seiner Präsentation. Ike nahm mich beiseite. ‚Siehst du diesen Safe?', fragte er mich.

‚Heute Nachmittag haben wir die Kombination geändert, und jetzt weiß nicht einmal die Hotelleitung, wie sie lautet.' Ich atmete erleichtert auf. Ike fuhr fort: ‚Siehst du die beiden großen Kerle mit den Pistolen an den Hüften? Sie werden den Safe die ganze Nacht über bewachen.' Nun war ich bereit, wieder an der Party teilzunehmen. Aber Ike neigte sich noch näher an mich heran: ‚Und außerdem, Warren', vertraute er mir an, ‚sind die Juwelen gar nicht im Safe.' Wie könnten wir uns so einen Mann entgehen lassen?"[223]

Während Borsheims wuchs, gelang es dem Unternehmen, seine Betriebskosten bei etwa 18 Prozent des Umsatzes zu halten, was weniger als die Hälfte der Kosten eines typischen Wettbewerbers war.

Leider starb Ike 1991, nur zwei Jahre nach dem Kauf durch Berkshire, plötzlich an Lungenkrebs. Eine Nachfolgeregelung gab es nicht. Alan Friedman hatte das Unternehmen verlassen, um eigene Juweliergeschäfte in Beverly Hills zu eröffnen, und seine Anteile an Berkshire Hathaway verkauft. Yale wurde Präsident und CEO, und Marvin Cohn zum Executive Vice President ernannt. Drei Jahre lang lief alles reibungslos, doch 1994 erkrankte Janis Yale an Krebs. Donald Yale versuchte eine Zeit lang, sowohl seinen Führungsaufgaben als auch seinen familiären Verpflichtungen gerecht zu werden, aber er war der Meinung, dass seine Familie Vorrang hatte, und trat deshalb von seinem Amt als Geschäftsführer zurück, behielt jedoch eine nicht geschäftsführende Position im Verwaltungsrat.

Nach einem kurzen Gespräch mit Buffett wurde die 34-jährige Susan Jacques zur Präsidentin und CEO ernannt. Sie war 14 Jahre zuvor aus Simbabwe (damals noch Rhodesien) nach Amerika gekommen. 1983 lernte sie Alan Friedman während eines Kurses über Edelsteine kennen, der in Florida stattfand. Er bot ihr eine Stelle bei Borsheims als einfache Verkäuferin an, für vier Dollar pro Stunde. Sie scherzt, dass drei Dinge dagegensprachen, dass sie in einer von jüdischen Männern mittleren Alters dominierten Branche eine Führungskraft wurde: Sie war jung, eine Frau und eine *Goje* (Nichtjüdin). Was Buffett jedoch suchte, waren Kompetenz, Energie und Integrität, und sie erfüllte diese Voraussetzungen sehr gut.

> „Obwohl sie keine Führungserfahrung hatte, zögerte ich nicht, sie 1994 zur Geschäftsführerin zu machen. Sie ist klug, sie liebt das Geschäft und sie liebt ihre Mitarbeiter. Das ist allemal besser als ein MBA-Abschluss. (Eine Randbemerkung: Charlie und ich sind keine großen Fans von Lebensläufen. Stattdessen konzentrieren wir uns auf Köpfchen, Leidenschaft und Integrität.)"[224]

Im Jahr 2014 verließ Susan Jacques Borsheims, um ihrer Leidenschaft zu folgen und Präsidentin und CEO des Gemological Institute of America zu werden, wo sie 1980 als Studentin begonnen hatte. Buffett sagte: „Ich könnte nicht glücklicher und stolzer auf Susan sein. Auch wenn ich ihren Rücktritt nach ihrer langen und glänzenden Karriere bei Borsheims mit großem Bedauern akzeptiere, weiß ich, dass sie beim GIA eine Aufgabe annimmt, die ihr sehr am Herzen liegt und die es ihr ermöglicht, der Schmuckindustrie etwas zurückzugeben. Ich bin zuversichtlich, dass sie in ihre neue und aufregende Rolle in der Edelstein- und Schmuckindustrie den gleichen Stil der Professionalität und Zusammenarbeit einbringen wird, den sie während ihrer langjährigen Tätigkeit bei Borsheims perfektioniert hat."[225]

Das 350 Angestellte zählende, über 6.000 Quadratmeter große Geschäft liegt nun in den Händen von Karen Goracke, CEO, und Marvin Cohn, Executive Vice President, und es entwickelt sich von Mal zu Mal besser.

LEKTIONEN

1. **Die Vorteile des Zusammenschlusses.** Borsheims wurde durch die zusätzliche Aufmerksamkeit, die es durch die Zugehörigkeit zur Berkshire-Familie erhielt, gestärkt, nicht zuletzt durch die Loyalität der Aktionäre. Außerdem wird die Kaufkraft von Borsheims durch Berkshires Kreditwürdigkeit und seine erheblichen finanziellen Ressourcen gestärkt.
2. **Eine tief verwurzelte, allgegenwärtige Unternehmenskultur ist wertvoll.** Wenn eine Unternehmenskultur so weit entwickelt ist, dass sie im gesamten Unternehmen tief verwurzelt ist, dann wird der Verlust eines Gründers/einer Schlüsselperson dem Unternehmen nicht allzu sehr schaden. Als Buffett Ike Friedman verlor, fand die kollegiale Kultur des Zusammenhalts bei Borsheims schnell einen sachkundigen und erfahrenen Ersatz in Donald Yale. Als er das Unternehmen verlassen musste, rückte Susan Jacques auf, um die Strategie, die Politik und die Einstellung des Unternehmens fortzuführen; später wurde sie von Karen Goracke erfolgreich abgelöst.
3. **Einen positiven Kreislauf nicht überstrapazieren.** Die niedrigen Preise und Kosten, die Kaufkraft und das große Sortiment von Borsheims ziehen Kunden aus nah und fern an. Dies ermöglicht ein hohes Umsatzvolumen, das wiederum zu niedrigen Preisen und Kosten, größerer Kaufkraft und größerem Angebot führt. Die Vorteile dieses positiven Kreislaufs müssen größtenteils an die Kunden weitergegeben werden. Wenn Borsheims bei der operativen Marge gierig wird, werden die Wettbewerber Kunden abwerben.
4. **Der Aktienmarkt ist keine perfekte Waage zur Messung des Unternehmenswerts.** Er ist in einem Großteil der Zeit effizient darin, für die meisten Menschen, die es angeht, den Wert von Aktien zu ermitteln. Dennoch gibt es viele Möglichkeiten, Ineffizienzen auszunutzen und dadurch eine Outperformance

zu erzielen. Dies gilt vor allem dann, wenn man sich darauf konzentriert, das Unternehmen zu verstehen, die Qualität der Führungskräfte einzuschätzen, eine Sicherheitsmarge für den Aktienkurs einzuplanen, keine unrealistischen Renditen anzustreben und die Emotionen von Mr. Market zu nutzen.

5. **Nicht umschichten.** Das Halten von Aktien nur über kurze Zeiträume führt zu einer falschen Denkweise, höheren Steuern und Transaktionskosten und damit zu niedrigeren Renditen.

Investition 10

GILLETTE - PROCTER & GAMBLE - DURACELL

Eckpunkte des Geschäfts

Geschäft	**Gillette - Procter & Gamble - Duracell**
Zeit	1989 bis heute
Gezahlter Preis	600 Millionen USD (zuzüglich 430 Millionen USD für P&G-Aktien von 2006 bis 2008)
Menge	Vorzugsaktien im Wert von 600 Millionen USD, die später in Stammaktien von Gillette (11% des Eigenkapitals) umgetauscht wurden, die wiederum in P&G-Aktien (3%) umgetauscht wurden - die wiederum in 100% von Duracell umgetauscht wurden
Verkaufspreis	Duracell ist heute Teil von Berkshire Hathaway
Gewinn	Mindestens das 9-Fache
Berkshire Hathaway im Jahr 1989	Aktienkurs: 4.800-8.810 USD Buchwert: 4.927 Millionen USD Buchwert pro Aktie: 4.296 USD

Diese Fallstudie zeigt, wie wichtig es ist, wirtschaftliche Marktpositionen zu erkennen, die sich im Laufe der Zeit dadurch herausgebildet haben, dass sie einen tiefen Eindruck in den Köpfen der Verbraucher hinterlassen haben. Die Menschen binden sich an Produkte, mit denen sie seit Langem vertraut sind und denen sie vertrauen. Sobald eine Marke diesen sogenannten „Share of Mind“ erreicht hat, ist es für potenzielle Konkurrenten schwierig, den etablierten Anbieter herauszufordern. Diese Art von tiefem und breitem Wassergraben um eine burgartige Marktposition ermöglicht außergewöhnliche Renditen auf das Eigenkapital, da eine starke Marke eine größere Preissetzungsmacht hat.

Aber auch starke Konsumgüterunternehmen können anfällig werden. In den späten 1980er-Jahren machte Gillette eine solche Phase durch, allerdings nicht in Bezug auf die Produktattraktivität, sondern auf die Finanzstruktur. Das Unternehmen war von Wall-Street-Heuschrecken angegriffen worden und beschloss, die aggressiven Aktionäre zu besänftigen, indem es in großem Umfang Kredite aufnahm und seine eigenen Aktien zurückkaufte. Dies ging aber zu weit; dem Unternehmen begann das Geld auszugehen und es blieb im Visier von Aktivisten und Private-Equity-Akteuren. Es brauchte schnell eine große Finanzspritze und einen freundlich gesinnten Großaktionär, der nicht an Heuschrecken verkaufen oder die Manager entlassen würde – was der langfristigen Gesundheit der Unternehmenssparten unermesslichen Schaden zufügen würde. Berkshire Hathaway, Warren Buffett und Charlie Munger waren genau die Richtigen. Sie konnten fast im Handumdrehen 600 Millionen Dollar aufbringen. Sie würden es den Geschäftsführern ermöglichen, im langfristigen Interesse des Unternehmens zu wirtschaften, und sie würden die großen Tiere der Wall Street abschrecken.

Zunächst kaufte Berkshire Vorzugsaktien, um eine sehr großzügige Dividende zu erhalten. Aber es dauerte nicht lange, bis die Vorzugsaktien in Stammaktien umgewandelt wurden, und dann stiegen die Aktien auf ein Vielfaches der 600 Millionen Dollar, die investiert worden waren.

Einige Jahre später bot sich die Gelegenheit, Gillette und seine außerordentlich starken Marken mit Procter & Gamble zu kombinieren – dem Unternehmen mit der weltweit größten Auswahl an starken Marken. Buffett und Munger ergriffen die Chance, Berkshire zum größte Anteilseigner des fusionierten Konzerns zu machen. Sie sahen die Qualität der Marktstellungen, und sie sahen das Potenzial für Synergien bei der Verknüpfung von Transaktionen, nicht zuletzt die verbesserte Verhandlungsmacht gegenüber den Supermärkten.

Später, als der Aktienkurs von Procter & Gamble hoch war und die Direktoren bereit waren, sich von einem ihrer Geschäftsbereiche – Duracell – zu einem Preis zu trennen, den Buffett und Munger für günstig hielten, tauschte Berkshire seine Beteiligung an P&G gegen 100 Prozent von Duracell ein. Dieses Juwel wurde für eine Bargeldmitgift von 1,8 Milliarden Dollar erworben. Der Deal fand 2015 statt, und Duracell wird nun als Teil eines größeren Plans gesehen, der Berkshire auf den Wechsel von einer in energetischer Hinsicht mit Kohlenstoff gespeisten Welt zu einer Welt elektrischer Energie vorbereitet. Duracell passt gut zu Berkshire Hathaway Energy und zu BYDs Elektroautos und Batterien. Auch ohne das Potenzial aus der Zusammenarbeit mit BHE und BYD hat Duracell einen Anteil von einem Viertel am weltweiten Batteriemarkt und eine sehr starke Marke.

DIE ERRICHTUNG DER WIRTSCHAFTLICHEN MARKTSTELLUNG VON GILLETTE

King Gillette, ein Handelsreisender mittleren Alters, der von Zeit zu Zeit auch Patente anmeldete, war der Meinung, dass er die in den 1890er-Jahren auf dem Markt befindlichen Sicherheitsrasierer übertreffen konnte. Diese hatten eine ähnliche Form wie die heutigen Rasiermesser, besaßen aber nur eine scharfe Seite. Ärgerlicherweise musste man sie auf einem *Lederriemen* schärfen oder einen Fachmann damit beauftragen, sie richtig zu schärfen. Es dauerte nicht lange, bis die Klinge nicht mehr geschärft werden konnte. Diese Komplikationen waren für den Vertreter ein Ärgernis, zumal er oft gezwungen war, sich in einem fahrenden Zug zu rasieren.

Gillette arbeitete an einigen Ideen und kam 1895 darauf, ein dünnes, rechteckiges, beidseitig geschliffenes Metallblech zu verwenden, das billig genug war, es wegzuwerfen, und leicht ersetzt werden konnte. Es dauerte jedoch sechs Jahre, bis er zusammen mit dem MIT-Absolventen William Emery Nickerson herausfand, wie man es in großen Mengen produzieren konnte. Das Schärfen von dünnem, billigem Stahl war nicht einfach; Nickerson musste dafür eigene Maschinen entwickeln.

Gillette und Nickerson gründeten ihr Unternehmen im Jahr 1901, aber erst 1903 liefen Rasierer und Klingen vom Band. Bis zum Ende des folgenden Jahres wurden über 91.000 Rasierer verkauft. Für die Kunden war es eine ziemliche Neuheit, einen Rasierapparat und anschließend eine Reihe von Klingenpackungen zu kaufen. Im Jahr 1904 wurde ein Patent für eine Rasierklinge mit beidseitigen scharfen Schneiden erteilt, die weggeworfen werden konnte, wenn sie stumpf war. Der Einzelhandelspreis von fünf Dollar – ein halber Wochenlohn – für den Sicherheitsrasierer und eine Packung mit 20 Klingen erscheint recht hoch, aber die Bequemlichkeit war es eindeutig wert. Eine Packung mit 20 Klingen kostete einen Dollar.

Die Gillette Company fand vielleicht nur langsam einen Weg zur Massenproduktion, aber als sie ihn gefunden hatte, konnte sie die Produktion sehr schnell hochfahren und ins Ausland expandieren. Ende 1908 gab es Produktionsstätten in Großbritannien, Kanada, Frankreich und Deutschland sowie in den Vereinigten Staaten.

Die Konkurrenten erkannten den Marktvorteil von Gillette, und es dauerte nicht lange, bis auch sie zweischneidige Klingen anboten. Patentschlachten waren unvermeidlich, und oft kaufte Gillette den Gegner auf.

John Joyce, ein bedeutender Investor und Direktor, kämpfte mit King Gillette um die Kontrolle des Unternehmens. Letzten Endes (1910) verkaufte Gillette einen erheblichen Teil seiner Mehrheitsbeteiligung an Joyce. Er zog sich daraufhin zwar zeitweise in den Ruhestand zurück, wurde jedoch zum Präsidenten des Unternehmens ernannt und besuchte häufig ausländische Niederlassungen (sein Gesicht war durch das Bild auf den Verpackungen bekannt). Gillette konzentrierte sich mehr auf Reisen, Immobilien und den Kauf von Aktien an der Börse, während Joyce das Tagesgeschäft führte. Als Joyce 1916 starb, kaufte sein Freund Edward Aldred, ein Investmentbanker, die Gillette-Aktien aus dem Nachlass von Joyce.

Der Durchbruch gelang, als das Unternehmen den Auftrag erhielt, die US-Streitkräfte im Ersten Weltkrieg mit Rasierern zu versorgen, die zur Ausrüstung der Soldaten gehörten – 3,5 Millionen Rasierer und 32 Millionen Klingen. Natürlich behielten die zurückkehrenden Soldaten ihre Rasierer und, was für das Unternehmen noch wichtiger war, die Gewohnheit, die Klingen von Gillette zu benutzen.

Gillette gilt als Erfinder der Geschäftsstrategie, ein Produkt billig und oft mit Verlust zu verkaufen, um den Kundenstamm zu vergrößern, und anschließend ein ergänzendes Produkt zu hohen Preisen zu verkaufen. An den Wirtschaftshochschulen wird diese Strategie als „Razor-and-Blade-Geschäftsmodell" bezeichnet, aber sie wurde auf viele Branchen angewandt, von Spielkonsolen bis hin zum Musik-Streaming (Freemium-Modell).

Unzutreffend ist jedoch die Behauptung, King Gillette sei auf diese Idee gekommen. Vielmehr verlangte Gillette bis 1921, als das Produkt noch unter Patentschutz stand, hohe Preise für den Griff. Gillette hatte beschlossen, sich als Qualitätsmarke zu vermarkten, und forderte für das erste Set bis zum 5-Fachen des Preises anderer Marken. Als das Patent jedoch auslief, hatte Gillette nicht mehr das Exklusivrecht, seine spezielle Form des Griffs anzubieten, sodass es den Preis seines alten Modells senkte, um mit der Konkurrenz gleichzuziehen oder sie zu unterbieten, während es einen neuen patentierten Griff einführte, der zu einem Höchstpreis verkauft wurde. Dies hatte zur Folge, dass die Konkurrenten am unteren Ende des Marktes unter Druck gesetzt beziehungsweise ausgeschlossen wurden – es wurde also eine Razor-and-Blade-Strategie verfolgt –, aber auch eine spezielle, verbesserte Version angeboten wurde.

Theoretisch hätte das Unternehmen unter Wettbewerbsdruck geraten müssen, um die Klingenpreise zu senken, nachdem das Patent 1921 ausgelaufen war und die Klingen kopiert werden konnten. Aber zu diesem Zeitpunkt hatten sich Millionen von Männern in aller Welt daran gewöhnt, die Qualitätsklingen von Gillette zu kaufen, und das starke Marketing verstärkte die Botschaft, dass es sich lohne, für „das Beste im Mann, was ein Mann bekommen kann“, mehr zu bezahlen. Die Investition in die Marke zahlte sich wirklich aus und bewirkte einen starken psychologischen Loyalitätseffekt. Der Erfolg war sogar so groß, dass Gillette in den 1950er-Jahren in den USA einen Marktanteil von 70 bis 75 Prozent erreichte und auch in vielen anderen Ländern einen hohen Marktanteil hatte.

Diversifizierung

In den 1950er- und 1960er-Jahren häuften sich im Unternehmen Barmittel an, und die Geschäftsführer sahen Möglichkeiten für Investitionen in angrenzende und weniger angrenzende Marktbereiche. Als Erstes wurde 1953 eine schäumende Rasiercreme eingeführt. Zwei Jahre später wandte sich das Unternehmen mit der Übernahme von Paper Mate, einem Hersteller von Kugelschreibern, einem Bereich zu, der nichts mit der Körperpflege von Männern zu tun hatte. Um zum Kernbereich zurückzukehren, wurde 1960 das Deo Right Guard auf den Markt gebracht und 1967 das deutsche Unternehmen Braun aufgekauft, das vor allem für elektrische Rasierapparate bekannt war, aber auch eine Reihe anderer elektrischer Produkte anbot. Dann spürte man wieder die Anziehungskraft von Kugelschreibern und kaufte die Firmen Parker und Waterman. Dies sind nur die Highlights – die ganze Liste ist zu lang, um sie hier aufzuführen. Es genügt, zu sagen, dass sich das Unternehmen stark diversifizierte.

Während diese Ansammlung von Marken erfolgte, dehnte sich der Verkauf des Gillette-Rasierers (und anderer Produkte) rasch auf über 200 Länder aus. Es dauerte nicht lange, bis über 60 Prozent der Verkäufe außerhalb der USA getätigt wurden.

Colman Mockler, der seit 1957 bei Gillette tätig war, wurde 1975 zum CEO ernannt. Er war der Meinung, dass das Unternehmen zu stark diversifiziert war, den Fokus verloren hatte und einige Geschäftsbereiche betrieb, die nur geringe Kapitalrenditen boten (seine Karriere hatte er im Finanzbereich gemacht). Der neu eingesetzte CEO erbte ein Unternehmen, das Artikel von Feuerzeugen bis hin zu Deodorants verkaufte und bei einem weltweiten Umsatz von 1,5 Milliarden Dollar respektable 78 Millionen Dollar erwirtschaftete. Um die Renditen für die Aktionäre zu steigern, konzentrierte er sich vor allem auf diejenigen Märkte, in denen die Verbraucher häufig einkauften und in denen hohe Umsätze erzielt werden konnten. Er verkaufte Lederwaren, Pflanzendünger und Produkte aus einigen anderen Sparten und steckte das Geld in die Bereiche, in denen das Unternehmen einen klaren Wettbewerbsvorteil besaß. Außerdem erhöhte er das Werbebudget, um die auf dem Markenimage basierenden wirtschaftlichen Marktpositionen zu stärken.

Eine ernsthafte Wettbewerbsbedrohung

Das französische Unternehmen BIC erschütterte mit einer Serie von Einwegprodukten etliche Märkte. In Amerika trat das Unternehmen erstmals 1958 mit Einwegkugelschreibern auf, was sich erheblich auf Gillettes Paper Mate auswirkte. 1973 kam das BIC-Einwegfeuerzeug auf den Markt, das den Absatz der Cricket-Feuerzeuge von Gillette beeinträchtigte.

Sowohl der Markt für Kugelschreiber als auch der für Feuerzeuge waren für Gillette wichtig, aber nicht entscheidend. Der große Angriff auf den Kern des Unternehmens stand noch bevor. Gillette erwirtschaftete über 70 Prozent seines Gewinns mit Rasierklingen. Als BIC 1975 den einteiligen Einwegrasierer einführte, fühlte sich das Unternehmen ernsthaft bedroht. Gillette reagierte darauf mit Preissenkungen und der Betonung seiner besseren Qualität. Diese Maßnahmen waren erfolgreich, und die Gewinne von Gillette stiegen. 1976 brachte Gillette den ersten Einwegrasierer mit zwei Klingen auf den Markt, 1977 folgte der erste Rasierer mit Schwingkopf. Ein Teil des überschüssigen Geldes wurde 1984 für den Kauf des Zahnbürstenherstellers Oral-B verwendet.

Beschuss durch Wall-Street-Heuschrecken

Der Gewinnanstieg Anfang und Mitte der 1980er-Jahre machte das Unternehmen für eine Reihe von Wall-Street-Akteuren attraktiv, die leichten Zugang zu großen Mengen an Fremdkapital hatten (es war die Zeit des Junkbond-Wahns). Ronald O. Perelman, der im Jahr zuvor für 1,8 Milliarden Dollar die Kontrolle über Revlon übernommen hatte, unterbreitete 1986 ein Übernahmeangebot für Gillette in Höhe von 4,1 Milliarden Dollar. Revlon hatte bereits 13,9 Prozent der Aktien von Gillette erworben. Beide Unternehmen waren im Bereich der Körperpflegeprodukte tätig, und es wurde argumentiert, dass sich Synergien in Verkauf und Vertrieb ergeben würden.

Mockler kämpfte hart, aber das Ergebnis war, dass Gillette zustimmte, die von Revlon gehaltenen Aktien für 558 Millionen Dollar (59,50 Dollar pro Aktie, mehr als der Marktpreis von 56,625 Dollar) zurückzukaufen. Analysten an der Wall Street sahen in der Transaktion einen Fall von Greenmail[226], bei dem Revlon mit einem Gewinn von 43 Millionen Dollar davonkam und Gillette neun Millionen Dollar für seine Anwaltskosten zahlen musste. Für die verbleibenden Aktionäre sank der Aktienkurs auf 45,875 Dollar.

Um die Situation noch weiter zu verschärfen, kam Revlon im folgenden Jahr mit zwei weiteren unwillkommenen Angeboten zurück.

Gillette fühlte sich unter Druck gesetzt, seine Leistung zu verbessern, und strukturierte die Geschäftsleitung um, verkaufte leistungsschwache Einheiten, modernisierte Fabriken, verlagerte die Produktion an kostengünstige Standorte und reduzierte die Zahl der Beschäftigten.

Trotz alledem wurde das Unternehmen 1988 erneut zur Zielscheibe. Diesmal drängte Coniston Partners, eine New Yorker Investorengruppe, die sechs Prozent der Aktien hielt, darauf, vier Mitglieder des 12-köpfigen Vorstands von Gillette durch eigene Kandidaten zu ersetzen. Sie wollte, dass Gillette verkauft oder aufgespalten wird. Es kam zu einem intensiven Kampf, doch am Ende stimmten die Gillette-Aktionäre gegen die Ideen von Coniston. Aber es war sehr knapp, denn 48 Prozent der Aktionäre stimmten im Sinne von Coniston. Unter dem Druck des größten Aktionärs, also Coniston, und aus Angst vor weiteren unerwünschten Angeboten, entwickelte der Gillette-Vorstand einen Plan zum Rückkauf jeder siebten Aktie – diesmal offen für alle Aktionäre. Insgesamt wurden 16 Millionen Aktien im Wert von 720 Millionen Dollar erworben.

Das meiste Geld dafür wurde geliehen, was die Zinslast erheblich erhöhte (es wurden bis zu zehn Prozent jährlich gezahlt). Dies beunruhigte die Anleger und führte dazu, dass der Aktienkurs nach der Ankündigung des Rückkaufs im August 1988 um fünf Prozent fiel. Das Unternehmen versuchte die Aktionäre zu beruhigen, indem es prognostizierte, dass die Gesamtverschuldung bis 1992 auf „nur noch“ eine Milliarde Dollar sinken würde, was durch hohe Mittelzuflüsse unterstützt werde. Aber die Anleger konnten sehen, dass die Bilanz ein negatives Betriebsvermögen auswies (85 Millionen Dollar negatives Eigenkapital zu einem bestimmten Zeitpunkt im Jahr 1988), und Gillette setzte ein teures Investitionsprogramm um und hatte hohe Ausgaben zur Stärkung der Marke. Wenigstens flossen die Gewinne weiter: 1988 betrug der Gewinn 269 Millionen Dollar und stieg 1989 auf 385 Millionen Dollar bei einem Umsatz von 3,6 respektive 3,8 Milliarden Dollar.

Die Gillette-Direktoren waren gezwungen, zwei Aspekte anzuerkennen:

- Erstens hatten sie mühsam darum gekämpft, unabhängig zu bleiben – vielleicht war es nur eine Frage der Zeit, bis einer der großen Wall-Street-Bestien sie übernehmen würde.
- Zweitens waren sie zu hoch verschuldet, was das Unternehmen anfällig für finanzielle Notlagen machte.

Sie mussten ihre Verteidigung verstärken. Sie brauchten einen weißen Knappen, der in der Lage war, in erheblichem Umfang Eigenkapital einzubringen und aggressive Außenseiter abzuwehren. Aber wo konnte man einen solchen weißen Knappen finden, der ein paar Hundert Millionen Dollar zur Hand hatte?

DER DEAL

Warren Buffett saß in Omaha, las seine sechs Tageszeitungen und beobachtete aus entspanntem Abstand die Schwierigkeiten von Gillette; wie das Unternehmen dazu gebracht wurde, seine Bilanz zu schwächen, immer in der Angst vor einer weiteren zerstörerischen Bieterschlacht. An einem Frühlingsabend kam ihm bei der Lektüre des Gillette-Jahresberichts 1988 eine Idee: „Ich dachte mir, dass Gillette an einer großen Investition in seine Aktien interessiert sein könnte, weil sein gesamtes Kapital für den Rückkauf von Aktien aufgebraucht war … Ich würde mich dafür anbieten."[227]

In der Gillette-Zentrale hatte Direktor Joseph J. Sisco – ein berühmter Diplomat des Außenministeriums und Buffetts Vorstandskollege bei GEICO – ähnliche Gedanken. Buffett rief Sisco an, um ihn zu bitten, sich an Colman Mockler zu wenden, um herauszufinden, ob Gillette bereit wäre, über eine Investition von Berkshire zu beraten. „Ich sagte zu Joe: ‚Wenn sie Interesse haben, gut. Wenn sie keins haben, ist das auch in Ordnung.'"[228]

Sisco zögerte nicht, die Idee zu unterstützen, und war sich sicher, dass sich die beiden Männer aus dem Mittelwesten gut verstehen würden. Und tatsächlich: Als sich Mockler und Buffett einige Tage später in Omaha trafen, verstanden sie sich sehr gut und genossen beide eine schlichte Mahlzeit im Omaha Press Club (Hamburger und Coca-Cola). Buffett sagte: „Ich mochte ihn, die Chemie stimmte. Es war, als würde man ein Mädchen kennenlernen, es dauerte keine fünf Minuten. Und ich erkannte, dass er sehr kompetent war."[229]

Buffett schlug den Kauf von Vorzugsaktien zu einem beliebigen Betrag zwischen 300 und 750 Millionen Dollar vor – Mockler konnte sich die Zahl aussuchen. Nach dem Mittagessen fuhr Buffett seinen Gast in seinem in die Jahre gekommenen Auto zurück zum Flughafen, ohne mit ihm über irgendeine Bedingung des Deals zu sprechen.

Die Direktoren von Gillette hatten kurz zuvor über 120 Millionen Dollar aus ihren bereits erschöpften Barmitteln für die Produktion ihres revolutionären Sensor-Rasierers (der bald auf den Markt kommen sollte) bereitgestellt und gaben noch mehr Geld für die internationale Expansion aus. Auf der Verwaltungsratssitzung vom 15. Juni 1989 bekundeten sie daher ihre Bereitschaft, das Geld von Berkshire anzunehmen, aber natürlich nur zu den richtigen Bedingungen. Mockler berichtete, dass er Buffett bewundere und die Investition „die Überzeugung stützen würde, dass Gillette seine strategischen Pläne umsetzen kann, ohne sich übermäßig um die Störungen und Ablenkungen der letzten Jahre zu kümmern".[230] Sie wurden von Buffetts erklärter Absicht angezogen, sich nicht an feindlichen Übernahmen zu beteiligen, und von der Tatsache, dass er sich immer an diese Regel gehalten hat. Eine seiner anderen Regeln beim Kauf großer, einflussreicher Aktienpakete war für das Gillette-Team ebenfalls attraktiv: „Ein Management vor Ort (damit können wir nicht dienen)".[231]

Der erste Vorschlag von Buffett sah vor, dass Berkshire neu ausgegebene Vorzugsaktien im Wert von 600 Millionen Dollar kaufen würde, die ein Wandlungsrecht in Stammaktien beinhalteten. Die Vorzugsaktien sollten eine jährliche Dividende von neun Prozent abwerfen und zu einem Stammaktienkurs von 45 Dollar umgewandelt werden können. Es gab ein alternatives Angebot von Buffett: eine noch großzügigere Dividende von 9,5 Prozent und ein Wandlungspreis von 50 Dollar. Die Stammaktien wurden zu diesem Zeitpunkt auf dem Markt zu einem Preis von etwa 40 bis 43 Dollar gehandelt.

Mockler und der Vorstand fanden diese Vereinbarungen zu belastend für die Gillette-Aktionäre und lehnten sie ab. Sie erklärten sich jedoch bereit, bei einer Reihe von Treffen im Juli mit Charlie Munger über alternative Bedingungen zu beraten. Die beiden Parteien einigten sich schließlich auf eine jährliche Dividende von 8,75 Prozent und einen Wandlungspreis von 50 Dollar. Am 20. Juli 1989 kaufte Berkshire Vorzugsaktien im Wert von 600 Millionen Dollar, und Buffett und Munger freuten sich auf eine vierteljährliche Dividende in Höhe von 13,125 Millionen Dollar, die sie dann für andere Investitionen einsetzen konnten.

Buffett trat in den Verwaltungsrat von Gillette ein und vereinbarte, dass Berkshires Anteil nicht verkauft würde, außer im Falle eines Kontrollwechsels oder wenn die Versicherungsaufsichtsbehörden (ein Großteil des Geldes stammte aus dem Versicherungsfloat) einen Verkauf erzwingen würden, falls Gillette in finanzielle Schwierigkeiten geriete. Sollten die Vorzugsaktien von Berkshire verkauft werden, hätte Gillette selbst das Vorkaufsrecht. Nachdem Buffett an Bord war, stellte Gillette schnell die Warenautomaten und Cafeterias dahingehend um, dass sie Coca-Cola statt Pepsi anboten.

Ein Bestandteil der Vereinbarung: Wenn die Stammaktien von Gillette an mindestens 20 aufeinanderfolgenden Tagen über 62,50 Dollar standen, konnte Gillette auf der Umwandlung der Vorzugsaktien in Stammaktien bestehen. Auf diese Weise würde Berkshire elf Prozent der Stammaktien besitzen.

Gillette nutzte die 600 Millionen Dollar, um hochverzinsliche Kredite zurückzuzahlen, die Bilanz zu stärken und den Cashflow zu erhalten, sodass die hohen Investitionsausgaben fortgesetzt werden konnten.

Die Finanzpresse war der Meinung, dass das Unternehmen gegenüber Berkshire viel zu großzügig gewesen sei, da die Vorzugsaktien anderer Unternehmen ähnlichen Kalibers um mehrere Prozentpunkte günstiger waren. Eine der Direktorinnen, Rita Ricardo-Campbell, schrieb später ein Buch über feindliche Fusionen, in dem sie den Deal verteidigte. „Soweit ich mich erinnere, gab es keine alternativen Angebote, die von Gillette angestrebt oder ihm unterbreitet wurden. Eine Pauschalinvestition von 600 Millionen Dollar ist nicht leicht zu finden … Die Berater von Gillette sagten, dass die Rendite des Investors wahrscheinlich bei etwa 25 Prozent liegen würde. Aus Buffetts Sicht birgt jede Investition ein Risiko, auch wandelbare Vorzugsaktien, wie seine Beteiligungen an USAir und Salomon zeigen."[232]

Buffett äußerte sich 1989 in seinem Brief an die Berkshire-Aktionäre zu Gillette so: „Das Geschäft von Gillette ist genau die Art, die wir mögen. Charlie und ich sind der Meinung, dass wir die wirtschaftliche Lage des Unternehmens verstehen, und daher glauben wir, dass wir eine einigermaßen intelligente Einschätzung seiner Zukunft vornehmen können. (Wenn Sie den neuen Sensor-Rasierer von Gillette noch nicht ausprobiert haben, sollten Sie sich gleich einen besorgen.)" Über seine Schlüsselfigur sagte er: „Wir wollen nur mit Menschen zusammenarbeiten, die wir mögen, bewundern und denen wir vertrauen … Colman Mockler, Jr. bei Gillette … besteht diesen Test mit Bravour."

In einer Zeit, in der er keine attraktiven Investitionen in Stammaktien finden konnte, entschied sich Buffett für die sicherere Option der Vorzugsaktien, da er der Meinung war, dass diese unter fast allen Bedingungen, ausgenommen bei einer weiteren Weltwirtschaftskrise oder einem großen Betrug, mindestens den investierten Betrag plus Dividenden erbringen würden. Er fügte jedoch hinzu, dass er enttäuscht wäre, wenn dies alles wäre, was Berkshire erhalte, denn „wir hätten die Flexibilität aufgegeben und folglich einige bedeutende Gelegenheiten verpasst, die sich zwangsläufig ergeben werden … Die einzige Möglichkeit für Berkshire, mit seinen vier Vorzugsaktien-Emissionen zufriedenstellende Ergebnisse zu erzielen, besteht darin, dass sich die Stammaktien der Unternehmen, in die investiert wird, gut entwickeln."[233]

Aufgrund der Tatsache, dass Gillette einen großen, stabilen und interessierten Aktionär hatte, hielt es Buffett für wahrscheinlich, dass die Gewinne für andere Gillette-Aktionäre steigen würden. „Charlie und ich werden unterstützend, analytisch und objektiv sein … Erfahrene CEOs … wissen in bestimmten Momenten die Chance zu schätzen, ihr Denken an jemandem zu testen, der nicht mit ihrer Branche oder mit Entscheidungen der Vergangenheit verbunden ist … Charlie und ich sind der Meinung, dass unsere Vorzugsaktien-Investitionen Renditen erzielen sollten, die moderat über denen der meisten festverzinslichen Portfolios liegen, und dass wir eine kleine, aber erfreuliche und konstruktive Rolle in den investierten Unternehmen spielen können."[234]

DIE GOLDENEN JAHRE VON GILLETTE

Der Sensor

Im Oktober 1989 wurde der Sensor-Rasierer vorgestellt. Er bot dünnere Doppelklingen, die einzeln an Federn befestigt waren und eine gründlichere Rasur ermöglichten, da sie sich kontinuierlich den Gesichtskonturen anpassten. Er war ein sofortiger Erfolg. Der Erfolg war so groß, dass das Unternehmen die Werbung eine Zeit lang aussetzte, damit das Produktionsteam aufholen konnte.

Obwohl die Entwicklung über 13 Jahre hinweg fast 200 Millionen Dollar gekostet hatte, gefolgt von 100 Millionen Dollar für die Werbung, brachte sie Gillette viel Geld ein. Die Fabriken produzierten sieben Tage die Woche rund um die Uhr. Innerhalb von zwei Jahren wurde der einmilliardste Klingensatz verkauft.

Gillettes Gewinne nach Steuern stiegen von 285 Millionen Dollar im Jahr 1989 auf 368 Millionen Dollar im Jahr 1990, auf 427 Millionen Dollar im Jahr 1991 und steuerten 1992 auf satte 513 Millionen Dollar zu.

Die Stammaktien

Die Stammaktien schossen in die Höhe, und der Vorstand bestand darauf, dass die Vorzugsaktien von Berkshire am 1. April 1991 in zwölf Millionen Stammaktien umgewandelt wurden. Da diese Aktien einen Marktwert von über 1,3 Milliarden Dollar hatten und Buffett und Munger an den Gewinnen eines Unternehmens beteiligt waren, das sich auf einem schnellen Wachstumspfad befand, waren sie mit der Umwandlung in Stammaktien zufrieden.

Leider starb Colman Mockler im Januar 1991 im Alter von 61 Jahren an einem Herzinfarkt. In seinem Brief an die Aktionäre für das Jahr 1990 zollte Buffett ihm diesen Tribut:

> „Keine Beschreibung passte besser auf Colman als ‚Gentleman' – ein Wort, das für Integrität, Mut und Bescheidenheit steht. Verbinden Sie diese Eigenschaften mit dem Humor und den außergewöhnlichen geschäftlichen Fähigkeiten, die Colman besaß, und Sie können verstehen, warum es für mich ein ungetrübtes Vergnügen war, mit ihm zu arbeiten, und warum ich und alle anderen, die ihn kannten, Colman so sehr vermissen werden."

Er verwies auch auf eine *Forbes*-Titelgeschichte über Gillette, die wenige Tage vor Colmans Tod veröffentlicht wurde. Der Artikel lobte das Engagement des Unternehmens für Qualität; eine Einstellung, die es dazu gebracht hat, seine Energie ständig darauf zu konzentrieren, etwas Besseres zu entwickeln, auch wenn seine bestehenden Produkte bereits zu den besten der Branche gehören. Mit dieser Darstellung von Gillette, so Buffett, habe *Forbes* ein treffendes Porträt von Colman gezeichnet.

Warum hielt Buffett an den Stammaktien von Gillette fest?

Nach der Wandlung der Vorzugsaktien in zwölf Millionen Stammaktien im Jahr 1991 hätte Berkshire sie für über 1,3 Milliarden Dollar verkaufen können, was mehr als das Doppelte der ursprünglichen Investition weniger als zwei Jahre zuvor erbracht hätte. Warum also löste Buffett seine Chips zu diesem Zeitpunkt nicht ein?

Vermutlich überlegte er sich die voraussichtlichen Eigentümergewinne im nächsten Jahrzehnt und darüber hinaus. Danach schätzte er, wahrscheinlich im Kopf, den Gegenwartswert der künftigen jährlichen Eigentümergewinne, um zu einer groben Schätzung des inneren Wertes zu gelangen. Die Faktoren, die dieser Schätzung zugrunde liegen, sind qualitativ und alles andere als präzise. Sie beruhen auf Einschätzungen wie der Nachhaltigkeit der Stärke der Marken in den Köpfen der Menschen in verschiedenen Ländern, der Kompetenz des Managementteams und der Wahrscheinlichkeit, dass die Geschäftsführer im besten Interesse der Aktionäre handeln.

Wir wissen nicht, welche Zahlen sich Buffett 1991 ausgedacht hat. Wir können uns jedoch die Dividenden ansehen, die in den folgenden zehn Jahren tatsächlich an Berkshire gezahlt wurden. Und wir können uns den Anteil von Berkshire an den nicht ausgeschütteten Gewinnen von Gillette ansehen (siehe Tabelle 10.1). Vielleicht hatte Buffett ähnliche Zahlen im Sinn? Wenn ja, wäre er 1991 zu dem Schluss gekommen, dass es nicht mehr viele Jahre dauern würde, bis die Dividenden von Berkshire zuzüglich seines Anteils an den einbehaltenen Gewinnen von Gillette in einem typischen Jahr mehr als 100 Millionen Dollar betragen würden. (Wir können die Zahlen in der Tabelle nicht automatisch als perfekte Darstellung der Eigentümergewinne verwenden, da ein Teil der einbehaltenen Gewinne durch große Kapitalaufwendungen oder zusätzliche Investitionen in das Betriebskapital zur Aufrechterhaltung der wirtschaftlichen Marktstellung des Unternehmens verschlungen werden könnte, aber die Zahlen geben dennoch eine Vorstellung von den ungefähren Zahlen für die Eigentümergewinne.)

Er könnte auch gedacht haben, dass angesichts eines starken Managementteams, das die Marktposition mit neuen Produkten und neuen Marketingerfolgen ständig ausbaut, der Betrag der Dividende und der einbehaltenen Gewinne von Jahr zu Jahr steigen würde. Sollte dies der Fall sein, würde der innere Wert der zwölf Millionen Aktien den Marktpreis von 1,3 Milliarden Dollar deutlich übersteigen.

Tabelle 10.1: Berkshires Anteil an den Dividenden und nicht ausgeschütteten Gewinnen von Gillette 1991-2000

Jahr	Dividenden in Millionen USD	Berkshires Anteil an nicht ausgeschütteten operativen Gewinnen* in Millionen USD	Anzahl, der von Berkshire gehaltenen Gillette-Aktien** in Millionen
1991 (9 Monate)	11	20	12 (bis 1. Mai), dann 24
1992	17	33	24
1993	19	38	24
1994	23	44	24
1995	25	k.A.	24 (bis 1. Juni), dann 48
1996	33	63	48
1997	40	70	48
1998	41	k.A.	48 (bis 15. Mai), dann 96
1999	55	45	96
2000	61	43	96

**Abzüglich einer hypothetischen Steuer, die an Berkshire bezahlt wurde.*

***Berkshire kaufte keine weiteren Aktien, aber es gab Aktiensplits im Verhältnis 2:1.*

Quellen: Warren Buffett, Briefe an die Aktionäre von BH 1991-2000; Media Corporate IR Net, Aktiensplit-Historie 1950-1998, media.corporate-ir.net.

In Bezug auf die Stärke des Geschäftsmodells stuft Buffett Gillette in die gleiche Kategorie wie Coca-Cola ein:

> „Coca-Cola und Gillette sind zwei der besten Unternehmen der Welt, und wir gehen davon aus, dass ihre Gewinne in den kommenden Jahren kräftig wachsen werden. Mit der Zeit sollte auch der Wert unserer Beteiligungen an diesen Aktien in etwa proportional wachsen."[235]

Es schien ihm nicht schwerzufallen, zu dem Schluss zu kommen, dass Coca-Cola und Gillette auf lange Sicht ein weitaus geringeres Geschäftsrisiko aufweisen als beispielsweise ein Computerunternehmen oder ein Einzelhändler. Coca-Cola verkaufte etwa 44 Prozent aller Erfrischungsgetränke weltweit, und Gillette hatte einen Anteil von mehr als 60 Prozent (wertmäßig) am Rasierklingenmarkt. Abgesehen von Wrigley fiel Buffett kein anderes bedeutendes Unternehmen ein, das eine solche globale Dominanz in seinem Sektor genossen hätte.

> „Außerdem haben sowohl Coke als auch Gillette in den letzten Jahren ihre weltweiten Marktanteile erhöht. Die Macht ihrer Markennamen, die Eigenschaften ihrer Produkte und die Stärke ihrer Vertriebssysteme verschaffen ihnen einen enormen Wettbewerbsvorteil, indem sie einen schützenden Graben um ihre wirtschaftlichen Burgen ziehen."[236]

Neu, neu, neu …

Große Mengen an Barmitteln flossen herein, und die Manager waren hungrig nach weiteren Weltklasseprodukten. Im Jahr 1992 wurde die Oral-B-Zahnbürste Indicator eingeführt, und eine Reihe von Herren-Toilettenartikeln namens Gillette Series – einschließlich Deo, Rasiercreme und Aftershave – wurde entwickelt und auf den Markt gebracht.

Im Jahr 1993 wurde Parker Pen für 484 Millionen Dollar aufgekauft. Diese Transaktion ermöglichte Gillette, mit seinen Marken Parker, Paper Mate und Waterman die weltweite Spitzenposition bei Schreibgeräten einzunehmen. Im selben Jahr brachte Gillette sein „Rasiersystem“ SensorExcel auf den Markt, das „fünf weiche, flexible Mikrolamellen“ versprach, und ebenfalls 1993 die Braun-Kaffeemaschine FlavorSelect, die Oral-B-Zahnbürste Advantage und sowohl für Männer als auch für Frauen Custom-Plus-Einwegrasierer mit schwenkbaren Köpfen.

Es folgten einige weitere Übernahmen, aber die wirklich bedeutende war im Jahr 1996 der 7,8 Milliarden Dollar schwere Kauf von Duracell, dem Weltmarktführer bei Alkalibatterien. Die Idee war, sich mit den Marketingkanälen von Gillette zu verbinden, um Kunden in 200 Ländern zu erreichen. Duracell wurde zum nach Umsatz zweitgrößten Geschäftsbereich des Konzerns.

Ein weiterer Höhepunkt in diesem Jahr war der SensorExcel für Frauen, der dazu beitrug, den unternehmensweiten Umsatz auf fast zehn Milliarden Dollar und den Gewinn auf 949 Milliarden Dollar zu steigern. Der Erfolg bei Rasierprodukten für Frauen wurde im Jahr 2000 mit der Einführung einer Reihe von Produkten unter der Marke Venus gefestigt.

Im Zeitraum 1998 bis 2000 geriet das Umsatz- und Gewinnwachstum ins Stocken. Schreibwaren und Kleingeräte brachten Verlust, und das Batteriegeschäft war einem aggressiven Wettbewerbsangriff von Energizer und Rayovac ausgesetzt, die beide billigere Produkte mit ähnlicher Leistung anboten. Ein weiterer Konkurrent, der es auf die hohen Gewinnspannen von Gillette abgesehen hatte, war Schick-Wilkinson, das den Quattro (mit vier Klingen) einführte und damit drei Prozentpunkte Marktanteil hinzugewann.

Als die Umsätze zurückgingen, reagierte die Geschäftsführung mit Personalabbau, konnte aber den Kursrückgang der Gillette-Aktie nicht verhindern. Trotz des Rückgangs war der Marktwert der

Berkshire-Beteiligung an Gillette von 600 Millionen Dollar ein Jahrzehnt zuvor auf über drei Milliarden Dollar gestiegen (Abbildung 10.1).

> „Es ist angenehm, jeden Abend mit dem Wissen ins Bett zu gehen, dass es 2,5 Milliarden Männer auf der Welt gibt, die sich morgens rasieren müssen."[237]

Abbildung 10.1: Marktwert der Gillette-Beteiligungen von Berkshire

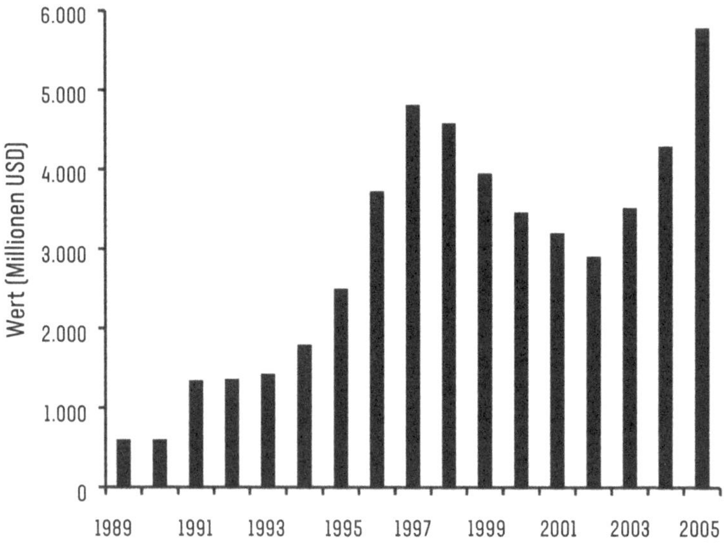

DIE KILTS-ÄRA

Im Februar 2001wurde nach 14 aufeinanderfolgenden Quartalen mit verfehlten Gewinnzielen und fünf Jahren mit stagnierenden Umsätzen Jim Kilts von Kraft eingestellt, um Gillette wiederzubeleben.

Kilts war der erste externe CEO von Gillette seit 70 Jahren. Es ist bezeichnend, dass Buffett sich nach nur einem Treffen für Kilts entschied:

„Es war ein ganz natürlicher Schritt ... Er hatte so viel Verstand, wenn es darum ging, Aussagen über das Geschäft im Allgemeinen zu treffen, wie niemand, mit dem ich jemals gesprochen habe. Wenn man Jim bei der Analyse einer geschäftlichen Situation zuhört, bekommt man absolut keinen Blödsinn zu hören. Und offen gesagt ist es eine Seltenheit, jemanden wie ihn zu finden."[238]

Kilts verbesserte Hunderte von operativen Details, um Spitzenleistungen der Marken zu gewährleisten.

„Wie Kilts selbst bereitwillig zugibt, ist das keine Raketenwissenschaft. Aber es ist dennoch ein akribischer und anspruchsvoller Prozess. Anstatt große Visionen für die Zukunft von Gillette zu entwerfen, denkt Kilts nachts darüber nach, ob er Batterien in Sechser- oder Achterpackungen verkaufen soll. Anstatt die Truppen mit großen Reden darüber zu mobilisieren, wie Gillette die Welt verändern kann, präsentiert Kilts Dias darüber, wie die Aufwendungen für Verwaltung und Vertrieb im Vergleich zu denen der Konkurrenz aussehen. Das ist weder glamourös noch sexy; es ist ein nüchterner, altmodischer geschäftlicher Ansatz. Und es funktioniert."[239]

Aus Abbildung 10.1 ist ersichtlich, dass sich der Ansatz von Kilts auszahlte – die Beteiligung von Berkshire stieg auf mehr als vier Milliarden Dollar und dann auf fünf Milliarden Dollar.

Ja zur Belohnung von Managern, aber nur dann, wenn sie gerechtfertigt ist

Buffetts Bewunderung für Kilts wird in seinem Brief an die Berkshire-Aktionäre aus dem Jahr 2005 deutlich und steht im Gegensatz zu Buffetts Abneigung gegen ungerechtfertigte Belohnungen für Manager.

Buffett lobte Kilts mit den Worten: „Man kann gar nicht genug betonen, wie wichtig es ist, wer der CEO eines Unternehmens ist." Vor Kilts' Ankunft hatte Gillette mit einer Reihe von kostspieligen Fehlern bei der Kapitalallokation zu kämpfen. Insbesondere die Übernahme von Duracell kostete die Aktionäre Milliarden von Dollar, aber dieser Verlust wurde in der konventionellen Buchhaltung nie sichtbar gemacht. Das Unternehmen gab einfach mehr an Geschäftswert ab, als es erhielt. Buffett war erstaunt, wie oft diese Messlatte von Unternehmensleitungen und Investmentbankern bei der Prüfung von Übernahmen übersehen wurde.

> „Als Jim sein Amt bei Gillette antrat, sorgte er schnell für finanzielle Disziplin, straffte die Abläufe und intensivierte das Marketing, was den inneren Wert des Unternehmens dramatisch steigerte ... Jim wurde sehr gut bezahlt – war aber jeden Penny wert. (Diese Beurteilung ist keine akademische Übung: Als 9,7-prozentiger Eigentümer von Gillette zahlte Berkshire tatsächlich diesen Anteil seiner Vergütung.) In der Tat kann man einem wirklich außergewöhnlichen CEO eines riesigen Unternehmens schwerlich zu viel bezahlen. Aber diese Spezies ist selten."

Buffett war der Meinung, dass die Vergütung von Führungskräften zu oft unverhältnismäßig und nicht an der Leistung orientiert war. Die Anleger schnitten oft schlecht dadurch ab, dass die handverlesenen Teams und Berater mittelmäßiger CEOs dazu beitrugen, eine schlecht durchdachte Vergütungspolitik durchzusetzen.

Zur Veranschaulichung einer solchen fehlgeleiteten Belohnung verwendete er das Beispiel der 10-jährigen Festpreisoptionen. Wenn „Fred Futile, der CEO von Stagnant, Inc.", eine Option auf ein Prozent des Unternehmens erhält, ist sein Eigeninteresse offensichtlich – er wird den Wert des Aktienkurses maximieren wollen. Er kann sich dafür entscheiden, die Dividendenzahlungen auszulassen und stattdessen die Gewinne des Unternehmens für den Rückkauf von Aktien zu verwenden.

Stellen Sie sich vor, Stagnant macht seinem Namen alle Ehre und erwirtschaftet in jedem der zehn Jahre nach der Zuteilung der Optionen mit einem Vermögen von zehn Milliarden Dollar eine Milliarde Dollar. Zu Beginn entspricht dies einem Gewinn von zehn Dollar pro Aktie (100 Millionen ausstehende Aktien). Wenn Fred auf Dividenden verzichtet, um Aktien zurückzukaufen, und die Aktien ständig zum Zehnfachen des Gewinns verkauft werden, wird der Aktienkurs bis zum Ende des Optionszeitraums um 158 Prozent gestiegen sein. Dies ist darauf zurückzuführen, dass sich die Anzahl der Aktien auf 38,7 Millionen verringert hat und der Gewinn pro Aktie auf 25,80 Dollar gestiegen ist. Indem er den Aktionären die Gewinne vorenthält, kann Fred sehr reich werden – er verdient 158 Millionen Dollar –, ohne dass sich das Unternehmen auch nur ein bisschen verbessert.

Schlimmer noch, Fred könnte selbst dann mehr als 100 Millionen Dollar verdienen, wenn die Gewinne von Stagnant in diesem Zeitraum um 20 Prozent sinken. Wo, fragte Buffett, ist da die Übereinstimmung der Interessen von Management und Aktionären?

Selbst die Dividendenpolitik (zum Beispiel ein Drittel des Gewinns) kann Manager, die wenig leisten, großzügig belohnen.

> „Es muss nicht so sein: Es ist für einen Verwaltungsrat ein Kinderspiel, Optionen zu gestalten, die den automatischen Wertzuwachs bewirken, der entsteht, wenn Gewinne einbehalten werden. Aber – welch Überraschung! – diese Art von Optionen wird fast nie begeben. Allein der Gedanke an Optionen mit Ausübungspreisen, die an die einbehaltenen Gewinne angepasst sind, scheint den Vergütungs-‚Experten' fremd zu sein, die dennoch über jeden bestehenden managementfreundlichen Plan Bescheid wissen. (‚Wes Brot ich ess', des Lied ich sing'.)“

Ebenso kritisch äußerte sich Buffett über Abfindungen. „Wenn ein CEO gefeuert wird, kann er einen besonders üppigen Zahltag erleben. In der Tat kann er an dem einzigen Tag, an dem er seinen Schreibtisch aufräumt, mehr ‚verdienen', als ein amerikanischer Arbeiter in einem ganzen Leben mit dem Putzen von Toiletten verdient."

PROCTER & GAMBLE

Auf den internationalen Märkten sahen sich Gillette und Procter & Gamble einem mächtigen Konkurrenten gegenüber, dem englisch-niederländischen Giganten Unilever mit seinem großartigen Angebot an Körperpflege- und Lebensmittelprodukten. Unilever war in vielen Ländern größer als die beiden amerikanischen Unternehmen und hatte einen größeren Einfluss auf die Einzelhändler.

Jim Kilts trat an P&G mit dem Plan heran, zu fusionieren (nachdem er Buffetts Zustimmung eingeholt hatte). Die beiden Unternehmen hatten nur wenige Produktüberschneidungen, was die Chancen erhöhte, dass die Kartellbehörden die Fusion nicht blockieren würden. Insbesondere das Rasierergeschäft von Gillette ergänzte das Schönheits- und Pflegegeschäft von P&G auf ideale Weise. Eine Fusion würde die Verhandlungsposition gegenüber dem Einzelhandel stärken. Walmart zum Beispiel konnte mit den Lieferanten hart verhandeln, und auf Walmart entfielen 17 Prozent des Umsatzes von P&G und 13 Prozent des Umsatzes von Gillette. Durch die Zusammenführung von 21 „Must-have"-Marken mit einem Jahresumsatz von jeweils einer bis zehn Milliarden Dollar würde die Kombination P&G-Gillette dem Druck der professionellen Einkäufer der Supermärkte standhalten können. „Die Einzelhändler können es sich nicht leisten, ihre Marken nicht zu führen. Die Fusion ist ein Versuch, das Machtgleichgewicht mit den großen Supermarktkonzernen zu stärken", sagte ein Analyst zu der Ankündigung.[240]

Kilts äußerte sich gegenüber der Presse optimistisch über den Zusammenschluss, da mit diesem eine dominante Größe verbunden wäre:

„Stärke plus Stärke ist gleich Erfolg." P&G rechnete nicht nur mit einer besseren Verhandlungsposition, sondern auch mit Umsatz- und Kostensynergien. Außerdem würde das gemeinsame Marketingbudget (über drei Milliarden Dollar) bei Verhandlungen mit Medienunternehmen und Werbetreibenden ein großes Gewicht haben.

P&G bot im Januar 2005 für jede Gillette-Aktie 0,975 seiner Aktie an, was etwa 57 Milliarden Dollar (29 Prozent des kombinierten Unternehmens) entsprach. Das neue P&G hätte eine Marktkapitalisierung von rund 200 Milliarden Dollar und einen Umsatz von 61 Milliarden Dollar und wäre damit die weltweite Nummer 1 unter den Haushaltswarenherstellern.

Als größter Aktionär von Gillette wurde Buffett gebeten, bei der offiziellen Ankündigung einen Kommentar abzugeben. Er bezeichnete die Übernahme als „Traum-Deal", der „die großartigsten Konsumartikel der Welt schaffen" würde.

Am 1. Oktober 2005 wurden die 96 Millionen Gillette-Aktien von Berkshire Hathaway gegen 93,6 Millionen P&G-Aktien getauscht. Bis Ende 2005 kaufte Buffett weitere 6,4 Millionen P&G-Stammaktien, um seine Beteiligung auf 100 Millionen Aktien zu erhöhen, was einem Anteil von drei Prozent an P&G und einem Marktwert von 5,8 Milliarden Dollar entsprach. „Wir hatten vor der Fusion nicht die Absicht, unsere Gillette-Aktien zu verkaufen, und wir haben jetzt auch nicht die Absicht, unsere P&G-Aktien zu verkaufen", schrieb er 2005 in seinem Brief an die Berkshire-Aktionäre.

Es dauerte nicht lange, bis P&G wie versprochen seine Aktien zurückkaufte. Obwohl Berkshires Anteil von 100 Millionen Aktien gleich blieb, stieg sein Anteil am Eigenkapital von P&G zum Jahresende 2006 um 0,2 Prozent auf 3,2 Prozent. Im Jahr 2007 kaufte Berkshire 1,472 Millionen weitere P&G-Aktien. Im Laufe des Jahres 2008 wurden jedoch 9,53 Millionen Aktien verkauft, gefolgt von weiteren Verkäufen im Jahr 2009 (Abbildung 10.2). Buffett sagte, er und Munger gingen durchaus davon aus, dass P&G in Zukunft höher gehandelt würde, aber: „Wir

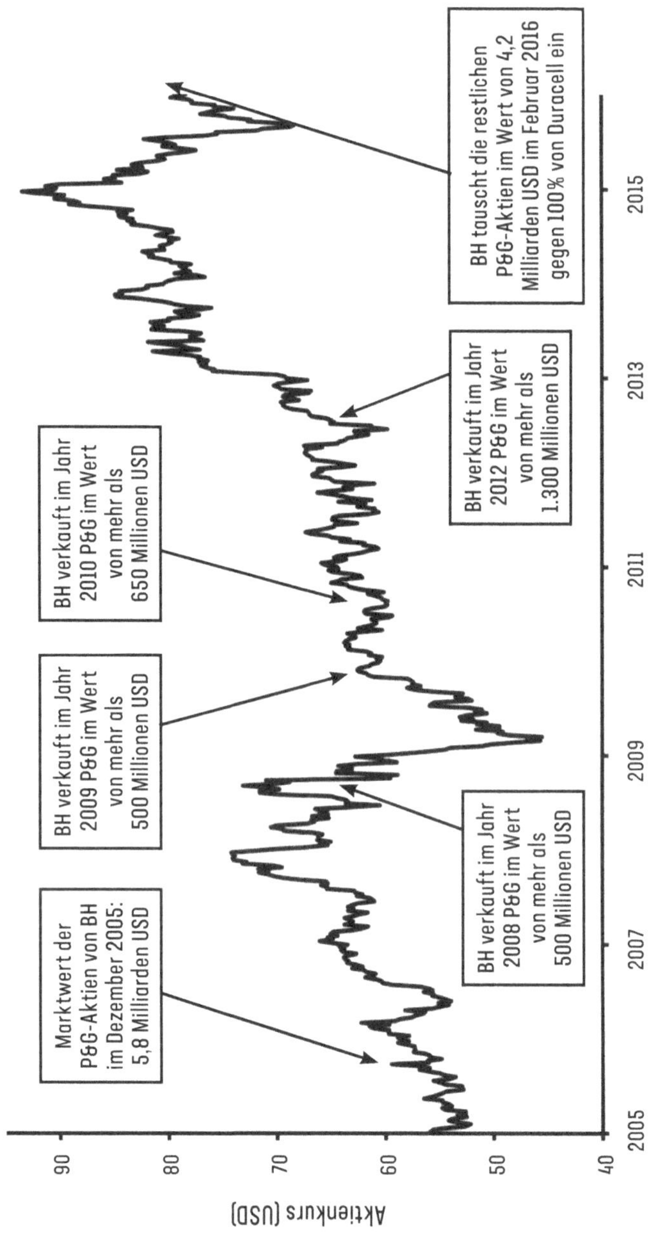

Abbildung 10.2: Aktienkurs von Procter & Gamble Oktober 2005 bis Februar 2016

Quelle: www.advfn.com

haben Anfang 2009 einige Verkäufe getätigt, um Barmittel für unsere Käufe von Dow [Chemical] und Swiss Re zu beschaffen, und Ende des Jahres weitere Verkäufe in Erwartung unseres BNSF-Kaufs."[241] Die Zeit nach dem Börsencrash 2008 war eine gute Zeit, um Schnäppchen zu machen, die sogar noch attraktiver waren als P&G. Für den Kauf von Burlington Northern Santa Fe (BNSF) im Jahr 2010 wurden 22 Milliarden Dollar an Barmitteln verwendet, von denen ein Teil durch den Verkauf von P&G-Aktien aufgebracht wurde. Im Jahr 2012 war das Geschäft mit H. J. Heinz an der Reihe, Berkshires Barmittel (zwölf Milliarden Dollar) zu beanspruchen. Ein weiterer Grund für den Verkauf von P&G war, dass Buffett viele Möglichkeiten sah, die Qualität der Marktpositionen der Tochtergesellschaften zu verbessern. Im Jahr 2012 wurden beispielsweise für 2,3 Milliarden Dollar 26 Unternehmen als Ergänzungsakquisitionen für Tochtergesellschaften gekauft.

DURACELL

Als Duracell 1996 von Gillette für 7,8 Milliarden Dollar aufgekauft wurde, war das Unternehmen Marktführer bei Alkalibatterien; sein brillantes Marketing hatte mit dem Duracell-Hasen eine weltweite Marke geschaffen. Duracell machte ein Viertel des Umsatzes von Gillette aus. Aber es dauerte nicht lange, bis die Konkurrenz billigere Versionen anbot. Es folgten ein Preiskrieg und zwei Jahre mit sinkenden Marktanteilen. Die Geschäfte schienen in eine Flaute zu geraten und Marketingkampagnen scheiterten. Das Unternehmen ließ sogar den Markenschutz des Hasenmaskottchens in den USA verfallen, sodass Energizer sein eigenes Hasenmaskottchen anmelden konnte. Außerdem stiegen die Gemeinkosten an.

Jim Kilts verordnete finanzielle Disziplin und investierte in neues Marketing, aber Duracell konnte den verlorenen Boden nicht wirklich zurückerobern – das jährliche Umsatzwachstum verlangsamte sich auf ein Prozent und Marktanteile gingen verloren. Im Jahr 2014 beschloss

P&G, sich auf die 65 Marken zu konzentrieren, die den größten Gewinn erwirtschafteten, unter anderem Tide, Head & Shoulders und Pampers, und die langsam wachsenden Bereiche zu verkaufen.

Buffett sah darin eine Chance, denn er war „als Verbraucher und als langfristiger Investor immer von Duracell beeindruckt" gewesen.[242] Schließlich hatte Duracell immer noch einen Anteil von 24 Prozent am Weltmarkt für Batterien. Er erklärte sich bereit, die von Berkshire gehaltenen P&G-Aktien im Wert von 4,2 Milliarden Dollar gegen alle Duracell-Aktien einzutauschen, allerdings erst, nachdem P&G 1,8 Milliarden Dollar in bar in das Batterieunternehmen gesteckt hatte, sodass der Nettopreis 2,4 Milliarden Dollar betrug, weniger als ein Drittel dessen, was Gillette 20 Jahre zuvor dafür bezahlt hatte (die Transaktion wurde im Februar 2016 abgeschlossen).

WARUM DURACELL STATT P&G?

Sowohl Duracell als auch P&G sind Konsumgüterunternehmen mit starken Marken und vorhersehbarem Cashflow. Beide sind leicht zu verstehen und haben starke Wettbewerbsvorteile; und beide werden von kompetenten und ehrlichen Managern geführt. Warum hat Buffett also alle seine Eier in den Duracell-Korb gelegt und keine in den von P&G?

Ich vermute, die Entscheidung hatte viel mit dem Preis zu tun. Im Jahr 2015 wurde P&G mit einem Kurs-Gewinn-Verhältnis von über 20 gehandelt, was darauf hindeutet, dass der Markt darauf vertraute, dass die Gewinne deutlich steigen würden. Duracell wurde von P&G bestenfalls als Produkt mit langsamem Wachstum angesehen, da es von wiederaufladbaren Batterien überholt worden war.

Buffett stellte jedoch fest, dass der Cashflow stark war und P&G bereit war, das Unternehmen zum 7-Fachen des bereinigten Gewinns vor Zinsen, Steuern und Abschreibungen zu verkaufen. Diese Kennzahl namens EBITDA lässt Buffett und alle vernünftigen Aktienbewerter erschaudern, nicht zuletzt weil sie die Notwendigkeit von Kapitalausgaben und Steuerzahlungen außer Acht lässt. Aber selbst wenn wir vernünftige Schätzungen für diese Faktoren abziehen, wurde Duracell zu einem niedrigen zweistelligen Vielfachen des Nachsteuergewinns verkauft.

Tabelle 10.2: Die fairen Bewertungen der Aktiva und Passiva (und des Goodwills) von Duracell beim Erwerb durch Berkshire Hathaway

	Millionen USD
AKTIVA	
Bargeld und Bargeld-Äquivalente	1.807
Vorräte	319
Sachanlagen	359
Goodwill und andere immaterielle Vermögensgegenstände	2.416
Sonstige Vermögensgegenstände	242
Erworbene Vermögensgegenstände	5.143
PASSIVA	
Lieferantenverbindlichkeiten	410
Körperschaftsteuer, hauptsächlich latente	494
NETTOVERMÖGEN	4.239

Quelle: Jahresbericht 2016 von Berkshire Hathaway

Aus Tabelle 10.2 geht hervor, dass Duracells Verwendung des Nettosachvermögens in keiner Weise mit den für das Unternehmen gezahlten 4,2 Milliarden Dollar vergleichbar war. Nimmt man das Nettovermögen von 4,2 Milliarden Dollar und zieht davon 2,4 Milliarden Dollar an Goodwill und immateriellen Vermögenswerten ab, erhält man 1,8 Milliarden Dollar. Darin enthalten sind in der Bilanz jedoch 1,8 Milliarden Dollar an Barmitteln. Der überwiegende Teil davon wurde für die Geschäftstätigkeit von Duracell nicht benötigt, was bedeutet, dass das Unternehmen mit sehr wenigen materiellen Nettovermögenswerten weiterhin Batterien herstellen konnte. Dies ermöglichte es Buffett, die Barmittel in andere Aktien zu investieren. Es bedeutete auch, dass mit dem Wachstum des Unternehmens hohe Renditen auf die Nettosachanlagen erwartet werden konnten.

Buffett machte sich keine allzu großen Sorgen über stagnierende Umsätze; in seinem Brief an die Aktionäre aus dem Jahr 2007 erklärte er: „Langfristige Wettbewerbsvorteile in einer stabilen Branche sind das, was wir in einem Unternehmen suchen. Wenn dies mit einem schnellen organischen Wachstum einhergeht, großartig. Aber auch ohne organisches Wachstum ist ein solches Unternehmen lohnend. Wir werden einfach die üppigen Gewinne des Unternehmens nehmen und sie verwenden, um ähnliche Unternehmen anderswo zu kaufen."

Die Attraktivität von Duracell hatte auch etwas damit zu tun, dass Buffett es vorzog, ein Unternehmen unmittelbar zu besitzen. Buffett sagte der *Financial Times*: „Ich liebe es, Berkshire gute operative Unternehmen hinzuzufügen ... Wir schreiben in unseren Jahresberichten seit 30 Jahren, dass wir marktfähige Wertpapiere gegen operative Unternehmen eintauschen wollen, und das ist die Richtung, in die wir gehen wollen ... Duracell ist eine weltweit führende Marke mit qualitativ hochwertigen Produkten, und sie wird gut zu Berkshire Hathaway passen."[243]

Durch den Aktientausch wurde der böse Tag, an dem die Kapitalertragsteuer fällig wurde, aufgeschoben, aber durch die Zuführung von 1,8 Milliarden Dollar erhielt Buffett auch noch einen weiteren Geldtopf für weitere Investitionen – er wurde von Berkshires P&G-Beteiligung befreit, ohne dass sofort Steuern fällig wurden. Die 1,9-prozentige Beteiligung von Berkshire an P&G kostete 336 Millionen Dollar, wurde aber für 4,2 Milliarden Dollar verkauft. Bei einem Verkauf in bar wäre eine Kapitalertragsteuer von 38 Prozent fällig geworden. Durch den Tausch der 52,5 Millionen Aktien gegen Duracell wurde die

Kapitalertragsteuer aufgeschoben, und Buffett und Munger hatten ein paar Milliarden mehr zum Investieren.

Außerdem bestand die Möglichkeit, dass Duracell nicht immer so langsam wachsen würde, wie P&G und die Wall-Street-Analysten dachten. Das Unternehmen war bereits im Bereich der wiederaufladbaren Batterien tätig und investierte in erneuerbare Energien. Das Konsortium, an dessen Gründung Duracell beteiligt war, um kabellose Ladetechnologien für Autos zu entwickeln – zu den Mitgliedern gehören auch deutsche Automobilhersteller –, barg viel Potenzial. Die gleiche Technologie konnte auch zum Aufladen von Batterien für eine Vielzahl von Geräten verwendet werden. Sie hatte sich auf Bereiche wie Smartphone-Batterien, Starthilfegeräte und Knopfzellen ausgedehnt.

Es stellt sich heraus, dass der Markt für alle Batterietypen – von Alkali- und Lithiumbatterien bis hin zu Zink-Kohle- und Nickel-Cadmium-Batterien – wächst, da der Verkauf von Unterhaltungselektronik und anderen elektrischen Produkten in immer größerer Vielfalt zunimmt. Die verschiedenen Typen erfüllen unterschiedliche Aufgaben, wodurch der Markt effektiv segmentiert wird. In Bereichen, in denen die Kunden einen häufigen Batteriewechsel vermeiden wollen, zum Beispiel bei elektronischen Türschlössern, Hörgeräten oder Rauchmeldern, ist die langlebige Alkalibatterie ideal – und Duracell ist hier immer noch die stärkste Marke. Außerdem funktionieren Alkalibatterien gut bei Frost, zum Beispiel in Kühlhäusern, was bei anderen Batterietypen nicht der Fall ist. Der weltweite Markt für Alkalibatterien beläuft sich auf etwa sieben Milliarden Dollar, und Duracell hat daran einen Anteil von etwa zwei Milliarden Dollar. Milliarden neuer Verbraucher aus der Mittelschicht werden eine wachsende Palette elektronischer Geräte kaufen, von Fernbedienungen für Fernseher bis hin zu Taschenlampen, und viele werden sich für die marktführenden und für ihre Qualität bekannten Duracell-Batterien entscheiden.

Außerdem gibt es Synergiepotenziale mit den anderen Unternehmen von Berkshire. Duracell arbeitet mit dem chinesischen Unternehmen

BYD, an dem BH eine große Beteiligung hält, zusammen, um ein Energiespeichersystem für Haushalte zu verkaufen. Zudem ist Duracell ein Schwesterunternehmen von Berkshire Hathaway Energy, ehemals MidAmerica Energy, das große Mengen an Strom für Haushalte und Unternehmen in den USA und Großbritannien erzeugt. Das Unternehmen investiert jedes Jahr Milliarden in erneuerbare Energien, und es gibt da großes Potenzial für die Zusammenarbeit mit Duracell, zum Beispiel bei der Stromspeicherung in Batterien. Buffett und Munger haben BH geschickt positioniert, um vom Übergang von einer kohlenstoffbasierten Wirtschaft zu einer Wirtschaft zu profitieren, die auf umweltfreundlich erzeugtem Strom basiert.

EINE ÜBERSICHT ÜBER DIE ZUGEFLOSSENEN UND ABGEFLOSSENEN MITTEL

Im Laufe der drei Jahrzehnte gab es eine ganze Reihe von Zahlungen durch Berkshire und Verkäufe, sodass eine Übersichtstabelle zur Klärung beitragen könnte.

Tabelle 10.3: Berkshires Investitionen in Gillette, Procter & Gamble und Duracell

Datum	Getätigte Investition	Renditen für Berkshire
20. Juli 1989	Vorzugsaktien, 600 Millionen USD	
Juli 1989 bis April 1991		Vorzugsdividenden von Gillette, 89 Millionen USD (nach Steuern 45 Millionen USD)
April 1991 bis September 2005		Stammaktien-Dividenden von Gillette (vor Steuern über 600 Millionen USD)

Datum	Getätigte Investition	Renditen für Berkshire
2005	P&G-Aktien nachgekauft, 340 Millionen USD	
2007	P&G-Aktien nachgekauft, 90 Millionen USD	
Oktober 2005 bis Februar 2016		Dividenden von P&G, 1,4 Milliarden USD
2008-2012		Verkauf von P&G-Aktien, über 2,95 Milliarden USD
Februar 2016		Duracell-Aktien im Wert von 4,2 Milliarden USD erhalten
SUMME	1,03 Milliarden USD	vor Steuerabzug circa 9,26 Milliarden USD

LEKTIONEN

1. **Ein Investor, der in der Lage ist, große Summen in ein Unternehmen zu investieren, und zwar auf eine nicht bedrohliche Art und Weise, kann bei dessen Managern ein Schnäppchen machen.** Nach der großzügigen Rendite aus dem Kauf von Gillette im Jahr 1989 haben Buffett und Munger anderen Unternehmen geholfen, ihre Bilanz wieder zu stärken, ohne den Geschäftsführern belastende Bedingungen aufzuerlegen – zum Beispiel Goldman Sachs und General Electric nach der Finanzkrise 2008. Kleinere Investoren haben diese Macht nicht, aber sie können versuchen, den Geschäftsführern gegenüber verständnisvoll und unterstützend anstatt aggressiv und kritisch zu sein. Auf diese Weise könnte man nicht nur eine angenehmere geschäftliche Bindung erreichen, sondern auch mehr Informationen erhalten, und die Wahrscheinlichkeit wächst, dass sich die Direktoren Gedanken der Investoren zum Unternehmen anhören.
2. **Gelegentlich kann eine Knappheit an preisgünstigen Stammaktien eine Investition in Vorzugsaktien mit höherer**

Rendite rechtfertigen. Idealerweise sind die Vorzugsaktien mit einem Wandlungsrecht ausgestattet, sodass eine Beteiligung an außergewöhnlich guten Unternehmensleistungen möglich ist.

3. **Die Beziehungen zwischen einzelnen Personen sind entscheidend: Es geht um Mögen, Vertrauen, Bewundern.** Warren Buffett und Charlie Munger genossen ihre Beziehungen zu Colman Mockler, Jim Kilts und später zu Alan G. Lafley bei P&G. Investoren sollten sich die Zeit nehmen, die Direktoren ihrer Unternehmen zu treffen.
4. **Heuschrecken können ein Unternehmen zerstören oder verwunden.** Finanzakteure, die auf riesige Mengen an Fremdkapital zurückgreifen, seien es Private Equity, Hedgefonds oder andere Vehikel, können ein Unternehmen zum Übernahmekandidaten machen, was oft dazu führt, dass ein durchaus gutes Unternehmen gefährdet wird. Manchmal übernehmen sie die Kontrolle, nehmen dann zu viele Kredite auf und investieren zu wenig in die Erhaltung von Wettbewerbsvorteilen. In anderen Fällen lösen sie schädliche Reaktionen aus, zum Beispiel wenn die etablierten Manager irrationalerweise Aktien zurückkaufen oder auf Greenmail hereinfallen.
5. **Selbst gute Unternehmen können schlapp machen.** Die Manager können bei der Wahrung der Marktstellung in Selbstgefälligkeit verfallen, zu viel Geld im Unternehmen belassen (und damit schlechte Renditen erzielen) oder zulassen, dass die Gemeinkosten in einem unwirtschaftlichen Maße steigen. Buffett und Munger waren während ihrer drei Jahrzehnte währenden Zusammenarbeit mit Gillette, P&G und Duracell gezwungen, zu verschiedenen Zeitpunkten einzugreifen und einen Führungswechsel zu empfehlen, um das jeweilige Unternehmen wieder auf Kurs zu bringen.
6. **Manager sollten im Verhältnis zu den für die Aktionäre erwirtschafteten Renditen belohnt werden.** Seien Sie vorsich-

tig mit Aktienoptionen, die den Managern einen Anreiz bieten, Kapital einzubehalten und den Gewinn pro Aktie zu steigern, ohne einen großen Mehrwert für die Aktionäre zu schaffen.

7. **Ein hervorragendes Unternehmen ist nicht immer eine hervorragende Investition**. Im Jahr 2015 sahen Buffett und Munger die Marken von P&G immer noch als ein hervorragendes Geschäftsfeld an. Aber der Preis für den Besitz dieser Unternehmen war zu hoch. Ein weiteres exzellentes Geschäft, allerdings mit langsamem Umsatzwachstum, war Duracell mit seinen hohen Renditen auf das Nettosachvermögen. Es war eine hervorragende Investition, weil es zu einem niedrigeren Preis im Verhältnis zu den wahrscheinlichen künftigen Eigentümergewinnen angeboten wurde.

EINE ZURÜCKGELEGTE STRECKE

Im Jahr 1976 war eine Aktie von Berkshire Hathaway für 40 Dollar zu haben. Das gesamte Unternehmen hatte einen Buchwert von etwa 58 Millionen Dollar und eine Marktkapitalisierung von unter 40 Millionen Dollar. Warren Buffett besaß über zwei Fünftel dieser Aktien.

Nur 14 Jahre später musste man 8.600 Dollar für eine Aktie bezahlen – ein Anstieg von 21.400 Prozent. Wenn Sie 1975 die Summe von 10.000 Dollar investiert hätten, hätten Ihre Berkshire-Aktien im Januar 1990 einen Wert von 2.150.000 Dollar besessen. Warren Buffett besaß immer noch über 40 Prozent dieser Aktien und war damit Milliardär.

Der Wandel von Berkshire Hathaway in lediglich 14 Jahren ist atemberaubend. Am Anfang hatte das Unternehmen ein kränkelndes Textilgeschäft, das „eine große Enttäuschung" war und „keine hohen Renditen erwarten ließ".[244] Außerdem besaß es ein kleines Versicherungsgeschäft mit einem Streubesitz in Höhe von 87,6 Millionen Dollar, der größtenteils in Aktien wie etwa 9,7 Prozent der *Washington Post* investiert war. Auch konnte es sich auf einen guten Einkommensstrom aus seiner Beteiligung an der Illinois National Bank freuen. Und überdies hielt es eine Minderheitsbeteiligung an Blue Chip Stamps, das seinerseits See's Candies und 64 Prozent von Wesco besaß.

Im Jahr 1989 verfügte Berkshire Hathaway über einen Versicherungsfloat von 1,54 Milliarden Dollar, der einen Nettoertrag aus Zinsen und Dividenden von über 200 Millionen Dollar erbrachte. Berkshire Hathaway besaß alle oder die meisten Aktien von Unternehmen mit hoher Kapitalrendite wie The Buffalo News, Fechheimer, Kirby, Nebraska Furniture Mart, Scott Fetzer Manufacturing Group, See's Candies, Borsheims und World Book. Diese großartigen Unternehmen ließen Jahr für Jahr Gewinne in die Zentrale zurückfließen, sodass Buffett und Munger sie in andere Gelegenheiten investieren konnten.

Außerdem besaß Berkshire Hathaway 18 Prozent der Capital Cities/ABC-Aktien (im Wert von 1,7 Milliarden Dollar) sowie sieben Prozent von Coca-Cola (im Wert von 1,8 Milliarden Dollar) und über 14 Prozent von The Washington Post (im Wert von 0,5 Milliarden Dollar).

Hinzu kamen 51 Prozent von GEICO, die der Markt mit über einer Milliarde Dollar bewertete, und Anteile an der Federal Home Loan Mortgage Corporation im Wert von rund einer Milliarde Dollar. Dann gab es noch eine Reihe von Vorzugsaktien, darunter Salomon und Gillette, im Gesamtwert von fast zwei Milliarden Dollar.

ABER DAS IST NOCH NICHT ALLES

Der persönliche Ruf von Warren Buffett und Charlie Munger hatte sich verbessert. Im Jahr 1976 erschien nur eine Handvoll Aktionäre zur Jahreshauptversammlung. Die Presse interessierte sich nicht dafür, denn Berkshire Hathaway galt als ein ziemlich kleines, bunt gemischtes Konglomerat, das ausgerechnet von Omaha aus von ein paar unkonventionellen, ja exzentrischen Menschen aus dem Mittleren Westen geführt wurde. Warum sollte man Berkshire Hathaway Aufmerksamkeit schenken, wenn es an der Wall Street weitaus aufregendere Aufgaben zu erledigen gab?

Aber 1989 waren der Name des Unternehmens und die Namen von Warren und Charlie im ganzen Land bekannt. Tausende kamen nach

Omaha, um ihre Weisheiten zu hören, die sie deutlich und unprätentiös zum Ausdruck brachten, und weitere Tausende lasen Buffetts Briefe des Vorsitzenden. Die Presse berichtete regelmäßig über ihre Geschäfte und drängte auf Interviews. Buffett und Munger kamen mit den wichtigen Leuten der amerikanischen Gesellschaft zusammen, nicht zuletzt dank Kay Graham und der Publicity rund um die Rettung von Salomon.

Potenzielle Verkäufer von Unternehmen sahen in Berkshire Hathaway oft einen sicheren Hafen für ihre Schöpfung, einen Ort, an dem diese gepflegt werden und wachsen konnte, ohne ihre Integrität zu verlieren.

Berkshire Hathaway wurde auch zum Zufluchtsort für die größten Unternehmen des Landes, wenn sie schnell Geld und einen Finanzgeber brauchten, der sich nicht in ihre Geschäfte einmischte und sich weigerte, an eine der brutalen Heuschrecken der Wall Street zu verkaufen. Sicher, Berkshire verlangte eine hohe Dividende auf die ausgegebenen Vorzugsaktien, aber zumindest wusste man, dass man vor finanziellen Schwierigkeiten und ständigen Angriffen sicher war.

Kurzum, Berkshire befand sich 1989 in einer starken Position. Es war eines der größten Unternehmen der Vereinigten Staaten und verfügte über reichlich Geld, um in weitere großartige Unternehmen zu investieren, da es von den Einkommensströmen aus seiner Sammlung von Unternehmen profitierte.

Als Warren Buffett sein 60. und Charlie Munger sein 66. Lebensjahr vollendet hatte, kamen die beiden noch immer voller Elan zur Arbeit. Sie waren einfach so begeistert davon, jeden Tag ins Büro zu gehen, um über all das Geld nachzudenken, das ihnen zufloss, und zu überlegen, was sie noch kaufen könnten. In den nächsten Jahren entdeckten sie einige weitere großartige Unternehmen, in die sie ihr Geld investieren konnten, von Wells Fargo über American Express bis hin zu Dairy Queen, NetJets, General Re und Moody's. Buffett und Munger hatten die beste Zeit ihres Lebens. Aber diese Geschichten (und andere) werden erst in einem weiteren Band der Reihe erzählt werden.

ENDNOTEN

1. W. Buffett, Brief an die Aktionäre von BH (2005).
2. H. L. Butler, „An Hour with Benjamin Graham“, *Financial Analysts Journal* (November/Dezember 1973). Nachgedruckt in J. Lowe, *The Rediscovered Benjamin Graham* (John Wiley & Sons, 1999).
3. Insurance Hall of Fame Biography: www.insurancehalloffame.org/laureateprofil.php?laureate=141
4. R. P. Miles, *The Warren Buffett CEO*, S. 29 (John Wiley & Sons, 2002).
5. Ebd.
6. W. Buffett, Brief an die Aktionäre von BH (1983).
7. W. Buffett, Brief an die Aktionäre von BH (1986).
8. Ebd.
9. W. Buffett, Brief an die Aktionäre von BH (1984).
10. W. Buffett, Brief an die Aktionäre von BH (1995).
11. W. Buffett, Brief an die Aktionäre von BH (1986).
12. W. Buffett, Brief an die Aktionäre von BH (2001).
13. W. Buffett, Brief an die Aktionäre von BH (2004).
14. W. Buffett, Brief an die Aktionäre von BH (1995).
15. W. Buffett, Brief an die Aktionäre von BH (2010).
16. L. Simpson, Q&A, Kellogg School of Management (2017).
17. Ebd.
18. L. Simpson, *The Washington Post* (11. Mai 1987).
19. Miles, *The Warren Buffett CEO*, S. 58.
20. Simpson in: Miles, *The Warren Buffett CEO*, S. 61.
21. Simpson, Q&A.
22. Simpson, *The Washington Post* (11. Mai 1987).
23. Simpson, Q&A.
24. Simpson, *The Washington Post* (11. Mai 1987).
25. W. Buffett, Brief an die Aktionäre von BH (1995).
26. T. Nicely in: A. B. Crenshaw, „Premium Partners“, *The Washington Post* (18. September 1995).
27. W. Buffett, Brief an die Aktionäre von BH (2006).
28. W. Buffett, Brief an die Aktionäre von BH (2015).

29. W. Buffett, Brief an die Aktionäre von BH (2016).
30. T. Nicely in: Miles, *The Warren Buffett CEO*, S. 37.
31. Ebd., S. 38.
32. Miles, *The Warren Buffett CEO*, S. 40.
33. Ebd., S. 39.
34. W. Buffett, Brief an die Aktionäre von BH (1996).
35. W. Buffett, Brief an die Aktionäre von BH (2009).
36. Ebd.
37. J. R. Laing, „The Collector: Investor who piled up $100m in the 1960s piles up firms today“, *The Wall Street Journal* (31. März 1977).
38. W. Buffett, Brief an die Aktionäre von BH (2006).
39. K. Graham, *Personal History*, S. 581 (Vintage Books/Random House, 1997).
40. Ebd.
41. M. B. Light, *From Butler to Buffett: The Story Behind the Buffalo News* (Prometheus Books, 2004).
42. Ebd.
43. Jahresbericht von BCS (1981).
44. Light, *From Butler to Buffett.*
45. Ebd.
46. S. Lipsey, „New Addition to Blue Chip Ranks“, *The Buffalo News*, Ausgabe zum 100. Jubiläum (12. Oktober 1980).
47. Light, *From Butler to Buffett.*
48. S. Lipsey, zitiert nach Miles, *The Warren Buffett CEO*, S. 237.
49. C. J. Loomis, „The Inside Story of Warren Buffett“, *Fortune* (11. April 1988).
50. S. Lipsey, zitiert nach Miles, *The Warren Buffett CEO*, S. 247.
51. Ebd.
52. W. Buffett, Brief an die Aktionäre von BH (2012).
53. W. Buffett, Brief an die Aktionäre von BH (2006).
54. Ebd.
55. Video, „Rose Blumkin: Omaha's Nebraska Furniture Mart“, YouTube.
56. D. Burrow, „From Mrs. B to Mr. K: Do not underestimate the best country in the world“, *Omaha World Herald* (28. Oktober 1962).
57. W. Buffett, Brief an die Aktionäre von BH (2003).
58. www.berkshirehathaway.com/2013ar/linksannual13.html
59. Dokumentarfilm, „The History of NFM: 75th Anniversary“, YouTube.
60. G. Collins, „Rose Blumkin, ‚Exemplar of the American Dream‘, remembers the tough road from Minsk to Omaha“, UPI (9. Juni 1984).
61. Ebd.
62. A. Smith, *Supermoney*, S. 190 (John Wiley & Sons, 1972, Neudruck 2006).
63. Collins, „Rose Blumkin, ‚Exemplar of the American Dream‘“.
64. Buffett, Rede auf der Jahreshauptversammlung von BH (2014).

65. Jahresbericht von BH (2013).
66. K. Linder, *The Women of Berkshire Hathaway*, (John Wiley & Sons, 2012).
67. Buffett, Rede auf der Jahreshauptversammlung von BH (2014).
68. Ebd.
69. Ebd.
70. W. Buffett, Brief an die Aktionäre von BH (1983).
71. C. Munger, „Academic Economics: Strengths and Faults after Considering Interdisciplinary Needs", aus der Herb Kay Undergraduate Lecture, University of California, Santa Barbara Economics Department (3. Oktober 2003). Abgedruckt in P. D. Kaufman (Herausgeber), *Poor Charlie's Almanack: The Wit and Wisdom of Charles T. Munger* (The Donning Company Publishers, Virginia, 2005).
72. W. Buffett, Brief an die Aktionäre von BH (1990).
73. W. Buffett, Brief an die Aktionäre von BH (1983).
74. Ebd.
75. W. Buffett, Brief an die Aktionäre von BH (1984).
76. W. Buffett, Brief an die Aktionäre von BH (1987).
77. I. Blumkin, zitiert nach „The Blumkin Legacy: One Influential Family, Three New Inductees into the Omaha Business Hall of Fame", YouTube.
78. R. Blumkin, zitiert nach Joyce Wadler, „Blumkin: Sofa, So Good", *The Washington Post* (24. Mai 1984).
79. W. Buffett, zitiert nach S. P. Sherman und D. Kirkpatrick, „Capital Cities' Capital Coup", *Fortune* (15. April 1985).
80. T. S. Murphy, zitiert nach einem Interview mit A. Blitz, Harvard Business School Director of Media Development for Entrepreneurial Management, ABC (Dezember 2000).
81. Ebd.
82. Ebd.
83. W. Buffett, Brief an die Aktionäre von BH (1985).
84. W. Buffett, Brief an die Aktionäre von BH (2015).
85. Buffett, zitiert nach Sherman und Kirkpatrick, „Capital Cities' Capital Coup".
86. Murphy, Interview mit A. Blitz, Harvard Business School Director of Media Development for Entrepreneurial Management.
87. Ebd.
88. Ebd.
89. W. Buffett, Brief an die Aktionäre von BH (1985).
90. Ebd.
91. Ebd.
92. Ebd.
93. Murphy, Interview mit A. Blitz, Harvard Business School Director of Media Development for Entrepreneurial Management.
94. Ebd.
95. Ebd.

96. Ebd.
97. Ebd.
98. Sherman und Kirkpatrick, „Capital Cities' Capital Coup".
99. Murphy, Interview mit A. Blitz, Harvard Business School Director of Media Development for Entrepreneurial Management.
100. W. Buffett, Brief an die Aktionäre von BH (1985).
101. Murphy, Interview mit A. Blitz, Harvard Business School Director of Media Development for Entrepreneurial Management.
102. Ebd.
103. W. Buffett, Brief an die Aktionäre von BH (1991).
104. W. Buffett, Brief an die Aktionäre von BH (1985).
105. W. Buffett, Brief an die Aktionäre von BH (1986).
106. W. Buffett, Brief an die Aktionäre von BH (1991).
107. Ebd.
108. W. Buffett, Brief an die Aktionäre von BH (1995).
109. C. J. Loomis, *Fortune* (1. April 1996).
110. Ein *weißer Knappe* ist ein befreundetes Unternehmen, das eine Beteiligung an einem Übernahmeziel oder einem potenziellen Übernahmeziel erwirbt. Ein Knappe verlangt keine Mehrheitsbeteiligung, wie es ein *weißer Ritter* tun würde.
111. Die Enzyklopädien wurden auch im Ausland verkauft. Der Autor verkaufte 1989 als 18-Jähriger in Westaustralien World Book von Haustür zu Haustür – oder versuchte es zumindest.
112. R. J. Cole, „Boesky Makes Bid For Scott & Fetzer", *The New York Times* (27. April 1984).
113. „Bid Turned Down By Scott & Fetzer", *The New York Times* (9. Mai 1984).
114. R. Schey in: Miles, *The Warren Buffett CEO*.
115. „Scott & Fetzer, Kelso Deal Off", *The New York Times* (6. September 1985).
116. W. Tilson, „Three lectures by Warren Buffett to Notre Dame Faculty" (bearbeitet), www.tilsonfunds.com/BuffettNotreDame.pdf (1991).
117. Loomis, „The inside story of Warren Buffett".
118. Ebd.
119. R. W. Stevenson, „Berkshire to Buy Scott & Fetzer", *The New York Times* (30. Oktober 1985).
120. W. Buffett, Brief an die Aktionäre von BH (1985).
121. Ebd.
122. Ebd.
123. Ebd.
124. W. Buffett, Brief an die Aktionäre von BH (1999).
125. W. Buffett, Brief an die Aktionäre von BH (1992).
126. W. Buffett, Brief an die Aktionäre von BH (1994).
127. Ebd.
128. Ebd.

129. Ebd.
130. Ebd.
131. Ebd.
132. W. Buffett, Brief an die Aktionäre von BH (Anhang) (1986).
133. Ebd.
134. W. Buffett, Brief an die Aktionäre von BH (1986).
135. W. Buffett, Brief an die Aktionäre von BH (Anhang) (1986).
136. Ebd.
137. W. Buffett, Brief an die Aktionäre von BH (1994).
138. Ebd.
139. Ebd.
140. W. Buffett, zitiert nach M. Urry, „Weekend Money“, S. 1, *Financial Times* (11./12. Mai 1996).
141. Buffett, Rede auf der Jahreshauptversammlung von 1996.
142. www.cleveland.com
143. R. Schey in: Miles, *The Warren Buffett CEO.*
144. W. Buffett, Brief an die Aktionäre von BH (1986).
145. W. Buffett, Brief an die Aktionäre von BH (1982).
146. W. Buffett, Brief an die Aktionäre von BH (1986).
147. Ebd.
148. W. Buffett, Brief an die Aktionäre von BH (1987).
149. Ebd.
150. Ebd.
151. W. Buffett, Brief an die Aktionäre von BH (1990).
152. C. J. Loomis, „The Value Machine Warren Buffett's Berkshire Hathaway is on a buying binge. You were expecting stocks?“, *Fortune* (19. Februar 2001).
153. P. Byrne, zitiert nach A. Kilpatrick, *Of Permanent Value: The Story of Warren Buffett* (Literary Edition), S. 607 (AKPE, 2006).
154. R. W. Chan, *Behind the Berkshire Hathaway Curtain: Warren Buffett's Top Business Leaders*, S. 96 (John Wiley & Sons, 2010).
155. W. Buffett, Brief an die Aktionäre von BH (1986).
156. Ebd.
157. Ebd.
158. Ebd.
159. Ebd.
160. P. Lynch, *Beating the Street*, S. 141 (Simon & Schuster, 1994).
161. W. Buffett, Brief an die Aktionäre von BH (1986).
162. Ebd.
163. Ebd.
164. In den Vereinigten Staaten ist eine Sparkasse – *thrift bank* – ein kleines Finanzinstitut, das hauptsächlich Spareinlagen und Hypothekendarlehen für Wohnhäuser

anbietet. Sie unterscheiden sich von größeren Geschäftsbanken durch höhere Zinsen auf Sparkonten und eine begrenzte Kreditvergabe an Unternehmen.

165. A. Bianco, „The King of Wall Street: An inside look at Salomon Brothers' stunning rise to pre-eminence – and how it wields its power", *BusinessWeek* (5. Dezember 1985).

166. Wandelbare Vorzugsaktien bieten dem Käufer die Wahl, entweder die Aktien zu behalten und jährlich die Dividenden bis zu einem bestimmten Datum beziehungsweise bis zu verschiedenen Terminen zu kassieren oder sie in Stammaktien umzuwandeln. Im Falle der fraglichen Vorzugsaktien erklärte sich Salomon bereit, vom 31. Oktober 1995 bis zum 31. Oktober 2000 jährlich ein Fünftel davon zurückzukaufen. Bei der Rückzahlung entfiel die Dividende, und der Nennwert wurde den Inhabern zurückgezahlt.

167. W. Buffett, Brief an die Aktionäre von BH (1987).

168. W. Buffett, „How to tame the casino society", *The Washington Post* (4. Dezember 1986).

169. W. Buffett, Brief an die Aktionäre von BH (1987).

170. Ebd.

171. J. Sterngold, „Too far, too fast; Salomon Brothers' John Gutfreund", *The New York Times* (10. Januar 1988).

172. W. Buffett, zitiert nach A. Schroeder, *The Snowball*, S. 463 (Bloomsbury, 2009).

173. W. Buffett, zitiert nach C. J. Loomis, „Warren Buffett's wild ride at Salomon", *Fortune* (27. Oktober 1997).

174. W. Buffett, Brief an die Aktionäre von BH (1991).

175. Berichtet im *Omaha World-Herald* (2. Januar 1994).

176. *Omaha World Herald* (2. Januar 1994).

177. K. Eichenwald, „Salomon's 2 Top Officers to Resign Amid Scandal", *The New York Times* (17. August 1991).

178. W. Buffett, zitiert nach „Now Hear This", *Fortune* (10. Januar 1994).

179. W. Buffett, Brief an die Aktionäre von BH (1997).

180. W. Buffett, Brief an die Aktionäre von BH (2010).

181. W. Buffett in: J. Rasmussen, „Buffett talks strategy with students", *Omaha World Herald* (2. Januar 1994).

182. W. Buffett, Brief an die Aktionäre von BH (1989).

183. W. Buffett, Brief an die Aktionäre von BH (1996).

184. Ebd.

185. Dies ist meine Schätzung des inneren Wertes im Jahr 1994, die auf der damaligen Rendite der 10-jährigen US-Schatzanweisung von sieben Prozent im Jahr 1994 zuzüglich einem Risikoaufschlag von fünf Prozent auf die Staatsanleihe basiert, was eine erforderliche Jahresrendite der Coca-Cola-Aktie von zwölf Prozent ergibt. Dabei wird das Dividenden-Wachstums-Modell angewendet: Innerer Wert = Dividende des nächsten Jahres geteilt durch die geforderte Rendite minus Wachstumsrate. Im Nachhinein lässt sich dies leicht berechnen. Für Modelle zur Aktienbewertung siehe G. Arnold & D. Lewis, *Corporate Financial Management*, Kap. 17 (Pearson, 2019).

186. D. Keough, „Conversations with Michael Eisner“, www.youtube.com/watch?v=6jAB0eJk2E4, CNBC Prime (Januar 2009).
187. D. Keough, zitiert nach Kilpatrick, *Of Permanent Value,* S. 463.
188. W. Buffett, Brief an die Aktionäre von BH (1986).
189. Ein Großteil dieses Abschnitts stützt sich auf die Ideen, die Charlie Munger in einer Reihe von öffentlichen Vorträgen dargelegt hat, die jetzt in dem von Kaufman herausgegebenen Buch *Poor Charlie's Almanack* zusammengestellt sind, insbesondere in „Practical Thought About Practical Thought?“ (20. Juli 1996).
190. Kaufman (Herausgeber), *Poor Charlie's Almanack,* S. 177.
191. Jahresbericht von Coca-Cola (2018).
192. M. E. Porter, *Competitive Strategy* (The Free Press, 1980; Simon & Schuster, 2004).
193. W. Buffett, in J. Huey, „The World's Best Brand“, *Fortune* (31. Mai 1993).
194. Kaufman (Herausgeber), *Poor Charlie's Almanack,* S. 210.
195. Huey, „The World's Best Brand“.
196. R. Goizeuta, lebenslanger Manager und späterer CEO, zitiert nach Huey, „The World's Best Brand“.
197. Huey, „The World's Best Brand“.
198. Ebd.
199. Ebd.
200. R. W. Stevenson, „Coke's Intensified Attack Abroad“, *The New York Times* (14. März 1988).
201. Huey, „The World's Best Brand“.
202. W. Buffett, Brief an die Aktionäre von BH (1996).
203. Huey, „The World's Best Brand“.
204. Ohne die Sowjetunion und China.
205. Jahresbericht von Coca-Cola (1987).
206. W. Buffett, zitiert nach C. J. Loomis, *Tap Dancing to Work,* S. 113 (Penguin Books, 2013).
207. W. Buffett, Brief an die Aktionäre von BH (1989).
208. D. Keough, im Gespräch mit der *Atlanta Journal-Constitution* (22. Februar 2004).
209. W. Buffett, Brief an die Aktionäre von BH (1997).
210. W. Buffett, Brief an die Aktionäre von BH (2011).
211. W. Buffett, Brief an die Aktionäre von BH (2013).
212. W. Buffett, Brief an die Aktionäre von BH (2004).
213. Kilpatrick, *Of Permanent Value,* S. 617.
214. W. Buffett, Brief an die Aktionäre von BH (1989).
215. W. Buffett, Brief an die Aktionäre von BH (1988).
216. S. Jacques, die als Vertriebsassistentin begann und später CEO wurde, in: Miles, *The Warren Buffett CEO,* S. 285.
217. Kilpatrick, *Of Permanent Value,* S. 613.
218. Ebd., S. 614.

219. W. Buffett, Brief an die Aktionäre von BH (1988).
220. Kilpatrick, *Of Permanent Value,* S. 614.
221. W. Buffett, Brief an die Aktionäre von BH (1988).
222. W. Buffett, Brief an die Aktionäre von BH (1989).
223. Ebd.
224. W. Buffett, Brief an die Aktionäre von BH (2007).
225. GIA, www.gia.edu (2014).
226. Bei *Greenmail* (Grün ist die Farbe der US-Dollar-Banknoten) beseitigt ein Übernahmeziel die Bedrohung, indem es dem feindlichen Unternehmen anbietet, seine Aktien zu einem höheren Preis als dem Marktpreis zurückzukaufen. Bezeichnenderweise bietet es den anderen Aktionären nicht denselben Preis an. Dies ist in vielen Ländern illegal.
227. W. Buffett, zitiert nach G. McKibben, *Cutting Edge: Gillette's Journey to Global Leadership,* S. 225 (Harvard Business Review Press, 1997).
228. Buffett in McKibben, *Cutting Edge,* S. 226.
229. Ebd.
230. Ebd., S. 227.
231. Die Kriterien von Buffett und Munger für den Erwerb von Unternehmen werden in den meisten von Buffetts jährlichen Briefen an die Aktionäre genannt.
232. R. Ricardo-Campbell, *Resisting hostile takeovers: the case of Gillette,* S. 212 (Praeger, 1997).
233. W. Buffett, Brief an die Aktionäre von BH (1989).
234. Ebd.
235. W. Buffett, Brief an die Aktionäre von BH (1991).
236. W. Buffett, Brief an die Aktionäre von BH (1993).
237. W. Buffett, zitiert nach J. Eum, „Warren Buffett's idea of heaven: I don't have to work with people I don't like", *Forbes* (4. Februar 2014).
238. W. Buffett, zitiert nach K. Brooker, „Jim Kilts is an old-school curmudgeon. Nothing could be better for Gillette", *Fortune* (30. Dezember 2002).
239. Ebd.
240. S. Mesure und D. Usborne, "P&G's $57bn Gillette deal sets fresh challenge for Unilever", *The Independent* (29. Januar 2005).
241. W. Buffett, Brief an die Aktionäre von BH (2009).
242. J. Stempel und D. Krishna Kumar, „Buffett's Berkshire Hat", *Reuters* (13. November 2014).
243. C. Barrett, S. Foley und R. Blackden, „Berkshire Hathaway to acquire battery business from Procter & Gamble", *Financial Times* (13. November 2014).
244. W. Buffett, Brief an die Aktionäre von BH (1976).

www.ingramcontent.com/pod-product-compliance
Ingram Content Group UK Ltd.
Pitfield, Milton Keynes, MK11 3LW, UK
UKHW041827290926
8980IPUK00002B/119

9 783631 774472